陕西省"十一五"古籍整理出版规划重大项目

国家"十一五"古籍整理出版重点规划项目

2011—2020年国家古籍整理出版规划项目

陕西碑刻总目提要初编

第四册

主　编　　吴敏霞

本册主编　　杨志飞

科学出版社
北京

内 容 简 介

《陕西碑刻总目提要初编》系陕西省"十一五"古籍整理出版规划重大项目、《国家"十一五"古籍整理出版重点规划》项目和《2011—2020 年国家古籍整理出版规划》项目《陕西碑刻总目提要》的阶段性成果。

本书收录陕西境内历代碑、墓志、墓砖、摩崖石刻、造像题记、经幢、塔铭等多种类型的石刻资料;所收各类碑刻年代上自秦汉,下迄民国末年;所收碑刻的著录信息包括碑名、年代、形制、行字、撰书刻者、纹饰、出土地、现藏地、著录情况及提要等多方面内容。

《陕西碑刻总目提要初编》反映了陕西碑刻存藏的总体状况及相关著录和研究状况,是相关领域研究的重要文献资料。

图书在版编目(CIP)数据

陕西碑刻总目提要初编. 第四册/吴敏霞主编;杨志飞分册主编. —北京:科学出版社,2018.12

ISBN 978-7-03-051374-8

Ⅰ. ①陕… Ⅱ. ①吴… ②杨… Ⅲ. ①碑刻-内容提要-陕西-古代 Ⅳ. ①Z88:K877.42

中国版本图书馆 CIP 数据核字(2016)第 324242 号

责任编辑:付 艳 宋开金/责任校对:何艳萍
责任印制:张克忠/封面设计:黄华斌

科学出版社 出版

北京东黄城根北街 16 号
邮政编码:100717
http://www.sciencep.com

中国科学院印刷厂 印刷
科学出版社发行 各地新华书店经销

*

2018 年 12 月第 一 版 开本:787×1092 1/16
2018 年 12 月第一次印刷 印张:17 3/4
字数:338 000

定价:1998.00 元(全 5 册)
(如有印装质量问题,我社负责调换)

陕西省古籍保护整理出版工作

领导小组编纂委员会

《陕西碑刻总目提要》主编单位

陕西省古籍整理办公室

《陕西碑刻总目提要》主要协助单位

陕西省文物局　陕西省民族宗教事务委员会　西安碑林博物馆

《陕西碑刻总目提要》主要支持单位

各市文物局及其辖区相关文博单位、各市宗教事务局及其辖区相关寺院道观存藏单位，包括但不仅限于：

西安市文物局

咸阳市文物旅游局

宝鸡市文物旅游局

铜川市文物旅游局

渭南市文物旅游局

汉中市文物旅游局

安康市文化文物广电局

商洛市文化文物广电新闻出版局

延安市文物局

榆林市文化广电新闻出版局

西安碑林博物馆

陕西历史博物馆

陕西省考古研究院

汉阳陵博物馆

法门寺博物馆

乾陵博物馆

西安事变纪念馆

西安市民族宗教事务局

咸阳市民族宗教事务局

宝鸡市民族宗教事务局

铜川市民族宗教事务局

渭南市民族宗教事务局

汉中市民族宗教事务局

安康市民族宗教事务局

延安市民族宗教事务局

榆林市民族宗教事务局

目　　录

目 录

唐廷铨墓志

全称：皇清诰授奉政大夫晋授中议大夫钦加盐运使司衔赏戴花翎候铨抚民同知静轩唐公墓志铭。

年代：清咸丰三年（1853）刻立。

形制：志长 0.64 米，宽 0.29 米。

行字：志文楷书 96 行，满行 15 字。

撰书：张钦修撰，段启宜书，申典常篆盖。

现藏：旬邑县唐家民俗博物馆。

提要：记载唐廷铨的生平。其历官奉政大夫、中议大夫、盐运使司。

特授陇州正堂加五级纪录十次久为出示晓谕

年代：清咸丰四年（1854）刻立。

形制：圆首方额。通高 1.73 米，宽 0.65 米，厚 0.18 米。

行字：正文楷书 14 行，满行 34 字。

撰书：高光明撰。

纹饰：碑额两侧饰二龙戏珠图案，四周饰牡丹花卉纹。

现藏：陇县新集川乡陈家河村雷神庙前。

提要：记述陇州知州告示州民维持地方治安防回民事。

太史公墓

年代：清咸丰四年（1854）刻立。

形制：高 0.35 米，宽 0.82 米。

行字：正文草书 16 行，满行 7 字。

撰书：蒋琦淳撰。

现藏：韩城市司马迁祠。

著录：《司马迁祠碑石录》。

提要：刻蒋琦淳于咸丰四年二月作五言诗两首。

*杨氏祭先祠记碑

年代：清咸丰四年（1854）刻立。

形制：高 0.56 米，宽 0.95 米。

行字：正文楷书 36 行，满行 25 字。

撰书：杨邦栋撰。

现藏：澄城县赵庄镇党家庄。

著录：《澄城碑石》。

提要：记杨邦栋等于咸丰三年夏至咸丰四年三月营立祭先祠之事，其中详细列举各村庄所入地亩数。

杨明卿暨妻王氏姬氏行述

全称：皇清诰赠儒林郎显考明卿府君太安人显妣王太夫人姬太夫人行述。

年代：清咸丰四年（1854）刻立。

形制：高 0.56 米，宽 0.94 米。

行字：正文楷书 59 行，满行 43 字。

撰书：杨邦栋撰，许先春书。

现藏：澄城县赵庄镇党家庄。

著录：《澄城碑石》。

提要：记杨明卿及妻王氏、姬氏生平。

王大炽暨妻黄氏合葬墓志

全称：皇清待赠明亭王公暨德配黄孺人合葬墓志铭。

年代：清咸丰四年（1854）刻。

形制：志、盖均为正方形，尺寸相同。边长 0.62 米，厚 0.08 米。

行字：盖文篆书 5 行，满行 4 字，题"皇清待赠明亭王公暨德配黄孺人合葬墓志铭"。志文楷书 76 行，满行 15 字。

撰书：田九皋撰，杨维舟书，澄泉澈篆盖。

出土：出土于澄城县城关镇埝村。

现藏：澄城县乐楼文物管理所。

著录：《澄城碑石》。

提要：记王大炽夫妇生平。

重修禅院歌台碑记

年代： 清咸丰四年（1854）刻立。

形制： 圆首方座。通高 1.99 米，宽 0.61 米，厚 0.16 米。

行字： 额篆书"重修碑记"4 字。正文楷书 4 行，满行 47 字。

撰书： 胡志道撰，柴敏文书。

现藏： 韩城市大禹庙。

提要： 记载清咸丰四年西社人倡捐银维修大禹庙禅院歌台一事。

*乡约公直同议碑

年代： 清咸丰四年（1854）刻立。

形制： 高 0.27 米，宽 0.35 米。

行字： 正文楷书 13 行，满行 20 字。

现藏： 澄城县冯原镇韦家村。

著录： 《澄城碑石》。

提要： 记因人心不古，风俗偷薄，全村共立九条罚规并刻碑事。

*谕祭李僡文

年代： 清咸丰四年（1854）刻立。

形制： 高 0.92 米，宽 0.62 米。

行字： 正文楷书 43 行，满行 10 字。

出土： 原在华阴县负庄李僡墓茔，1979 年移入西岳庙。

现藏： 华阴市西岳庙文物管理处。

著录： 《华山碑石》。

提要： 为谕祭山东巡抚李僡祭文。

李启诏暨妻花氏合葬墓志

全称： 皇清诰授奉政大夫同知衔湖南武冈州知州署桂阳直隶州知州殉难笃庄李公暨德配花宜人合葬墓志铭。

年代： 清咸丰四年（1854）刻立。

形制： 共 3 石，尺寸相同。长 0.63 米，宽 0.93 米。

行字： 志文行楷 66 行，满行 11 字。

出土： 1976 年出土于华阴县负庄。

现藏： 西安碑林博物馆。

备注： 志盖残缺。

提要： 记载李启诏之生平事迹。

重修观音庙碑记

年代： 清咸丰四年（1854）刻立。

形制： 圆首。高 1.50 米，宽 0.57 米。

行字： 正文楷书 17 行，满行 40 字。

撰书： 王道坦撰，王佐书。

纹饰： 碑身四周饰几何纹。

出土： 原立于华阴县西关村。

现藏： 私人收藏。

著录： 《华山碑石》。

提要： 记重修华阴城外官道旁庙宇事。

重修洛南县文庙碑记

年代： 清咸丰四年（1854）刻立。

形制： 高 2.50 米，宽 0.89 米。

行字： 正文楷书 24 行，满行 70 字。

撰书： 王家骥撰，党佩篯书。

现藏： 洛南县博物馆。

提要： 记载咸丰年间洛南文庙维修事。

*大南上牌酒税碑

年代： 清咸丰四年（1854）刻立。

形制： 圆首。高 1.35 米，宽 0.68 米。

撰书： 张世法撰并书。

纹饰： 碑四周饰几何纹。

现藏： 紫阳县焕古镇政府前。

著录： 《安康碑版钩沉》。

提要： 记载大南一铺分为上下牌，纳税原有旧章。后因差役不遵旧章肆意征税，百姓告至官府。官府批示仍遵旧章办理，并立碑记其事。

蔡杰法暨妻熊氏墓碑

全称：故显考蔡公杰法大人显妣蔡母熊老孺人之墓。

年代：清咸丰四年（1854）刻立。

形制：高 1.50 米，宽 0.60 米。

行字：正文楷书 11 行，满行 17 字。

撰书：蔡杰漾书。

现藏：镇安县青铜关镇茨沟村。

提要：记述蔡杰法夫妇生平。

重修定元观并创建魁星阁碑记

年代：清咸丰四年（1854）刻立。

形制：圆首方额。高 2.17 米，宽 0.70 米，厚 0.18 米。

行字：正文楷书 12 行，满行 45 字。

撰书：武锡喆撰，景兆苍书。

纹饰：碑额饰二龙戏水，碑身四周饰四季花卉图案。

现藏：千阳县张家塬镇景家寨小学。

提要：记述重修定元观和创建魁星阁的经过。

*胡德彦胡宗琦墓碑

年代：清咸丰四年（1854）刻立。

形制：高 1.60 米，宽 1.00 米。

行字：正文楷书 17 行，满行 30 字。

现藏：镇安县云盖寺镇枫岩村。

提要：记载胡德彦、胡宗琦父子生平。

重修牛心庙碑

年代：清咸丰五年（1855）刻立。

形制：圆首方额。通高 1.53 米，宽 0.55 米，厚 0.14 米。

行字：正文楷书 12 行，满行 38 字。

撰书：李射斗撰，王善化书。

纹饰：碑额饰二龙戏珠图案，碑身四周饰几何纹。

现藏：陇县八渡镇大力村牛心山古庙。

提要：记述牛心庙创建年代及重修事宜。

香严寺创修碑记

年代：清咸丰五年（1855）刻立。

形制：砂石质。通高 1.56 米，宽 0.64 米。

行字：正文楷书 21 行，满行 46 字。

撰书：王大德撰，续绂书。

纹饰：碑额饰蟠龙纹及莲瓣纹，碑身四周饰几何纹。

现藏：榆林市榆阳区香严寺。

备注：断为两截。

提要：记载了香严寺殿宇于咸丰二年（1852）九月动工，告竣于咸丰五年二月之创建经过。

童慎思墓碑

全称：敕封修职郎慎思童公德义碑。

年代：清咸丰五年（1855）刻立。

形制：圆首方形。高 1.56 米，宽 0.75 米。

行字：正文楷书 29 行，满行 60 字。

撰书：宫尔锡撰，王锡禄书。

纹饰：碑额饰双龙图案，碑两侧饰双线。

现藏：洋县关帝镇铁河街村。

提要：记载修职郎童慎思毕生以医济世救人事。

景在中德教碑

全称：例赠修职郎甲辰明经进士壬子乡饮大宾字在中景老夫子德教碑。

年代：清咸丰五年（1855）刻立。

形制：高 2.30 米，宽 0.92 米。

行字：正文楷书 14 行，满行 48 字。

现藏：洋县马畅镇安冢村。

提要：记载景在中一生教书育人、品德高
尚、为门生所敬仰的事迹。

*王论文德行碑

年代：清咸丰五年（1855）刻立。

形制：圆首方额。碑残损。残高 1.41 米，宽
0.58 米，厚 0.11 米。

行字：正文行书 5 行，满行 33 字。

撰书：程进烈撰。

纹饰：碑额饰二龙戏珠图案，碑身四周饰几
何纹。

现藏：蒲城县高阳镇南家禄村。

著录：《中国文物地图集·陕西分册》。

提要：碑记本地乡绅王论文周济乡中灾民，
邑人感恩刻碑一事。

张青云暨妻吴氏墓志

全称：皇清诰授振威将军楠亭张公暨配吴夫
人合葬墓志铭。

年代：清咸丰五年（1855）刻立。

形制：盖长 0.78 米，宽 0.77 米，厚 0.13 米。
志正方形，边长 0.78 米，厚 0.08 米。

行字：盖文篆书 4 行，满行 4 字，题"振威
将军楠亭张公暨配吴夫人墓志"。志
文楷书 26 行，满行 26 字。

撰书：张大楠撰并书。

出土："文化大革命"时出土于富平县薛镇
马张寺村。

现藏：富平县文庙。

提要：记张青云家族世系、生平。

*李念祖功德碑

年代：清咸丰五年（1855）刻立。

形制：高 2.00 米，宽 0.78 米，厚 0.14 米。

行字：正文楷书 7 行，满行 41 字。

纹饰：碑额饰双凤朝阳图案，碑身两侧饰缠枝
牡丹纹。

现藏：周至县佛坪厅故城文物管理所。

提要：记载佛坪厅是割周至及洋县两地之地
而建，并歌颂李念祖建学校、创建佛
坪厅的功德。

苏献琮暨妻杨氏合葬墓志

全称：皇清敕授修职郎原任褒城儒学司训
瑞六先生苏公暨德配杨孺人合葬墓
志铭。

年代：清咸丰五年（1855）刻立。

形制：志正方形。边长 0.60 米。

行字：志文楷书 35 行，满行 34 字。

撰书：薛元辉撰，王用涉书。

出土：1987 年出土于华阴县贾曲村。

现藏：西安碑林博物馆。

著录：《华山碑石》。

提要：记苏献琮之家族世系、生平。

秋兴

年代：清咸丰五年（1855）刻立。

形制：共 3 石，尺寸相同。高 0.33 米，宽
0.79 米。

行字：正文行书。每石 24 行，满行 6—8 字
不等。

撰书：李枝崇书，李光贤刻。

现藏：西安碑林博物馆。

著录：《西安碑林全集》。

提要：此《秋兴》八首为唐代杜甫诗作。据碑
文，李枝崇书于清嘉庆十八年（1813），
咸丰五年由其子李光贤上石。

三贤祠创治章程碑记

年代：清咸丰五年（1855）刻立。

形制：高 0.55 米，宽 0.85 米，厚 0.07 米。

行字：正文楷书 26 行，满行 26 字。

出土：原嵌于旬阳县城北门内三贤祠墙壁。

现藏：旬阳县城西门外洞儿碥。

著录：《安康碑石》。

提要：记旬阳县三贤祠创治章程 11 条，即三贤祠房产、地界以及祠内设施的使用等规定。

薛氏祖茔碑

年代：清咸丰五年（1855）刻立。

形制：高 1.20 米，宽 0.74 米。

行字：正文楷书 3 行，满行 41 字。

现藏：镇安县高峰镇永丰村。

著录：《商洛文史》（第二辑）。

提要：记薛氏祖籍山西洪洞，明代迁居镇安，及合族百余人为祖坟立碑因由。

杨母黄氏墓碑

全称：故先妣杨母黄老太君之墓。

年代：清咸丰五年（1855）刻立。

形制：高 1.25 米，宽 0.65 米。

行字：正文楷书 34 行，满行 58 字。

现藏：镇安县高峰镇张家川。

提要：记黄氏生平。

*重修会龙寺补塑诸圣像碑

年代：清咸丰五年（1855）刻立。

形制：高 1.32 米，宽 0.90 米。

行字：正文楷书 25 行，满行 56 字。

撰书：李光廷撰并书。

出土：原立于镇安县高峰镇会龙寺。

现藏：镇安县高峰镇农科村。

提要：记载重修会龙寺塑像因由及捐修人姓名。

*旬阳县署九房公议成规碑

年代：清咸丰五年（1855）刻立。

形制：高 0.55 米，宽 0.85 米，厚 0.07 米。

行字：正文楷书 24 行，满行 22—28 字不等。

出土：原嵌于旬阳县城北门内三贤祠墙壁。

现藏：旬阳县城西门外洞儿碥。

著录：《安康碑石》。

提要：记旬阳县署九房（县属九个部门）公议之规定九条。

孙凤墓碑

全称：例赠登仕郎健庵孙公懿行碑。

年代：清咸丰六年（1856）刻立。

形制：首座皆佚。高 1.80 米，宽 0.76 米，厚 0.25 米。

行字：正文楷书 10 行，满行 50 字。

撰书：郭珍撰，邓林选书。

纹饰：碑身四周饰人物及花卉图案。

现藏：扶风县段家镇大同村。

提要：记孙凤生平事迹。

*梁星源神道碑

年代：清咸丰六年（1856）刻立。

形制：首座皆佚。碑残损。残高 3.00 米，宽 1.00 米，厚 0.30 米。

行字：正文楷书 7 行，满行 14 字。

现藏：岐山县祝家庄镇范家营村梁星源祠。

著录：《岐山县志》。

提要：梁星源，字石泉，岐山范家营人，生于乾隆五十四年（1789）。咸丰元年（1851）任湖北布政使。咸丰二年（1852）太平军攻陷武昌，梁星源及子死于战事，帝嘉奖他"共城存亡，为国捐躯"，并下旨"追封内阁大学士，赏花翎赐谥梁敏肃公奉旨诏正二品官敕祀建祠"。咸丰六年，清廷拨款，由星源小妻迎庆及家族人等在范家营建祠,在岐山县城建木牌楼等。

重建妙得庵碑记

年代：清咸丰六年（1856）刻立。

形制：高 0.55 米，宽 0.81 米。

行字：正文楷书 29 行，满行 24 字。

撰书：文运亨撰并书。

现藏：榆林市妙得庵正殿壁间。

提要：记护延绥城守营都司、镇标中营千总杨德因其父求子愿，捐资募化，修建妙得庵。

十方捐资会长姓名碑

年代：清咸丰六年（1856）刻立。

形制：圆首。通高 1.15 米，宽 0.58 米。

行字：正文楷书 48 行，满行 26 字。

纹饰：碑额饰云纹。

出土：此碑自立未移。

现藏：城固县洞阳宫。

提要：记十方捐资会长姓名。

道平会续修北街街道碑并附灯记

年代：清咸丰六年（1856）刻立。

形制：覆斗顶，方座。通高 1.66 米，宽 0.69 米，厚 0.15 米。

行字：正文楷书 25 行，满行 46 字。

撰书：杨锡桂撰，安敦书。

纹饰：碑四周饰卷云纹。

现藏：韩城市古城北营庙内。

提要：记咸丰四年（1854）道平会继中丞乔南刘公倡修之街道，续修北街街道，余资为北营庙制灯。

渭邑差局改减季银碑记

年代：清咸丰六年（1856）刻立。

形制：平首。高 1.93 米，宽 0.72 米，厚 0.22 米。

行字：正文楷书 10 行，满行 43 字。

纹饰：碑额饰螭龙纹，边栏饰卷云纹。

出土：1998 年出土于渭南市印刷厂。

现藏：渭南中心博物馆。

提要：记渭南县当时差务繁杂，成立丁帮差局。后盐课增加，民不聊生，省府派员减银两差徭，安抚民心事。

*夺地记事碑

年代：清咸丰六年（1856）刻立。

形制：圆首圭额。高 1.34 米，宽 0.56 米。

撰书：唐锡彰撰并书。

纹饰：碑额饰五蝠捧寿，碑身四周饰缠枝花卉纹。

现藏：蒲城县罕井镇唐塬村。

提要：记唐王庄状告樊家洼夺地一事。

重立护持洞阳宫扁鹊观碑记

年代：清咸丰六年（1856）刻立。

形制：圆首。通高 1.10 米，宽 0.58 米。

行字：正文楷书 19 行，满行 30 字。

撰书：杨正廉撰，李俊秀书，谢广恩、韩振贵刻。

纹饰：碑额饰龙纹。

出土：此碑自立未移。

现藏：城固县洞阳宫。

提要：记述明代洞阳宫、扁鹊观修建以来，其土地因住持丁永贵私自买卖落入他人之手，信徒募集资金重建扁鹊观相关事宜。

创修关帝庙碑记

年代：清咸丰六年（1856）刻立。

形制：高 1.64 米，宽 0.84 米。

行字：正文楷书 22 行，满行 49 字。

撰书：李自稌撰，陈象典书。

现藏：洋县智果寺文物管理所。

提要：记智果寺重建关帝庙正殿、献殿及两廊。

文昌宫会规碑记

年代：清咸丰六年（1856）刻立。

形制：圆首。高 1.15 米，宽 0.62 米。

行字：正文楷书 24 行，满行 39 字。

纹饰：碑额饰云龙纹。

出土：此碑自立未移。

现藏：城固县五门堰。

著录：《汉中碑石》。

提要：记文昌宫会规。

*一笔虎字碑

年代：清咸丰六年（1856）刻立。

形制：高 1.20 米，宽 0.62 米。

行字：正文草书 1 字。跋文行书 4 行，满行字数不等。

撰书：呵呵子书，萨迎阿跋。

出土：西安碑林旧藏。

现藏：西安碑林博物馆。

著录：《西安碑林全集》。

备注：呵呵子即灵一禅师。

高万有暨妻魏氏墓碑

全称：故先祖高翁讳云考讳万有老大人姚魏氏老孺人之墓。

年代：清咸丰六年（1856）刻立。

形制：高 1.52 米，宽 0.73 米。

行字：正文楷书 17 行，满行 42 字。

纹饰：碑四周饰花草纹。

现藏：镇安县茅坪回族镇红光村。

备注：上部刻波斯文 1 行，阿拉伯文 3 行。

提要：记述墓主人由河州迁镇安及其生平简

况、葬地等。

*重修五圣行宫

年代：清咸丰六年（1856）刻立。

形制：高 1.63 米，宽 0.64 米。

行字：正文楷书 14 行，满行 45 字。

撰书：朱德秀撰，吴效天书。

现藏：商南县青山镇吉亭村。

提要：记载维修本地五圣宫神殿的因由、过程、开支项目及捐资人姓名，并记公议禁令条约。

天柱山重修戏楼碑

年代：清咸丰六年（1856）刻立。

形制：圆首。高 1.57 米，宽 0.70 米。

纹饰：碑四周饰回纹。

现藏：安康市汉滨区天柱山白云寺。

著录：《安康碑版钩沉》。

提要：记载天柱山重修戏楼事。

*兴宁寺重修碑记

年代：清咸丰六年（1856）刻立。

形制：圆首。高 1.53 米，宽 0.90 米。

撰书：王馥远撰。

纹饰：碑额饰二龙戏珠图案，碑身四周饰宝相花纹。

现藏：安康市汉滨区建民镇头档村小学。

著录：《安康碑版钩沉》。

提要：记载道光元年（1821）重修兴宁寺事。

*洞儿碥枸粮税规碑

年代：清咸丰六年（1856）刻立。

形制：圆首方座。高 1.09 米，宽 0.56 米，厚 0.06 米。

行字：额楷书 2 行，满行 2 字，题"永垂不朽"。正文楷书 7 行，满行 32 字。

纹饰：碑四周饰花卉纹。

现藏：旬阳县城西门外洞儿碥。

著录：《安康碑石》《中国文物地图集·陕西分册》。

提要：记铺户赵增顺因税无常与粮行争讼，官断每百斤枸粮税钱 20 文，建立新规，特此刻石立碑。

*梁天保墓碑

年代：清咸丰六年（1856）刻立。

形制：高 1.77 米，宽 0.56 米，厚 0.10 米。

行字：正文楷书 5 行，满行 24 字。

现藏：黄龙县圪台乡柳沟村。

著录：《中国文物地图集·陕西分册》《延安市文物志》《新编黄龙县志》。

提要：梁天保，字九如，陕西黄龙人，道光乙酉（1825）拔贡朝考一等，任职户部山东司。墓封土已平，仅存咸丰六年墓碑一通，碑文记载梁氏生平。

*咸丰六年墓志

年代：清咸丰六年（1856）刻。

形制：志长 0.87 米，宽 0.32 米，厚 0.08 米。

行字：志文楷书 36 行，满行 22 字。

撰书：张竹堂填讳并篆盖。

现藏：咸阳市秦都区两寺渡村。

提要：此志漫漶严重，仅有少数文字可识。

边靖庵先生墓表

年代：清咸丰六年（1856）刻立。

形制：共 2 石，尺寸相同。高 0.34 米，宽 0.90 米。

行字：正文楷书 56 行，满行 12 字。

撰书：任国桢撰，何绍基书并记。

现藏：兴平市博物馆。

提要：此墓表记载边靖庵先生的生平。

桐阁先生李公墓表

年代：清咸丰六年（1856）刻立。

形制：高 2.48 米，宽 0.81 米，厚 0.20 米。

行字：正文楷书 17 行，满行 60 字。

撰书：贺瑞麟述书。

纹饰：碑左右及下部饰卷草纹。

现藏：大荔县朝邑镇岱祠岑楼内。

著录：（光绪）《大荔县志》《大荔碑刻》。

提要：碑文朝邑李桐阁先生的生平。

修太玄洞戏楼碑记

年代：清咸丰六年（1856）刻立。

形制：圆首方座。高 1.68 米，宽 0.22 米。

行字：正文楷书 18 行，满行 35 字。

撰书：任葆真撰，雷云书。

出土：原存耀县药王山。

现藏：药王山博物馆。

著录：《药王山碑刻》《陕西药王山碑刻艺术总集》。

提要：记载修太玄洞戏楼事。

重修圣庙碑记

年代：清咸丰七年（1857）刻立。

形制：方首。通高 1.60 米，宽 0.67 米，厚 0.08 米。

行字：正文楷书 16 行，满行 22 字。

撰书：郭仰伋撰并书。

现藏：白水县仓颉庙内。

提要：碑文记重修仓颉庙事。

重修红石峡佛庙碑序

年代：清咸丰七年（1857）刻立。

形制：圆首。通高 1.08 米，宽 0.55 米。

行字：正文楷书 10 行，满行 10 字。

撰书：邓用元撰。

纹饰：碑额饰云纹。

现藏：榆林市红石峡三教殿门洞右壁。

提要：记载延绥镇标中营游击即参镇羌堡都
司于咸丰七年重修佛庙事。

三帝庙碑记

年代：清咸丰七年（1857）刻立。

形制：圆首方座。高 2.00 米，宽 0.60 米。

行字：正文楷书 15 行，满行 52 字。

撰书：党树勋刻。

纹饰：碑额饰二龙戏珠图案。

现藏：澄城县城关镇串业村。

提要：记载修建三帝庙始末。

*张晓岚墓碑

年代：清咸丰七年（1857）刻立。

形制：高 1.80 米，宽 0.68 米，厚 0.18 米。

行字：正文楷书 1 行 16 字。

纹饰：碑身四周饰蔓草忍冬纹。

现藏：陇县杜阳镇上凉泉村。

提要：碑铭为："显考敕封修职郎州庠生晓
岚张公之墓。"

重修天台山庙宇碑记

年代：清咸丰七年（1857）刻立。

形制：高 1.52 米，宽 0.77 米，厚 0.15 米。

行字：正文楷书 21 行，满行 51 字。

撰书：王道昌撰，王含章书。

现藏：汉中市天台山庙中。

著录：《汉中碑石》。

提要：记在天台山新修拜殿、大佛殿、三宫
殿、玉皇楼、城隍阁等工程的情况。

*城固县令更正粮租数目告示碑

年代：清咸丰七年（1857）刻立。

形制：高 1.85 米，宽 0.90 米。

行字：正文楷书 41 行，满行 25 字。

出土：此碑自立未移。

现藏：城固县五门堰。

提要：记载咸丰七年城固候补县令体察民
情，重新更正粮租数目告示于民。

*孤山禁赌碑

年代：清咸丰七年（1857）刻立。

形制：高 0.61 米，宽 1.10 米，厚 0.09 米。

行字：正文楷书 45 行，满行 28 字。

出土：此碑自立未移。

现藏：汉中市汉台区龙江街道。

著录：《中国文物地图集·陕西分册》。

提要：记载南郑知县林氏和褒城知县刘氏令
禁赌博的条款及惩罚条款。

曹公德政碑

全称：曹大老爷减收仓粮除清遗弊德政碑。

年代：清咸丰七年（1857）刻立。

形制：高 1.94 米，宽 0.90 米。

行字：正文楷书 49 行，满行 24 字。

出土：此碑自立未移。

现藏：城固县五门堰。

提要：记曹公体谅贫困农民，又根据当年农
情减少租粮的善举。

奕应侯神诞虔设祭祀碑记

年代：清咸丰七年（1857）刻立。

形制：方首方座。通高 3.31 米，宽 0.77 米，
厚 0.16 米。

行字：正文楷书 19 行，满行 49 字。

撰书：莫元赓撰，王肇棨书。

纹饰：碑额饰二龙戏珠图案。

现藏：韩城市九郎庙奕应侯大殿前。

著录：《韩城市文物志》。

提要：记载咸丰六年亢旱，百姓于韩山祈雨

灵应，遂在神诞日演戏酬奕应侯等事。

补塑神像碑记

年代：清咸丰七年（1857）刻立。

形制：高 0.97 米，宽 0.56 米。

行字：正文行楷 17 行，满行 25 字。

出土：此碑自立未移。

现藏：略阳县灵岩寺博物馆。

提要：记载神像因战火有损毁，致使寺内香火不旺，众人出资补塑神像。

重修观音堂碑记

年代：清咸丰七年（1857）刻立。

形制：高 2.27 米，宽 0.84 米。

行字：正文楷书 19 行，满行 59 字。

撰书：权以巽撰，权大宾书。

纹饰：碑额饰二龙戏珠图案，两侧饰回纹。

现藏：蒲城县博物馆。

提要：记载蒲城贾曲菩萨莲宇创建始末以及贾曲之名的来由和兴衰。

郊祀歌

年代：清咸丰七年（1857）刻立。

形制：共 4 石，尺寸相同。高 0.90 米，宽 0.31 米。

行字：正文隶书 51 行，满行 12 字。跋文楷书 2 段，行字数不等。

撰书：刘彻撰，周锴书，瑛棨、祖颐跋。

现藏：西安碑林博物馆。

著录：《西安碑林全集》。

备注：第 4 石上部横断。

提要：碑文为西汉武帝刘彻于元鼎四年（前113）六月在汾阴后土祠旁得宝鼎所作的《郊祀歌》十二章之二，文载《汉书·礼乐志》。

贺璜墓碑

全称：皇清待赠故显考贺公讳璜字万名老大人墓位。

年代：清咸丰七年（1857）刻立。

形制：高 1.18 米，宽 0.73 米，厚 0.12 米。

行字：正文楷书 9 行，满行 29 字。

现藏：太白县王家堎镇中明村。

提要：碑文述贺璜生平。

*书院捐输碑记

年代：清咸丰七年（1857）刻立。

形制：高 1.30 米，宽 0.80 米。

行字：正文楷书 21 行，满行 20 字。

撰书：张廷璇撰，陈光前书，屈秀升篆。

现藏：丹凤县博物馆。

著录：《商洛文史》（第二辑）。

提要：记载冠山书院通过捐输扩大规模、延师兴教的经过。

大乡望佩翁□公墓表

年代：清咸丰七年（1857）刻立。

形制：圆首方额。高 1.97 米，宽 0.68 米，厚 0.19 米。

行字：正文楷书 12 行，满行 37 字。

撰书：刘永绪撰并书。

纹饰：碑额饰二龙戏珠图案。

出土：原立于乾县大杨乡佩翁墓前。

现藏：乾县大杨镇药王村小学。

提要：记叙□佩翁原家境贫寒，后做挂面养家糊口，因早起晚睡，吃苦耐劳，家境渐丰，子孙为不忘祖先创业之艰，立石目前，发誓秉承遗愿，克勤克俭，永葆家风，被村人誉之为"挂面家"。其挂面技艺世代相传。

四川绥定府太平县设立船规告示碑

年代：清咸丰七年（1857）刻立。

形制：圆首。高 1.85 米，宽 0.95 米。

现藏：紫阳县麻柳镇石盘梁村。

著录：《安康碑版钩沉》。

提要：记载四川绥定府太平县向来议有船规，但其中多有弊端，为除其弊端特议立船规共 11 条。

*重修五圣宫碑

年代：清咸丰八年（1858）刻立。

形制：圆首方额。高 1.28 米，宽 1.56 米，厚 0.13 米。

行字：正文楷书 14 行，满行 42 字。

撰书：韩朝观书。

纹饰：碑额饰双凤朝阳图案，碑身四周饰花卉纹。

现藏：陇县城关镇药王洞道院。

提要：记述上西关等重修五圣宫和经理会道人名等。

重修天明寺碑

年代：清咸丰八年（1858）刻立。

形制：圆首方座。高 1.64 米，宽 0.73 米，厚 0.11 米。

行字：正文楷书 13 行，满行字数不详。

纹饰：碑额饰二龙戏珠图案。

现藏：富县交道镇小塬子村。

提要：记载清咸丰八年天明寺的修缮情况。

*合阳县武童试卷

年代：清咸丰八年（1858）刻立。

形制：碑残损。残高 1.10 米，宽 0.41 米。

行字：正文楷书 3 行，满行 29 字。

现藏：合阳县博物馆。

提要：该碑讲述了合阳绅士在同州府为合阳申请武童考试，得到通州府同意，并定立考试标准的经过。

汉忠武侯诸葛公八阵图注说

年代：清咸丰八年（1858）刻立。

形制：八棱柱形。高 1.18 米，宽 0.26 米，厚 0.08 米。

行字：正文隶书 4 行，满行 24 字。

撰书：罗秀书撰。

出土：原存汉中石门隧道西壁。1970 年迁至汉中博物馆

现藏：汉中博物馆。

著录：《褒谷古迹辑略》。

提要：世传诸葛亮八阵图遗迹有三：其一，汉中勉县诸葛亮墓东；其二，四川奉节县南江边；其三，四川新都县北弥牟镇。罗秀成文另增新都一处，可备考。罗秀书，清同治时为南郑县司铎，曾与万方田、徐廷钰共同编著《褒谷古迹辑略》。

重修海龙庙西社布施碑

年代：清咸丰八年（1858）刻立。

形制：高 1.32 米，宽 0.71 米。

行字：正文楷书 16 行，满行 50 字。

撰书：张叙撰，车顺轨阅，郝希俊书，车树勋篆额。

纹饰：碑两侧饰牡丹纹。

现藏：合阳县博物馆。

提要：记载重修海龙庙碑的缘由与经过。

蒋荣斋暨妻吕氏合葬墓志

全称：荣斋蒋府君暨德配吕孺人合葬墓志铭。

年代：清咸丰八年（1858）刻立。

形制：志长 0.30 米，宽 0.15 米。

行字：盖文篆书 5 行，满行 5 字。志文楷书
　　　51 行，满行 17 字。

撰书：张蕴华撰，王麟寿书，杨世英篆盖。

现藏：合阳县博物馆。

提要：记载蒋荣斋的家族世系、生平。

重修太史庙及羊城碑

全称：重修太史庙南埝墙并文星阁及羊城序。

年代：清咸丰八年（1858）刻立。

形制：圆首方座。通高 1.58 米，宽 0.85 米，
　　　厚 0.14 米。

行字：正文楷书 18 行，满行 50 字。

撰书：马景星撰，吉梦麟书。

现藏：韩城市司马迁祠。

著录：《司马迁祠碑石录》。

提要：记载重修太史庙南埝墙及文星阁等事。

重修尊经阁记

年代：清咸丰八年（1858）刻立。

形制：圆首。高 2.28 米，宽 0.77 米，厚
　　　0.21 米。

行字：正文楷书 18 行，满行 6 行。

撰书：雷鉴莹撰，原立诚书。

纹饰：碑额饰二龙戏珠图案，碑身两侧饰万
　　　字纹及花瓣纹。

出土：原立于蒲城县尊经阁，1997 年入藏蒲
　　　城县博物馆。

现藏：蒲城县博物馆。

提要：记载蒲城人王仲山于清咸丰年间出
　　　资与乡绅商议重修蒲城尊经阁之
　　　事。王仲山，又名王益谦（1784—
　　　1857），蒲城县城内权把巷人。王鼎
　　　族弟，1824 年起历任福建侯官，永
　　　安、政和等县知县，汀州府同知等
　　　官职，后从事乡梓教育。

*康母胡氏墓表

年代：清咸丰八年（1858）刻立。

形制：圆首座佚。高 2.04 米，宽 0.72 米，
　　　厚 0.17 米。

行字：额楷书"皇清"2 字。正文楷书 16 行，
　　　满行 41 字。

撰书：雒交泰撰，胡震溪书。

纹饰：碑额饰二龙戏珠图案。

现藏：户县蒋村镇曹村。

著录：《户县碑刻》。

备注：原右下角残缺，损毁二字。

提要：记康诚母胡氏的生平、子嗣情况。

增修尧山庙碑

年代：清咸丰八年（1858）刻立。

形制：圆首方座。通高 1.60 米，宽 0.68 米，
　　　厚 0.10 米。

行字：正文楷书 13 行，满行 31 字。

纹饰：碑额饰花卉纹。

现藏：蒲城县尧山庙台基西侧。

著录：《尧山圣母庙与神社》。

提要：记载修缮庙宇之事，并建旗杆、狮子
　　　等工程。

王天德墓志

全称：皇清邑庠生良贵王公墓志。

年代：清咸丰八年（1858）刻立。

形制：志、盖均为正方形，尺寸相同。长 0.46
　　　米，宽 0.46 米，厚 0.05 米。

行字：盖文楷书 3 行，满行 3 字，题"皇清
　　　庠生王天德之墓"。志文楷书 15 行，
　　　满行 15 字。

现藏：宜君县文物管理所。

提要：记载王天德生平。

*程伊川四箴

年代：清咸丰八年（1858）刻立。

形制：共 2 石，尺寸相同。高 1.28 米，宽 0.60 米。

行字：正文楷书 11 行，满行 16 字。跋文行书 2 行，行字数不等。

撰书：程颐撰，朱昌颐书，朱元庆跋。

出土：西安碑林旧藏。

现藏：西安碑林博物馆。

著录：《西安碑林全集》。

提要：四箴包括"视箴""听箴""言箴""动箴"，旨在教人省身克己。

*杨公墓碑

年代：清咸丰八年（1858）刻立。

形制：通高 1.51 米，宽 0.66 米，厚 0.09 米。

行字：正文楷书 8 行，满行 38 字。

纹饰：碑身四周饰回纹。

现藏：彬县义门镇鸭河湾村。

提要：记载杨公生平。

杨阿洪墓碑

全称：故显考杨阿洪老大人之墓。

年代：清咸丰八年（1858）刻立。

形制：高 1.37 米，宽 0.61 米。

行字：志文楷书 19 行，满行 49 字。

撰书：胡盈撰。

现藏：镇安县茅坪回族镇狢猪垭。

备注：上部有阿拉伯文。

提要：记述杨阿洪自河洲迁镇安，笃奉伊斯兰教宗旨，与教民兴家立业等事。

刘应寿暨妻黄氏墓碑

全称：故先考刘公应寿大人先妣刘母黄老孺人之墓。

年代：清咸丰八年（1858）刻立。

形制：共 3 石，尺寸相同。高 1.04 米，宽 0.46 米。

行字：正文楷书 9 行，满行 25 字。

现藏：镇安县铁厂镇庄河村。

提要：记述墓主人原籍湖北大冶，迁入镇安后的生产生活状况。

黄宣钦墓碑

全称：故先考黄公宣钦大人之墓。

年代：清咸丰八年（1858）刻立。

形制：高 1.33 米，宽 0.64 米。

行字：正文楷书 7 行，满行 27 字。

现藏：镇安县铁厂镇铁铜村。

提要：记述墓主人由湖北大冶迁入镇安立户后的生产生活情况。

黄宣楫暨妻冯氏墓碑

全称：故先考黄公宣楫大人先妣黄母冯老孺人之墓。

年代：清咸丰八年（1858）刻立。

形制：高 1.30 米，宽 0.60 米。

行字：正文楷书 8 行，满行 27 字。

现藏：镇安县铁厂镇铁铜村。

提要：记述墓主人由湖北大冶入籍镇安，兴家立业，抚养子孙等事。

宦姑滩义渡碑记

年代：清咸丰八年（1858）刻立。

形制：圆首。高 1.30 米，宽 0.67 米。

撰书：杨家坤撰。

现藏：紫阳县焕古镇。

著录：《安康碑版钩沉》。

提要：记载职员王泰来捐资修建宦姑滩义渡之事，并赞扬王泰来之好义及张氏于夫殁后尤坚持此志，不改厥行。

*白骏德题诗碑

年代：清咸丰八年（1858）刻立。

形制：高 0.21 米，宽 0.82 米。

行字：正文楷书 12 行，满行 4 字。

撰书：白骏德诗并书。

出土：原存耀县药王山。

现藏：药王山博物馆。

著录：《药王山碑刻》《陕西药王山碑刻艺术总集》。

提要：此系白骏德为关帝庙关平牵马摩崖所题诗。

*赵奉祖题诗碑

年代：清咸丰八年（1858）刻立。

形制：高 0.26 米，宽 0.60 米。

行字：正文行书 16 行，满行 5 字。

撰书：赵奉祖诗并书。

出土：原存耀县药王山。

现藏：药王山博物馆。

著录：《药王山碑刻》《陕西药王山碑刻艺术总集》。

提要：此系赵奉祖为关帝庙关平牵马摩崖所作诗。

仓渡镇回民碑

全称：仓渡镇回约蓝均德显全□合镇回民等全立碑记。

年代：清咸丰九年（1859）刻立。

形制：圆首。碑残损。残高 1.30 米，宽 0.56 米，厚 0.16 米。

行字：正文楷书 12 行，满行 28 字。

现藏：渭南中心博物馆。

备注：碑额、身已残成二段，局部缺损。

提要：记载关中东路回民起义，占据信义，仓渡起义首领任武等，在仓渡处死陕西团练总督办张芾，因而渭南成为东路回民起义的中心等。

李得伦妻曹氏神道碑

全称：大闺范曹老孺人芳躅神道碑记。

年代：清咸丰九年（1859）刻立。

形制：圆首。高 1.65 米，宽 0.65 米，厚 0.15 米。

行字：正文楷书 10 行，满行 40 字。

撰书：姜巽之撰，赵成琳阅。

纹饰：碑额饰二龙戏珠图案。

现藏：澄城县冯原镇西社村。

著录：《澄城碑石》。

提要：记李得伦元配曹氏长执妇道，事舅姑以孝顺，相夫子而无违之懿行。

*佛坪厅禁止捞取冲放木材章程碑

年代：清咸丰九年（1859）刻立。

形制：碑残损。残高 1.18 米，宽 0.64 米，厚 0.15 米。

行字：正文楷书 13 行，满行 29 字。

纹饰：碑身两边线刻蔓草葡萄纹。

出土：此碑自立未移。

现藏：周至县佛坪厅故城文物管理所。

提要：记载查办咸丰九年大雨冲放木材沿河两岩居民捞取并藏匿等事，并刻碑载明不许捞取的地段及出卖的价格等事。

公议军需局章程碑

年代：清咸丰九年（1859）刻立。

形制：圆首方额。高 2.00 米，宽 0.71 米。

行字：正文楷书 26 行，满行 50 字。

纹饰：碑额饰双龙图案。

出土：原在华阴文庙，后移至杨家祠堂，1979
　　　年移入西岳庙。

现藏：华阴市西岳庙文物管理处。

著录：《华山碑石》。

提要：记军需局差役事。

李良有暨妻侯氏墓碑

全称：荣授乡饮介宾京学良有李公并元配侯
　　　孺人之墓。

年代：清咸丰九年（1859）刻立。

形制：圆首方额。高 2.31 米，宽 0.75 米，
　　　厚 0.23 米。

行字：正文楷书 4 行，满行字数不详。

纹饰：碑额饰二龙戏珠图案。

现藏：周至县侯家村镇东风村。

提要：子孙为李良有暨元配侯氏所立墓碑。

城隍封制碑记

年代：清咸丰九年（1859）刻立。

形制：高 1.48 米，宽 0.65 米，厚 0.15 米。

行字：正文楷书 11 行，满行 50 字。

撰书：杨廷翰撰。

现藏：韩城市博物馆。

提要：记载城隍神祭祀的由来以及韩城城隍
　　　庙修建的状况。

刘母李氏之墓

全称：故显妣刘母李老孺人之墓。

年代：清咸丰九年（1859）刻立。

形制：高 0.94 米，宽 0.56 米。

行字：正文楷书，碑阳 10 行，满行 20 字。
　　　碑阴 12 行，满行 17 字。

撰书：陈启莹撰。

出土：西安碑林旧藏。

现藏：西安碑林博物馆。

著录：《西安碑林全集》。

备注：碑题在志石中部。

提要：碑阳刻李老孺人的生卒及品行，碑阴
　　　刻李老孺人与其夫同葬康家坪的丧
　　　葬情况。

新建三河口总局碑记

年代：清咸丰九年（1859）刻立。

形制：圆首。高 1.75 米，宽 0.67 米。

行字：正文楷书 17 行，满行 41 字。

撰书：黄经撰。

出土：出土于华阴县三河口村，时间不详。

现藏：西安碑林博物馆。

著录：《华山碑石》。

备注：石断为二，右下角残缺。

提要：记洛河、渭河、黄河三河交汇之口
　　　岸盐运由民运转官运再转官民合运
　　　之过程，最后记述创建三河口总局
　　　始末。

建修土地祠戏楼碑序

年代：清咸丰九年（1859）刻立。

形制：高 1.50 米，宽 0.68 米。

行字：正文楷书 17 行，满行 44 字。

撰书：叶义方撰，殷会文书。

现藏：洛南县保安镇焦沟仓颉祠。

提要：记载保安镇乡民施地捐款修建戏楼，
　　　年年演戏观会等情况。

焦式彬暨妻高氏田氏墓碑

全称：清例赠八品军功故显考焦公文殿府君
　　　显妣高孺人田老太君之墓。

年代：清咸丰九年（1859）刻立。

形制：高 0.85 米，宽 0.60 米。

行字：正文楷书 4 行，满行字数不详。

撰书：杨复旦撰。

纹饰：碑楼两侧石抱鼓浮雕瑞兽花卉。

现藏：白河县小双镇三星村。

提要：记载焦式彬夫妇生平，其中涉及嘉庆间天理教事。

*云门寺广才和尚墓碑

年代：清咸丰九年（1859）刻立。

形制：圆首。高 1.20 米，宽 0.60 米。

现藏：石泉县两河镇云门寺。

著录：《安康碑版钩沉》。

提要：记载广才和尚生平。

太山庙补修圣殿重修□楼碑记

年代：清咸丰九年（1859）刻立。

形制：高 1.58 米，宽 0.88 米。

行字：正文楷书 30 行，满行 45 字。

现藏：镇安县永乐镇峪沟花甲村。

提要：述太山庙重修圣殿□楼事。

唐廷诏母第五氏墓志

全称：皇清诰封淑人唐母第五太淑人墓志铭

年代：清咸丰九年（1859）刻立。

形制：共 6 石，尺寸相同。长 0.64 米，宽 0.31 米。

行字：盖文篆书 7 行，满行 5 字，题"皇清诰封宜人晋封淑人第五淑人墓志铭"。志文楷书 92 行，满行 17 字。

撰书：崔廷杰撰，申典常书，彭绳祖篆盖。

出土：1970 年出土于旬邑县太村镇唐家村。

现藏：旬邑县唐家民俗博物馆。

著录：《咸阳碑刻》。

提要：记唐廷诏母亲第五太淑人之生平。

陶权墓碑

全称：皇清钦赐八品寿官显考陶公讳权之墓。

年代：清咸丰十年（1860）刻立。

形制：圆首方座。通高 1.85 米，宽 0.52 米，厚 0.15 米。

纹饰：碑额饰二龙戏珠图案，碑身饰蔓草菊花纹。

现藏：陇县城关镇陶家堡村。

提要：此系陶权后代为其所立墓碑。

重修兴隆寺碑记

年代：清咸丰十年（1860）刻立。

形制：圆首方额。通高 1.35 米，宽 0.68 米，厚 0.20 米。

行字：正文楷书 9 行，满行 46 字。

撰书：金玉藻撰并书。

纹饰：碑额饰四螭，碑身饰牡丹纹。

现藏：陇县八渡镇秦家庄庙门前。

提要：记述重修兴隆寺的缘由。

*董氏家谱图碑

年代：清咸丰十年（1860）刻立。

形制：砂石质，圆首。高 1.62 米，宽 0.61 米，厚 0.12 米。

行字：正文楷书 22 行，满行字数不等。

纹饰：碑阳饰牡丹、蝙蝠、富贵图案；阴面碑额饰莲花图案，两边饰万字纹。

出土：2005 年出土于洛川县土基镇桥章村。

现藏：洛川县博物馆。

提要：碑阴绘制了董氏家族自高祖董浩以下分辈图谱，列其四代。

李瑞臣德教碑

全称：例授修职郎佐乡饮大宾大贡元李老夫子讳瑞臣德教碑。

年代：清咸丰十年（1860）刻立。

形制：高 1.64 米，宽 0.69 米，厚 0.19 米。

行字：正文楷书 1 行 23 字。

撰书：吕永声书，李长春刻。

纹饰：碑四周饰蔓草花纹。

现藏：千阳县南寨镇走马塄村。

提要：记李瑞臣在千阳县兴文教之事绩。

野鹤观翻修殿宇装演神像碑记

年代：清咸丰十年（1860）刻立。

形制：高 1.01 米，宽 0.70 米。

行字：正文楷书 42 行，满行 25 字。

撰书：王时均撰，田逢年书。

出土：此碑自立未移。

现藏：城固县五门堰。

提要：记野鹤观重新翻修殿宇及重新塑像。

宋秉彝墓志

全称：皇清乡饮介宾太学生乐天宋公墓志铭。

年代：清咸丰十年（1860）刻立。

形制：志正方形。边长 0.53 米。

行字：志文楷书 35 行，满行 24 字。

撰书：王宗度撰，宋生蔚书。

现藏：大荔县文物局。

著录：《大荔碑刻》。

提要：记述宋秉彝家世、生平。

重订玉泉书院章程碑记

年代：清咸丰十年（1860）刻立。

形制：圆首。通高 1.60 米，宽 0.58 米，厚 0.16 米。

行字：额楷书"皇清"2 字。正文楷书 18 行，满行 48 字。

撰书：任墉撰，李宝善书。

纹饰：碑额上端刻一圆形寿字图，两边饰双龙图案，碑身饰花草纹。

出土：原存澄城县玉泉书院旧址。1982 年迁入澄城县乐楼文物管理所。

现藏：澄城县乐楼文物管理所。

著录：《澄城碑石》。

提要：记重订玉泉书院章程一事。

重理韩城文庙司灯章程碑记

年代：清咸丰十年（1860）刻立。

形制：高 0.66 米，宽 0.95 米。

行字：正文楷书 44 行，满行 30 字。

撰书：刘宝镛撰。

现藏：韩城市博物馆。

提要：此碑嵌于戟门内东山墙，记载了重新修订的文庙司灯章程 23 条，每年司灯八人在除夕、元旦、元宵、圣诞、春秋丁祭张灯八夜，并说明挂灯位置。

买山义行记

年代：清咸丰十年（1860）刻立。

形制：圆首方座。通高 1.98 米，宽 0.67 米，厚 0.12 米。

行字：额楷书"皇清"2 字。正文楷书 18 行，满行 40 字。

撰书：杨玉章撰并书。

纹饰：碑四周饰曲回纹。

现藏：户县涝店镇涝峪口小学。

著录：《户县碑刻》。

提要：记户县西南涝峪口沙石垒积，峪内树木开垦一空，夏秋之交沟水泛滥成灾，对涝峪口附近堡子的生产、生活带来不便。堡外之人贺雨亭采买峪中之地，不久山复其旧，水节其流，百姓安居乐业，并用山中所产竹木果品所积余设立义学。

重修宗圣官紫云楼并说经台碑记

年代：清咸丰十年（1860）刻立。

形制：圆首座佚。高 1.80 米，宽 0.62 米。

行字：额篆书"皇清"2字。正文楷书，16
行，满行 39 字。

撰书：谭理端撰并书。

纹饰：碑身饰回纹。

现藏：周至县楼经台。

著录：《楼观台道教碑石》。

提要：记监院梅教法经理台事及重修紫云楼
与说经台等事。

贾振邦墓志

全称：皇清乡饮介宾儒学生员石村贾公行四
墓志铭。

年代：清咸丰十年（1860）刻立。

形制：志正方形。边长 0.60 米。

行字：志文楷书 23 行，满行 34 字。

撰书：张蕚撰并书。

出土：1968 年出土于华阴县镇阳村。

现藏：西安碑林博物馆。

著录：《华山碑石》。

提要：记贾振邦之家族世系及其生平。

员景安墓志

全称：皇清敕封修职郎例增文林郎太学生静
轩行二员公墓志铭。

年代：清咸丰十年（1860）刻立。

形制：志正方形。边长 0.61 米。

行字：志文楷书 63 行，满行 20 字。

撰书：阎敬铭撰，王用涉书，李德珍篆盖。

出土：1973 年出土于华阴县上洼村。

现藏：西安碑林博物馆。

著录：《华山碑石》。

提要：记员景安之家族世系、生平。

员登甲墓志

全称：皇清钦加盐知事衔乡饮大宾增广生员

鼎三员公墓志铭。

年代：清咸丰十年（1860）刻立。

形制：志长 0.52 米，宽 0.59 米。

行字：志文楷书 30 行，满行 26 字。

撰书：王三锡撰，辛埭书。

出土：1973 年出土于华阴县南营村。

现藏：西安碑林博物馆。

著录：《华山碑石》。

提要：记员登甲之家族世系、生平。

徐可钦墓志

全称：皇清太学生敬亭徐公墓志铭。

年代：清咸丰十年（1860）刻立。

形制：志、盖均为正方形，尺寸相同。边长
0.57 米，厚 0.06 米。

行字：盖文篆书 4 行，满行 6 字，题"皇清
太监元敬亭徐公墓志铭元配田暨配
段房李封宜人合葬"。志文楷书 20 行，
满行 26 字。

撰书：王建中撰并书。

纹饰：志盖饰瓶花纹。

现藏：宜君县文物管理所。

提要：记清太学生徐可钦生平。

*张君夫妇墓碑

年代：清咸丰十年（1860）刻立。

形制：螭首圭额，高 2.72 米，宽 0.70 米，
厚 0.18 米。

纹饰：碑身四周饰几何纹。

现藏：彬县新民镇杨家坳村。

提要：记张君及夫人生平行事。

艾瑞林行述碑

全称：例授征仕郎明经进士艾公讳瑞林权父
大人行述。

年代：清咸丰十年（1860）刻立。

形制：共 3 石，尺寸相同。高 2.75 米，宽 0.97 米。

行字：正文楷书 18 行，满行 65 字。

撰书：艾寿、艾辉、艾文廉、艾葆享、艾文顺分撰。

现藏：镇安县柴坪镇文家庙村。

提要：记载艾瑞林生平。

*重修苍龙山塔记

年代：清咸丰十年（1860）刻立。

形制：高 0.51 米，宽 0.77 米。

行字：正文楷书 12 行，满行 18 字。

现藏：山阳县丰阳塔内。

提要：记载清咸丰年间维修苍龙山塔事。

*郑永魁祖父母墓碑

年代：清咸丰十年（1860）刻立。

形制：高 1.84 米，宽 0.33 米，厚 0.11 米。

纹饰：碑额饰二龙戏珠图案，碑身饰几何纹、人物图案、云纹。

现藏：彬县太峪镇曹村学校围墙外。

提要：此系郑氏后人为先祖所立墓碑。

重修龙兴寺娘娘庙碑记

年代：清咸丰十一年（1861）刻立。

形制：圆首方座。通高 2.46 米，宽 0.69 米，厚 0.17 米。

行字：正文楷书。剥蚀严重，行字数无法辨识。

纹饰：碑身四周饰几何纹。

现藏：神木县神木镇刘家畔村龙兴寺娘娘庙前廊东。

提要：记重修娘娘庙事宜。

续修郊禖殿记

年代：清咸丰十一年（1861）刻立。

形制：螭首方座。高 1.80 米，宽 0.66 米。

行字：正文楷书 14 行，满行 36 字。

撰书：宋金鉴撰并书。

出土：此碑自立未移。

现藏：岐山县周公庙管理处。

提要：记咸丰十一年续修郊禖殿西侧耳房事。

*曹映斗诗碑

年代：清咸丰十一年（1861）刻立。

形制：圆首方座。通高 2.18 米，宽 0.70 米，厚 0.10 米。

行字：正文行书 8 行，满行 18 字。

纹饰：碑额饰龙图案，碑身四周饰蝠纹、线纹。

现藏：黄帝陵碑廊。

著录：《延安市文物志》《黄陵文典·文物卷》《黄帝陵碑刻》。

提要：所载诗篇为中部县知县曹映斗于咸丰十一年重阳节赋诗赞颂桥陵古柏。

桑正荣墓碑

全称：钦赐寿官桑公之墓。

年代：清咸丰十一年（1861）刻立。

形制：高 1.15 米，宽 0.55 米，厚 0.11 米。

行字：正文楷书 14 行，满行 34 字。

纹饰：碑身四周饰花卉纹、花瓶图案。

现藏：陇县天成镇苏家河村村委会门前。

提要：记述桑正荣的生平。

重修关圣帝君庙碑记

年代：清咸丰十一年（1861）刻立。

形制：圆首方座。通高 2.26 米，宽 0.73 米，厚 0.11 米。

行字：正文楷书 23 行，满行 58 字。

撰书：张叶昌撰，刘真书。

纹饰：碑额饰双龙图案，碑身四周饰花草、
　　　寿字纹。

现藏：佳县白云山白云观关帝庙右侧。

著录：《佳县白云山白云观碑刻》。

提要：记载咸丰初年守山之士四方化缘重修
　　　关帝庙事。

*宗祠地产碑

年代：清咸丰十一年（1861）刻立。

形制：高1.10米，宽0.62米。

行字：正文楷书48行，满行26字。

纹饰：碑身四周饰花边纹。

现藏：城固县韩家祠堂。

提要：记韩家祠堂、祖坟及宗祠地产。

*姜伯福继母杨氏碑

年代：清咸丰十一年（1861）刻立。

形制：圆首方座。高1.70米，宽0.70米，
　　　厚0.20米。

行字：正文楷书15行，满行34字。

现藏：澄城县冯原镇马村。

提要：记载姜伯福、姜伯禄兄弟二人为纪念
　　　继母养育之恩之事。

*裴升庵暨妻郭氏墓表

年代：清咸丰十一年（1861）刻立。

形制：圆首座佚。高1.60米，宽0.64米，
　　　厚0.18米。

行字：额隶书"皇清"2字。正文楷书19行，
　　　满行34字。

撰书：张五美撰并书。

现藏：户县秦镇裴家寨。

著录：《户县碑刻》。

备注：碑身中断，残损多字。

提要：记裴升庵夫妇之生平。

*白云塔题刻

年代：清咸丰十一年（1861）刻立。

形制：共5石，尺寸相同。高0.65米，宽
　　　1.00米。

行字：正文行书，满行字数不等。

出土：此碑自立未移。

现藏：周至县佛坪厅故城遗址东门外。

提要：题记位于白云塔第一层，四石为诗，
　　　一石为偈语。

*减免台车往返差费用记事碑

年代：清咸丰十一年（1861）刻立。

形制：圆首。高1.31米，宽0.51米。

行字：正文楷书13行，满行23字。

纹饰：碑额纹饰不清，碑身三边饰回纹。

出土：原立于蒲城县老城，1997年入藏蒲城
　　　县博物馆。

现藏：蒲城县博物馆。

提要：记载清咸丰年间从蒲城到潼关台车往
　　　送兵差费用甚巨，周知府深加体恤，
　　　批文潼关不雇车辆，以不误差为准，
　　　从而节省开支。

修建药王洞功德记事碑

年代：清咸丰十一年（1861）刻立。

形制：长方形。尺寸不详。

行字：正文楷书23行，满行37字。

纹饰：碑额饰凤鸟祥云纹。

现藏：紫阳县城北药王洞下。

提要：记载三圣祠主持会同城关首事倡捐修
　　　建药王洞等事宜。

员登科墓志

全称：皇清诰封修职郎晋封奉政大夫议叙国
　　　子监典簿庠生式如员公墓志铭。

年代：清咸丰十一年（1861）刻立。

形制：志正方形。边长 0.58 米。

行字：志文楷书 64 行，满行 16 字。

撰书：江震撰，孙培金书，李国瀛篆盖。

出土：1977 年出土于华阴县上洼村。

现藏：西安碑林博物馆。

著录：《华山碑石》。

提要：记员登科之家世、生平。

重修府学明伦堂碑记

年代：清咸丰十一年（1861）刻立。

形制：高 0.38 米，宽 0.76 米。

行字：正文楷书 29 行，满行 14 字。

撰书：王允保撰，米黄书，许三捷监修。

出土：西安碑林旧藏。

现藏：西安碑林博物馆。

著录：《西安碑林全集》。

提要：记载西安知府沈氏与咸宁县令傅晴溪谋划重修西安府学明伦堂事。

高明暨妻马氏墓碑

全称：故先考高翁明老大人先妣高母马老孺人之墓。

年代：清咸丰十一年（1861）刻立。

形制：高 1.31 米，宽 0.64 米。

行字：志文楷书 10 行，满行 37 字。

现藏：镇安县茅坪回族镇红光村。

提要：记述墓主人由甘肃河州迁入镇安，开荒垦田，信教乐善，仍有西域之风等事。

*文恭墓碑

年代：清咸丰十一年（1861）刻立。

形制：高 1.90 米，宽 0.66 米，厚 0.10 米。

行字：正文楷书 6 行，满行 44 字。

撰书：贾自重撰。

纹饰：碑额饰二龙戏珠图案，碑身两侧饰回纹。

现藏：彬县永乐镇安家河村。

提要：记载文恭生平。

*重修家谱碑

年代：清咸丰十一年（1861）刻立。

形制：高 0.60 米，宽 0.52 米。

行字：正文楷书 19 行，满行 16 字。

现藏：商洛市商州区腰市镇郭家村郭家祠堂。

提要：记载郭氏家谱续修概况，并公议每 30 年重新修订家谱。

*书院条规碑

年代：清咸丰十一年（1861）刻立。

形制：高 0.70 米，宽 1.10 米。

行字：正文楷书 39 行，满行 27 字。

撰书：马毓华等撰，王殿魁书。

出土：原在镇安县城安业书院。

现藏：镇安县城东龙头湾梁。

提要：翔实记述镇安知县马毓华等为安业书院镌订都院规 12 条。

重修城隍庙记

年代：清咸丰十一年（1861）刻立。

形制：螭首方座。高 3.50 米，宽 0.95 米，厚 0.24 米。

行字：正文楷书 20 行，满行 50 字。

纹饰：碑身四周饰缠枝花草纹和梅兰竹菊图案。

现藏：三原县博物馆。

提要：记载乾隆五十二年（1787）王宗洙曾修复过城隍庙，咸丰二年（1852）正月至四年八月刘恭人重修城隍庙的经过和费用等。

雷九皋暨妻侯氏合葬墓志

全称：皇清例授修职郎公举孝友九皋雷公暨
德配侯孺人合葬墓志铭。

年代：清咸丰十一年（1861）刻立。

形制：共 2 石，尺寸相同。长 0.68 米，宽
0.63 米，厚 0.10 米。

行字：册页式。志文楷书 68 行，满行 16 字。

撰书：汪世泽撰，徐河清书。

出土：出土于耀县文家堡，时间不详。

现藏：药王山博物馆。

著录：《药王山碑刻》。

提要：文述雷九皋家世及生平。

存之堂帖

年代：清道光、咸丰年间（1821—1861）刻立。

形制：高 0.39 米，宽 0.84 米。

行字：行书 15 行，满行 7 字。

撰书：伊兴阿撰并书。

出土：西安碑林旧藏。

现藏：西安碑林博物馆。

著录：《咸宁长安两县续志》《西安碑林全集》。

提要："存之堂"为伊兴阿斋号，帖之内容
是一首五言排律。

顾夔墓志

全称：皇清敕授文林郎山西灵石县知县前翰
林院庶吉士顾君墓志铭。

年代：清咸丰年间（1851—1861）刻立。

形制：共 3 石，尺寸相同。高 0.28 米，宽
0.92 米。

行字：志文行楷 66 行，满行 12 字。

撰书：张祥河撰，何绍基书。

现藏：西安碑林博物馆。

著录：《西安碑林全集》。

提要：此志文记载顾夔的家族世系、生平情
况。顾夔曾任咸安宫教司、安徽宣城

县教谕、翰林院庶吉士、山西灵石县
知县。著有《素庐诗词集》。

*朱昌颐题联

年代：清咸丰年间（1851—1861）刻立。

形制：高 1.24 米，宽 0.66 米。

行字：正文楷书 2 行，满行 10 字。

撰书：朱昌颐书。

出土：西安碑林旧藏。

现藏：西安碑林博物馆。

著录：《西安碑林全集》。

提要：联曰："天恩报于何处，惟有实心；
民力惜得几分，便是造福。"联语充
满忠君爱国思想，书法甚佳，宗承欧、
褚，而能作大字，极不易。

*城隍庙制度碑

年代：清咸丰年间（1851—1861）刻立。

形制：高 1.75 米，宽 0.77 米，厚 0.16 米。

行字：正文楷书 18 行，满行 54 字。

现藏：凤县双石铺镇张家尧村城隍庙。

提要：记载凤县城隍庙管理制度。

*城隍庙捐输地价姓名碑

年代：清咸丰（1851—1861）年间刻立。

形制：高 1.15 米，宽 0.8 米。

行字：正文楷书 9 行，满行 30 字。

现藏：凤县双石铺镇张家尧村城隍庙。

提要：刊载捐资修建城隍庙人姓名。

万鹤山重修庙祠碑记

年代：清同治元年（1862）刻立。

形制：圆首方座。通高 1.70 米，宽 0.61 米，
厚 0.10 米。

行字：额楷书，碑阳题"皇清"2 字，碑阴题

"碑记"2 字。正文楷书,碑阳 20 行,满行 43 字,碑阴 30 行,满行 48 字。

撰书:李秀升书。

纹饰:碑额饰盘龙图案,碑身饰菊花、牡丹、富贵纹,碑阴饰牡丹、富贵纹。

出土:原在黄龙县莲云寺原址中。

现藏:黄龙县石堡镇安善村无量山莲云寺内。

提要:记重修庙祠之经过、背景及捐资情况。

*保护武侯祠财产告示牌

年代:清同治元年(1862)刻立。

形制:平首方座。通高 1.51 米,宽 0.69 米,厚 0.10 米。

行字:正文楷书 17 行,满行 40 字。

现藏:勉县武侯祠博物馆。

著录:《汉中碑石》。

提要:记武侯祠住持陈本禄及其徒柏合新等人侵吞庙产,致庙宇倾颓。同治元年,沔县县令将武侯祠庙产交武侯墓道人闫嘉增、三元宫道人文青松管理。但有生员反映闫、文等人亦不守道规,故又饬令留侯庙选派道人李永云前来住持管理事。

龙兴寺重修法幢

年代:清同治元年(1862)刻立。

形制:八棱柱形。高 1.51 米,每面宽 0.14 米。

行字:正文楷书 48 行,满行 51 字。

纹饰:顶部饰八卦图案。

现藏:乾县梁村镇梁村龙兴寺内。

著录:《新编乾县志》。

提要:该法幢主要刻《道德经》内容及重修龙兴寺的简单经过。

曹氏夫妇墓碑

年代:清同治元年(1862)刻立。

形制:高 1.67 米,宽 0.54 米,厚 0.13 米。

纹饰:碑额饰双螭云纹,碑身四周饰蔓草、云纹。

现藏:彬县北极镇六甲村。

提要:此系曹氏夫妇合葬墓碑。

蒋奎佑暨妻吕氏田氏合葬墓志

全称:蒋奎佑暨德配吕田安人合葬墓志铭。

年代:清同治二年(1863)刻立。

形制:志长 0.30 米,宽 0.16 米。

行字:册页式。志文楷书 42 行,满行字数不详。

撰书:杨维藩撰,康为善书,同拱辰篆盖。

现藏:合阳县博物馆。

提要:记载蒋奎佑继配吕安人、田安人的家世、生平。

*徐淡园墓志

年代:清同治二年(1863)刻立。

形制:志正方形。尺寸不详。

行字:志文楷书 20 行,满行 30 字。

出土:蒲城县上王镇上王村。

现藏:蒲城县文物保护开发中心。

提要:记徐淡园生平。

*徐氏殉难记

年代:清同治二年(1863)刻立。

形制:方首。高 1.10 米,宽 0.70 米。

现藏:安康市关庙镇老林河洞口。

著录:《安康碑版钩沉》。

提要:记载同治元年(1862)曹贵时火烧匿藏于附近老林河之石洞的四十余人一事。

重修火帝庙记

年代:清同治二年(1863)刻立。

形制：圆首方额。宽 0.78 米，厚 0.26 米。

行字：正文楷书 22 行，满行 42 字。

撰书：马有章撰，党增广书。

纹饰：碑额饰二龙戏珠图案，碑身四周饰九曲回纹。

出土：原立于武功县城关镇北关，1996 年移存武功县文庙。

现藏：武功县城隍庙碑廊。

提要：记载清嘉庆年间重修武功火帝庙的有关事宜。

*蔺国桢夫妇墓碑

年代：清同治三年（1864）刻立。

形制：高 1.50 米，宽 0.19 米，厚 0.10 米。

行字：正文楷书 10 行，共 130 字。

撰书：儒士增撰。

纹饰：碑身两边饰蔓草纹。

现藏：富县寺仙镇兴民村。

提要：此系蔺国桢夫妇合葬墓碑。

修补永庆桥香钱碑记

年代：清同治三年（1864）刻立。

形制：高 1.70 米，宽 0.73 米，厚 0.16 米。

行字：正文楷书 16 行，满行 39 字。

撰书：靳道生撰，刘乙照书。

现藏：澄城县冯原镇永庆桥。

著录：《澄城碑石》。

提要：记澄城两任县令胡彬、马奎烺先后于西社村立市以输纳香钱修桥之事。

*韩城县令为文庙灯围被窃告示碑

年代：清同治三年（1864）刻立。

形制：高 0.72 米，宽 0.43 米。

行字：正文楷书 6 行，满行 31 字。

现藏：韩城市博物馆。

提要：记知县袁一阳为文庙灯围被窃案告示各商号铺户事。

*花甲重周寿字

年代：清同治三年（1864）刻立。

形制：高 1.75 米，宽 0.93 米。

行字：正文草书 1 字。跋文行书 3 行，行字数不等。

撰书：马德昭书并跋。

出土：西安碑林旧藏。

现藏：西安碑林博物馆。

著录：《西安碑林全集》。

提要：此碑所书"寿"字，由"九十九"与"廿一"两个数目组合而成，取花甲重周之意。

*吕松年题联

年代：清同治三年（1864）刻。

形制：高 1.06 米，宽 0.30 米。

行字：正文隶书 2 行，满行 7 字。

撰书：吕松年书，吕福俟摹。

出土：西安碑林旧藏。

现藏：西安碑林博物馆。

著录：《西安碑林全集》。

提要：上联"眉齐案梁家夫妇"，下联"笏满床郭氏儿孙"。上联指东汉时扶风县以举案齐眉、相敬如宾而为人称道的梁鸿、孟光夫妇；下联指唐代华州以忠孝传家、一门三代数十人皆任朝廷重官而为士荣羡的郭子仪家族。

*张公妻李氏墓碑

年代：清同治三年（1864）刻立。

形制：圆首方座。通高 2.31 米，宽 0.75 米，厚 0.11 米。

纹饰：碑额饰二龙戏珠图案，碑身饰书籍及
云纹。

现藏：彬县炭店镇百子沟

提要：记载张公及李氏之生平。

增修香严寺碑记

年代：清同治四年（1865）刻立。

形制：方首方座。高 1.36 米，宽 0.67 米。

行字：正文楷书 30 行，满行 42 字。

撰书：续维撰，赵元成书。

纹饰：碑身四周饰万字纹、杂宝纹等。

现藏：榆林市榆阳区香严寺。

备注：剥蚀较严重。

提要：记载香严寺住持广语会同各会人等化
缘，于同治三年至四年（1864—1865）
修香严寺事。

李兴仁墓志

全称：李公墓志铭。

年代：清同治四年（1865）刻。

形制：志长 0.76 米，宽 0.60 米。

行字：志文楷书 20 行，满行 20 字。

现藏：洛川县博物馆。

提要：记载李兴仁生平事迹。

重修石佛洞碑

年代：清同治四年（1865）刻立。

形制：圆首。通高 1.18 米，宽 0.52 米，厚
0.13 米。

行字：正文楷书，行字数不详。

纹饰：碑额饰二龙戏珠图案，碑身四周饰
回纹。

出土：蒲城县孙镇南原头村石佛洞。

现藏：蒲城县孙镇南原头村东部。

提要：记载捐资修建石佛洞事。

解忧勋墓志

全称：皇清国学监生放亭解府君墓志铭。

年代：清同治四年（1865）刻。

形制：志长 0.61 米，宽 0.63 米，厚 0.13 米。

行字：盖文隶书 4 行，满行 3 字，题"皇清
国学监生放亭解府君墓志铭"。志文
楷书 65 行，满行 12 字。

撰书：解鼎铸撰并书。

现藏：韩城市博物馆。

提要：墓志记载解优勋的家族世系、生平。

蓝田县吕氏培修四献祠碑

年代：清同治四年（1865）刻立。

形制：圆首圭额。高 1.48 米，宽 0.56 米，
厚 0.10 米。

行字：志文楷书 17 行，满行 48 字。

撰书：□斗衡撰，谢惟藩书。

纹饰：碑额饰二龙戏珠图案。

出土：蓝田县四吕墓地，时间不详。

现藏：蓝田县蔡文姬纪念馆。

著录：（光绪）《蓝田县志》。

提要：记述蓝田县吕氏培修四献祠的原因
和经过。

重修文庙碑记

年代：清同治四年（1865）刻立。

形制：方座。高 1.65 米，宽 0.92 米，厚
0.09 米。

行字：正文楷书 10 行，满行 40 字。

撰书：郭焱昌撰。

纹饰：碑额残存云龙纹，碑身四周饰几何云
龙纹。

出土：1997 年出土于旬阳县邮电局家属楼
基建工地。

现藏：旬阳县文庙。

著录：《旬阳文博》。

备注：碑额残。

提要：记载清同治年间，旬阳知县孙潍倡导捐资重修文庙两庑及棂星门事宜。

*赵长龄咏贵妃墓诗碑

年代：清同治四年（1865）刻立。

形制：高 0.54 米，宽 0.30 米，厚 0.07 米。

行字：正文行楷 3 行，满行 13 字。

撰书：赵长龄撰。

现藏：兴平市杨贵妃墓博物馆。

提要：此碑为赵长龄于同治四年所作的一首绝句。

唐廷宰妻王氏墓志

全称：皇清敕旌节孝诰封恭人王太恭人墓志铭

年代：清同治四年（1865）刻。

形制：共 5 石，尺寸相同。长 0.60 米，宽 0.26 米，厚 0.06 米。

行字：册页式。盖文篆书 6 行，满行 3 字，题"皇清敕旌节孝诰封恭人王太恭人墓志铭"。志文楷书 96 行，满行 18 字。

撰书：彭绳祖撰，许时书，宋金镒篆盖。

出土：1970 年出土于旬邑县太村镇唐家村。

现藏：旬邑县唐家民俗博物馆。

著录：《咸阳碑刻》。

提要：记唐廷宰妻王氏生平及子嗣情况。

阵亡团勇姓名碑记

年代：清同治四年（1865）刻立。

形制：圆首圭额。通高 1.89 米，宽 0.70 米，厚 0.24 米。

行字：正文楷书 18 行，满行 43 字。

纹饰：碑额饰双螭图案，碑身四周饰四君子图案。

现藏：乾县梁村镇北郭冯家村东北小庙前。

提要：记载同治元年（1862）以来，兵连祸接，村人在梁子村组织团练以保卫地方安宁，团勇阵亡事。

汪先第暨妻胡氏墓碑

全称：清故显考汪公先第大人显妣汪母胡老孺人之合墓。

年代：清同治四年（1865）刻立。

形制：高 1.10 米，宽 0.60 米。

行字：正文楷书 8 行，满行 32 字。

现藏：镇安县黄龙寨。

提要：记述墓主人由湖北大冶迁来之经过及在镇安生产、生活简况。

义田条规

年代：清同治四年（1865）刻立。

形制：共 2 石，尺寸相同。高 0.63 米，宽 1.25 米。

行字：正文楷书 30 行，满行 17 字。

纹饰：碑身四周饰卷草花卉纹。

现藏：岚皋县花里镇后街。

著录：《安康碑版钩沉》。

提要：记载捐置义田条规事。

王公行传叙碑

年代：清同治五年（1866）刻立。

形制：高 1.76 米，宽 0.66 米，厚 0.16 米。

行字：正文楷书 16 行，满行 48 字。

撰书：张邦治撰，张洪基题。

纹饰：碑身四周饰花卉人物图案。

现藏：千阳县草碧镇上店村。

提要：概述立碑原因及王家三兄弟德行。

*大福寺地界碑

年代：清同治五年（1866）刻立。

形制：圆首方座。高 1.50 米，宽 0.65 米，厚 0.12 米。

行字：正文楷书 16 行，满行 35 字。

纹饰：碑身饰折线纹及水波纹。

现藏：佳县上高寨乡大福寺。

备注：碑下部剥蚀较重，部分字迹漫漶不清。

提要：记载徐云禄等施舍地予大福寺及地之四至。

*禁诈乡民碑

年代：清同治五年（1866）刻立。

形制：圆首方座。高 1.73 米，宽 0.80 米，厚 0.10 米。

行字：正文楷书 23 行，满行 61 字。

现藏：佛坪县十亩地镇十亩地村。

著录：《新编佛坪县志》。

提要：清同治年间，佛坪十亩地一带，地处偏僻，旧章俱废，官吏差役百姓无所遵循，致使诸事纷乱，立此碑刻诸条例，永示于众，以治官吏、差役人等欺诈乡民。

勘定庙界碑

年代：清同治五年（1866）刻立。

形制：圆首方座。通高 1.58 米，宽 0.80 米，厚 0.18 米。

行字：正文楷书 12 行，满行 24 字。

撰书：梁嘉麟撰。

现藏：留坝县张良庙文物管理所。

备注：碑身左上角有残缺。

提要：记载留侯庙内地界四至。

合邑二十八里值年里长募捐碑

年代：清同治五年（1866）刻立。

形制：螭首方座。通高 2.64 米，宽 0.72 米。

行字：正文楷书 3 行，满行 26 字。

纹饰：碑额饰二龙戏珠图案，碑身四周饰卍纹。

现藏：韩城市博物馆。

提要：记载村民捐款金额。

*范茂亭暨妻武氏墓碑

年代：清同治五年（1866）刻立。

形制：圆首。通高 1.12 米，宽 0.48 米，厚 0.14 米。

行字：志文楷书 15 字。

纹饰：碑额饰双龙图案。

现藏：蒲城县兴镇兴东村。

提要：此系范氏后人所立墓碑。

重修明伦堂碑记

年代：清同治五年（1866）刻立。

形制：螭首方座。通高 3.10 米，宽 0.79 米。

行字：额篆书"皇清"2 字。正文楷书 11 行，满行 84 字。

撰书：余庚阳撰，韩怿成书。

纹饰：碑额饰二龙戏珠图案，碑身四周饰富贵连珠纹。

现藏：韩城市博物馆。

著录：（乾隆）《韩城县志》。

提要：记载知县李锡鉁于同治五年重修明伦堂之事。

县正堂李锡鉁捐俸银碑

年代：清同治五年（1866）刻立。

形制：螭首方座。通高 3.10 米，宽 0.75 米。

行字：正文楷书 3 行，满行 21 字。

纹饰：碑额饰二龙戏珠图案。

现藏：韩城市博物馆。

提要：此碑记韩城知县李锡鉁捐俸银 200

两事。

创修白衣菩萨门房记碑

年代： 清同治五年（1866）刻立。

形制： 高 0.62 米，宽 1.30 米。

行字： 正文楷书 49 行，满行 22 字。

撰书： 宋逢源撰并书。

纹饰： 碑身四周饰卷草纹。

现藏： 铜川市耀州区博物馆。

提要： 记载清代修建白衣菩萨门房事。

*一笔虎字碑

年代： 清同治五年（1866）刻立。

形制： 平首方座。高 1.75 米，宽 0.96 米。

行字： 正文草书 1 字。

撰书： 马德昭书。

出土： 西安碑林旧藏。

现藏： 西安碑林博物馆。

著录：《西安碑林全集》。

备注： 碑阴刻马德昭草书七言对联。

提要： 此碑所书为一笔"虎"字，碑阴所刻对联内容为："多福多寿多男子，如山如阜如岗陵。"

齐母庞氏墓碑

全称： 皇清诰封故显妣齐母庞老孺人之墓。

年代： 清同治五年（1866）刻立。

形制： 高 1.36 米，宽 0.66 米。

行字： 正文楷书 11 行，满行 47 字。

撰书： 李耀甲撰并书。

现藏： 镇安县张家镇磨里沟口。

提要： 记述齐汉纬元配庞氏生前相夫教子获得诰封事。

忠烈大冢碑记

年代： 清同治六年（1867）刻立。

形制： 通高 2.05 米，宽 0.70 米。

行字： 正文楷书 12 行，满行 30 字。

纹饰： 碑额饰有图案，边旁饰草叶纹。

出土： "文化大革命"后发现于汉中新南门外，后移至古汉台。

现藏： 汉中博物馆。

备注： 此碑分镌四碑，三碑已佚。

提要： 记述同治二年（1863）太平天国陈得才、赖文光等率军西进攻破汉中，陕西巡抚刘蓉处理善后，将遇难者遗骸掩埋事。

陈氏墓碑

全称： 皇清待赠孺人显继妣陈氏之墓。

年代： 清同治六年（1867）刻立。

形制： 圆首方座。通高 1.47 米，宽 0.41 米，厚 0.16 米。

纹饰： 碑额饰二龙戏珠图案，碑身四周饰几何纹。

现藏： 陇县城关镇陶家堡村。

提要： 记陈氏生平。

*岐山县嘉奖抗回捻碑记

年代： 清同治六年（1867）刻立。

形制： 高 0.40 米，宽 0.90 米。

行字： 正文楷书 16 行，满行 14 字。

撰书： 黄兆熊书。

出土： 1980 年出土于岐山县城北大街。

现藏： 岐山县博物馆。

著录：《岐山文史资料》（第六辑）。

提要： 此碑为清代岐山地方政府抗捻军回民起义进攻而制作的嘉奖碑。

重建五龙寺记碑

年代： 清同治六年（1867）刻立。

形制：圆首方座。高 1.00 米，宽 0.60 米。

行字：正文楷书 20 行，满行 20 字。

撰书：王应聘撰。

出土：原立于略阳县仙台坝。

现藏：略阳县灵岩寺博物馆。

提要：记载重建五龙寺事。

山水竹之间

年代：清同治六年（1867）刻立。

形制：高 0.29 米，宽 0.88 米。

行字：正文行书 5 字。

撰书：周保清书。

出土：西安碑林旧藏。

现藏：西安碑林博物馆。

著录：《西安碑林全集》。

提要：此碑所书"山水竹之间"榜额。

熊承珩暨妻石氏墓碑

全称：故显考熊公承珩大人显妣熊母石老孺
人之墓。

年代：清同治六年（1867）刻立。

形制：高 1.35 米，宽 0.65 米。

行字：正文楷书 24 行，满行 30 字。

撰书：熊承琏撰并书。

现藏：镇安县青铜关镇阳山村。

提要：记述墓主人由湖北武昌府兴国州迁镇
安之经过。

*旬阳知县严禁埠头讹索过往船户告示碑

年代：清同治六年（1867）刻立。

形制：圆首方座。高 1.25 米，宽 0.65 米，
厚 0.15 米。

行字：正文楷书 8 行，满行 20 字。

现藏：旬阳县蜀河镇杨泗庙上殿。

著录：《安康碑石》。

提要：记旬阳县埠头不按规定、勒索船户，
故县令告示严禁事。

*西门护城河碑

年代：清同治六年（1867）刻立。

形制：高 1.28 米，宽 0.45 米，厚 0.04 米。

行字：正文楷书 12 行，满行 37 字。

撰书：曾镇生志并书。

现藏：汉阴县三沈纪念馆。

提要：记载修建汉阴县城西门外城壕事。

重修钟鼓楼并墙垣碑记

年代：清同治六年（1867）刻立。

形制：高 1.40 米，宽 0.70 米。

行字：正文楷书 16 行，满行 48 字。

撰书：高挺选撰。

出土：此碑自立未移。

现藏：岐山县五丈原诸葛亮庙博物馆。

著录：《岐山县志》。

提要：记载重修五丈原武侯祠钟楼并墙
垣事。

*聂先堂墓碑

年代：清同治六年（1867）刻立。

形制：高 1.18 米，宽 0.68 米。

行字：正文楷书 9 行，满行 28 字。

撰书：方伟豪撰并书。

现藏：镇安县西口回族镇黑沟村。

提要：记述聂先堂由湖北襄阳府枣阳县迁入
镇安创业兴家等况。

朱良琦墓碑

全称：皇清待赠显考文学朱公良琦大人之墓。

年代：清同治六年（1867）刻立。

形制：圆首。高 1.10 米，宽 0.67 米。

现藏：紫阳县和平乡走马坪。

著录：《安康碑版钩沉》。

提要：记载同治三年（1864）太平军进入紫阳县，朱良琦募乡勇20人驰援官兵事。

重修城墙记

年代：清同治七年（1868）刻立。

形制：高 0.81 米，宽 0.52 米。

行字：正文楷书 5 行，满行 26 字。

现藏：蒲城县博物馆。

提要：碑中记叙蒲城六井村在同治年间年久失修，乡民捐银补修城墙事。

*旬阳县风俗碑

年代：清同治七年（1868）刻立。

形制：圆首。高 1.75 米，宽 0.83 米。

撰书：孙潍撰，张采书。

现藏：旬阳县构元镇新天铺。

著录：《安康碑版钩沉》。

提要：记载旬阳县为正风化，颁布禁令六条事。

捐置养济院记

年代：清同治七年（1868）刻立。

形制：圆首方座。高 1.98 米，宽 0.83 米，厚 0.12 米。

行字：额篆书 2 行，满行 2 字，题"养济院记"。正文楷书 17 行，满行 56 字。

撰书：孙潍撰，周绅书。

纹饰：碑额饰龙纹。

现藏：旬阳县城西门外洞儿碥。

著录：《安康碑石》。

提要：记洵阳县知县孙潍捐资置地及屋舍，以为养济院之用。

齐进和妻张氏碑

全称：节妇齐公讳进和妻张氏碑。

年代：清同治七年（1868）刻立。

形制：高 1.45 米，宽 0.60 米。

行字：正文楷书 12 行，满行 32 字。

撰书：王道南撰，齐懋修书。

现藏：洛南县石门镇桥河村。

提要：记载张氏守寡教子持家受皇帝旌表事。

雷百顺暨妻屈氏墓碑

全称：显祖考雷府君讳百顺字吉轩号乐山显祖妣雷孺人屈氏行一之墓。

年代：清同治七年（1868）刻立。

形制：高 1.31 米，宽 0.58 米。

行字：正文楷书 20 行，满行 23 字。

撰书：姜承诏撰并书。

出土：原在洛南县古城镇医院。

现藏：洛南县古城镇雷永红家。

提要：记载雷百顺由合阳迁居洛南五代兴家立业事。

郭氏捐设义馆重修碑记

年代：清同治七年（1868）刻立。

形制：高 1.00 米，宽 0.58 米。

行字：正文楷书 24 行，满行 24 字。

撰书：郭森撰，郭惟炳书。

现藏：商洛市商州区腰市镇郭家村郭家祠堂。

提要：记载郭氏合族公议捐资兴办义学、免费招收学子入学事及捐款人姓名。

留侯庙接管沔邑武侯祠墓碑

年代：清同治八年（1869）刻立。

形制：平首方座。通高 2.16 米，宽 1.10 米，厚 0.20 米。

行字：正文楷书，分上、下两栏。上栏 32

行，满行 21 字。下栏楷书 33 行，满
行 30 字。

撰书：王凤阳书，任永真勒石。

现藏：留坝县张良庙文物管理所。

著录：《张良庙匾联石刻诗文集注》。

提要：此碑共分两部分内容，第一部分记载
咸丰十一年（1861），张良庙接管沔
县武侯祠、武侯墓和马超祠庙宇旧地。
第二部分为邱祖训文，记录了道教全
真派之祖邱处机教导道徒的典文。

秦域村八社重修诸神庙序

年代：清同治八年（1869）刻立。

形制：高 1.06 米，宽 0.36 米。

行字：正文楷书 12 行，满行 47 字。

撰书：刘荫棠撰。

出土：原在洛南县寺坡镇。

备注：佚碑存拓。

提要：记载回民起义事。

余嗣派墓志

全称：例授道会司余公嗣派复心正性之墓志。

年代：清同治八年（1869）刻。

形制：长 0.80 米，宽 1.53 米。

行字：志文楷书 14 行，满行 21 字。

撰书：丁本汪刻。

纹饰：碑额饰双龙图案，碑身饰花瓶图案。

出土：略阳景县灵岩寺旧藏。

现藏：略阳县灵岩寺博物馆。

提要：记载余嗣派生平。

徐秀龙暨妻易氏墓碑

全称：皇清诰授奉直大夫显考徐公鸣玉夫人
显妣徐母易老宜人合墓。

年代：清同治八年（1869）刻立。

形制：高 1.23 米，宽 0.41 米。

行字：正文行楷 16 行，满行 32 字。

撰书：孟筠撰。

出土：1955 年出土于西安市近郊。

现藏：西安碑林博物馆。

著录：《西安碑林全集》。

提要：记载徐秀龙及夫人的生平。

重修千佛洞碑记

年代：清同治八年（1869）刻立。

形制：圆首方座。高 1.72 米，宽 0.72 米。

行字：额楷书"皇清同治八年孟秋吉日立"
11 字。正文楷书 26 行，满行 54 字。

撰书：陈明选撰，陈宗舜、王建国书。

现藏：旬阳县赤岩镇千佛洞。

著录：《安康碑石》。

提要：记同治间重修千佛事。

*惠三生致命处碑

年代：清同治八年（1869）刻立。

形制：高 2.00 米，宽 0.92 米，厚 0.20 米。

撰书：左宗棠撰并书。

出土：彬县城北七星台。

现藏：彬县文化馆。

提要：记述邠州回民武生惠喜桂、惠广东、
惠协吉三人被汉民民团误杀，其母
饿毙惠家堡外的惨剧。同治八年左
宗棠按部至邠，得知其情，亲自书
碑为三生昭雪。

育婴会碑

年代：清同治八年（1869）刻立。

形制：方首。高 1.60 米，宽 0.85 米。

现藏：紫阳县瓦房店小学内。

著录：《安康碑版钩沉》。

提要：记载紫阳县溺女成风，监生熊中立等
倡议设立育婴会事。

*修太山庙三圣殿龙兴寺碑

年代：清同治八年（1869）刻立。

形制：圆首。高 1.38 米，宽 0.88 米。

行字：正文楷书 29 行，满行 50 字。

现藏：镇安县永乐镇峪沟花甲村太山庙。

提要：记述重修太山庙三圣殿龙兴寺及复修圣像的因由过程。

*重修关帝圣母庙碑

年代：清同治八年（1869）刻立。

形制：高 1.12 米，宽 0.62 米。

行字：正文楷书 9 行，满行 37 字。

现藏：镇安县铁厂镇红铜村。

提要：记述该地维修关帝、圣母二庙及功德人名。

李狄门德教碑

全称：皇清例授修职佐郎安业书院山长狄门李老夫子德教碑。

年代：清同治八年（1869）刻立。

形制：高 2.00 米，宽 1.00 米。

行字：正文楷书 13 行，满行 53 字。

撰书：何士全撰，汪淮南书。

现藏：镇安县安业书院旧址。

提要：记述安业书院山长李狄门在执教期间某些事绩。

熊母石氏墓碑

全称：故先妣熊母石老孺人之墓。

年代：清同治八年（1869）刻立。

形制：高 1.30 米，宽 0.60 米。

行字：正文楷书 8 行，满行 32 字。

现藏：镇安县青铜关镇阳山村。

提要：记述熊祖湖元配石氏生前懿行及死后葬地。

*学古之道碑

年代：清同治八年（1869）刻立。

形制：圆首。高 2.15 米，宽 0.90 米，厚 0.19 米。

行字：正文楷书 7 行，满行 13 字。

撰书：贺瑞麟撰并书，张文治刻。

现藏：三原县博物馆。

提要：记载朱熹《白鹿洞赋》中语句，贺瑞麟摘抄。

陆公德政碑

全称：合阳县邑侯陆公酌减平馀德政碑。

年代：清同治九年（1870）刻立。

形制：高 1.41 米，宽 0.65 米。

行字：正文楷书 13 行，满行 50 字。

撰书：秦镜中撰并书。

现藏：合阳县博物馆。

提要：记载合阳知县陆公新制章程，减免税收事。

雷家台重修城池碑记

年代：清同治九年（1870）刻立。

形制：圆首方座。通高 1.38 米，宽 0.52 米，厚 0.16 米。

行字：正文楷书 16 行，满行 25 字。

撰书：李蔚秀撰，康珍书。

出土：原存扶风县绛帐镇雷家村。

现藏：扶风县博物馆。

提要：记录了雷家村村民为抵御匪祸，村人雷灯等率全村村民修复城池，一年功成告峻之事。

*沔县正堂严禁侵吞庙产碑

年代：清同治九年（1870）刻立。

形制：平首方座。通高 1.52 米，宽 0.70 米，厚 0.13 米。

行字：正文楷书 19 行，满行 35 字。

现藏：勉县武侯墓博物馆。

著录：《汉中碑石》。

提要：碑文对同治九年沔县知县刘显谟对马公祠与韩公祠的庙产做了追叙，并对同治年间张治岐侵吞庙产进行了处理，告诫人们不得侵吞武侯祠、马超、韩公祠等庙产财物。

鹅泉王先生像赞

年代：清同治九年（1870）刻立。

形制：高 0.65 米，宽 0.87 米。

行字：正文楷书 14 行，满行 17 字。

撰书：叶梦熊书。

现藏：合阳县博物馆。

提要：此碑分为两部分：第一部分是四言二十二句，是对江西泰和人王鹅泉先生的赞辞，第二部分是王鹅泉先生的生平及政绩的介绍。

创修三大士暖阁并重修庙宇碑记

年代：清同治九年（1870）刻立。

形制：高 0.57 米，宽 0.31 米。

行字：正文楷书 15 行，满行 13 字。

撰书：马乳源撰，范朋照书。

现藏：合阳县城关镇大郭村。

提要：记载大郭村创修三大士以及重修庙宇的历史。

沈鹬英墓碑

全称：皇清新故蓝翎千总沈公讳鹬英墓。

年代：清同治九年（1870）刻立。

形制：圆首。高 1.12 米，宽 0.48 米，厚 0.07 米。

行字：额楷书"皇清"2 字。正文楷书 1 行 12 字。

纹饰：碑身四周饰几何纹及水波纹。

出土：1996 年出土于绥德县粮食局。

现藏：绥德县博物馆。

著录：《榆林碑石》。

备注：座佚。

提要：上款"同治九年全月上浣日立"，下款"系甘肃庆阳府怀县人氏"。

*重修西岳庙碑

年代：清同治九年（1870）刻立。

形制：螭首龟座。高 3.60 米，宽 0.77 米。

行字：正文篆书 13 行，满行 32 字。

撰书：左宗棠撰并书。

出土：华阴市西岳庙文物管理处旧藏。

现藏：华阴市西岳庙文物管理处。

著录：（乾隆）《华阴县志》《华山碑石》。

备注：碑额与碑身分离。

提要：记同治元年（1862）陕甘回民起义，西岳庙被焚毁，后于同治六年至九年重修事。

*一笔寿字碑

年代：清同治九年（1870）刻立。

形制：高 2.29 米，宽 1.26 米。

行字：正文草书 1 字"寿"。

撰书：马德昭书。

出土：西安碑林旧藏。

现藏：西安碑林博物馆。

备注：碑阴刻马德昭草书七言对联一幅及"如意"二字，行书"不可说"三字。

提要：七言对联曰："奇石筹于尊者相，老藤缠作献之书。"

寇东岩墓志

全称：寇公墓志铭。

年代：清同治九年（1870）刻立。

形制：志长 0.52 米，宽 0.58 米。

行字：志文楷书 63 行，满行 20 字。

撰书：张鹏撰，柴希颜书。

现藏：洛南县博物馆。

提要：记载寇东岩的生平。

*补修三星寨三圣官碑

年代：清同治九年（1870）刻立。

形制：圆首。高 1.05 米，宽 0.58 米。

撰书：风云子书。

现藏：紫阳县复青乡三星寨内。

著录：《安康碑版钩沉》。

备注：碑文多处漫漶。

提要：记载公议补修三圣宫之事。

*桃花洞置地文约碑

年代：清同治九年（1870）刻立。

形制：圆首方座。高 1.07 米，宽 0.54 米。

行字：正文楷书 10 行，满行 31 字。

纹饰：碑额饰瑞兽纹，碑身两侧饰忍冬纹。

现藏：旬阳县蜀河镇北街外砭上桃花洞。

著录：《安康碑石》。

提要：记同治三年（1864）兵荒，谢学魁等避难桃花洞，后置地以酬谢神事。

蒲恒山墓碑

全称：钦赐八品寿官显考恒山蒲府君之墓。

年代：清同治九年（1870）刻立。

形制：高 1.35 米，宽 0.75 米，厚 0.19 米。

行字：正文楷书 14 行，共 686 字。

撰书：贾庚撰并书。

纹饰：碑身四周饰云纹。

现藏：太白县嘴头镇李家沟村。

提要：碑记蒲公生平。

酌改摊派六里差徭章程碑记

年代：清同治九年（1870）刻立。

形制：圆首方座。高 2.40 米，宽 0.78 米，厚 0.20 米。

行字：正文楷书 17 行，满行 51 字。

撰书：王诹撰。

出土：原立于耀县县署。

现藏：药王山博物馆。

备注：碑断裂为三块。

提要：记载百姓完税之外，杂差名目众多，故耀州知州为均摊差役而立章程事。

重修汉台碑记

年代：清同治十年（1871）刻立。

形制：通高 0.65 米，宽 1.23 米。

行字：正文楷书 28 行，满行 16 字。

撰书：刘埜撰并书。

现藏：汉中博物馆。

提要：记述同治二年（1863），汉台遭兵燹之扰，屋宇毁坏，满径荒芜。刘知府于四年（1865）到任，力捐俸禄，将倾颓之处一一修复。

石门道记

年代：清同治十年（1871）刻立。

形制：高 0.69 米，宽 1.60 米。

行字：正文隶书 35 行，满行 20 字。

撰书：倪兰畹撰，罗秀书书，莫增奎跋。

现藏：汉中博物馆。

提要：此碑为考察石门故地的景物和石刻。

文昌帝君阴骘文

年代：清同治十年（1871）刻立。

形制：高 0.82 米，宽 0.50 米。

行字：正文楷书 29 行，满行 20 字。

撰书：穆在涵书。

出土：嵌于西乡县清真南寺墙壁之上。

现藏：西乡县清真南寺。

提要：此碑内容为《文昌帝君阴骘文》，是道教劝善书的一种，以通俗的形式劝人行善积阴德，久必将得到神灵赐福。

*罗秀书游石门题诗碑

年代：清同治十年（1871）刻立。

形制：高 0.38 米，宽 0.84 米。

行字：正文隶书 13 行，满行 7 字。

撰书：罗秀书撰并书。

现藏：汉中博物馆。

著录：《石门石刻大全》。

提要：题诗为"石门创建永平年，伟烈千秋仰屹然。影漏褒斜云外树，明通汉沔镜中天。龙潭遥忆高士隐，鸟篆频书太守贤。与此埋环堪比拟，得临福地即神仙"。

*重修杨姥道观碑

年代：清同治十年（1871）刻立。

形制：圆首。

行字：正文楷书 13 行，满行 36 字。

撰书：史玉峰撰，屈勉斋书。

纹饰：碑额饰花卉纹。

出土：原在华阴县夫水镇官道旁，1980 年移入西岳庙。

现藏：华阴市西岳庙文物管理处。

著录：《华山碑石》。

提要：记杨姥神道设教处之由来以及募捐重修道观事。

员母李氏墓志

全称：皇清敕旌节孝例封太宜人员母李太宜人祔葬墓志铭。

年代：清同治十年（1871）刻立。

形制：共 3 石，尺寸相同。长 0.75 米，宽 0.32 米。

行字：志文楷书 70 行，满行 18 字。

撰书：周秋元撰，李启讷书。

出土：1984 年出土于华阴县上洼村。

现藏：西安碑林博物馆。

著录：《华山碑石》。

提要：记李氏之生平、子嗣情况。

孙真人先茔碑

全称：敕封妙应真人圣神之先茔。

年代：清同治十年（1871）刻立。

形制：螭首。高 2.05 米，宽 0.67 米，厚 0.16 米。

行字：正文楷书 11 行，满行 61 字。

出土：此碑自立未移。

现藏：铜川市耀州区孙塬镇孙塬村"药王墓"内。

提要：记载孙塬村阖社弟子为孙思邈立碑事。并记载孙思邈的生平事迹和去世的时间"永淳二年（683）二月十五日羽化"，以及墓地占地面积"一十七亩五分六厘"等情况。

*左宗棠题联

年代：清同治十年（1871）刻立。

形制：高 1.63 米，宽 0.63 米。

行字：正文篆书 2 行，满行 7 字。跋文楷书 4 行，满行 24 字。

撰书：左宗棠书，管晏跋。

出土：西安碑林旧藏。

现藏：西安碑林博物馆。

备注：石中断，上截又裂为四块。

提要：联云："损人欲以复天理，蓄道德而能文章。"

天外奇峰

年代：清同治十一年（1872）刻立。

形制：高 0.25 米，宽 1.00 米。

行字：正文行楷 1 行 4 字。

撰书：慕寅撰并书。

现藏：榆林市红石峡东壁。

提要：此题赞美红石峡两山对峙，刀削石壁之雄态，上款"同治岁次壬申仲夏日"，下款"特授延绥镇标右营游击甘肃平凉府固原州慕寅题"。

别有天地

年代：清同治十一年（1872）刻立。

形制：高 1.50 米，宽 5.00 米。

行字：正文楷书 1 行 4 字。

撰书：陈国珍书。

现藏：榆林市红石峡东壁。

提要：上款"同治壬申□□□"，下款"副将延绥中军游击巴图鲁陈国珍"。

蓬莱仙岛

年代：清同治十一年（1872）刻立。

形制：高 1.25 米，宽 2.50 米。

行字：正文楷书 1 行 4 字。

撰书：蔡兆槐、成定康撰并书。

现藏：榆林市红石峡东壁地祇窟。

提要：上款"前署榆林府林士班，延绥兵备道成定康，前任榆林府蔡兆槐"。下款"同治壬年孟夏"。题刻者蔡兆槐，同治年间任榆林知府；成定康，同治九年任。

*筹集五祖圣会资金碑

年代：清同治十一年（1872）刻立。

形制：高 0.57 米，宽 0.74 米，厚 0.14 米。

行字：正文楷书 29 行，满行 20 字。

撰书：孟知言、陈世平刻撰。

现藏：洋县智果寺文物管理所。

著录：《汉中碑石》。

提要：记载五祖圣像因乾隆十四年（1749）河水涨溢而圮颓，信众历经多年重修庙宇事。

赵虎臣墓志

全称：皇清例授仕郎候选巡政厅从九品虎臣赵公墓志铭。

年代：清同治十一年（1872）刻立。

形制：志长 0.62 米，宽 0.61 米，厚 0.05 米。

行字：志文楷书 27 行，通行 32 字。

撰书：韩琛撰，李伯礼书。

现藏：潼关县东门博物馆。

提要：记载赵虎臣的生平。

重修湑水河桥碑记

年代：清同治十一年（1872）刻立。

形制：通高 1.63 米，宽 0.73 米，厚 0.12 米。

行字：正文楷书 11 行，满行 33 字。

撰书：英惠撰。

出土：此碑自立未移。

现藏：周至县佛坪厅故城文物管理所。

提要：碑阳记载道光二十八年（1848）修建湑水河桥的原因，碑阴记载同治十一年五月在原湑水河桥基础上重修湑水河桥。

助修清真古寺碑记

年代：清同治十一年（1872）刻立。

形制：圆首。高 1.69 米，宽 0.73 米。

行字：正文楷书 16 行，满行 24 字。

撰书：束文启撰，马元杰书。

现藏：安康市汉滨区新城寺。

著录：《安康碑版钩沉》。

提要：记载兴安郡东仁寿门内清真寺同治元年（1862）偶遭兵燹，合教重修事。

朱启万暨妻杜氏墓碑

全称：故显考朱公启万老大人显妣朱母杜氏老孺人之墓。

年代：清同治十一年（1872）刻立。

形制：高 1.15 米，宽 0.70 米。

行字：正文楷书 10 行，满行 29 字。

现藏：镇安县铁厂镇铁厂村。

提要：记述墓主人由武昌大冶迁入镇安创业守成简况。

齐德周暨妻褚氏墓碑

全称：皇清待赠显考齐公讳德周老大人显妣齐母元配褚老孺人之墓。

年代：清同治十一年（1872）刻立。

形制：高 1.55 米，宽 0.75 米。

行字：正文楷书 15 行，满行 48 字。

现藏：镇安县高峰镇磨里沟西坡村。

提要：记述齐德周无意功名，持家教子，于地方多善事云。

重修清真古寺碑记

年代：清同治十一年（1872）刻立。

形制：高 1.45 米，宽 0.95 米。

撰书：束文启撰并书。

纹饰：碑身四周饰几何纹。

现藏：安康市汉滨区新城寺大殿左侧。

著录：《安康碑版钩沉》。

提要：记载清真寺同治元年（1862）遭兵燹，郡人于同治五年、十年重修事。

徐先启暨妻徐氏墓碑

全称：显考徐公讳先启府君显妣徐母讳明老

安人之墓。

年代：清同治十一年（1872）刻立。

形制：高 1.27 米，宽 0.81 米。

行字：正文楷书 7 行，满行 32 字。

现藏：镇安县铁厂镇黄龙铺。

提要：记述墓主人于湖北兴国州迁入镇安，兴家立业，于同治初担任团总，因军功授六品等衔事。

重修朝阳古洞志

年代：清同治十一年（1872）刻立。

形制：高 0.30 米，宽 0.49 米。

行字：正文草书 7 行，满行 10 字。

撰书：龚云洪撰并书，韩有成刻字。

现藏：旬阳县蜀河镇杨泗庙。

著录：《安康碑石》。

提要：记同治三年太平军及川滇农民军在此地活动，古刹被焚后旬阳孙潍捐资倡首及众人重修蜀河朝阳洞事。

*陈尔万马嵬题诗碑

年代：清同治十一年（1872）刻立。

形制：高 0.46 米，宽 0.64 米，厚 0.14 米。

行字：正文行书 15 行，满行 12 字。

撰书：陈尔万撰。

现藏：兴平市杨贵妃墓博物馆。

提要：此碑为陈尔万在清同治壬申年（1872）烁仲作诗四首，表达了作者对天宝遗事的看法。

公选约保禁娼禁赌碑

年代：清同治十一年（1872）刻立。

形制：方首。高 1.40 米，宽 0.83 米。

纹饰：碑身四周饰卷草纹。

现藏：石泉县熨斗镇松树村麦坪二郎庙。

著录：《安康碑版钩沉》。

提要：记载石泉县熨斗镇松树乡麦坪公选约保，禁娼禁赌诸事。

*禁航运流弊以安行商碑

年代：清同治十一年（1872）刻立。

形制：圆首。高 1.53 米，宽 0.87 米。

行字：正文楷书 24 行，满行 50 字。

现藏：紫阳县城关镇新桃村。

著录：《安康碑版钩沉》。

提要：记载立规八条杜绝弊端，以确保航运事。

*宁陕厅建黄州会馆碑

年代：清同治十一年（1872）刻立。

形制：圆首。高 1.60 米，宽 0.68 米。

现藏：宁陕县老城小学。

著录：《安康碑版钩沉》。

提要：记载事宁陕县老城北门内黄州会馆筹建相关事宜。

唐鸿序母何氏墓志

全称：皇清诰封淑人唐母何太淑人墓志铭。

年代：清同治十一年（1872）刻立。

形制：共 4 石，尺寸相同。长 0.63 米，宽 0.32 米，厚 0.06 米。

行字：册页式。盖文篆书 5 行，满行 3 字，题“皇清诰封淑人唐母何太淑人墓志铭”。志文楷书 72 行，满行 13 字。

撰书：贺瑞麟撰并书，张增道篆盖。

出土：1970 年出土于旬邑县太村镇唐家村。

现藏：旬邑县唐家民俗博物馆。

著录：《咸阳碑刻》。

提要：记载何氏事孀姑尽孝，性俭质而好施与之生平。

王氏五门记墓碑

年代：约清同治十一年（1872）刻立。

形制：圆首方座。高 1.30 米，宽 0.60 米，厚 0.10 米。

行字：额篆书“皇清”2 字。正文楷书 20 行，满行 36 字。

撰书：王清涟撰，王迪吉书。

现藏：户县涝店镇三过村旁涝河堤畔。

著录：《户县碑刻》。

提要：记王氏五门祖宗墓的分布等情况。

重修完颜氏祖碑叙

年代：清同治十二年（1873）刻立。

形制：圆首方座。宽 0.67 米，高 1.53 米。

行字：正文楷书 17 行，满行 52 字。

撰书：侯建官撰，黄长庚书。

纹饰：碑阴额饰凤鸟纹。

现藏：岐山县蒲村镇洗马村祠堂内。

提要：碑分正反两面，正面碑文记岐山完颜氏一世祖完颜准系殷商箕子之后，元至正年间（1325—1368）始居安王屯，继修府于洗马庄，后世屡遭灾难及占地情况。碑石背面为完颜氏 1—11 世系列。

公议禁止金洋堰一切树木碑

年代：清同治十二年（1873）刻立。

形制：圆首方座。高 0.52 米，宽 0.35 米，厚 0.13 米。

行字：正文楷书 14 行，满行 22 字。

现藏：西乡县堰口镇金洋堰头碑墙。

著录：《汉中碑石》。

提要：记载同治十二年公议禁止在堰渠范围内破坏、砍伐树木，禁止在堰渠捕鱼，违例严惩事。

白骨塔序

年代：清同治十二年（1873）刻立。

形制：高 1.28 米，宽 0.67 米，厚 0.14 米。

行字：正文楷书 7 行，满行 36 字。

纹饰：碑额饰二龙戏珠，周边饰云形花边。

出土：原在略阳县白水江镇东娘娘庙山，嵌于塔壁。塔毁，移嵌于镇北城门洞西壁，1973 年又存于略阳灵岩寺博物馆。

现藏：略阳县灵岩寺博物馆。

著录：《灵岩流光》《汉中碑石》。

备注：白水江镇位于略阳县北 120 里，为略阳县重镇，又系水旱码头，陕甘川三省货物集散地。清同治十二年，有人在镇东娘娘庙山上修建一塔，以贮附近白骨，名曰白骨塔。

提要：记当地贫民死后无钱买棺而直接土葬，风霜历久，致骸骨为犬豕侵凌，故修建白骨塔以置残骸。

*敬献石桌记

年代：清同治十二年（1873）刻立。

形制：高 0.71 米，宽 0.60 米，厚 0.17 米。

行字：正文楷书 6 行，满行 15 字。

现藏：韩城市司马迁祠。

著录：《司马迁祠碑石录》。

提要：记载太史祠原有旧木桌无存，同治十二年春祭时，芝川八社乡廉捐献石桌供祭祀之用。

*静庵读书之则

年代：清同治十二年（1873）刻立。

形制：高 1.60 米，宽 0.82 米。

行字：正文楷书 10 行，满行 22 字。

撰书：赵静庵撰，赵云翰录。

现藏：韩城市博物馆。

提要：此碑劝读书人要坚其志、苦读书，以归有光为榜样。

*左宗棠题联

年代：清同治十二年（1873）刻立。

形制：共 2 石，尺寸相同。高 2.22 米，宽 0.47 米。

行字：正文篆书 2 行，满行 11 字。跋文行书 4 行，满行字数不等。

撰书：左宗棠书并跋。

出土：西安碑林旧藏。

现藏：西安碑林博物馆。

著录：《西安碑林全集》。

备注：碑阴附刻张曜行书对联。

提要：联云："负郭无田，几亩荒园都种竹；传家有宝，数间茅屋半藏书。"此联为左宗棠将离任陕甘总督时所书。

*小字兰亭序

年代：清同治十二年（1873）刻立。

形制：高 0.30 米，宽 0.64 米。

行字：正文行书 28 行，满行 12 字。跋文行书 6 行，满行 15 字。

撰书：晋王羲之撰，郭建本临并跋。

出土：西安碑林旧藏。

现藏：西安碑林博物馆。

著录：《西安碑林全集》。

提要：郭建本所临乃据南宋咸淳三年（1267）贾秋壑藏多宝阁本，亦即所谓"玉枕兰亭"者。

洛神赋

年代：清同治十二年（1873）刻立。

形制：共 2 石，尺寸相同。高 0.31 米，宽 0.62 米。

行字：正文楷书 43 行，满行 22 字。

撰书：曹植撰，郭建本书，刘恒堂刻。

出土：西安碑林旧藏。

现藏：西安碑林博物馆。

著录：《咸宁长安两县续志》《西安碑林全集》。

提要：《洛神赋》作者是三国魏曹植。晋王献之有《洛神赋十三行》，这十三行真迹在宋代被刻之玉石，世称《玉版十三行》，后不知所在。清康熙间为翁松年所得，贡入内府。有别本十三行将赋全部以行书或楷书等书之通行于世，然均属伪托。郭建本所临习者正是这种别本十三行，书于咸丰八年（1858），时人刻于碑林。

*同治十二年祭周陵碑

年代：清同治十二年（1873）刻立。

形制：圆首方座。通高 1.83 米，宽 0.73 米。

行字：正文楷书 19 行，满行 35 字。

出土：此碑自立未移。

现藏：咸阳市周陵文物管理所。

著录：《咸阳市渭城区志》《渭城文物志》。

提要：该碑为清同治十二年穆宗遣官致祭。

黄山宫观音菩萨碑

全称：兴邑黄山宫东侧创修无生老母观音菩萨洞碑序。

年代：清同治十二年（1873）刻立。

形制：高 1.40 米，宽 0.75 米，厚 0.16 米。

行字：正文楷书 11 行，满行 39 字。

撰书：张炳森撰并书。

纹饰：碑身两侧饰八仙图案。

现藏：兴平市黄山宫。

提要：记载马嵬黄山宫创修观音菩萨无生老母洞事。

重修三要司关帝庙并娘娘庙碑记

年代：清同治十三年（1874）刻立。

形制：高 1.76 米，宽 0.62 米。

行字：正文楷书 16 行，满行 44 字。

现藏：洛南县三要镇。

提要：记载三要乡民因防白莲教而捐修关帝庙。

重修周公正殿碑记

年代：清同治十三年（1874）刻立。

形制：圆首方座。高 1.06 米，宽 0.78 米。

撰书：李鼎元撰，牛银斗书。

出土：此碑自立未移。

现藏：岐山县周公庙管理处。

提要：记述清同治年间对周公庙正殿重修事。

重修姜嫄圣母正殿碑记

年代：清同治十三年（1874）刻立。

形制：螭首方座。高 1.41 米，宽 0.68 米。

行字：正文楷书 16 行，满行 40 字。

撰书：张应午撰，冯辅汉书。

出土：此碑自立未移。

现藏：岐山县周公庙管理处。

提要：记载清同治十三年重修姜嫄正殿事。

李君墓表

全称：皇清诰授中宪大夫光禄寺署正职卿李君墓表。

年代：清同治十三年（1874）刻立。

形制：共 6 石，尺寸相同。长 0.33 米，宽 0.28 米。

行字：志文楷书 96 行，满行 7 字。

撰书：贺瑞麟书。

现藏：合阳县博物馆。

提要：该墓志记载李君的家族世系。

别开生面

年代：清同治十三年（1874）刻立。

形制：高 1.60 米，宽 4.10 米。

行字：正文楷书 1 行 4 字。

现藏：榆林市红石峡东壁。

提要：题"别开生面"四个字。

榆关雄峙

年代：清同治十三年（1874）刻立。

形制：高 2.20 米，宽 7.80 米。

行字：正文楷书 1 行 4 字。

现藏：榆林市红石峡东壁。

提要：上款"同治甲辰年孟夏"，下款无法
辨认。

横云

年代：清同治十三年（1874）刻立。

形制：高 1.25 米，宽 2.30 米。

行字：正文篆书 1 行 2 字。

现藏：榆林市红石峡东壁。

备注：剥蚀较重。

提要：上款"同治甲戌夏五月"，下款"长
安□□题"。

重修陕西贡院记

年代：清同治十三年（1874）刻立。

形制：高 1.99 米，宽 0.76 米。

行字：正文隶书 18 行，满行 38 字。

撰书：邵亨豫撰，李慎书，方鼎录篆额。

出土：西安碑林旧藏。

现藏：西安碑林博物馆。

著录：《咸宁长安两县续志》《西安碑林全集》。

备注：碑上部裂断为三块。

提要：记载咸丰年间回民起义，贡院毁
坏，同治四年（1865）由众乡绅
集资重修事。

彭建明暨妻李氏墓碑

全称：显考彭公讳建明字通显老大人显妣彭
母李孺人之墓。

年代：清同治十三年（1874）刻立。

形制：高 1.10 米，宽 0.55 米。

行字：正文楷书 8 行，满行 30 字。

现藏：镇安县铁厂镇郭家湾村。

提要：记述墓主人由江南陆安州霍山县迁入
镇安后生产、生活简况。

*长滩子平息碑

年代：清同治十三年（1874）刻立。

形制：高 0.87 米，宽 0.40 米。

撰书：吴俶培撰。

现藏：紫阳县上东乡宋家坪村。

著录：《安康碑版钩沉》。

提要：记载长滩子旧有大石妨碍航运，后被
桴筏撞击消失事。

观音庙女善缘碑记

年代：清同治年间（1862—1874）刻立。

形制：共 2 石，尺寸相同。高 1.03 米，宽
0.56 米。

撰书：范湘绮撰，周震西书。

纹饰：西碑饰卷云莲纹，东碑饰连环纹。

现藏：西乡县桑园镇互助村观音寺。

提要：此碑分东西双石，记述清同治年间信
女集资修建观音寺的经过及集资者
姓名。

*万方田白石土地祠题刻

年代：清同治（1862—1874）刻立。

形制：正方形柱，共2石，尺寸相同。高 1.80
米，直径 0.04 米。

行字：正文隶书 2 行，满行 10 字。上下侧
各有小楷，共 17 字。

撰书：万方田撰并书。

现藏：汉中博物馆。

备注：白石土地祠即小庙旧址，位于汉中褒谷鸡头关对面山腰间，其残存汉白玉柱一副，中有一硕大白石，通体浑圆，顶部略尖，洁白如玉。

*周保清题联

年代：清同治年间（1862—1874）刻立。

形制：高 1.26 米，宽 0.59 米。

行字：正文行书 2 行，满行 5 字。

撰书：周保清书。

出土：西安碑林旧藏。

现藏：西安碑林博物馆。

著录：《西安碑林全集》。

提要：联曰："海为龙世界，天是鹤家乡。"

*集字魁星点斗图碑

年代：清同治年间（1862—1874）刻立。

形制：圆首方座。通高 1.87 米，宽 0.60 米，厚 0.09 米。

撰书：马德昭书画。

出土：西安碑林旧藏。

现藏：西安碑林博物馆。

著录：《西安碑林全集》。

提要：画面魁星点斗的形象由"正心修身，克己复礼，鳌斗"十个行书字组成。

榆谿胜地

年代：清光绪元年（1875）刻立。

形制：高 1.90 米，宽 4.25 米。

行字：正文楷书 1 行，满行 4 字。

撰书：左宗棠书。

现藏：榆林市红石峡东壁。

提要：上款"光绪建元春正月"，下款"皇清钦差大臣太子太保东阁大学士陕甘总督一等恪靖口伯东都尉左宗棠题"。

*刘厚基游雄山寺题诗

年代：清光绪元年（1875）刻立。

形制：高 0.80 米，宽 1.27 米，厚 0.08 米。

行字：正文草书 16 行，满行 8 字。

撰书：刘厚基书。

现藏：榆林市红石峡文物管理所。

提要：该题刻为榆林总兵刘厚基游雄山寺饮酒时即席而作，赞美雄山寺的七言诗。

*吴大澂篆书题刻

年代：清光绪元年（1875）刻立。

形制：共 4 石，尺寸相同。高 1.54 米，宽 0.37 米，厚 0.10 米。

行字：正文篆书 5 行，满行 20 字。

撰书：吴大澂书，刘厚基跋。

现藏：榆林市榆阳区文物管理所。

备注：前两块完好，第三幅上部断裂，中部残缺，第四块上部缺，下部残。

提要：四块题刻正文均为摘录前人警句，并在句末注明作者或出处。落款为"大清光绪纪口口岁次乙亥夏六月陕甘学政翰林院编修吴县吴大澂书"，并有"吴大澂印"和"戊辰翰林"篆文印章两枚。

重修午子上观记

年代：清光绪元年（1875）刻立。

形制：高 0.74 米，宽 0.53 米，厚 0.16 米。

行字：正文楷书 26 行，满行 19 字。

出土：此碑自立未移。

现藏：西乡县午子山上观。

著录：《汉中碑石》。

提要：记光绪初年重修午子观事。

重修午子观志

年代：清光绪元年（1875）刻立。

形制：圆首方座。高 1.14 米，宽 0.62 米，厚 0.16 米。

行字：正文楷书 23 行，满行 42 字。

撰书：刘懿德撰并书。

现藏：西乡县午子山。

著录：《西乡县志》《汉中碑石》。

提要：记刘祥综与众人自同治九年（1870）至光绪元年重修午子观事。

*蒲引年德行碑

年代：清光绪元年（1875）刻立。

形制：顶座皆佚。高 1.55 米，宽 0.67 米，厚 0.20 米。

撰书：孙维霄撰并书题记。

纹饰：碑身四周饰八仙图案。

现藏：陇县东风镇南村。

提要：记载同治年间（1862—1874）汉回仇杀中蒲引年为了保卫村庄，领众村民筑城自守，使村民免遭杀戮，保全了村民安全。

重修白云山碑记

年代：清光绪元年（1875）刻立。

形制：圆首方形。高 1.43 米，宽 0.64 米。

行字：正文楷书 20 行，满行 32 字。

撰书：王之铭撰。

纹饰：碑额饰双龙图案。

现藏：洋县子房山。

提要：记载白云山同治元年（1862）遭兵祸毁损，后有地方乡绅出面，募资筹款重修事。

*英祥题诗碑

年代：清光绪元年（1875）刻立。

形制：平首方座。通高 2.39 米，宽 0.80 米，厚 0.16 米。

行字：正文行楷 4 行，满行 14 字。

撰书：英祥撰。

出土：此碑自立未移。

现藏：留坝县张良庙文物管理所。

著录：《张良庙匾联石刻诗文集注》《张良胜迹诗词选》。

备注：碑头有明显被毁痕迹。

提要：诗文是对张良一生的功绩和高尚品格的评价。

谒太史公墓

年代：清光绪元年（1875）刻立。

形制：高 0.42 米，宽 0.67 米。

行字：志文楷书 9 行，满行 7 字。

撰书：孙尔炽撰并书。

现藏：韩城市司马迁祠。

著录：《司马迁祠碑石录》。

提要：刊刻光绪元年（1875）孙尔炽五律诗一首。

张秉直墓碑

全称：理学真儒萝谷张先生墓碑。

年代：清光绪元年（1875）刻立。

形制：碑残损。残高 1.24 米，宽 0.90 米，厚 0.20 米。

行字：正文隶书 3 行，共存 25 字。

出土：此碑自立未移。

现藏：澄城县安里镇张桌村。

著录：《澄城碑石》。

备注：碑左下部有楷书三行小字，皆残缺。

提要：记张秉直之生平。

重修老君殿碑记

年代：清光绪元年（1875）刻立。

形制：高 0.61 米，宽 0.91 米。

行字：正文楷书 14 行，满行字数不等。

撰书：悔冬山撰。

出土：此碑自立未移。

现藏：略阳县灵岩寺博物馆。

提要：记载光绪元年重修老君殿的捐资者及重修经过。

同君暨妻李氏党氏墓志

全称：同公德配李党宜人合葬墓志铭。

年代：清光绪元年（1875）刻立。

形制：共 4 石，尺寸相同。长 0.50 米，宽 0.11 米。

行字：志文隶书 70 行，满行 23 字。

撰书：同璋撰并书。

现藏：合阳县博物馆。

提要：记载同公的家族世系。同公为武官将领，曾在闽粤参战。

计开补修清凉寺出入清单

年代：清光绪元年（1875）刻立。

形制：高 0.54 米，宽 1.48 米。

行字：正文楷书 56 行，满行 18 字。

现藏：洋县四郎镇清凉寺。

提要：记载光绪元年修补清凉寺的收入支出账目。

*邢骏观墓碑

年代：清光绪元年（1875）刻立。

形制：碑残损。残高 1.18 米，宽 0.70 米。

行字：碑身中部楷书大字 1 行，残存 10 字。正文楷书 12 行，满行 42 字。

撰书：杨清峦撰。

纹饰：碑身饰曲回纹。

现藏：户县天桥乡丈八寺北堡。

著录：《户县碑刻》。

提要：记邢骏观之家世、生平及子嗣。

刘大银墓碑

全称：皇清恩赐登仕郎宝翁刘公墓碑记。

年代：清光绪元年（1875）刻立。

形制：圆首座佚。高 1.45 米，宽 0.59 米，厚 0.12 米。

行字：正文楷书 16 行，满行 33 字。

撰书：魏鼎晋撰并书。

纹饰：碑身饰曲回纹及折线纹。

现藏：户县草堂镇杜家庄。

著录：《户县碑刻》。

提要：记刘大银自乾隆年间由县东之孙姑村移家于杜家庄后，勤俭持家，生平以服田力穑为己任，至老弗衰等事。

唐少林寺戒坛铭有序

年代：清光绪元年（1875）刻立。

形制：高 0.32 米，宽 0.64 米。

行字：正文行楷 24 行，满行 14 字。

撰书：唐义净撰，李邕书，郭建本临。

出土：西安碑林旧藏。

现藏：西安碑林博物馆。

著录：《咸宁长安两县续志》《西安碑林全集》。

提要：《少林寺戒坛铭》原刻于唐开元三年（715）正月十五日，三藏法师义净撰，括州刺史李邕书，沙门如通立石，伏灵芝刻字，在河南嵩山少林寺。书法谨严朗润，是李邕书法之最小者。因与李邕其余书法风格有所差异，故后人有以为是伪托者。此为郭建本所临。

*庙子垭公议乡规碑

年代：清光绪元年（1875）刻立。

形制：圭首方座。高 1.35 米，宽 0.74 米。厚 0.19 米。

行字：正文楷书 19 行，满行 29 字。

纹饰：碑两面边栏块雕卷草纹。

现藏：旬阳县博物馆。

著录：《安康碑石》《安康碑版钩沉》。

提要：记清光绪元年陈凤君等合庙子垭绅耆里民乡保，同立公议，制定乡规事。

重修大佛寺碑记

年代：清光绪元年（1875）刻立。

形制：高 1.60 米，宽 0.69 米，厚 0.13 米。

行字：正文楷书 18 行，满行 40 字。

撰书：吴钦曾撰，周铭书，王应铨摹泐。

纹饰：碑额饰云龙纹，碑身四周饰蔓草纹。

现藏：彬县大佛寺博物馆明镜台东侧。

提要：记载重修大佛寺事。

*陈尔弗功德碑

年代：清光绪元年（1875）刻立。

形制：圆首方身。通高 1.80 米，宽 0.36 米，厚 0.16 米。

行字：正文楷书 18 行，满行 39 字。

纹饰：碑额饰双龙图案。

出土：出土于武功县西街，时间不详。

现藏：武功县城隍庙文物管理所碑廊。

备注：碑身残为两半。

提要：记载武功县令陈尔弗免除厨役事。

*修建蜀河口黄州会馆碑

年代：清光绪元年（1875）刻立。

形制：圆首方座。高 1.84 米，宽 0.90 米。

行字：正文楷书，行字数无法辨识。

现藏：旬阳县蜀河镇黄州馆内。

著录：《安康碑石》。

备注：碑面磨泐严重。

提要：记蜀河口黄州会馆，前盖正殿三间，道光二十七年（1847）续建释殿，同治十二年（1873）再建乐楼事。

朱华荣墓碑

全称：故先考朱公华荣老大人之墓。

年代：清光绪元年（1875）刻立。

形制：高 1.23 米，宽 0.57 米。

行字：正文楷书 15 行，满行 31 字。

现藏：镇安县高峰镇张家川。

提要：记述墓主人由安徽怀宁迁入镇安入户之事。

*重修老君庵碑

年代：清光绪元年（1875）刻立。

现藏：彬县香庙乡程家川村老君庵献殿内。

提要：记述万历十九年（1591）、同治元年（1862）重修及本次重修的情况。

*蜀河唐姓出卖铺面还账碑

年代：清光绪元年（1875）刻立。

形制：圆首。高 1.75 米，宽 0.85 米。

现藏：旬阳县蜀河镇黄州会馆内。

提要：记载唐氏在蜀贸易，时遭兵变，兄弟又复继忘，以致生意歇业。欠本帮及外帮款项，为偿还债务，而出卖蜀河铺面一所等相关事宜。

*松河口义渡碑

年代：清光绪元年（1875）刻立。

形制：四棱柱形。高 1.60 米。

行字：四面额楷书"同登彼岸"4 字。正文楷书 25 行，满行 26 字。

纹饰：柱顶镂雕卧狮一尊。

撰书：竹亭氏撰并书。

现藏：紫阳县阳松河乡汉水南岸渡口。

著录：《安康碑版钩沉》。

提要：记载太学君杨绵荣之妻刘氏出资新造渡舟，并捐黄杨沟山地一份为义渡费用事。

五门堰复查田亩记

年代：清光绪元年（1875）刻立。

形制：高 1.53 米，宽 0.92 米。

行字：正文楷书 25 行，满行 48 字。

撰书：周曜东撰，李根生书。

出土：城固县竹园水台。

现藏：城固县五门堰。

著录：《汉中碑石》

备注：碑阴刻《五门堰复查田亩水册碑》。

提要：记载五门堰灌溉地区因战乱造成田册损毁，故而重新复查之事。

马嵬坡八首

年代：清光绪元年（1875）刻立。

形制：高 0.46 米，宽 0.58 米，厚 0.08 米。

行字：正文行楷 24 行，满行 23 字。

撰书：林上班撰。

现藏：兴平市杨贵妃墓博物馆。

提要：此碑为竹溪人林上班从天水返西安过马嵬坡贵妃墓赋诗八首。

*蜀河口黄州会馆罗姓卖房还账碑

年代：清光绪元年（1875）刻立。

形制：圆首方座。高 1.75 米，宽 0.85 米。

行字：正文楷书 21 行，满行 40 字。

现藏：旬阳县蜀河镇黄州馆内。

著录：《安康碑石》。

提要：记蜀河口黄州会馆为其本帮同仁罗姓因破产出卖铺面还账之事。

沈氏懿行碑

全称：皇清恭志大淑德待赠孺人王老太君沈老孺人懿行序。

年代：清光绪二年（1876）刻立。

形制：圆首座佚。高 0.96 米，0.65 米。

行字：正文楷书 21 行，行 29 字。

撰书：沈上林撰并书。

现藏：户县涝店镇三过村。

著录：《户县碑刻》。

提要：记沈氏一生之功德。

赵文敏公八札真迹

年代：清光绪二年（1876）刻立。

形制：共9石，尺寸相同。高 0.32 米，宽 0.63 米。

行字：正文行书 140 行，满行字数不等。

撰书：元赵孟頫撰并书，鲁泉公临，郭建本跋并摹刻。

出土：西安碑林旧藏。

现藏：西安碑林博物馆。

著录：《西安碑林全集》。

提要：鲁泉公为郭建本之父。此"八札"为其父鲁泉公所临写，因与当时流传的赵体书迹颇有所不同，特摹刻上石，藏于碑林。

熊承玥墓碑

全称：故显考熊公承玥大人之墓。

年代：清光绪二年（1876）刻立。

形制：高 1.32 米，宽 0.62 米。

行字：正文楷书 10 行，满行 36 字。

现藏：镇安县青铜关镇阳山村。

提要：墓主人原系湖北武昌府兴国州安乐里人，后迁镇安县兴业安家。

李国富暨妻王氏墓碑

全称：故先考李公国富大人先妣李母王老孺人之墓。

年代：清光绪二年（1876）刻立。

形制：高 1.20 米，宽 0.54 米。

行字：正文楷书 13 行，满行 29 字。

现藏：镇安县铁厂镇黄龙铺。

提要：简要记述墓主人生平。

朱国宗墓碑

全称：故先考朱公国宗大人之墓。

年代：清光绪二年（1876）刻立。

形制：高 0.85 米，宽 0.49 米。

行字：正文楷书 20 行，满行 28 字。

现藏：镇安县高峰镇张家川。

提要：简述墓主人由江南安庆怀宁迁入镇安
入户简况。

*禁差索重刊裁免牛税碑

年代：清光绪二年（1876）刻立。

形制：高 1.35 米，宽 0.80 米。

现藏：白河县宋家镇新定村。

著录：《安康碑版钩沉》。

提要：记载白河县令萧公为防止诬控良善，
以除积弊而保良善及王公为裁革牛
税以恤农民事。

姜嫄圣母墓

年代：清光绪二年（1876）刻立。

形制：高 0.63 米，宽 1.57 米，厚 0.13 米。

行字：正文篆书 1 行 5 字。

撰书：吴大澂书。

出土：原镶在武功县姜嫄墓前的碑楼之上。

现藏：武功县城隍庙文管会。

备注：残为二段。

提要：上款"光绪丙子春三月"，中部书"姜
嫄圣母墓"，下款"督学使者吴大澂
题武功县知县陈尔弗重建"。

*光绪三年龙兴寺碑

年代：清光绪三年（1877）刻立。

形制：平首方座。通高 2.10 米，宽 0.60 米，
厚 0.16 米；座长 0.63 米，宽 0.56 米，
高 0.28 米。

行字：正文楷书，行字数无法辨识。

出土：此碑自立未移。

现藏：神木县神木镇刘家畔村龙兴寺东配殿
外北侧。

备注：剥蚀较重。

提要："特授陕西榆林府正堂加五级随带加
二级记录十次……陕西布政使司庆
署陕西按察使司……"

重塑城隍庙二堂班神记

年代：清光绪三年（1877）刻立。

形制：圆首方座。通高 1.94 米，宽 0.64 米。

行字：正文楷书 16 行，满行 25 字。

撰书：刘克瑞撰并书。

纹饰：碑身两侧饰荷花纹。

出土：此碑自立未移。

现藏：扶风县博物馆。

提要：记录了杨刘氏与武生马治国、监生尹
平共同商议向四乡募化集资重塑二
班堂之事。

重修忠武侯墓碑记

年代：清光绪三年（1877）刻立。

形制：平首剡角。高 1.55 米，宽 0.77 米，
厚 0.10 米。

行字：正文楷书 19 行，满行 37 字。

撰书：夏鼎撰，戎良翰书。

现藏：勉县武侯祠博物馆。

著录：《定军山下话武侯》《沔阳碑石》。

提要：记述清同治十年（1871）住持道人擅
自砍伐古柏，违反清规，徐教升等五
人被逐出庙，永不得入庙。另记录维
修廊房、戏楼的经过，制定庙产管理
等七条规定。

赵林一墓志

全称：皇清例授中宪大夫议叙道衔林一赵公

墓志铭。

年代： 清光绪三年（1877）刻立。

形制： 长方形。尺寸不详。

行字： 册页式。盖文篆书 4 行，满行 5 字。志文楷书 74 行，满行 16 字。

撰书： 石林凤撰，郭廷书，刘锡三篆盖。

现藏： 合阳县博物馆。

提要： 记载赵林一的家族世系、生平。

*蔡伦功德碑

年代： 清光绪三年（1877）刻立。

形制： 圆首方座。通高 1.64 米，宽 0.63 米，厚 0.11 米。

行字： 正文楷书 9 行，满行 30 字。

现藏： 洋县蔡伦墓祠文物管理所。

提要： 此碑为清光绪年间洋县五商会会首集资为纪念蔡伦所立。记述蔡伦的功绩。

潘世毅墓碑

全称： 皇清勅授八品登仕郎显考潘公讳世毅老府君之墓。

年代： 清光绪三年（1877）刻立。

形制： 高 1.36 米，宽 0.63 米。

行字： 正文楷书 11 行，满行 40 字。

现藏： 镇安县铁厂镇庄河村。

提要： 记述潘世毅由江南宿松迁入镇安，创家立业，例授登仕郎事。

潘母高氏墓碑

全称： 皇清例赠太孺人显妣潘母高老夫人之墓。

年代： 清光绪三年（1877）刻立。

形制： 高 1.30 米，宽 0.65 米。

行字： 志文楷书 9 行，满行 40 字。

撰书： 徐映斗撰，潘承恩书。

现藏： 镇安县铁厂镇庄河村。

著录：《商洛文史》（第二辑）。

提要： 记述高氏勤俭持家，例赠太孺人事。

重修吉祥庵乐楼碑记

年代： 清光绪三年（1877）刻立。

形制： 高 0.73 米，宽 1.73 米。

行字： 正文楷书 16 行，满行 22 字。

撰书： 蒋常垣、沈德福撰，沈观堂、蒋常璧书。

纹饰： 碑身四周饰花卉纹。

现藏： 汉阴县双乳镇三同村吉祥庵。

著录：《安康碑版钩沉》《安康碑石》。

提要： 记载重修汉阴吉祥庵乐楼事。

*张思毅题诗碑

年代： 清光绪四年（1878）刻立。

形制： 高 0.40 米，宽 0.52 米。

行字： 正文楷书 9 行，满行 7 字。

撰书： 张思毅撰。

现藏： 勉县武侯墓博物馆。

著录：《沔阳碑石》。

提要： 襄城知县张思毅因公来勉县拜谒武侯，题诗一首。

刘海戏蟾画碑

年代： 清光绪四年（1878）刻立。

形制： 高 1.13 米，宽 0.50 米，厚 0.17 米。

行字： 正文草书 29 行，满行字数不等。

撰书： 王铎题跋，周铭旗书。

出土： 凤翔县博物馆旧藏。

现藏： 凤翔县博物馆。

著录：（乾隆）《凤翔县志》。

提要： 碑刻《刘海戏金蟾图》。

飞龙岗立集碑记

年代： 清光绪四年（1878）刻立。

形制： 高 1.60 米，宽 0.85 米。

行字：正文楷书 14 行，满行 15 字。

撰书：李秀青撰并书。

现藏：商洛市商州区博物馆。

著录：《商洛文史》（第二辑）。

提要：此墓志记述飞龙岗立集市经过以及有
关规约。

潘母朱氏墓碑

全称：故显妣潘母朱老孺人之墓。

年代：清光绪四年（1878）刻立。

形制：高 1.10 米，宽 0.50 米。

行字：正文楷书 8 行，满行 40 字。

现藏：镇安县铁厂镇庄河村。

提要：记述墓主人由安徽安庆府宿邑迁入镇
安后安家立业事。

纯正不曲书如其人

年代：清光绪四年（1878）刻立。

形制：长方形。尺寸不详。

行字：正文楷书 1 行 8 字。

撰书：朱元璋撰并书。

出土：清光绪四年重修诸葛献殿时嵌于
墙上。

现藏：岐山县五丈原诸葛亮庙博物馆。

著录：《岐山县志》。

提要：题"纯正不曲，书如其人"八字。

前后出师表跋

年代：清光绪四年（1878）刻立。

形制：共 2 石，均为正方形，尺寸相同。边长
0.63 米。

撰书：胡升猷撰。

出土：清光绪四年重修诸葛献殿时嵌于墙上。

现藏：岐山县五丈原诸葛亮庙博物馆。

著录：《岐山县志》。

提要：此石刻为胡升猷叙述《出师表》和《后

出师表》由来及摹刻情况。

重修午子上观并立万年灯碑

全称：重修午子上观寝宫并立万年灯碑序。

年代：清光绪五年（1879）刻立。

形制：高 0.60 米，宽 0.42 米，厚 0.14 米。

行字：正文楷书 27 行，满行 20 字。

撰书：刘懿德撰，李殿甲书。

现藏：西乡县午子山。

著录：《汉中碑石》。

提要：记住持道人刘祥综等募集资金重修午
子上观正殿、献殿后，又以结余经费
重修寝宫，并立万年灯之事。

增修香严寺碑记

年代：清光绪五年（1879）刻立。

形制：圆首方座。高 1.57 米，宽 0.63 米。

行字：额楷书"皇帝万岁"4 字。正文楷书
16 行，满行 39 字。

撰书：赵清洁撰并书。

纹饰：碑额饰云拱日月纹，碑身四周饰水
波纹。

出土：此碑自立未移。

现藏：榆林市榆阳区香严寺。

提要：记载光绪四年至五年新修香严寺周围
殿宇事。

玉皇洞碣

年代：清光绪五年（1879）刻立。

形制：高 0.68 米，宽 0.53 米，厚 0.08 米。

行字：正文楷书 9 行，满行 8 字。

纹饰：碑身四周饰花草纹。

现藏：陇县新集川乡龙门洞道院四公祠。

提要：记述玉皇洞香火、地亩收入用项
事宜。

赵璞暨妻齐氏合葬墓志

全称：处士蕴王赵璞暨德配齐氏墓志。

年代：清光绪五年（1879）刻立。

形制：圆首方额。高 1.90 米，宽 0.55 米，厚 0.14 米。

行字：志文楷书 12 行，满行 37 字。

纹饰：志额饰二龙戏珠图案，志身饰蔓草纹。

现藏：千阳县城关镇福跃村。

提要：叙述赵璞夫妇生平。

同州府县饶评定裁剪差徭新草十四条

年代：清光绪五年（1879）刻立。

形制：高 1.07 米，宽 0.36 米，厚 0.10 米。

行字：正文楷书 48 行，满行 32 字。

出土：1985 年出土于华县城关镇崖坡。

现藏：华县文物管理会。

提要：碑文记同州府为解决在应酬来往官员所需经费不足等方面的问题，特地制定了此新章，此碑之仅是"新章"第十四条的全文。

*张氏后裔碑

年代：清光绪五年（1879）刻立。

形制：方首方座。通高 1.12 米，宽 0.66 米。

行字：正文楷书 18 行，满行 10 字。

纹饰：碑身四周饰云雷纹。

出土：此碑自立未移。

现藏：城固县张骞纪念馆。

提要：刊刻张楷等张氏后裔 57 人姓名。

涝店筑堰碑记

年代：清光绪五年（1879）刻立。

形制：螭首。高 3.10 米，宽 0.83 米，厚 0.20 米。

行字：正文楷书 15 行，满行 50 字。

撰书：王骧衢撰，王清涟书。

现藏：户县涝店镇三过村。

著录：《户县碑刻》。

备注：文字磨损。

提要：记王清涟等召集众人修长涝店堤堰之经过及使用规则。

重建临潼县衙署记

年代：清光绪五年（1879）刻立。

形制：高 2.30 米，宽 0.83 米，厚 0.22 米。

行字：正文楷书 19 行，满行 54 字。

撰书：沈家桢撰，舒绍祥书。

出土：出土于西安市临潼区政府，时间不详。

现藏：西安市临潼博物馆。

提要：记载光绪三年（1877）灾荒，贫民无生计，便以工代赈，对县衙城池进行重新的布局修缮，改建衙署为朝北向，使县衙及城池焕然一新。沈家祯，浙江会稽人，曾任华州知州，大荔、三水知县，光绪三年任临潼知县，到任即逢灾年，他及时组织救灾，并对蒲城等地支援，随后用灾民以工代赈对城楼、驿馆、文庙、署衙予以整修，使其建制完备，特别提及的是他打破了传统的"天下衙门朝南开"惯例，改临潼衙门大门北向而开，在临潼民间传为佳话。

荒岁歌碑

年代：清光绪五年（1879）刻立。

形制：碑残损。残高 0.86 米，宽 0.63 米。

行字：正文楷书 33 行，满行 18 字。

出土：1970 年前存西安阶级教育展览馆。

现藏：西安碑林博物馆。

著录：《西安碑林全集》。

备注：碑上部残缺。

提要：《荒岁歌》体裁为俗语长诗，即顺口溜。内容写光绪三年至四年间（1877—1878）关中东部尤其韩城一带大旱严重，至有人相食之惨状，并记载当时的"匪"情、粮食暴涨数额，以及"王知县""沈青天"关心民瘼、救灾赈济等细节。

重修玉皇山寺庙碑记

年代：清光绪五年（1879）刻立。

形制：高 1.55 米，宽 0.82 米。

行字：正文楷书 27 行，满行 53 字。

现藏：镇安县西口回族镇黑沟村。

提要：记述该寺庙创自乾隆年间，年久失修而圮，特组织乡人捐资重修过程及捐资人名。

*重修玉皇庙碑

年代：清光绪五年（1879）刻立。

形制：高 1.80 米，宽 0.77 米。

行字：正文楷书 5 行，满行 54 字。

撰书：方伟豪撰。

现藏：镇安县西口回族镇黑沟村玉皇庙内。

提要：记述该地原有玉皇庙，于同治年间（1862—1874）因兵燹而毁圮，乡人感玉皇之灵，重修庙宇过程及捐资人名。

捐猪酒税公本碑

年代：清光绪五年（1879）刻立。

形制：方首。高 1.53 米，宽 0.85 米。

撰书：张洪运撰。

现藏：宁陕县皇冠镇兴隆村。

著录：《安康碑版钩沉》。

备注：碑下部漫漶剥蚀。

提要：记载公和兴会因经费不足，重新购置土地，以其收租用于缴纳猪税、酒税之事。

银粮减耗碑记

年代：清光绪五年（1879）刻立。

形制：圆首方座。通高 2.20 米，宽 0.69 米，厚 0.15 米。

行字：正文楷书 14 行，满行 50 字。

撰书：郝少隆书。

现藏：三原县博物馆。

著录：《咸阳碑刻》。

提要：同治年间三原县历次银粮减耗具体情况。

尚家坝均纳酒税免差索碑

年代：清光绪五年（1879）刻立。

形制：方首。高 1.10 米，宽 0.66 米。

纹饰：碑身四周饰回纹。

现藏：紫阳县燎原乡龙王庙内。

著录：《安康碑版钩沉》。

提要：记载尚家坝乡人共同议定缴纳酒税之相关规定。

重修任家畔佛殿碑记

年代：清光绪六年（1880）刻立。

形制：圆首方座。高 1.73 米，宽 0.70 米。

纹饰：碑身四周饰飘带几何纹。

现藏：佳县白云山白云观玉皇庙过洞墙上。

著录：《佳县白云山白云观碑刻》。

提要：记载道正司、道长、村民力募修葺佛殿事宜。

*左智墓碑

年代：清光绪六年（1880）刻立。

形制：圆首方额。高 0.97 米，宽 0.56 米，厚 0.15 米。

行字：正文楷书 22 行，满行 26 字。

撰书：张效曾撰并书。

纹饰：碑身两侧饰蔓草花纹。

现藏：千阳县寇家河乡龙槐塬村。

提要：碑阴文字记载左智生平。

*李锡类暨妻张氏墓碑

年代：清光绪六年（1880）刻立。

形制：圆首。通高 1.86 米，宽 0.53 米，厚 0.18 米。

行字：正文楷书 15 行，满行 31 字。

纹饰：碑额饰二龙戏珠图案，碑身四周饰花草纹。

现藏：千阳县南寨镇闫家村。

提要：记载李锡类夫妇生平。

*祁静一功德碑

年代：清光绪六年（1880）刻立。

形制：圆首方座。高 1.65 米，宽 0.62 米。

行字：正文楷书 14 行，满行 40 字。

撰书：穆在涵撰。

出土：此碑自立未移。

现藏：西乡县鹿龄寺。

提要：颂扬了伊斯兰教大拱北派创始人祁静一的功德。

*祁静一传道碑

年代：清光绪六年（1880）刻立。

形制：圆首方座。高 1.65 米，宽 0.62 米。

行字：正文楷书 14 行，满行 41 字。

撰书：穆在涵撰。

出土：嵌于西乡县鹿龄寺墙上。

现藏：西乡县鹿龄寺。

提要：记伊斯兰教大拱北派祖师祁静一得道传道之经过。

重立祭田碑记

年代：清光绪六年（1880）刻立。

形制：高 0.48 米，宽 0.40 米。

行字：正文楷书 18 行，满行 20 字。

撰书：柴寅书。

现藏：韩城市司马迁祠。

著录：《司马迁祠碑石录》。

提要：太史庙祭田很早就有，由于或典或卖，镇人不得而知。至同治辛未（1871），合镇绅士入庙祭祀，按碑细究，遂得水旱地十亩有零，立碑以记。

焦相栋神道碑

全称：赏戴花翎户部湖南司员外郎加六级焦君神道碑。

年代：清光绪六年（1880）刻立。

形制：高 2.36 米，宽 0.86 米，厚 0.18 米。

撰书：薛尔升撰，黄自元书，刘集五刻石。

出土：此碑自立未移。

现藏：渭南市临渭区龙背镇南焦村焦族墓地。

备注：此碑已残成两段。

提要：记载焦相栋之家族世系、生平。

雷尧南墓志

全称：皇清例授承德郎议叙六品衔郡庠优增生尧南雷公墓志铭。

年代：清光绪六年（1880）刻立。

形制：志正方形。边长 0.68 米。

行字：盖文篆书 6 行，满行 4 字。志文楷书 23 行，满行 14 字。

撰书：王溥撰并书。

现藏：蒲城县博物馆。

备注：仅存一块。

提要：记载雷尧南生平。

重修雪映宫木栅及马路记碑

年代：清光绪六年（1880）刻立。

形制：高 0.33 米，宽 0.59 米。

行字：正文楷书 13 行，满行 6—11 字不等。

撰书：郑和瑞撰并书。

纹饰：碑身四周饰云雷纹。

出土：华阴县夫水镇太白庙。

现藏：华阴市西岳庙文物管理处。

著录：《华山碑石》。

提要：记道光、光绪年间两次修复雪映宫宫
侧小门前道路及木栅栏事。

黄淦暨妻刘氏墓碑

全称：皇清例授太学生显考黄公讳淦老大人
显妣黄母刘老孺人之墓。

年代：清光绪六年（1880）刻立。

形制：高 1.22 米，宽 0.62 米。

行字：志文楷书 19 行，满行 42 字。

撰书：倪端甫撰，倪书田书。

现藏：镇安县青铜关镇茨沟村。

提要：记述黄淦祖籍湖北通山县，辗转迁入
镇安，艰难创业，同治间（1862—
1874）捐资修寨避兵祸，以及刘氏持
家有方等事。

*敬献城隍神碑

年代：清光绪六年（1880）刻立。

形制：高 0.39 米，宽 0.41 米。

行字：正文楷书 8 行，满行 21 字。

现藏：商洛市商州区博物馆。

提要：记载李思林会同人等捐资敬献商州城
隍神之金冠、玉带、蟒袍等物。

徐芷生公祖培植书院碑记

年代：清光绪六年（1880）刻立。

形制：圆首方座。高 1.10 米，宽 0.53 米。

行字：正文楷书 10 行，满行 23 字。

纹饰：碑额饰双凤图案。

现藏：岚皋县中学。

著录：《安康碑版钩沉》。

提要：记载烛峰书院经费不足，光绪三年
（1877）抚宪谭文卿用款生息以作书
院经费，徐芷生为之严格管理事。

*柳树坪新建义学碑

年代：清光绪六年（1880）刻立。

形制：圆首。高 1.35 米，宽 0.83 米。

撰书：潘宜经撰。

现藏：白河县西营镇柳树坪村。

著录：《安康碑版钩沉》。

提要：记载白河县柳树坪新建义学之相
关事宜。

谒五丈原忠武祠

年代：清光绪六年（1880）刻立。

形制：高 0.94 米，宽 0.43 米。

行字：正文楷书 24 行，满行 24 字。

撰书：胡升猷撰。

出土：此碑自立未移。

现藏：岐山县五丈原诸葛亮庙博物馆。

提要：此碑记清岐山知县胡升猷两首诗。

重修诸葛忠武祠记

年代：清光绪七年（1881）刻立。

形制：共 6 石，螭首方座，尺寸相同。通高
1.82 米，宽 0.96 米，厚 0.16 米。

行字：正文楷书 29 行，满行 64 字。

撰书：胡丙煊撰，张行五书。

出土：此碑自立未移。

现藏：勉县武侯祠博物馆。

著录：《汉中碑石》。

备注：其中 5 通为捐款人名。

提要：记光绪年间修葺武侯祠殿宇事。

*汉中府批示武侯祠呈文碑

年代：清光绪七年（1881）刻立。

形制：共 2 石，尺寸相同。高 0.70 米，宽 1.38 米，厚 0.17 米。

行字：正文楷书共 83 行，满行 22 字。

出土：此碑自立未移。

现藏：勉县武侯祠博物馆。

著录：《汉中碑石》。

提要：记光绪七年（1881）重修诸葛忠武侯祠，重筑祠后河堤，工程结束后，把剩余白银 2000 两发商生息，以备岁修。为了管好、用好这笔款项，钧谕酌拟经理章程 12 条清折。章程对所剩银两，生息后的使用范围、使用程序、武侯祠的树木管护、补植的管理保护都作了详细规定。

员金庵迁葬墓志

全称：皇清晋封奉政大夫布政司理问金庵员公迁葬墓志铭

年代：清光绪七年（1881）刻立。

形制：志长 0.56 米，宽 0.51 米。

行字：志文楷书 40 行，满行 11 字。

撰书：仇□□撰并书。

出土：1984 年出土于华阴县上洼村。

现藏：西安碑林博物馆。

著录：《华山碑石》。

备注：字迹剥蚀严重。

提要：记员金庵之家族世系、生平及迁葬之原因。

重修城隍庙客馆及买房后序

年代：清光绪七年（1881）刻立。

形制：高 1.45 米，宽 0.90 米。

行字：正文楷书 8 行，满行 49 字。

撰书：黄鹤鸣撰，杨恩荣书。

现藏：镇安县城龙头湾梁。

提要：记述此庙于同治壬戌（1862）遭兵燹毁坏后，虽经修葺，却无配套设施，遂捐资购买民宅一院，以增香火之便。

唐氏宗祠自叙碑

年代：清光绪七年（1881）刻立。

形制：高 0.98 米，宽 1.73 米。

纹饰：碑身四周饰几何纹。

现藏：紫阳县龙潭乡唐家祠堂。

著录：《安康碑版钩沉》。

提要：记载元化等人将住宅基址暨水田余地并所建学舍一院，概作同宗公业。

东镇严禁赌博碑

年代：清光绪七年（1881）刻立。

形制：方首。高 0.45 米，宽 0.29 米。

现藏：安康市汉滨区茨沟镇狮子坪村。

著录：《安康碑版钩沉》。

提要：记载安康市东镇乡奉谕为禁止抹牌赌博以靖地方事。

创修黑虎庙碑记

年代：清光绪七年（1881）刻立。

形制：高 1.20 米，宽 0.48 米。

行字：正文楷书 17 行，满行 32 字。

撰书：张应鹏撰并书。

现藏：洛南县石门镇桥河村。

提要：记载该地旧有三龙神庙，祈雨甚应。某年祈雨奏效，人言为黑虎神显灵，乃捐资修黑虎庙事。

重修汉丞相诸葛武侯献殿碑记

年代：清光绪七年（1881）刻立。

形制：龟座。高 2.80 米，宽 0.80 米。

行字：正文楷书 14 行，满行 54 字。

撰书：胡升猷撰并书，孙士喆篆额。

纹饰：碑身四周饰祥云纹。

出土：此碑自立未移。

现藏：岐山县五丈原诸葛亮庙博物馆。

著录：《岐山县志》。

提要：碑文述及同治二年（1863）四川农民
军郭刀刀部在此活动事。

*柯振荣暨妻邓氏汪氏墓碑

年代：清光绪七年（1881）刻立。

形制：高 1.15 米，宽 0.50 米。

行字：正文楷书 11 行，满行 25 字。

撰书：程道南撰并书。

现藏：镇安县铁厂镇铁铜村。

提要：记述墓主人生平、家世及其兴家立业、
敬老怜贫等事。

河山千古

年代：清光绪八年（1882）刻立。

形制：高 1.60 米，宽 5.10 米。

撰书：田玉广、王守基题。

现藏：榆林市红石峡东壁。

提要：上款"指督衔记名总兵借补神木营参
将图勒炳阿巴图鲁田玉广；总兵衔备
光副将借补延绥城守营都司纳恩登
额巴图鲁王守基题"。田玉广，光绪
二十八年（1902）任延绥镇总兵；王
守基，延绥镇守营都司。

*孙公暨妻李氏马氏雷氏合葬墓志

年代：清光绪八年（1882）刻立。

行字：册页式，共 10 页。盖文篆书 6 行，满
行 6 字。志文楷书 56 行，满行 16 字。

撰书：赵毓秀撰。

现藏：合阳县博物馆。

提要：记载孙氏家族世系及生平。

李今楹墓志

全称：皇清诰封奉政大夫候铨州右堂李君觉
生墓志铭。

年代：清光绪八年（1882）刻立。

形制：志正方形。边长 0.76 米，厚 0.09 米。

行字：志文楷书 29 行，满行 30 字。

撰书：贺瑞麟撰并书。

现藏：大荔县文物局。

著录：《大荔碑刻》。

提要：记载李今楹生平。

*洋州八景诗碑

年代：清光绪八年（1882）刻立。

形制：高 1.64 米，宽 0.84 米，厚 0.11 米。

行字：正文楷书 28 行，满行 63 字。

撰书：刘鉴撰，王成绩、赵炳书。

现藏：洋县智果寺文物管理所。

提要：记载智果寺八景：高阁藏经、圣谕神
碑、石镜照人、南院宝塔、古城遗址、
魁楼望汉、东亭晓钟、香台睡佛。

重修诸葛武侯祠墓碑记

年代：清光绪八年（1882）刻立。

形制：高 1.55 米，宽 0.80 米，厚 0.13 米。

行字：正文楷书 19 行，满行 36 字。

撰书：张行五书。

现藏：勉县武侯墓博物馆。

著录：《定军山下话武侯》《沔阳碑石》。

提要：记载光绪八年，武侯墓附近民国文人
士绅集资维修墓庙经过及维修内容。

胡焕堂暨妻陈氏合葬墓志

全称：清太学生胡公焕堂先生暨德配陈孺人
合葬墓志铭。

年代：清光绪八年（1882）刻立。

形制：志、盖均为正方形。盖边长 1.13 米。志

边长 0.99 米。

行字：册页式，共 10 块。志文楷书 80 行，满行 18 字。

撰书：杨鸿义撰，罗钟衡书并篆盖。

出土：出土于安康市汉滨区西郊马坡岭，时间不详。

现藏：安康历史博物馆。

著录：《安康碑版钩沉》。

提要：记载胡焕堂及妻陈氏生平。

青山寺文约碑

全称：青山寺徐姓捐房献地文约碑。

年代：清光绪八年（1882）刻立。

形制：平首方座。高 1.30 米，宽 0.67 米，厚 0.13 米。

撰书：徐宾议撰，沈昌嘉书。

现藏：旬阳县桐木镇青山寺内。

著录：《安康碑石》。

备注：有民国十四年（1926）题记。

提要：记徐宾议同其兄徐宾谱及子等因青山寺无养田，乃发善举，将先人所遗桐木沟一端山地，连同房屋一座及相干之物一并在数，乐施于青山寺如来佛祖位下，以作香火之地。

团勇阵亡碑记

年代：清光绪八年（1882）刻立。

形制：圆首圭额。通高 1.73 米，宽 0.60 米，厚 0.18 米。

行字：正文楷书 12 行，满行 44 字。

撰书：冯金锡撰，梁长庚书。

纹饰：碑额饰二龙戏珠图案，碑身饰莲花纹。

出土：此碑自立未移。

现藏：乾县梁村镇西村原好汉庙。

提要：记载同治年间（1862—1874）战乱，

死难者 700 余人，光绪元年规定于每年冬至立会祭祀事。

*禁尸家讹索船户碑

年代：清光绪八年（1882）刻立。

形制：圆首。高 1.20 米，宽 0.50 米。

行字：额楷书"永垂不朽"4 字。正文楷书，行字数不详。

现藏：旬阳县蜀河镇泗王庙。

著录：《安康碑版钩沉》。

提要：记载从汉中至襄樊一带船帮章程。

重塑城隍庙东班神碑记

年代：清光绪九年（1883）刻立。

形制：圆首方座。通高 1.77 米，宽 0.54 米。

行字：正文楷书 14 行，满行 32 字。

撰书：罗自新撰，唐学诗书。

现藏：扶风县博物馆。

提要：记录了重塑城隍庙东班神的经过及捐资者。

城陷三社殉难男妇祀报碑志

年代：清光绪九年（1883）刻立。

形制：高 0.83 米，宽 0.52 米。

行字：正文楷书 32 行，满行 24 字。

撰书：穆培基撰，陈继虞书。

现藏：西乡县清真南寺。

提要：记载了同治纪元以来，川匪入侵西乡，知县巴彦善团结城内军民，奋力抗击，终因力量不济，县城陷落，民众死难无数，给整个西乡社会经济造成极大的破坏。为彰扬巴彦善带领军民取义成仁之举，以穆斯林教民家立"昭忠祠"，祭祀死难的群众。

文泉记

年代：清光绪九年（1883）刻立。

形制：高 1.35 米，宽 0.72 米，厚 0.19 米。

行字：正文楷书 21 行，满行 52 字。

撰书：徐德怀撰。

现藏：宁强县文化馆。

提要：记载作者游文泉所见所感。

*常集庵墓志

年代：清光绪九年（1883）刻立。

形制：志正方形。尺寸不详。

撰书：张霖润撰并书。

出土：蒲城县荆姚镇。

现藏：蒲城县文物保护开发中心。

提要：记载常集庵生平及在同治变乱中被害事。

*封赠阎永连夫妇圣旨碑

年代：清光绪九年（1883）刻立。

形制：圆首。通高 1.40 米，宽 0.54 米，厚 0.09 米。

行字：额篆书"皇清"2 字。正文楷书 11 行，满行 34 字。

撰书：王守恭书。

纹饰：碑身两侧饰回纹。

现藏：户县大王镇凿齿村阎敬先家。

著录：《户县碑刻》。

备注：碑额有残损。

提要：记敕封阎溶堂之父阎永连为修职郎，阎溶堂之母雒氏为八品孺人。

*捐建郴州会馆碑

年代：清光绪九年（1883）刻立。

形制：高 1.08 米，宽 0.60 米，厚 0.06 米。

现藏：汉阴县三沈纪念馆。

提要：记载捐建郴州会馆于汉阴县事。

洵江书院碑记

年代：清光绪九年（1883）刻立。

形制：圆首。高 2.12 米，宽 0.70 米。

纹饰：碑额饰双龙图案。

现藏：宁陕县江口中学。

著录：《安康碑版钩沉》。

提要：记载光绪二年（1896）二月洵江书院动工兴修之事。

吴汉章暨妻姚氏李氏高氏合葬墓碑

全称：授通奉大夫晋封资政大夫花翎布政使衔湖北候补道山西宁武府知府汉章吴君暨原配姚继配李夫人副室姚恭高孺人合葬之墓。

年代：清光绪九年（1883）刻立。

形制：螭首龟座。高 2.39 米，宽 0.96 米。

行字：正文行楷 5 行，满行 17 字。

撰书：贺瑞麟撰并书。

纹饰：碑身四周饰卷云纹。

现藏：泾阳县安吴青训班文物管理所。

提要：记吴汉章及妻姚氏、李氏、高氏生平。

吴汉章墓表

全称：诰授通奉大夫花翎布政使衔湖北候补道山西宁武府知府吴君汉章墓表。

年代：清光绪九年（1883）刻立。

形制：螭首龟座。高 2.39 米，宽 0.96 米。

行字：正文行楷 16 行，满行 50 字。

撰书：贺瑞麟撰并书。

纹饰：碑身饰卷云纹。

现藏：泾阳县安吴青训班文物管理所吴氏陵园。

提要：记载吴汉章之生平。曾任湖北候补道台和山西宁武知县等官。

立施水田山地文契

年代：清光绪九年（1883）刻立。

形制：高 1.04 米，宽 0.55 米。

行字：正文楷书 36 行，满行 26 字。

现藏：镇安县校场沟龙王庙。

提要：记述当地农民杜发魁、吴作栋愿将自置田、地各一块施舍与观音堂庙作为香火之资，并不准僧尼出卖之约。

卢启发暨妻朱氏墓碑

全称：皇清显考卢公启发老府君显妣卢母朱氏老太君之墓。

年代：清光绪九年（1883）刻立。

形制：高 1.20 米，宽 0.85 米。

行字：正文楷书 18 行，满行 38 字。

现藏：镇安县永乐镇查家沟金盆村。

提要：记述墓主人由湖北武昌府大冶县迁入镇安艰难兴家立业及死后葬地。

*重修关圣庙碑

年代：清光绪十年（1884）刻立。

形制：圆首方座。通高 2.07 米，宽 0.70 米，厚 0.09 米。

行字：额楷书"重修碑志"4 字。正文楷书 19 行，满行 40 字。

撰书：秦抡秀撰，吴奉珠书。

现藏：子长县黑山寺关圣帝庙。

备注：碑体下部风化严重。

提要：记载光绪六年（1880）黄万生、黄定国赴陕从军，因腿病留此，并领众筹资备料重修关圣庙事。

复建福山庙宇碑

全称：复建福山庙宇创建三清阁奎星塔土地亭碑记。

年代：清光绪十年（1884）刻立。

形制：高 1.65 米，宽 0.70 米。

行字：正文楷书 17 行，满行 50 字。

撰书：党桂一撰。

现藏：合阳县博物馆。

提要：记载同治花门之变后，福山庙宇尽毁，社人重修事。

贾会瀛暨妻朱氏王氏墓碑

全称：皇清例赠修职郎郡庠增广生十洲贾公并元配朱孺人继配王孺人墓碑铭。

年代：清光绪十年（1884）刻立。

形制：圆首。高 1.62 米，宽 0.61 米，厚 0.13 米。

行字：额楷书"皇清"2 字。正文楷书 15 行，满行 35 字。

撰书：张鋆撰，严宗森书，张甲第篆额。

纹饰：碑额饰仙鹤图案，碑身两侧饰游鱼荷花纹。

现藏：户县甘亭镇吕公寨村。

著录：《户县碑刻》。

提要：记贾会瀛及妻朱氏王氏生平。

王积功妻周氏节孝碑

全称：已故处士王积功之妻周氏节孝碑。

年代：清光绪十年（1884）刻立。

形制：圆首方座。高 2.03 米，宽 0.61 米，厚 0.18 米。

行字：正文楷书 10 行，满行 40 字。

纹饰：碑额饰云龙纹，碑身饰回纹。

出土：此碑自立未移。

现藏：铜川市耀州区董家河镇王家砭村。

提要：记载王积功之妻 15 岁时嫁与王积功，后其夫早逝，周氏殷勤侍奉公婆，勤俭持家，教养子女，守节 40 余年，"亲友莫不叹其苦也"。

邢文成暨妻张氏合葬墓碑

全称：皇清待赠显考邢公讳文成老大人显妣
邢母张老孺人之合墓。

年代：清光绪十年（1884）刻立。

形制：圆首。高 0.90 米，宽 0.56 米。

行字：正文楷书 20 行，满行 30 字。

撰书：刘新撰，刘昌书。

现藏：镇安县高峰镇下河邢家院。

提要：记述邢文成夫妇勤俭持家，教子成
人事。

计开书院花用条规碑

年代：清光绪十年（1884）刻立。

形制：高 1.20 米，宽 0.84 米。

行字：正文楷书 39 行，满行 26 字。

出土：原立于商南县文昌阁。

现藏：商南县博物馆。

提要：记载商南县书院在光绪年间的肄业生
员数额及膏火费用发放规制等。

*兴仁义学碑记

年代：清光绪十年（1884）刻立。

形制：圆首。高 1.35 米，宽 0.71 米。

撰书：朱元勋撰并书。

现藏：石泉县池河小学。

著录：《安康碑版钩沉》。

提要：记述清光绪年间石泉县创设兴仁义学
之事。

重修五丈原工毕喜而有感之作

年代：清光绪十年（1884）刻立。

形制：高 0.95 米，宽 0.62 米。

行字：正文行书 24 行，满行 25 字。

撰书：胡升猷撰。

出土：此碑自立未移。

现藏：岐山县五丈原诸葛亮庙博物馆。

提要：此碑记重修武侯祠后，岐山知县胡升
猷有感而作的两首诗。

*洵阳知县沈天祥墓碑

年代：清光绪十年（1884）刻立。

形制：圆首方座。高 1.37 米，宽 0.72 米。

撰书：王梦爵撰，郭炎昌书。

现藏：旬阳县城关镇烟墩岭。

著录：《安康碑石》。

备注：碑文多磨泐，四角已残。

提要：记沈天祥生平及其在洵阳任知县时为
官清廉、勤政爱民之事。

三社重修三义庙碑记

年代：清光绪十一年（1885）刻立。

形制：圆首方座。通高 1.68 米，宽 0.40 米，
厚 0.09 米。

行字：正文楷书 6 行，满行 47 字。

撰书：张鹅撰，张缨书。

现藏：韩城市大禹庙。

提要：记载清光绪十一年三社重修三义庙。

振河不拽

年代：清光绪十一年（1885）刻立。

形制：高 1.80 米，宽 4.95 米。

行字：正文楷书 1 行 4 字。

撰书：谭仁芳书。

现藏：榆林市红石峡东壁地祇窟。

提要：上款"大清光绪岁次□□菊月"，下
款"星沙兰亭谭仁芳题"。谭仁芳，
光绪十年（1884）任延绥镇总兵。

太上神位碑

年代：清光绪十一年（1885）刻立。

形制：高 0.90 米，宽 0.38 米，厚 0.05 米。

行字：正文楷书 2 行，共 16 字。

现藏：太白县王家堎镇九平沟。

提要：碑额横刻"富贵双全"，碑中刻"太上神位"，后为年月。

重修鹿龄寺悠久亭暨牌坊碑记

年代：清光绪十一年（1885）刻立。

形制：圆首方座。高 1.66 米，宽 0.77 米，厚 0.18 米。

行字：正文楷书 21 行，满行 41 字。

撰书：穆在涵撰并书，穆荫丰、穆培基篆额。

纹饰：碑身四周饰卷云纹。

现藏：西乡县鹿龄寺。

著录：《汉中碑石》。

提要：记鹿龄寺悠久亭及牌坊在同治年间战乱中被毁，后于同治七年至光绪十一年九月重修事。

陈锡之墓志

全称：皇清例授登仕郎吏部候铨州右堂锡之陈公墓志铭。

年代：清光绪十一年（1885）刻立。

形制：志正方形。边长 0.50 米。

行字：志文楷书 23 行，满行 26 字。

撰书：王辛撰，肃堂鲁书。

现藏：蒲城县博物馆。

提要：记叙陈锡之生平。

马万斌墓志

全称：处士马公墓志铭。

年代：清光绪十一年（1885）刻立。

形制：圆首。高 1.36 米，宽 0.55 米，厚 0.10 米。

行字：额篆书"皇清"2 字。志文楷书 19 行，满行 41 字。

撰书：张汝瀚撰，马鸣珂书。

纹饰：碑身两侧饰曲回纹。

现藏：户县涝店镇马家堡。

著录：《户县碑刻》。

提要：记马万斌之生平及子嗣情况。

天地正气

年代：清光绪十一年（1885）刻立。

形制：高 1.25 米，宽 0.57 米。

行字：正文楷书 1 行 4 字。跋文楷书 11 行，满行 20 字。

撰书：左宗棠书，贺瑞麟跋。

出土：西安碑林旧藏。

现藏：西安碑林博物馆。

著录：《西安碑林全集》。

提要：左宗棠书"天地正气"大字颇见功力，用笔坚实而自如，宗法晋唐，有傲岸之气。

*高秀雅妻墓碑

全称：清光绪旌表处士高秀雅妻墓碑。

年代：清光绪十二年（1886）刻立。

形制：下部残缺。残高 1.25 米，宽 0.48 米，厚 0.15 米。

行字：正文楷书 4 行，满行 19 字。

现藏：宝鸡青铜器博物馆。

*维修河堤保全庙产告示碑

年代：清光绪十二年（1886）刻立。

形制：高 0.64 米，宽 1.50 米。

行字：正文楷书 47 行，满行 24 字。

出土：此碑自立未移。

现藏：勉县武侯墓博物馆。

提要：记载光绪年间祠后河堤因年久失修，受河水冲刷，基础岌岌可危，时任宪台倡导捐款，挑河四百余丈。

重修关帝庙碑记

年代：清光绪十二年（1886）刻立。

形制：高 1.16 米，宽 0.44 米。

行字：正文楷书 12 行，满行 44 字。

撰书：王笈撰。

现藏：合阳县博物馆。

提要：记载重修关帝庙事。

*重修太史祠碑

年代：清光绪十二年（1886）刻立。

形制：圆首方座。通高 2.61 米，宽 0.70 米，厚 0.16 米。

行字：正文楷书 12 行，满行 31 字。

撰书：王增祺撰，杨遐龄书。

现藏：韩城市司马迁祠。

著录：《司马迁祠碑石录》。

提要：记载王增祺任韩城知事期间，号召乡邻募捐修葺司马迁祠的过程。

*天师符

年代：清光绪十二年（1886）刻立。

形制：方首。通高 1.14 米，宽 0.56 米。

出土：此碑自立未移。

现藏：勉县武侯祠博物馆。

著录：《忠武祠墓志》。

提要：此碑正面刻符两处，并刻有印章两枚，碑上方有"天师"二字，据史料记载，武侯祠南临汉江，河水时常暴涨，经常冲毁祠后堤坝，祠内住持请道教掌门人画了一道镇水符，故称之为镇水碑。

袁氏墓志

全称：皇清诰封宜人元配袁宜人墓志铭。

年代：清光绪十二年（1886）刻立。

形制：共 2 石，尺寸相同。长 1.91 米，宽 0.32 米。

行字：志文楷书。第 1 石 30 行，满行 15 字。第 2 石 15 行，满行 24 字。

撰书：柏景伟撰。

现藏：西安市长安博物馆。

著录：《长安新出墓志》。

提要：记载袁氏之生平。

刘本聪墓碑

全称：师祖刘公本聪真人墓。

年代：清光绪十二年（1886）刻立。

形制：圆首。高 1.37 米，宽 0.78 米。

行字：志文楷书 16 行，满行 24 字。

现藏：镇安县木王镇龙山头朝阳观。

提要：记述湖北大冶人刘本聪出家武当山及后云游至镇安传教授徒并羽化镇安事。

*牛王沟禁山碑

年代：清光绪十二年（1886）刻立。

形制：圆首。高 1.40 米，宽 0.70 米。

现藏：平利县文化馆。

著录：《安康碑版钩沉》。

提要：记载禁盗事，并列禁规九条。

创修观音堂落成序

年代：清光绪十二年（1886）刻立。

形制：高长 1.55 米，宽 0.84 米。

行字：正文楷书 26 行，满行 17 字。

撰书：安贞吉、杨恩荣撰并书。

现藏：镇安县城文庙后观音堂。

提要：记述战乱年代，数名尼僧募化资材创修观音堂的经过及其知县等捐资者姓名。

补培午子山顶观碑志

年代：清光绪十二年（1886）刻立。

形制：高 0.60 米，宽 0.95 米，厚 0.15 米。

行字：正文楷书 17 行，满行 30 字。

撰书：刘懿德撰，李世贤书。

出土：此碑自立未移。

现藏：西乡县午子山。

著录：《汉中碑石》。

提要：记叙余宗兴捐资修补道观事。

*黎庶昌祭武侯墓碑

年代：清光绪十三年（1887）刻立。

形制：高 0.40 米，宽 0.68 米，厚 0.12 米。

行字：正文楷书 17 行，满行 16—18 字不等。

撰书：黎庶昌撰并书。

出土：此碑自立未移。

现藏：勉县武侯祠博物馆。

著录：《汉中碑石》。

提要：该碑系光绪十三年五月黎庶昌在前往甘肃游历蜀道时，路过沔县武侯祠墓，祭奠诸葛亮之祭文。

清故康母巩氏墓碣

年代：清光绪十三年（1887）刻立。

形制：圆首方座。通高 2.10 米，宽 0.72 米，厚 0.12 米。

行字：额楷书"皇清"2 字。志文楷书 17 行，满行 34 字。

撰书：柏景伟撰，吴西季书，刘登魁、赵荣茂刻。

现藏：户县蒋村镇曹村。

著录：《户县碑刻》。

备注：碑石底部断裂。

提要：记清代光绪年间康万年之母巩氏之生平。

王母黄氏墓碑

年代：清光绪十三年（1887）刻立。

形制：高 1.20 米，宽 0.55 米。

行字：志文楷书 6 行，满行 24 字。

现藏：镇安县铁厂镇黄龙铺。

提要：记述墓主人原籍江南太湖凉水井等生平。

郭子明德教碑

全称：皇清例授修职郎郭子明先生德教碑。

年代：清光绪十三年（1887）刻立。

形制：方首。高 1.62 米。宽 0.85 米。

撰书：郭炎昌撰。

纹饰：碑身四周饰几何纹。

现藏：旬阳县赵湾小学内。

著录：《安康碑版钩沉》。

提要：记述郭子明生平行事及生卒年月，内容涉及郭氏德教事。

重修白云山文昌楼碑记

年代：清光绪十四年（1888）刻立。

形制：方首方座。通高 2.32 米，宽 0.78 米，厚 0.12 米

行字：正文楷书 20 行，满行 53 字。

撰书：高承训撰，李益龄书。

现藏：佳县白云山白云观文昌楼东侧。

著录：《佳县白云山白云观碑刻》。

提要：记载张绍等协同本山道正司赵教盛等人重修文昌楼事。

祷无不应

年代：清光绪十四年（1888）刻立。

形制：高 0.59 米，宽 1.46 米。

行字：正文楷书 30 行，满行 18 字。

撰书：李修德撰。

现藏：佳县香炉寺内。

著录：《榆林碑石》。

提要：该碑碣记述人们祷雨之事。

重修关帝庙碑记

年代： 清光绪十四年（1888）刻立。

形制： 圆首长方座。通高 2.21 米，宽 0.74
米，厚 0.12 米。

行字： 正文楷书 15 行，满行 36 字。

撰书： 张居仁撰并书及篆额。

纹饰： 碑额、碑身两侧饰花卉纹。

现藏： 子长县安定镇关庙坪村关帝庙。

提要： 记载重修关帝庙事。

复翻修五佛庵记

年代： 清光绪十四年（1888）刻立。

形制： 高 0.65 米，宽 1.20 米。

行字： 正文楷书 32 行，满行 18 字。

撰书： 刘维垣撰，马成麟书。

纹饰： 碑身四周饰回纹。

现藏： 洋县黄家营镇五佛庵。

提要： 记载中湾善士张全修祖孙三代修复五
佛庵，做成善事，并记庙产数量，如
数完银。庙内管理亦有完规。

文昌帝君遏欲文碑

年代： 清光绪十四年（1888）刻立。

形制： 高 0.40 米，宽 0.55 米。

行字： 正文楷书 22 行，满行 19 字。

现藏： 勉县武侯墓博物馆。

著录：《定军山下话武侯》《沔阳碑石》。

备注： 碑面风化严重。

提要： 内容主要以文昌帝君之名义，劝导人
们不得好色，戒淫欲，与人为善，警
示行贼恶之事，必遭报应。

*纳会信士碑

年代： 清光绪十四年（1888）刻立。

形制： 高 0.51 米，宽 0.55 米。

行字： 正文楷书 20 行，满行 18 字。

撰书： 孟知言撰并书。

现藏： 洋县智果寺文物管理所。

提要： 记载善士邓振国等捐化钱粮，为寺像
塑金身之善举。

*惜字纸碑

年代： 清光绪十四年（1888）刻立。

形制： 高 0.40 米，宽 0.57 米。

行字： 正文楷书 30 行，满行 23 字。

现藏： 勉县武侯祠博物馆。

著录：《沔阳碑石》《定军山下话武侯》。

备注： 碑面风化较重。

提要： 碑文劝喻人们尊重圣贤，爱惜字纸。

施公德政碑

全称： 同知衔调补南郑县前知沔县事贤侯施
大老爷去思德政碑。

年代： 清光绪十四年（1888）刻立。

形制： 螭首方座。通高 3.00 米，宽 0.99 米，
厚 0.25 米。

行字： 正文楷书 18 行，满行 28 字。

撰书： 彭龄撰，张行五书。

出土： 此碑自立未移。

现藏： 勉县武侯祠博物馆。

提要： 记载时任沔县知事施氏在任之德政。

贺台如暨妻杜氏合葬墓志

全称： 皇清诰赠朝议大夫台如贺君德配钦旌
节孝诰封恭人贺母杜太恭人墓志铭。

年代： 清光绪十四年（1888）刻立。

形制： 志、盖均为正方形，尺寸相同。边
长 0.79 米。

行字： 盖题篆书 6 行，满行 6 字，题"皇
清诰赠朝议大夫台如贺君德配钦旌
节孝诰封恭人贺母杜太恭人墓志

铭"。志文楷书 36 行，满行 37 字。

撰书：贺瑞麟撰，李百禄书，时永新篆盖。

出土：2006 年于渭南阳郭镇贺家村征集。

现藏：西安市临潼博物馆。

提要：记载贺台如及妻杜氏的家族世系及生平。

刘耀廷墓志

全称：皇清貤封中宪大夫甘肃知县耀廷刘公墓志。

年代：清光绪十四年（1888）刻立。

形制：志长 0.30 米，宽 0.60 米，厚 0.10 米。

行字：册页式，共 4 页。盖文篆书 6 行，满行 4 字。志文楷书 32 行，满行 20 字。

撰书：党蒙撰，吉同钧书。

现藏：韩城市博物馆。

提要：墓志记载刘耀廷的家族世系、生平。

*漫泉水利章程碑

年代：清光绪十四年（1888）刻立。

形制：高 1.70 米，宽 0.67 米，厚 0.18 米。

行字：额楷书 1 行 4 字，题"水利章程"。正文楷书 23 行，满行 46 字。

撰书：张荣升撰，李海昌书。

纹饰：碑额饰龙吐水图案。

现藏：蒲城县博物馆。

著录：《蒲城县志》。

备注：碑身风化严重，字迹剥落不清。

提要：记载漫泉名称之来历和漫泉水灌溉情况，为维护水利，制定章程。

*书院捐输碑

年代：清光绪十四年（1888）刻立。

形制：高 1.20 米，宽 0.80 米。

行字：正文楷书 24 行，满行 22 字。

撰书：任自安撰，陈锡喆书。

现藏：丹凤县博物馆。

提要：记载龙驹寨崇正书院沿革、扩建事。

章怀恩墓碑

全称：皇清例授岁进士显考章公怀恩大人之墓。

年代：清光绪十四年（1888）刻立。

形制：高 1.00 米，宽 0.55 米。

行字：正文楷书 12 行，满行 29 字。

撰书：章怀远撰。

现藏：镇安县达仁镇章家堂。

提要：记述章怀恩生平。

徐正发暨妻尹氏墓碑

全称：故显考徐公讳正发老大人先妣徐母尹老孺人之墓。

年代：清光绪十四年（1888）刻立。

形制：高 1.30 米，宽 0.80 米。

行字：志文楷书 12 行，满行 20 字。

现藏：镇安县柴坪镇罗家坪。

提要：记述徐正发生平。

路致祥寿藏表

全称：署正衔授承德郎路公寿藏表。

年代：清光绪十四年（1888）刻立。

形制：高 1.04 米，宽 0.46 米。

行字：正文楷书 22 行，满行 40 字。

撰书：方懋撰，承彰书。

现藏：商南县富水镇王家楼村。

提要：记载路致祥八十二寿诞时，亲友为其写的表彰其功德的文章。

上宪新定武功县差徭局章程

年代：清光绪十四年（1888）刻立。

形制：圆首方额。通高 1.98 米，宽 0.67 米，厚 0.24 米。

行字：正文楷书 32 行，满行 52 字。

纹饰：碑额饰双龙图案。

出土：1983 年出土于武功县西街。

现藏：武功县城隍庙碑廊。

提要：记载武功县差役局内部对从高到低各层官员的出勤情况、工作状态及当年财会制度、账务公示制度、用人制度等详细规定，并规定百姓可对局内官员们的活动进行监督。

重修文庙碑记

年代：清光绪十四年（1888）刻立。

形制：圆首。高 1.65 米，厚 0.17 米。

行字：正文楷书 14 行，满行 46 字。

撰书：刘子焕撰，严书麟书。

纹饰：碑额饰云龙纹，碑身饰回纹及缠枝花纹。

现藏：咸阳市博物馆。

备注：碑面有缺损。

提要：记载光绪十四年重修咸阳文庙事。

竹林寺重修碑记

年代：清光绪十四年（1888）刻立。

形制：高 1.20 米，宽 0.85 米。

行字：正文楷书 14 行，满行 52 字。

撰书：叶珪撰并书。

现藏：洛南县保安镇焦沟仓颉庙。

提要：记载竹林寺重修事。

重修白云山神路及乐楼碑

全称：补葺白云山神路并改修乐楼碑记。

年代：清光绪十五年（1889）刻立。

形制：平首方座。通高 1.96 米，宽 0.72 米。

行字：正文楷书 18 行，满行 45 字。

撰书：任佺撰，李益龄书。

纹饰：碑额万字纹，碑身饰花卉、几何纹。

现藏：佳县白云山白云观真武祖师殿东廊下。

著录：《佳县白云山白云观碑刻》。

提要：记载清同治九年（1870）开始将白云观神路由下而上砌为石台阶，直至五龙宫。

威震九边

年代：清光绪十五年（1889）刻立。

形制：高 2.40 米，宽 6.70 米。

行字：正文楷书 1 行 4 字。

撰书：叶伯英撰并书。

现藏：榆林市红石峡三教殿外壁。

提要：上款"大清光绪十五年秋奉旨北征过此"，下款"一品顶戴抚陕使者皖怀叶伯英题"。

*马畅镇捐资碑

年代：清光绪十五年（1889）刻立。

形制：高 1.56 米，宽 0.94 米。

行字：正文楷书 36 行，满行 48 字。

纹饰：碑身四周饰双线纹。

现藏：洋县马畅镇子房山。

提要：记载助缘人名及相关事项。

建修八龙庙前回心桥亭碑记

年代：清光绪十五年（1889）刻立。

形制：圆首。高 0.80 米，宽 0.44 米。

行字：正文楷书 10 行，满行 20 字。

撰书：童良淦撰并书。

现藏：洋县关帝镇大西沟村。

提要：记载此处旧时无桥，10 多名本地青年同发善心，捐资建桥，因桥正当莲座之前，取名回心桥。

重修金堡寨记

年代: 清光绪十五年（1889）刻立。

形制: 高 0.72 米，宽 0.40 米。

行字: 正文楷书 12 行，满行 35 字。

撰书: 范际昌撰。

提要: 记载合阳县金堡寨的地理位置以及道路、城堡构件、防御工事年久失修，村人筹资重修的历史。

谒汉丞相诸葛忠武武乡侯墓

年代: 清光绪十五年（1889）刻立。

形制: 高 0.74 米，宽 0.46 米，厚 0.14 米。

行字: 志文行书 26 行，满行 19 字。

撰书: 千祺撰并书。

出土: 此碑自立未移。

现藏: 勉县武侯祠博物馆。

著录: 《汉中碑石》。

提要: 记沔县知县千祺与友人瞻谒诸葛亮墓时所题诗。

*苏孝慈墓志跋文碑

年代: 清光绪十五年（1889）刻立。

形制: 正方形。边长 0.49 米。

行字: 正文草书 16 行，满行字数不等。

撰书: 彭洵撰并书。

出土: 蒲城县博物馆旧藏。

现藏: 蒲城县博物馆。

提要: 该碑石是时任蒲城知县彭洵对苏孝慈墓志书法的论评，文中称其志"书法遒劲挺拔，与贺若谊碑相类"。

胡兆兰暨妻曹氏墓碑

全称: 乡饮耆宾故显考胡公兆兰老大人显妣胡母曹老孺人之墓。

年代: 清光绪十五年（1889）刻立。

形制: 高 1.41 米，宽 0.68 米。

行字: 正文楷书 9 行，满行 45 字。

现藏: 镇安县回龙镇枣园村庙子沟。

提要: 记述墓主人由咸宁迁镇安入户，勤俭立业，被推荐为乡饮耆宾及子女简况。

*会办全陕厘税总局告示碑

全称: 会办全陕厘税总局严禁白河等处厘卡故意勒掯商贩人等告示碑。

年代: 清光绪十五年（1889）刻立。

形制: 方首。高 1.25 米，宽 0.65 米。

现藏: 白河县税务局。

著录: 《安康碑版钩沉》《安康碑石》。

提要: 记载会办全陕厘税总局督粮道等清查白河等县厘务事。

重修相亳寺碑

年代: 清光绪十五年（1889）刻立。

形制: 高 1.19 米，宽 0.53 米。

行字: 正文楷书 24 行，满行 37 字。

撰书: 谢生红撰并书。

现藏: 洛南县巡检镇政府。

提要: 记载禹沟坪相亳寺年久失修，乡民自发捐资维修过程及捐资者姓名。

*平利知县颁布秋河义仓条规牌示碑

年代: 清光绪十五年（1889）刻立。

形制: 高 1.33 米，宽 0.73 米，厚 0.08 米。

行字: 额楷书 1 行 4 字，题"永遵良规"。正文楷书 23 行，满行 44 字。

撰书: 王幼之书。

现藏: 平利县秋河乡八角庙。

著录: 《安康碑石》《安康碑版钩沉》。

提要: 记秋河义仓条规 10 条。

会馆补修清庙捐资碑记

年代：清光绪十六年（1890）刻立。

形制：螭首。高 2.19 米，宽 0.75 米，厚 0.22 米。

行字：正文楷书 12 行，满行 57 字。

撰书：段永慈撰并书，王光永题，杨茂公、杨秉智刻。

纹饰：碑身两侧饰曲回纹。

出土：原在户县县城北街山西会馆。

现藏：户县文庙大成殿东侧碑廊。

著录：《户县碑刻》。

备注：上部有横断裂痕一道。

提要：记户县北街山西会馆之创建年代，及补修殿宇乐楼等事。

重修毓仙漫道白龙桥碑

年代：清光绪十六年（1890）刻立。

形制：圆首。高 1.90 米，宽 0.75 米。

行字：正文楷书 22 行，满行 40 字。

撰书：张桐荫撰并书。

纹饰：碑额饰二龙戏珠图案，碑身四周饰回纹。

出土：蓝田县法院。

现藏：蓝田县蔡文姬纪念馆。

著录：（光绪）《蓝田县志》。

备注：碑阴为《冯玉祥言志碑》（蓝田乙）。

提要：记载重修毓仙漫道白龙桥的原因和经过。

*平安富贵图碑

年代：清光绪十六年（1890）刻立。

形制：高 1.07 米，宽 0.44 米。

行字：正文楷书 4 行，共 17 字。跋文行书 2 行，满行字数不等。

撰书：慈禧太后书并画。

出土：西安碑林旧藏。

现藏：西安碑林博物馆。

著录：《西安碑林全集》。

提要：碑绘折枝牡丹插于瓶中，上部刻慈禧印及御笔楷书"平安富贵" 4 字。

重修三官圣庙产输金人姓名碑

年代：清光绪十六年（1890）刻立。

形制：高 1.65 米，宽 0.65 米。

行字：正文楷书 12 行，满行 29 字。

撰书：张赋理撰并书。

现藏：商洛市商州区陈原办事处邵家村。

提要：记载构峪川三官庙产有河南地一亩五分，原有地契存于庙中，明末庙毁于兵火，地契不存，为不忘计，特勒石以记之。

重修黄山宫碑记

年代：清光绪十六年（1890）刻立。

形制：高 1.32 米，宽 0.73 米，厚 0.16 米。

行字：正文楷书 13 行，满行 47 字。

撰书：侯价藩撰，李化南撰盖，孟守宗书。

纹饰：碑身两侧饰回纹。

现藏：兴平市黄山宫。

提要：记载光绪十六年马嵬重修黄山宫事。

创建任家畔水神庙记

年代：清光绪十七年（1891）刻立。

形制：圆首方座。通高 1.94 米，宽 0.75 米，厚 0.12 米。

行字：正文楷书 17 行，满行 32 字。

撰书：刘云奇撰，张毓品书。

纹饰：碑身四周饰花鸟纹、万字纹、琴棋书画图案。

现藏：佳县白云山白云观水神庙。

著录：《佳县白云山白云观碑刻》。

提要：记载创建水神庙的缘由。

金洋堰祭神灭蝗碑

全称：前任邑侯王公作祭文祭神灭蝗碑记。

年代：清光绪十七年（1891）刻立。

形制：高 0.84 米，宽 0.56 米，厚 0.16 米。

行字：正文楷书 32 行，满行 32 字。

撰书：刘懿德撰，李世贤书。

现藏：西乡县堰口镇金洋堰。

著录：《汉中碑石》。

提要：记载同治年间金洋堰灌区屡遭蝗灾，前任邑侯王公于堰庙祭神灭蝗及其号召绅粮共商灭蝗的具体办法。

重修玉皇阁望江楼记

年代：清光绪十七年（1891）刻立。

形制：圆首方座。高 1.36 米，宽 0.56 米，厚 0.16 米。

行字：正文楷书 12 行，满行 24 字。

撰书：傅汝梅撰并书。

纹饰：碑身四周饰龙凤纹。

现藏：略阳县灵岩寺博物馆。

著录：《汉中碑石》。

提要：记知县傅汝梅重修望江楼及与好友同游事。

复兴乡会两试盘费碑记

年代：清光绪十七年（1891）刻立。

形制：圆首，首身一体。高 1.63 米，宽 0.70 米。

行字：正文楷书 17 行，满行 40 字。

撰书：张季骦撰并书。

现藏：韩城市博物馆。

提要：刊刻学宫斋长张季骦记复兴乡会为乡试、会试盘费规条 6 条。

员登魁墓志

全称：皇清诰授奉政大夫晋封中宪大夫四川苍溪县知县丁酉科拔贡生松泉员公墓志铭。

年代：清光绪十七年（1891）刻立。

形制：共 2 石，尺寸相同。高 0.90 米，宽 1.34 米。

行字：志文楷书 83 行，满行 13 字。

撰书：贺瑞麟撰并书，员凤林篆盖。

出土：1986 年出土于华阴县西纪村。

现藏：西安碑林博物馆。

著录：《华山碑石》。

提要：记员登魁之家族世系、生平。

陕西藩署增置颜柳碑记

年代：清光绪十七年（1891）刻立。

形制：高 0.55 米，宽 1.00 米。

行字：正文楷书 29 行，满行 21—24 字不等。

撰书：陶模撰并书。

出土：西安碑林旧藏。

现藏：西安碑林博物馆。

著录：《西安碑林全集》。

提要：记述颜真卿书《郭家庙碑》《马璘残碑》与柳公权书《魏公先庙碑》在陕西旧藩署出土及增置保护之经过。

潘笃敬暨妻瞿氏墓碑

全称：皇清敕授登仕郎显考潘公讳笃敬府君孺人显妣潘母氏瞿老孺人之墓。

年代：清光绪十七年（1891）刻立。

形制：高 1.26 米，宽 0.76 米。

行字：正文楷书 14 行，满行 42 字。

撰书：倪际春撰，潘承恩书。

现藏：镇安县铁厂镇庄河村。

提要：记述潘笃敬由原籍安徽宿邑迁陕，

兴家立业，敕授登仕郎及其与夫人合力兴家等况。

*迎风坝义渡碑

年代：清光绪十七年（1891）刻立。

形制：两面刻高 0.90 米，宽 0.42 米。

现藏：安康市汉滨区县河镇政府。

著录：《安康碑版钩沉》。

提要：记载迎风坝古渡成为义渡的缘由。附刻地图，标明四面地界。

雷存德暨妻金氏合葬墓碑

全称：皇清例赠骑都尉雷公讳存德老大人母氏金老恭人墓碑。

年代：清光绪十七年（1891）刻立。

形制：方首。高 1.20 米，高 0.60 米。

撰书：雷道立书。

现藏：紫阳县金川乡自力村。

著录：《安康碑版钩沉》。

提要：记载雷存德之生平。清咸丰年间雷存德从戎鄂渚，以军功得五品衔。

*创修杨氏祠堂碑

年代：清光绪十七年（1891）刻立。

形制：圆首。高 1.22 米，宽 0.58 米。

行字：正文楷书 19 行，满行 36 字。

现藏：镇安县城杨生庆家。

提要：记述杨氏创修祠堂申报过程及置办祭产数额用途。

王小竹墓志

全称：皇清诰封奉政大夫晋封朝议大夫韩城县教谕小竹王公墓志铭。

年代：清光绪十八年（1892）刻。

形制：志、盖均为正方形，尺寸相同。边长 0.64 米。

行字：盖文篆书 7 行，满行 4 字，题"皇清诰封奉政大夫晋封朝议大夫韩城县教谕小竹王公墓志铭"。志文楷书 40 行，满行 14 字。

撰书：刘启瀚题，隽瀛洲刻。

现藏：扶风县博物馆。

提要：记载王小竹生平。

监修一步崖碑记

年代：清光绪十八年（1892）刻立。

形制：平首方座。通高 1.97 米，宽 0.62 米，厚 0.07 米。

行字：碑隶书 2 行满行 2 字，题"视履不忠"。正文楷书 13 行，满行约 50 字。

撰书：喻兆圭撰。

现藏：绥德县名州镇七里铺村蕲王庙。

著录：《榆林碑石》。

提要：记载一步崖为宋韩蕲王故里，山势险峻，道路不便，喻兆圭率民夫众人就近修路，于光绪十八年完工。

霖雨苍生

年代：清光绪十八年（1892）刻立。

形制：高 0.92 米，宽 1.16 米。

行字：正文篆书 1 行 4 字。跋文楷书 28 行，满行 10 字。

现藏：佳县城内香炉寺。

著录：《榆林碑石》。

提要：记述祷雨之事。

英雄蝉蜕

年代：清光绪十八年（1892）刻立。

形制：高 1.00 米，宽 2.20 米。

行字：正文隶书 1 行 4 字。题款行书，满行 4 字。

撰书：黎荣翰题。

出土：此碑自立未移。

现藏：留坝县张良庙文物管理所。

著录：《汉张留侯祠》《张良庙匾联石刻诗文集注》。

*宁羌知州告示牌

年代：清光绪十八年（1892）刻立。

形制：高 1.35 米，宽 0.66 米，厚 0.16 米。

行字：正文楷书 14 行，满行字数无法辨识。

现藏：宁强县文化馆。

备注：碑文字迹漫漶。

重修户县文庙碑

全称：皇清光绪辛卯户县重修文庙记。

年代：清光绪十八年（1892）刻立。

形制：圆首。碑残损。残高 1.30 米，宽 0.35 米。

行字：额篆书"皇清"2 字。正文楷书 17 行，行残留 30 字。

撰书：陈焕斑撰，艾如兰书，刘声琦篆额。

纹饰：碑身两侧饰曲回纹。

现藏：户县文庙。

著录：《户县碑刻》。

提要：记陈焕斑等筹资修建文庙之事。

柏景伟墓志

全称：皇清诰授奉政大夫特旨交部议叙赏戴蓝翎钦加同知衔分省补用知县定边县训导乙卯科举人柏公沣西先生墓志铭。

年代：清光绪十八年（1892）刻立。

形制：共 8 石，尺寸相同。长 0.64 米，宽 0.32 米。

行字：志文楷书，每石 24 行，满行 18 字。

撰书：刘光蕡撰，贺瑞麟书，张恩荣篆盖，杨家麟雕。

现藏：西安市长安博物馆。

著录：《长安新出墓志》。

提要：记载柏景伟之生平情况。

*任廷贵兰草图碑

年代：清光绪十八年（1892）刻立。

形制：高 1.29 米，宽 0.48 米。

撰书：任廷贵画并书。

出土：西安碑林旧藏。

现藏：西安碑林博物馆。

著录：《西安碑林全集》。

备注：又名"春在先生杖履中"。

提要：碑上刻有一根竹杖，一头系一把兰草，一头插在花篮旁，简洁明快，寓意深刻。

*任廷贵题联

年代：清光绪十八年（1892）刻立。

形制：高 1.85 米，宽 0.68 米。

行字：正文篆书 2 行，满行 7 字。

撰书：任廷贵书。

出土：西安碑林旧藏。

现藏：西安碑林博物馆。

著录：《西安碑林全集》。

提要：联曰："全以山川为眼界，自然富贵出天真。"

云阳镇城隍庙碑

全称：重修云阳镇城隍庙献殿山门乐楼献楼廊院各工碑记。

年代：清光绪十八年（1892）刻立。

形制：高 2.48 米，宽 0.93 米，厚 0.26 米。

行字：正文楷书 14 行，满行 63 字。

撰书：陈际尧撰。

纹饰：碑身四周饰花卉、蔓枝、寿字纹。

现藏：泾阳县博物馆。

提要：记载云阳镇城隍庙衰败后，乡人捐资
重修事。

路谋至暨妻孔氏碑

全称：钦加六品衔例授承德郎显考路公谋至
母氏孔老大（夫）人之墓。

年代：清光绪十八年（1892）刻立。

形制：高 1.50 米，宽 0.55 米。

行字：正文楷书 5 行，满行 34 字。

出土：1998 年出土于商南县城关镇双峰山。

现藏：商南县富水镇王家楼村。

提要：记载路谋至籍贯、生平等。

二安桥记

年代：清光绪十八年（1892）刻立。

形制：方首。高 1.55 米，宽 0.71 米。

行字：正文楷书 18 行，满行 36 字。

撰书：余修凤撰，朱祥麟书。

纹饰：碑身四周饰卷草纹。

现藏：宁陕县老城城隍庙内。

著录：《安康碑版钩沉》。

提要：记载光绪九年（1883）修建万安桥及
建修长安桥事。

重修压火楼并享殿碑记

年代：清光绪十八年（1892）刻立。

形制：双面刻。高 1.50 米，宽 0.66 米，厚
0.12 米。

行字：正文楷书。碑阳 18 行，满行 40 字。
碑阴 14 行，满行 40 字。

撰书：王增祺撰，张季繇书；碑阴陈瑞征撰。

现藏：韩城市古城北营庙内。

备注：座佚。碑阳刻于光绪十六年，碑阴刻
于光绪十八年。

提要：分别记述重修压火楼并享殿事。

*黄家湃用水告示碑

年代：清光绪十九年（1893）刻立。

形制：高 1.33 米，宽 0.71 米。

行字：正文楷书 16 行，满行 51 字。

现藏：城固县五门堰。

提要：此碑记载黄家湃用水事宜。记载共灌
田 8000 余亩，每亩派水钱 42 文，交
堰长作本生息用于维护，于五门堰停
水后 10 日之内必须清理维修渠道。

焦勉兹神道碑

全称：诰封中宪大夫户部河南司副郎加三级
覃恩加一级乡饮正宾勉兹焦公之神道。

年代：清光绪十九年（1893）刻立。

形制：高 2.36 米，宽 0.86 米，厚 0.18 米。

行字：正文楷书，满行字数不详。

纹饰：碑身饰卷云纹、蔓草纹。

出土：渭南市临渭区龙背镇南焦村焦族
墓地。

现藏：渭南市临渭区龙背镇南焦村。

提要：记焦勉兹生平。

恪守新定差徭章程碑记

年代：清光绪十九年（1893）刻立。

形制：高 1.16 米，宽 0.55 米。

行字：正文楷书 9 行，满行 64 字。

现藏：合阳县博物馆。

提要：记载合阳县新定差徭章程的过程。

新建祠堂碑记

年代：清光绪十九年（1893）刻立。

形制：高 0.64 米，宽 0.78 米，厚 0.15 米。

行字：正文楷书 31 行，满行 21 字。

撰书：谭鼎昌撰并书。

出土：此碑自立未移。

现藏：汉中市汉台区龙江街道谭堰村小学。

著录：《汉中碑石》。

备注：汉台区龙江街道谭堰村小学原为谭氏祠堂。

提要：记载谭氏家世及修祠堂事。

*谭氏族规碑

年代：清光绪十九年（1893）刻立。

形制：高 0.64 米，宽 0.78 米，厚 0.15 米。

行字：正文楷书 28 行，满行 20 字。

撰书：谭鼎昌撰并书。

出土：此碑自立未移。

现藏：汉中市汉台区龙江街道谭堰村小学。

著录：《汉中碑石》。

提要：记载谭氏族规 16 条款，明确了家族的规章制度和族人的责任、义务。

*通三氏刊石

年代：清光绪十九年（1893）刻立。

形制：高 0.67 米，宽 0.35 米。

行字：正文行书 12 行，满行 9 字。

撰书：通三氏刊石。

纹饰：碑身四周饰曲回纹。

现藏：户县甘亭镇摇西村钓鱼台钓鱼阁底层门内西侧墙壁上。

著录：《户县碑刻》。

提要：记君子待人处世方面应做到不骄、不傲、诚实而不虚假，以浮夸、虚伪等为耻。

*齐德元暨妻李氏墓碑

年代：清光绪十九年（1893）刻立。

形制：高 1.60 米，宽 0.68 米。

行字：正文楷书 14 行，满行 36 字。

撰书：白翰如撰。

现藏：镇安县高峰镇磨里沟三台村。

提要：翔实记述齐德元弃文就武，于同治年间（1862—1874）办团练，维持地方安定，官封五品千总以及好善乐施等事，附载李宜人相夫教子治家等情况。

阎永连墓表

全称：皇清貤赠修职郎久庵阎翁墓表。

年代：清光绪十九年（1893）刻立。

形制：高 2.22 米，宽 0.80 米，厚 0.17 米。

行字：志文楷书 14 行，满行 44 字。

撰书：刘光蕡撰，贺瑞麟书。

现藏：户县大王镇凿齿村。

著录：《户县碑刻》。

提要：记阎永连之家族世系、生平。

修理大成殿碑记

年代：清光绪十九年（1893）刻立。

形制：高 0.44 米，长 1.10 米。

行字：正文楷书 19 行，满行 19 字。

撰书：李象惺撰，王瑜瑞书。

现藏：韩城市博物馆。

提要：记载知县王增祺、孔繁准在任时补筑文庙宫墙、修大成殿之事。

*游钓台诗碑

年代：清光绪十九年（1893）刻立。

形制：高 0.35 米，宽 0.67 米。

行字：正文行书 13 行，满行 9 字。

纹饰：碑身四周饰曲回纹。

现藏：户县甘亭镇摇西村钓鱼台钓鱼阁底层门内东侧墙壁上。

著录：《户县碑刻》。

提要：记游钓鱼台七言律诗二首。

*创建迎风寺碑

年代：清光绪十九年（1893）刻立。

形制：圆首。宽 2.03 米，高 0.83 米。

撰书：袁登鳌撰，夏瀛洲书。

纹饰：碑额饰二龙戏珠图案。

现藏：安康市汉滨区县河镇政府。

著录：《安康碑版钩沉》。

提要：记载光绪十七年（1891），四社公举督率重修迎风寺事。

潘容德望碑

全称：皇清敕授乡饮正宾潘公德望碑。

年代：清光绪十九年（1893）刻立。

形制：高 1.72 米，宽 0.90 米。

行字：正文楷书 18 行，满行 35 字。

撰书：倪际春撰，潘承恩书。

现藏：镇安县铁厂镇庄河村。

著录：《商洛文史》（第二辑）

提要：记载潘容之生平德行及晚辈门人所撰赞颂诗文。

*三台山修三圣庙碑

年代：清光绪十九年（1893）刻立。

形制：高 0.61 米，宽 1.21 米。

行字：正文楷书 51 行，满行 24 字。

现藏：镇安县西口回族镇水泉村王祖师庙内。

提要：记述王祖师精通医术，为乡里医病行善，死后被尊为神，乡民捐资修庙事。

*恭逢皇太后六旬大庆贺诗碑

年代：清光绪二十年（1894）刻立。

形制：高 0.76 米，宽 1.49 米，厚 0.06 米。

行字：正文楷书 54 行，满行 23 字。

撰书：蒋雨亭等撰。

纹饰：碑边饰二"寿"字、龙纹、钱纹、牡丹花纹。

现藏：榆林市城墙文物管理所。

提要：该碑为张鹏翼、蒋雨亭、刘甫军、王燮昌四人题诗，为庆贺慈禧太后六十大寿而作，均为七言诗。

金洋堰庙修戏房序

年代：清光绪二十年（1894）刻立。

形制：高 0.70 米，宽 0.50 米，厚 0.14 米。

行字：正文楷书 25 行，满行 19 字。

撰书：刘懿德撰并书。

现藏：西乡县堰口镇金洋堰头碑墙。

著录：《汉中碑石》。

提要：记载在金洋堰庙修戏房事。

*天柱山庙会公议章程告示碑

年代：清光绪二十年（1894）刻立。

形制：高 1.30 米，宽 0.70 米。

行字：正文楷书 42 行，满行 25—34 字不等。

现藏：汉中市汉滨区天柱山白云寺。

著录：《安康碑石》《安康碑版钩沉》。

提要：记天柱山会议章程 12 条。

刘氏墓志

全称：皇清貤封宜人阳母刘太宜人墓志铭。

年代：清光绪二十年（1894）刻立。

形制：志长 0.63 米，宽 0.28 米。

行字：志文隶书 15 行，满行 8 字。

撰书：余骏年撰并书。

现藏：合阳县博物馆。

提要：记载刘氏的生平、子嗣、德行。她守节五十年，抚养教诲子孙三代，后被诰封为宜人。

重修兴安郡城清真古寺碑志

年代：清光绪二十年（1894）刻立。

形制：圆首。高 2.10 米，宽 0.82 米。

撰书：束文启撰，海鸣鸾书。

现藏：安康市汉滨区新城寺大殿。

著录：《安康碑版钩沉》。

备注：碑文多有漫漶。

提要：记载同治、光绪间重修兴安清真寺事。

*福禄会规约碑

年代：清光绪二十年（1894）刻立。

形制：高 0.75 米，宽 1.33 米。

撰书：李仁源书，王济堂刻。

纹饰：碑身四周饰花卉纹。

现藏：汉阴县涧池镇紫云宫旧址内。

著录：《安康碑版钩沉》。

提要：记载涧池福禄会年久废弛，故今重新妆金绘制，并再议条规四条。

创建吕祖庙神祠碑记

年代：清光绪二十年（1894）刻立。

形制：共2石，尺寸相同。高 0.65 米，宽 1.30 米。

行字：正文楷书21行，满行20字。

撰书：段钰撰，张敬止书。

出土：原存耀县药王山。

现藏：药王山博物馆。

著录：《药王山碑刻》《陕西药王山碑刻艺术总集》。

提要：记载慧真发愿募众缘创修吕祖庙事。

改修街子河公馆记碑

年代：清光绪二十一年（1895）刻立。

形制：高 0.40 米，宽 0.64 米，厚 0.09 米。

行字：正文楷书26行，满行字数不详。

现藏：富县交道镇界子河村。

提要：记载修建行馆的原因、经过等情况。

重修盘龙山真武祖师庙序

年代：清光绪二十一年（1895）刻立。

形制：螭首方座。通高 3.71 米，宽 0.85 米，厚 0.15 米。

行字：正文楷书18行，满行53字。

撰书：高照煦撰，马兰征书。

纹饰：碑身四周饰几何纹、莲瓣纹。

现藏：米脂县李自成行宫启祥殿。

著录：《榆林碑石》。

提要：记载自光绪十五年五月至光绪二十一年，费钱5000有余，重修真武祖师庙事。

*市集米粮油交易章程告示碑

年代：清光绪二十一年（1895）刻立。

形制：圆首方座。通高 1.50 米，宽 0.72 米。

行字：额楷书"皇清"2字。正文楷书16行，满行42字。

纹饰：碑额饰龙凤纹，碑身四周饰曲回纹。

现藏：汉中博物馆。

提要：记载南郑县境内粮米、油市交易规程。

重修永寿寺碑记

年代：清光绪二十一年（1895）刻立。

形制：圆首方座。通高 1.96 米，宽 0.62 米，厚 0.07 米。

行字：正文楷书16行，满行37字。

撰书：张继纲撰并书。

纹饰：碑额饰几何纹，碑四角饰卷云纹。

现藏：绥德县名州镇七里铺村薪王庙。

著录：《榆林碑石》。

提要：记载光绪间重修永寿寺事。

朱母彭氏墓碑

全称：故先妣朱母彭老孺人府君之墓。

年代：清光绪二十一年（1895）刻立。

形制：高 0.77 米，宽 0.43 米。

行字：正文楷书 14 行，满行 24 字。

纹饰：碑身四周饰蔓草纹。

现藏：镇安县高峰镇张家川。

提要：记载墓主人生前持家事略。

重修城隍庙碑记

年代：清光绪二十一年（1895）刻立。

形制：高 1.80 米，宽 0.85 米。

行字：正文楷书 13 行，满行 36 字。

撰书：王安吉撰，孟之植书。

现藏：商洛市城隍庙文物管理所。

提要：记载重修商州城隍庙事。

唐鸿序墓志

全称：皇清诰封通奉大夫钦加四品衔赏戴
花翎分行走郎中邻江唐公墓志铭。

年代：清光绪二十一年（1895）刻立。

形制：共 4 石，尺寸相同。长 0.64 米，宽
0.32 米，厚 0.07 米。

行字：册页式，共 16 页。盖文篆书 8 行，满
行 4 字。志文楷书 24 行，满行 16 字。

撰书：赵承翰撰，萧之葆书，张殿华篆盖。

出土：1970 年出土于旬邑县太村镇唐家村东。

现藏：旬邑县唐家民俗博物馆。

著录：《咸阳碑刻》。

提要：记唐鸿序于道光、咸丰间回民扰乱时
练团筑城、慷慨捐赀，又于光绪元年
秦中大饥时，罄所有以赈贫穷，又后
设义塾、恤孤寡等事。

胡正启暨妻田氏墓碑

全称：故显考胡公讳正启老大人显妣胡母田
老孺人之墓。

年代：清光绪二十一年（1895）刻立。

形制：高 1.20 米，宽 0.65 米。

行字：正文楷书 12 行，满行 41 字。

撰书：余浴德撰并书。

现藏：镇安县云盖寺镇花园村。

提要：简述墓主人自江南巨族迁镇安以来，
家业有成，并带来南方生活习俗，德
化乡里事。

*晋双墓碑

年代：清光绪二十一年（1895）刻立。

形制：圆首。高 1.32 米，宽 0.53 米。

行字：正文楷书 8 行，满行 28 字。

撰书：席珍撰。

纹饰：碑额饰瑞兽图案，碑身饰回纹。

出土：原立于蒲城县晋双墓前，1997 年入藏
蒲城县博物馆。

现藏：蒲城县博物馆。

备注：碑石中段断裂。

提要：该碑记叙了墓主晋双的生平事迹，其
曾任桂州镇远县知县、汉中府教授府
学等。

重修洛川县城记事碑

年代：清光绪二十二年（1896）刻立。

形制：碑残损。残高 0.61 米，宽 0.61 米，
厚 0.07 米。

行字：正文楷书 18 行，满行 23 字。

纹饰：碑身四周饰琴、棋、书、画等图案。

现藏：洛川县博物馆。

备注：字迹多漫漶不清。

提要：记载光绪年间重修洛川县城之事。

金洋堰公议除弊条款碑序

年代：清光绪二十二年（1896）刻立。

形制：高 0.85 米，宽 0.55 米。

现藏：西乡县堰口镇金洋堰头碑墙。

提要：记载光绪二十二年金洋堰灌区水东三坝绅粮公议金洋堰堰坝，以图兴行除弊。

*公置义地碑记

年代：清光绪二十二年（1896）刻立。

形制：高 0.92 米，宽 0.58 米。

行字：正文楷书 16 行，满行 29 字。

现藏：洋县关帝乡大西沟村。

提要：记朱延柱施坡地作义冢及相关章程。

火帝真君胜会碑记

年代：清光绪二十二年（1896）刻立。

形制：高 0.84 米，宽 0.54 米。

行字：正文楷书 27 行，满行 20 字。

撰书：赵杰撰，鲁启东书。

现藏：洋县智果寺文物管理所。

提要：记当地原有"三圣宫""关圣""平水"均立有会。因资金缺乏，唯"火帝真君"未立有会。多年来，见乡里多次发生火灾，烧毁房屋，惊惧邻里，为此孟姓善士牵头邀请合地绅粮公议，成立了"火帝真君会"，并对会内所纳钱款的使用约法三章。

*原印心德行碑

年代：清光绪二十二年（1896）刻立。

形制：高 0.47 米，宽 0.45 米。

行字：正文楷书 15 行，满行 15 字。

纹饰：碑身四周饰万字纹，中为博古图。

现藏：蒲城县博物馆。

提要：记本县商人原印心购买药材千余斤救济乡民之事。

*张少庚妾向氏墓碑

年代：清光绪二十二年（1896）刻立。

形制：圆首方额。高 1.67 米，宽 0.62 米，厚 0.19 米。

行字：正文楷书 2 行，共 35 字。

纹饰：碑额饰双龙图案。

现藏：蒲城县东阳乡尧村庙坡村。

*太乙书院碑

年代：清光绪二十二年（1896）刻立。

形制：高 0.60 米，宽 1.10 米。

撰书：汪利润书。

现藏：宁陕县文物管理委员会。

著录：《安康碑版钩沉》。

提要：记载重修太乙书院及立章程事。

*答城隍庙庥

年代：清光绪二十二年（1896）刻立。

形制：高 0.83 米，宽 0.46 米。

行字：正文楷书 6 行，满行 25 字。

现藏：商洛市城隍庙。

提要：记载商州城隍庙悠久灵验，庙会香火很盛，为答神庥，众人共议集资一百余缗，连同生息，作为该庙庙会之用。

旬阳新修试院记

年代：清光绪二十二年（1896）刻立。

形制：平首方座。高 1.66 米，宽 0.73 米，厚 0.11 米。

行字：额楷书 1 行 4 字，题"抑扬人杰"。正文楷书 5 行，满行 63 字。

撰书：王策范撰。

现藏：旬阳县城西门外洞儿碥。

著录：《安康碑石》。

备注：已断为两截。

提要：记旬阳知县寿昌王第范在旬阳县新修试院之事。

*江朝宗题诗碑（甲）

年代：清光绪二十三年（1897）刻立。

形制：高 0.68 米，宽 0.60 米。

行字：正文行书 9 行，满行 8 字。

撰书：江朝宗题。

出土：此碑自立未移。

现藏：勉县武侯祠博物馆。

提要：刊刻江朝宗颂扬武侯生平诗一首。

*江朝宗题诗碑（乙）

年代：清光绪二十三年（1897）刻立。

形制：平首方座。通高 1.55 米，宽 0.17 米，厚 0.10 米。

行字：正文行书 9 行，满行 33 字。

撰书：江朝宗题。

纹饰：碑身两侧饰花卉纹。

出土：此碑自立未移。

现藏：勉县武侯祠博物馆。

提要：此碑系江朝宗过武侯祠题诗一首，颂扬武侯之功德。

*南郑县八角山教案碑

年代：清光绪二十三年（1897）刻立。

形制：高 1.05 米，宽 0.67 米，厚 0.14 米。

行字：正文楷书 22 行，满行 42 字。

出土：原立于南郑县红旗乡经堂湾天主教堂内。

现藏：南郑县圣水寺文物管理所。

著录：《汉中碑石》。

提要：此碑所记系清末陕南三大教案之一，记吴氏三兄弟闯入天主教堂滋事，后受惩罚一案。

*新生免出学费章程碑

年代：清光绪二十三年（1897）刻立。

形制：圆首方座。高 1.65 米，宽 0.70 米，厚 0.16 米。

行字：额楷书 3 行，满行 5 字，题"文武新生入学免出印红规费章程碑"。正文楷书 20 行，满行 52 字。

撰书：原烈书。

出土：此碑自立未移。

现藏：蒲城县清代考院博物馆西侧空地。

著录：《蒲城县志》。

提要：此碑文记录了清光绪二十三年蒲城知县张世英所颁布的有关文武新生入学免出印红规费的具体章程。

*邀福祀神城隍输金赛会碑

年代：清光绪二十三年（1897）刻立。

形制：高 1.60 米，宽 0.67 米。

行字：正文楷书 21 行，满行 48 字。

撰书：陈自铭撰并书。

纹饰：碑身四周饰几何纹。

现藏：镇安县城校场沟口。

提要：记述光绪二十三年镇安县城隍庙会盛况及输金人名。

*观风告示碑

年代：清光绪二十三年（1897）刻立。

形制：高 1.41 米，宽 0.65 米。

撰书：梁鸣凤撰。

纹饰：碑身四周饰兵书、宝剑图案。

现藏：紫阳县城关档案局。

著录：《安康碑版钩沉》。

提要：记载时任紫阳县县事梁鸣凤"在多士匠心惨淡，苦探骊珠；在本县刮目校评，愿分鹤凤"。为此举行观风兼试月谭，特以告示。

*马文礼郑儒人墓碑

全称：例赠正宾故显考马公文礼妣大母郑老

孺人之墓。

年代：清光绪二十三年（1897）刻立。

形制：高 1.50 米，宽 0.70 米。

行字：正文楷书 8 行，满行 38 字。

现藏：镇安县永乐镇樊里村。

提要：记述墓主人祖籍湖北蒲圻县，立户镇安后家业有兴，重视训读教耕简况。

重修城隍庙并城工河堤碑

年代：清光绪三十三年（1897）刻立。

形制：高 1.94 米，宽 0.72 米，厚 0.22 米。

行字：正文楷书 10 行，满行 56 字。

撰书：丁全斌撰，张监篆额并书。

纹饰：碑身四周饰人物图案。

现藏：陇县博物馆。

提要：碑文主要记述了陇县城隍庙创于明代，清代重修及筑城修河堤的经过。

贺雅堂暨妻王氏墓志

全称：皇清例贡生雅堂贺公暨配王孺人墓志铭。

年代：清光绪二十四年（1898）刻。

行字：册页式。盖文篆书 4 行，满行 4 字。志文楷书 76 行，满行 16 字。

撰书：杨玉清撰，谢化南书，贺伯箴篆盖。

现藏：合阳县博物馆。

提要：记载皇清贡生贺雅堂的家族世系、生平。

*周母王氏墓志

年代：清光绪二十四年（1898）刻立。

形制：志正方形。尺寸不详。

撰书：成连增撰。

出土：蒲城县三合乡十里铺周家村。

现藏：蒲城县文物保护开发中心。

提要：记载王氏生平。

*月池靖地方安乡间告示碑

年代：清光绪二十四年（1898）刻立。

形制：圆首。高 2.30 米，宽 1.00 米。

行字：正文楷书 25 行，满行 48 字。

撰书：侯柱臣书。

现藏：岚皋县大道河镇。

著录：《安康碑版钩沉》。

提要：记载公议禁约以安地方事。

磐石千秋

年代：清光绪二十五年（1899）刻立。

形制：高 1.30 米，宽 3.95 米。

行字：正文楷书 1 行 4 字。

撰书：光昭、孙云宫书。

现藏：榆林市红石峡东壁。

提要：上款"光绪二十五年荷月"，下款"知榆林府事光昭书和榆林县事孙云宫书"。光昭，旗人，光绪二十年（1894）任榆林知府；孙云宫，山东人，光绪二十二年（1896）任榆林知县。

山河巩固

年代：清光绪二十五年（1899）刻立。

形制：高 1.30 米，宽 3.85 米。

行字：正文楷书 1 行 4 字。

撰书：马相如书。

现藏：榆林市红石峡东壁地祇窟。

提要：上款"光绪二十五年岁次乙亥"，下款"分巡榆林马相如题"。马相如，光绪十四年至二十三年任延绥兵备道，后补任陕西按察使。

重修六曹殿碑记

年代：清光绪二十五年（1899）刻立。

形制：高 0.37 米，宽 0.50 米。

行字：正文楷书 13 行，满行 11 字。

撰书：刘向东书。

纹饰：碑身四周饰水波纹。

现藏：佳县白云山白云观三圣殿墙上。

著录：《佳县白云山白云观碑刻》。

提要：记叙光绪二十五年重修白云观六曹殿及补修官庭之事。

功在名山

年代：清光绪二十五年（1899）刻立。

形制：高 1.25 米，宽 3.75 米。

行字：正文楷书 1 行 4 字。

撰书：李堂题。

现藏：榆林市红石峡东壁。

备注：剥蚀严重。

提要：上款"大清光绪二十五年桃月吉立，宗周刘、折五高先生德望"，下款"雄山寺会末熊鲁泉、住持李广眩、镜容李堂书"。

大漠金汤

年代：清光绪二十五年（1899）刻立。

形制：高 1.40 米，宽 3.50 米。

行字：正文楷书 1 行 4 字。

撰书：龙得胜书。

现藏：榆林市红石峡东壁地祇窟左。

提要：此题意为红石峡关雄地险，坚不可摧。上款"光绪二十五年荷月谷日"，下款"延绥总镇龙得胜书"。龙得胜，光绪二十四年（1898）任延绥镇总兵。

皇清新兴寺碑记

年代：清光绪二十五年（1899）刻立。

形制：圆首方座。通高 1.65 米，宽 0.60 米，厚 0.13 米。

行字：额楷书"皇清"2 字。正文楷书 11 行，满行 36 字。

撰书：张兆瑞撰。

纹饰：碑身饰云纹及曲回纹。

现藏：户县石井镇直峪口新兴寺。

著录：《户县碑刻》。

备注：碑文漫漶。

提要：记曹元妙重新整理新兴寺院并更立严规之经过。

重整六里钱粮记

年代：清光绪二十五年（1899）刻立。

形制：圆首座佚。高 2.01 米，宽 0.74 米，厚 1.20 米。

行字：额楷书 1 行 4 字，题"永垂不朽"。正文楷书 17 行，满行 37 字。

撰书：高伦鉴撰，张敬之书。

纹饰：碑额饰卷云和卷草纹，碑身四周饰回纹。

现藏：铜川市耀州区博物馆。

提要：记载耀州知州余琪树主持整顿粮赋税制度事。

郝启宽神道碑

全称：皇清郝公启宽老府君神道。

年代：清光绪二十五年（1899）刻立。

形制：高 0.90 米，宽 0.50 米。

行字：正文楷书 9 行，满行 30 字。

现藏：镇安县永乐镇金盆村。

提要：简述郝启宽数迁生平。

杜发魁神道碑

全称：皇清例赠登职郎杜公讳发魁老府君之神道古陵。

年代：清光绪二十五年（1899）刻立。

形制：高 1.40 米，宽 0.58 米。

行字：正文楷书 11 行，满行 52 字。

现藏：镇安县永乐镇王家坪村。

著录：《商洛文史》（第二辑）。

提要：碑记杜发魁自湖北大冶迁镇安后，家道中兴，慷慨捐资，拯贫抚孤及热心办地方公益事业等事。

*豁免畜税碑

年代：清光绪二十五年（1899）刻立。

形制：高 2.08 米，宽 0.87 米。

现藏：白河县仓上镇陈家庄。

著录：《安康碑版钩沉》。

备注：原石为碑碣，《安康碑版钩沉》著录为"豁免蓄税碑"。原名无题名。

提要：碑文记光绪二十五年豁免畜税一事，并立规章五条。

*草坪铺禁赌碑

年代：清光绪二十五年（1899）刻立。

形制：方首。高 1.30 米，宽 0.60 米。

现藏：旬阳县城关镇草坪社区。

著录：《安康碑版钩沉》。

提要：碑文记载旬阳县草坪铺近有无业之徒，招来外方游百万，三五成群，以卖工为由，日则开场聚赌，夜间各处行窃，后被旬阳知县禁止事。

朱承恩德政碑

全称：（上阙）隶州用遇缺尽先补用分府署紫阳县正堂朱大老爷德政碑。

年代：清光绪二十五年（1899）刻立。

形制：平首方座。高 1.25 米，宽 0.84 米，厚 0.75 米。

现藏：紫阳县教育局。

著录：《安康碑版钩沉》《安康碑石》。

提要：碑文记载了紫阳县知县朱承恩于清光绪二十四年办理汉南昭信股票之事，以及朱承恩在任之政绩。

重修龙洞渠记

年代：清光绪二十五年（1899）刻立。

形制：圆首方座。高 2.08 米，宽 0.77 米，厚 0.16 米。

行字：正文隶书 24 行，满行 43 字。

撰书：魏光焘撰。

出土：1963 年出土于于泾阳县王桥镇。

现藏：泾惠渠管理局张家山水库管理处引泾灌溉工程碑亭。

备注：石碑断裂为六块。

提要：此碑记述了修复龙洞渠之事。

重新胜境

年代：清光绪二十六年（1900）刻立。

形制：高 1.30 米，宽 3.90 米。

行字：正文行书 1 行 4 字。

现藏：榆林市红石峡东壁地祇窟。

清川修泉记

年代：清光绪二十六年（1900）刻立。

形制：共 4 石，尺寸相同。高 0.40 米，宽 0.60 米。

撰书：胡堪书，刘耀章篆。

出土：原在淳化县固贤乡丁村洞。

现藏：淳化县博物馆。

提要：碑文记载了清峪河修治泉水事。

溪壑回春

年代：清光绪二十六年（1900）刻立。

形制：高 1.30 米，宽 4.10 米。

行字：正文楷书 1 行 4 字。

撰书：刘纶襄书。

现藏：榆林市红石峡东壁大雄宝殿外。

杨母孙氏节孝碑

全称：大阆范杨母孙老孺人节孝碑铭。

年代：清光绪二十六年（1900）刻立。

形制：圆首。高 1.60 米，宽 0.70 米，厚 0.20 米。

行字：正文楷书 18 行，满行 38 字。

纹饰：碑额饰双龙图案，碑身饰万字纹。

现藏：澄城县赵庄镇东马店村。

提要：碑记孙老孺人之懿行。

耸秀

年代：清光绪二十六年（1900）刻。

形制：高 0.73 米，宽 0.32 米。

行字：正文行楷 1 行 2 字。

撰书：赵维洁书。

现藏：留坝县张良庙文物管理所。

著录：《张良庙匾联石刻诗文集注》《汉张留侯祠》《张良庙与紫柏山》。

新设圣水寺义学碑序

年代：清光绪二十六年（1900）刻立。

形制：高 1.35 米，宽 0.80 米，厚 0.20 米。

行字：正文楷书。碑阳 12 行，满行 40 字。碑阴 20 行，满行 53 字。

撰书：陈鼎周撰，吴盛朝书。

现藏：南郑县圣水寺文物管理所。

著录：《汉中碑石》。

提要：碑记设立圣水寺义学碑并立下 16 条校规。碑阴刻校规 16 条。

重修尧山各庙碑记

年代：清光绪二十六年（1900）刻立。

形制：圆首。通高 1.53 米，宽 0.68 米，厚

0.15 米。

行字：正文楷书 23 行，满行字数不等。

纹饰：碑额饰龙纹，碑身四周饰几何纹。

现藏：蒲城县尧山庙大殿前西山墙下。

著录：《尧山圣母庙与神社》。

提要：记重修尧山庙募缘用工之事及尧山灵异。

公议放水条规五则

年代：清光绪二十六年（1900）刻立。

形制：高 0.50 米，宽 0.79 米，厚 0.05 米。

行字：正文楷书 24 行，满行 20 字。

现藏：汉阴县三沈纪念馆。

著录：《安康碑石》。

提要：记放水条规五则，后文记东渠水名牌数。

创修杨双山先生祠堂记

年代：清光绪二十六年（1900）刻立。

形制：高 1.06 米，宽 0.35 米。

行字：正文楷书 47 行，满行 16 字。

撰书：张元际撰，杨炳麟书，闫永庆刻。

出土：此碑自立未移。

现藏：兴平市桑镇杨家村杨双山墓。

著录：（乾隆）《兴平县志》《咸阳文物古迹大观》。

提要：该碑记述建双山祠之缘由并记载了著名教育家、农桑学家杨双山的"广教化、兴实业""王者之政、农桑并重"的重要思想，他著有《豳风广义》《知本提纲》，对关中蚕桑及畜牧业发展有一定影响。

*批准王氏增补祠规告示碑

年代：清光绪二十六年（1900）刻立。

形制：高 0.99 米，宽 1.10 米。

撰书：王汝翊书。

现藏：汉阴县城关镇和平街王氏后人处。

著录：《安康碑版钩沉》。

提要：碑文记载地方王氏族人王惟缉等购房建王氏祠堂，并在原基础上增补祠规5条，共计16条。

邢文益暨妻齐氏合葬墓碑

全称：例赠武信校尉武生显考邢公讳文益老大人孺人显妣邢母齐老孺人合葬之墓。

年代：清光绪二十六年（1900）刻立。

形制：高0.93米，宽0.55米。

行字：正文楷书10行，满行36字。

现藏：镇安县高峰镇下河院子。

著录：《商洛文史》（第二辑）。

提要：碑记邢文益及妻生平。

*试资记碑

年代：约清光绪二十六年（1900）刻立。

形制：首座皆佚。碑残损。残高0.63米，宽0.63米，厚0.14米。

行字：正文楷书23行，行存26字。

撰书：崔志道撰，贺伯箴书。

纹饰：碑身饰曲回纹。

出土：1986年出土于户县县城府东巷。

现藏：户县文物管理委员会。

著录：《户县碑刻》《重修户县志》。

备注：碑身残留下半截，且文字漫漶。

提要：以张比亭、王载叔为例说明设义塾、建考棚、置试馆、送卷资等之重要性与必要性。

*重修玉皇庙碑记

年代：清光绪二十七年（1901）刻立。

形制：圆首长方座。通高1.44米，宽0.57米，厚0.11米。

行字：正文楷书17行，满行33字。

撰书：强慎仪撰，乐绍绪书。

纹饰：碑身四周饰蔓草纹。

现藏：子长县瓦窑堡镇玉龙山玉皇庙。

提要：此碑记述了稻园山（今玉龙山）上之玉皇庙因战乱损毁，社会各界重修此庙等情况。

*重修魏家岔寺庙碑记

年代：清光绪二十七年（1901）刻立。

形制：圆首方座。通高2.56米，宽0.94米，厚0.16米。

行字：正文楷书18行，满行36字。

撰书：吴昆山撰，魏正伦书。

纹饰：碑额饰双龙图案。碑身饰石榴牡丹纹、丝带纹、花草纹及莲花纹。

现藏：子长县杨家园子镇魏家岔龙泉寺。

备注：右上角残。

提要：碑文记光绪二十三年（1897）魏家岔重修寺庙事。

党母王氏墓志

全称：诰封恭人党母王太君墓志铭。

年代：清光绪二十七年（1901）刻。

行字：盖文篆书4行，满行4字。志文楷书65行，满行15字。

撰书：车毓恩篆盖，安秉瑞撰，雷镇华书。

现藏：合阳县博物馆。

提要：此墓志记载了党母王氏的生平、懿德及子嗣情况。

*韩氏宗祠地产及条规碑

年代：清光绪二十七年（1901）刻立。

形制：高1.12米，宽0.62米。

行字：正文楷书38行，满行25字。

撰书：韩觐侯撰，韩鸿藻书。

纹饰：碑身四周饰云朵纹。

出土：此碑自立未移。

现藏：城固县韩家祠堂。

提要：记宗祠置地、粮产及宗祠内条规。

*徐兆兰德政碑

年代：清光绪二十七年（1901）刻立。

形制：螭首方座。通高 3.00 米，宽 0.99 米，厚 0.26 米。

行字：正文楷书 18 行，满行 41 字。

撰书：胡振绪撰，沈绶章书。

出土：此碑自立未移。

现藏：勉县武侯祠博物馆。

提要：记光绪二十七年沔县知县徐兆兰在任期间，修桥铺路，奖励农桑，保护一方平安，兴办教育事业，善济灾民事。

题杨妃墓

年代：清光绪二十七年（1901）刻立。

形制：高 0.39 米，宽 0.78 米，厚 0.18 米。

行字：志文楷书 26 行，满行 16 字。

撰书：李元音撰，徐怀璋书，孙维新刻。

现藏：兴平市杨贵妃墓博物馆。

提要：此碑为邑丞襄阳李元音过马嵬作诗十首，由兴平人徐怀璋书写。

重修文庙碑记

年代：清光绪二十七年（1901）刻立。

形制：圆首。高 2.30 米，宽 1.20 米。

撰书：孙永济撰。

纹饰：碑额饰二龙戏珠图案。

现藏：紫阳县城关县政府家属院。

著录：《安康碑版钩沉》。

提要：碑文记紫阳众姓捐资重修文庙之事。

*重刊府县禁令碑

年代：清光绪二十七年（1901）刻立。

形制：方首。高 1.30 米，宽 0.70 米。

现藏：旬阳县张坪乡丰溪村。

著录：《安康碑版钩沉》。

提要：碑文记载经旬阳县草坪，大岭铺绅粮约保公议，于清光绪二十七年重刊光绪十五年（1889）示禁八条。即：1. 严禁赌博。2. 严禁夜戏。3. 严禁奸拐儿童贩卖妇女。4. 严禁讼棍。5. 严禁差役诈赃。6. 严禁私钱。7. 严禁轻生。8. 严禁嫁娶违律。

*新建白云山石旗杆碑

年代：清光绪二十八年（1902）刻立。

形制：圆首方座。通高 1.90 米，宽 0.77 米。

行字：正文楷书 18 行，满行 35 字。

撰书：赵教盛撰，马国财书。

纹饰：碑额饰双龙图案，碑身饰琴棋书画、梅兰图案及几何纹。

现藏：佳县白云山白云观真武殿前七真祠左侧。

著录：《佳县白云山白云观碑刻》。

提要：碑文记叙了白云观真武大帝前山门神像颠覆剥落，真人洞檐、乐楼等房瓦木俱毁，欲修补新建石旗杆一对事宜。

青苗冰雹会碑记

年代：清光绪二十八年（1902）刻立。

形制：高 0.71 米，宽 0.40 米。

行字：正文楷书 12 行，满行 33 字。

出土：此碑自立未移。

现藏：西乡县白龙塘镇贯溪村安灵寺。

提要：此碑记述了白龙贯溪青苗会成立的原
因和集资捐款的用途。

增订五门堰善后章程碑记

年代：清光绪二十八年（1902）刻立。

形制：龟座。高 1.52 米，宽 0.80 米。

行字：正文楷书 24 行，满行 49 字。

出土：此碑自立未移。

现藏：城固县五门堰。

提要：记新任城固县令王增订五门堰章程后
重新颁布的新章程。

淮阴陈寿登授书楼

年代：清光绪二十八年（1902）刻立。

形制：高 0.40 米，宽 0.39 米。

行字：正文楷书 3 行，满行 5 字。

撰书：陈寿撰。

现藏：留坝县张良庙文物管理所。

著录：《张良庙匾联石刻诗文集注》《汉张
留侯祠》。

提要：碑题"淮阴陈寿登授书楼"。

*减钱粮碑

年代：清光绪二十八年（1902）刻立。

形制：圆首方额。高 1.18 米，宽 0.57 米，
厚 0.13 米。

行字：正文楷书 17 行，满行 28 字。

纹饰：碑额饰二龙戏珠图案，碑身两侧饰草
叶纹。

出土：原立于周至县政府，2002 年运回县文
物管理所收藏。

现藏：周至县文物管理所内。

提要：此碑主要记载了官府减租减粮一事。

合社条规碑记

年代：清光绪二十八年（1902）刻立。

形制：高 1.60 米，宽 0.85 米。

行字：正文楷书 16 行，满行 22 字。

现藏：商洛市商州区博物馆。

提要：碑记合社公议禁赌、逐匪、公买公卖
等条约的具体内容与赏罚数量。

方伟耀墓碑

全称：故显考方公讳伟耀老大人之墓。

年代：清光绪二十八年（1902）刻立。

形制：高 0.85 米，宽 0.47 米。

行字：正文楷书 9 行，满行 31 字。

撰书：方相如撰并书。

现藏：镇安县西口回族镇黑沟村。

提要：记述方伟耀由湖北大冶迁居镇安忠原
传家简况。

创修无生老母等殿宇碑

全称：创修无生老母观音菩萨女清菩萨碑记。

年代：清光绪二十八年（1902）刻立。

形制：高 1.18 米，宽 0.60 米，厚 0.16 米。

行字：正文楷书 8 行，满行 40 字。

纹饰：碑身饰八仙图案牡丹花纹及夔纹。

现藏：兴平市黄山宫。

提要：碑记光绪二十八年在马嵬黄山宫创修
观音菩萨无生老母女清菩萨事。

兴办城隍庙会碑

年代：清光绪二十八年（1902）刻立。

形制：高 0.70 米，宽 0.50 米。

行字：正文楷书 11 行，满行 20 字。

现藏：商洛市商州区城隍庙。

提要：此碑记述了商州十六里 30 余户捐资
兴办城隍庙会事。

重修龙头山朝阳观碑志

年代：清光绪二十八年（1902）刻立。

形制：高 1.95 米，宽 0.87 米，厚 0.29 米。

撰书：马守谦撰，马焕奎书。

行字：正文楷书 15 行，满行 45 字。

现藏：镇安县龙头山朝阳观东涝池边。

提要：记述朝阳观香火缘起及重修概况。

副玉帝

年代：清光绪二十九年（1903）刻立。

形制：高 0.38 米，宽 0.48 米。

行字：正文楷书 1 行 3 字。

纹饰：上部饰二龙戏珠图案，左右及下边饰瓶花及莲花"寿"字图案。

现藏：米脂县十里铺乡官家湾村玉帝庙内。

著录：《榆林碑石》。

提要：上款"大清光绪二十九年正月吉日立"，下款"弟子王文义敬叩"。

*新颁五门堰章程碑记

年代：清光绪二十九年（1903）刻立。

形制：龟座。高 1.45 米，宽 0.84 米。

行字：正文楷书 28 行，满行 54 字。

出土：此碑自立未移。

现藏：城固县五门堰。

提要：此碑为新任城固县令徐重新颁布的五门堰章程。

*兰草四屏

年代：清光绪二十九年（1903）刻立。

形制：共 4 石，尺寸相同。高 1.58 米，宽 0.50 米。

行字：正文楷书 2 行，满行 5 字。

撰书：王世锁题。

出土：此碑自立未移。

现藏：留坝县张良庙文物管理所。

著录：《汉张留侯祠》《张良庙匾联石刻诗文集注》。

提要：兰草画四屏题诗碑，每石题诗一首。

李复心墓碑

全称：皇清羽化李真人讳复心字虚白先师之墓。

年代：清光绪二十九年（1903）刻立。

形制：平首方座。通高 1.62 米，宽 0.74 米，厚 0.10 米。

行字：正文楷书 15 行，满行 40 字。

撰书：柏台撰，彭龄书。

出土：此碑自立未移。

现藏：勉县武侯祠博物馆。

提要：碑中记载了李复心任武侯祠住持长达 30 余年，为武侯祠墓的保护维修费尽了心血，多次往返于宝鸡等地化缘，潜心研究武侯祠墓的变迁，并撰写《忠武祠墓志》，为武侯祠墓的保护与发展做出了巨大贡献。

段春江暨妻杨氏王氏墓碑

全称：显祖考段府君春江显妣孺人杨氏王氏之神墓碑。

年代：清光绪二十九年（1903）刻立。

形制：圆首方座。高 1.02 米，宽 0.45 米，厚 0.09 米。

行字：正文楷书 5 行，满行 12 字。

纹饰：碑额饰花草纹，碑身四周饰回纹。

现藏：澄城县庄头镇段家河。

提要：此碑为段春江的后人为段春江及夫人立的墓碑。

员琦墓志

全称：皇清诰授奉政大夫晋封通议大夫山西试用同知附贡生昆峰员公墓志铭。

年代：清光绪二十九年（1903）刻。

形制：志正方形，边长 0.62 米。

行字：志文行楷64行，满行18字。

撰书：田易畴撰，员国枢书，侯葆文篆盖。

出土：1974年出土于华阴县上洼村。

现藏：西安碑林博物馆。

著录：《华山碑石》。

提要：记员琦之家族世系、生平。

*平利教案告示碑

年代：清光绪二十九年（1903）刻立。

形制：高1.28米，宽0.73米。

行字：正文楷书12行，满行字数不等。

出土：原立于平利县。

现藏：西安碑林博物馆。

著录：《西安碑林全集》。

提要：碑文记述了平利洛河民众与当地天主教发生冲突及官方的镇压。

*赔碑罚酒以端习行碑

年代：清光绪二十九年（1903）刻立。

形制：圆首。高1.16米，宽0.55米。

现藏：旬阳县小河镇康平村。

著录：《安康碑版钩沉》。

提要：碑文记载旬阳县康平乡石岭子某里人冒毁晏姓碑版，后为私休，赔碑罚酒事。

重修天台山定慧寺殿碑

全称：重修天台山定慧寺佛殿暨观音菩萨圣母娘娘殿碑记

年代：清光绪二十九年（1903）刻立。

形制：高1.65米，宽0.71米。

行字：正文楷书27行，满行63字。

纹饰：碑额饰二龙戏珠图案。

现藏：镇安县西口回族镇天台山定慧寺。

提要：记定慧寺同治年间毁于兵燹，光绪末乡民重修事。

郝同人暨妻卢氏墓碑

全称：故先考郝公同人老府君先妣郝母卢氏老太君之神道。

年代：清光绪二十九年（1903）刻立。

形制：高1.35米，宽0.68米。

行字：正文楷书18行，满行42字。

撰书：卢云程撰。

现藏：镇安县永乐镇。

提要：记述墓主人由江南怀望辗转迁商，立户镇安，家业有成事。

*路致祥墓碑

年代：清光绪二十九年（1903）刻立。

形制：高0.78米，宽1.02米。

行字：正文楷书25行，满行15字。

撰书：路炳文撰并书。

现藏：商南县富水镇王家楼村。

提要：此碑记载了路致祥的生平。

*孔氏懿德与卜葬事纪略

年代：清光绪二十九年（1903）刻立。

形制：高0.80米，宽1.02米。

行字：正文楷书16行，满行15字。

现藏：商南县富水镇王家楼村路氏坟茔。

提要：此碑记载了路府孔氏的品德及葬地。

*赵心泉德政碑

年代：清光绪二十九年（1903）刻立。

形制：长方形，尺寸不详。

行字：正文楷书18行，满行45字。

撰书：魏子征撰，张廷锟书，杨汉卿篆额。

现藏：商洛市商州区博物馆。

提要：此碑记述了赵心泉在担任知县期间，兴办文教公益等政绩。

重修两仪殿碑

年代：清光绪二十九年（1903）刻立。

形制：圆首方额。通高 1.71 米，宽 0.59 米，厚 0.19 米。

行字：正文楷书 13 行，满行 35 字。

撰书：赵一琴撰，赵鸿烈书，宋延儒篆额。

纹饰：碑额饰二龙戏珠图案，碑身四周饰牡丹花瓶、琴棋书剑图案。

现藏：千阳县南寨镇大寨小学。

备注：该碑修建校舍时埋于地基下。

提要：记重修两仪殿事。

樊楷墓志

全称：清故敕授文林郎内阁中书衔挟选知县礼泉县训道加八级记大功次式之樊君墓志铭。

年代：清光绪三十年（1904）刻。

形制：高 0.30 米，宽 0.16 米。

行字：册页式。盖文篆书 9 行，满行 4 字。志文楷书 31 行，满行 20 字。

撰书：张象乾撰，宋伯鲁书并篆盖。

现藏：合阳县博物馆。

提要：记载了合阳北蔡庄人樊式子的家族世系、生平。樊君名楷，字式子，号藩候，他少俊敏性纯孝，同治乙巳（1869）举于乡试，光绪二十四年捐俸助学，二十六年遇大饥，他襄办赈务，二十九年诏各省州县设立学堂，捐俸购书 150 余种，捐置合阳小学堂。

*宁羌教案碑

年代：清光绪三十年（1904）刻立。

行字：碑严重残缺，文字漫漶。已难分辨。

现藏：宁强县文化馆。

提要：碑文记载了对于光绪二十六年宁羌州乡民绞死教士及对此案的裁决。

刘古愚墓志

全称：圣清征士咸阳刘古愚先生墓志铭。

年代：清光绪三十年（1904）刻立。

形制：志、盖均为正方形。盖边长 0.87 米，厚 0.08 米。志边长 0.87 米，厚 0.12 米。

行字：盖文篆书 2 行，满行 7 字，题"圣清征士咸阳刘古愚先生墓志铭"。志文楷书 44 行，满行 44 字。

撰书：李岳瑞撰，宋伯鲁书并篆盖，孙维新、张向坤刻石。

出土：出土于咸阳县北天阁村，时间不详。

现藏：咸阳市博物馆。

备注：石面有缺损。

提要：记载刘古愚的生平事迹。

创立太平庄附入操记

年代：清光绪三十年（1904）刻立。

形制：螭首龟座。高 2.83 米，宽 0.72 米，厚 0.18 米。

行字：正文楷书 13 行，满行 45 字。

现藏：户县玉蝉镇陂头村空翠堂。

著录：《户县碑刻》。

备注：碑身横向中断。

提要：记太平庄之由来及与三堡（陂头、元王村、北晋侯村）为其旧额起讼一事。

*重修五神宫记

年代：清光绪三十年（1904）刻立。

形制：高 0.90 米，宽 0.51 米。

行字：正文楷书 27 行，满行 17 字。

现藏：商南县青山镇吉亭村。

提要：此碑主要记述了维修五神宫的花费和捐资人姓名。

续祭城隍碑文

年代：清光绪三十年（1904）刻立。

形制：高 0.80 米，宽 0.82 米。

行字：正文楷书 12 行，满行 15 字。

撰书：牛金钊撰，牛镇南书。

现藏：商洛市城隍庙。

著录：《商洛文史》（第二辑）。

提要：此碑记述了光绪三十年六月洪水成灾，捐资修黄沙河堤款被万户经理人贪占 40 串，经胡州宪追回，用作城隍庙生息会费事略。

*荒乱碑

年代：清光绪三十年（1904）刻立。

形制：高 0.70 米，宽 0.91 米，厚 0.14 米。

行字：正文楷书 31 行，满行 23 字。

撰书：白亨撰，袁尚英书。

纹饰：碑身四周饰富贵不断头纹。

出土：1999 年从宜川县高柏乡宁院村征集。

现藏：宜川县文物管理所。

提要：碑文记载清同治年间战乱直至李鸿章上任方才靖平。但此后又遇荒年，光绪三年至四年大旱数千里，十人中仅留二三。而后人仍不以粮草为重，却以洋烟为先，不顾后患，故以此史实传后人，以引人高度重视。

孙公祖捐书记碑

年代：清光绪三十年（1904）刻立。

形制：高 1.52 米，宽 0.69 米，厚 0.16 米。

行字：正文楷书 14 行，满行 59 字。

撰书：梁守典撰，张绩书。

出土：出土于乾县师范学校，时间不详。

现藏：乾陵懿德太子墓石刻展廊内。

提要：碑文记载乾州知州孙氏重教兴学，为提高本邑文化素养，主动出巨资购买书籍，捐赠给县学事宜。

*刘母何氏墓碑

全称：诰封正八品刘母何老太君之墓。

年代：清光绪三十年（1904）刻立。

形制：高 1.40 米，宽 0.74 米。

行字：志文楷书 15 行，满行 26 字。

撰书：刘体仁撰并书。

纹饰：碑身四周饰龙卷纹及二龙戏珠图案。

现藏：镇安县高峰镇张家川。

备注：全部墓碑由正文、志文、坟界、悼词、对联组成，共 15 方。

提要：详细记述刘何氏由安徽安庆潜山县迁镇安兴家立业，德泽四邻，寿享 101 岁及诰封夫人之事，并追述刘家祖业及子孙简况。

王家发墓碑

全称：故显考王公家发大人之墓。

年代：清光绪三十年（1904）刻立。

形制：高 1.20 米，宽 0.55 米。

行字：正文楷书 5 行，满行 24 字。

现藏：镇安县铁厂镇黄龙铺。

提要：记述王家发由江南太湖县迁入镇安及履历简况。

*唐化功修理宗祠碑

年代：清光绪三十年（1904）刻立。

形制：高 1.15 米，宽 0.65 米。

撰书：唐化功撰并书。

现藏：安康市汉滨区石梯镇唐家祠堂。

著录：《安康碑版钩沉》。

提要：该碑文记载湖北麻城唐氏于明代迁至石梯镇石梯村，原有祠宇，年久失修。光绪二十九年（1903）合族共议重修事。

*穆侍贤题联

年代：清光绪三十一年（1905）刻立。

形制：高 0.49 米，宽 0.74 米。

行字：正文行书 9 行，满行 5 字。

撰书：穆侍贤题。

现藏：榆林市红石峡东壁 19 号窟内南壁过道门上方。

提要：正文"居人常住真奇福，过客能存结胜缘"，下款"延榆绥观察使者穆侍贤题"。

*周印楠德政碑记

年代：清光绪三十一年（1905）刻立。

形制：螭首方座。通高 3.00 米，宽 0.99 米，厚 0.26 米。

行字：正文楷书 21 行，满行 44 字。

撰书：虞孺慕撰，沈绶章书。

出土：此碑自立未移。

现藏：勉县武侯祠博物馆。

提要：该碑记载了光绪三十一年左右，沔县时任知县周印楠，在沔县大办学堂，普及教育，除弊兴利，保持社会稳定，治乱防患，采取措施，发行股票，发展经济事。

*范长纲墓志

年代：清光绪三十一年（1905）刻。

形制：高 0.29 米，宽 0.54 米。

行字：志文楷书 18 行，满行 17 字。

撰书：范诵芬撰。

现藏：合阳县博物馆。

提要：记范长纲生平，曾与祖父合著《周易辑要》三卷。

重修文庙文昌宫碑

年代：清光绪三十一年（1905）刻立。

形制：高 1.76 米，宽 0.84 米，厚 0.11 米。

撰书：李为霖撰。

出土：此碑自立未移。

现藏：汉中市汉台区河东店镇张寨村。

著录：《中国文物地图集·陕西分册》。

提要：碑记修葺大成殿、崇圣祠，乡贤忠孝节义等祠事。

张乃鹤妻冯氏墓表

全称：皇清敕旌节妇冯太孺人墓表。

年代：清光绪三十一年（1905）刻立。

形制：圆首。高 1.65 米，宽 0.70 米。

行字：额篆书"皇清"2 字。正文楷书 20 行，满行 48 字。

撰书：赵继声撰，高志芳书。

纹饰：碑身四周饰回纹。

现藏：户县渭丰镇定舟村。

著录：《户县碑刻》。

提要：记张乃鹤妻冯氏之生平及子嗣情况。

重修华阴学宫记

年代：清光绪三十一年（1905）刻立。

形制：高 1.46 米，宽 0.75 米。

行字：正文楷书 19 行，满行 50 字。

撰书：崔肇琳撰并书。

纹饰：碑身四周饰回纹。

现藏：华阴市西岳庙文物管理处。

著录：（乾隆）《华阴县志》《华山碑石》。

备注：碑断为二截。

提要：记重修华阴学宫始末。

创修邑侯涂公祠碑记

年代：清光绪三十一年（1905）刻立。

形制：高 1.30 米，宽 0.68 米。

行字：正文楷书 19 行，满行 37 字。

撰书：刘光贤撰。

现藏：泾阳县博物馆。

提要：此碑记叙涂官俊两次治理泾阳，兴利除弊，深得民心，及涂公病逝，民众恸哭，村村野祭，后选址建祠等情况。

重修诸葛忠武侯祠琴台记

年代：清光绪三十二年（1906）刻立。

形制：平首方座。通高 1.71 米，宽 0.77 米，厚 0.14 米。

行字：正文楷书 14 行，满行 30 字。

撰书：刘本植撰，雷炯书。

出土：此碑自立未移。

现藏：勉县武侯祠博物馆。

提要：记载了光绪三十二年，时任汉中知府刘本植过沔县，见祠琴台狭小荒废，动员绅士商人捐款维修，并在原址加高，修建琴亭。

*王翙卿夫妇墓碑

年代：清光绪三十二年（1906）刻立。

形制：圆首方座。通高 1.57 米，宽 0.52 米，厚 0.10 米。

撰书：原乃文撰并书。

纹饰：碑额饰双龙图案。

现藏：蒲城县洛滨镇富塬村。

提要：记王翙卿夫妇之生平。

城洋两邑复立演戏碑

全称：汉中府白云山城洋两邑复立演戏碑记。

年代：清光绪三十二年（1906）刻立。

形制：高 0.98 米，宽 0.62 米。

行字：正文楷书 31 行，满行 24 字。

撰书：王建屏书。

现藏：洋县子房山。

提要：记白云山恢复演戏并立定制事。

创刻石门汤泉时辰碑

全称：创刻明仁厚陈公石门汤泉洗病时辰碑。

年代：清光绪三十二年（1906）刻立。

形制：碑残损。残高 1.15 米，宽 0.85 米。

行字：正文楷书 22 行，满行 20 字。

纹饰：碑身四周饰蔓草花纹。

现藏：蓝田县汤峪疗养院。

备注：本碑石为上下两部分，上部为蓝田县知县告示，下部为洗病时辰碑。

提要：此碑石指导各类病人入浴时间，治疗各类疾病，并且指出温泉水对理疗人大有裨益。

杨批德政碑

全称：钦加四品衔在候补道特授佛坪抚民分府荫峤公祖杨大人德政碑。

年代：清光绪三十二年（1906）刻立。

形制：圆首。高 1.44 米，宽 0.70 米，厚 0.02 米。

行字：正文行楷 8 行，满行 32 字。

现藏：周至县佛坪厅故城文物管理所。

提要：碑文记述由于光绪十四至十五年（1888—1889）荒欠，佛坪厅减免税收事。

雄石峡记

年代：清光绪三十二年（1906）刻。

形制：高 0.65 米，宽 1.20 米。

行字：正文楷书 10 行，满行 8 字。

撰书：张自臣撰。

现藏：榆林市红石峡。

提要：刊刻张自臣游红石峡之五言诗。

重修尧山圣母庙暨戏楼碑记

年代： 清光绪三十三年（1907）刻立。

形制： 圆首。高 1.27 米，宽 0.49 米。

行字： 正文楷书 12 行，满行 33 字。

撰书： 贺瑞麟撰，贺寿南书。

纹饰： 碑额饰瑞兽图案，碑身饰回纹。

现藏： 蒲城县博物馆。

提要： 记蒲城西南内府有尧山圣母庙，因年代久远，且屡遭兵毁，光绪三十一年（1905）准备重修，得到四方善男信女的资助，修成其庙。

重修七圣宫记

年代： 清光绪三十三年（1907）刻立。

形制： 高 1.90 米，宽 0.63 米。

行字： 正文楷书 16 行，满行 40 字。

撰书： 郭炳耀书。

现藏： 洛南县七圣宫。

提要： 记载了七圣宫古即有之，咸丰间修葺过，光绪末又维修等情况。

继美亭者崇祀碑

年代： 清光绪三十四年（1908）刻立。

形制： 高 0.89 米，宽 0.56 米。

行字： 正文楷书 11 行，满行 16 字。

现藏： 洋县蔡伦墓祠文物管理所。

提要： 记两代先后主政洋县者的美德，故名。蔡伦墓祠于清同治元年（1862）遭兵燹，幸遇梁镒、周硕龄二公修缮后苦心经营，储有余资，并置买田产。本碑具有研究地方民俗的史料价值。

重修文庙记

年代： 清光绪三十四年（1908）刻立。

形制： 高 1.40 米，宽 0.47 米。

行字： 正文楷书 14 行，满行 58 字。

撰书： 李汉源撰。

现藏： 合阳县博物馆。

提要： 记载重修合阳文庙事。

严禁诱赌碑

年代： 清光绪三十四年（1908）刻立。

形制： 高 0.87 米，宽 0.46 米，厚 0.11 米。

行字： 正文楷书 14 行，满行 16 字。

出土： 此碑自立未移。

现藏： 城固县韩家祠堂。

提要： 此碑为警示人们禁止赌博。

增补天台庙宇碑

年代： 清光绪三十四年（1908）刻立。

形制： 高 1.38 米，宽 0.73 米，厚 0.15 米。

行字： 正文楷书 23 行，满行 43 字。

出土： 此碑自立未移。

现藏： 汉中市天台山庙。

提要： 碑记光绪间维修天台山庙宇事。

重修天台庙宇记

年代： 清光绪三十四年（1908）刻立。

形制： 高 1.56 米，宽 0.83 米，厚 0.18 米。

行字： 正文楷书 22 行，满行 45 字。

撰书： 吴三让撰，孙绳祖书。

纹饰： 碑中心钤有神印一方。

出土： 此碑自立未移。

现藏： 汉中市天台山庙。

著录：《汉中碑石》。

提要： 碑记重修天台山庙宇事，并附天台八景名称。

崔志道墓志

全称： 皇清中议大夫三品衔军机处存记四川雅州府知府翰林院编修日讲起居注官

癸酉科广西正考官劲方崔公墓志铭。

年代：清光绪三十四年（1908）刻。

形制：共 25 石，尺寸不等。

行字：册页式。盖文篆书 12 行，满行 3 字。志文楷书 114 行，满行 17 字。

撰书：张慎撰，刘晖书，赵元中篆盖，杨浩刻。

出土：1966 年出土于户县秦渡镇崔家湾村。

现藏：户县秦渡镇崔家湾村。

著录：《户县碑刻》。

备注：石已成碎块，崔氏后人藏有完整拓本。

提要：此墓志记载了崔志道之家族世系、生平。

员桂选墓志

全称：皇清诰授朝议大夫前山西五台县知县丹亭员公墓志铭。

年代：清光绪三十四年（1908）刻。

形制：共 2 石，均为正方形，尺寸相同。边长 0.56 米。

行字：志文楷书 60 行，满行 12 字。

撰书：侯葆文撰，李葆真书，袁蔚林篆盖。

出土：1968 年出土于华阴县上洼村。

现藏：西安碑林博物馆。

著录：《华山碑石》。

备注：盖题在第 1 石上半部。

提要：记员桂选之家族世系、生平。

*钟资万墓碑

全称：清荣授乡饮介宾钟公讳润乾字资万老大人之墓。

年代：清光绪三十四年（1908）刻立。

形制：圆首方座。高 1.65 米，宽 0.77 米。

撰书：黄相珩撰。

现藏：紫阳县松树沟乡。

著录：《安康碑版钩沉》。

提要：碑文记载了钟资万于清嘉庆初助兵剿白莲教，并助乡民度饥寒诸事。

*唐文德墓碑

年代：清光绪三十四年（1908）刻立。

形制：平首方座。高 2.00 米，宽 1.10 米，厚 0.10 米。

撰书：谢仁溥撰。

现藏：紫阳县牌楼乡百福村。

著录：《安康碑版钩沉》。

备注：楼柱刻墓联："庸德庸言追从前哲，福源福绪垂裕后昆。"

提要：碑文记载了唐文德于清嘉庆初年参与镇压白莲教等事。

*禁差役讹诈告示碑

年代：清光绪三十四年（1908）刻立。

形制：高 1.70 米，宽 0.83 米。

撰书：王为晓撰。

现藏：安康市梅子铺镇龙王庙。

著录：《安康碑版钩沉》。

备注：碑文漫漶严重。

提要：碑文记安康县令为禁差役讹诈所立章程 16 条。

祠后河堤加固碑

年代：清光绪年间（1875—1908）刻立。

形制：高 0.44 米，宽 0.95 米。

行字：正文楷书 33 行，满行 19 字。

撰书：张端卿撰并书。

出土：此碑自立未移。

现藏：勉县武侯祠博物馆。

提要：碑文记载了光绪年间武侯祠后汉江遇雨发大水，严重威胁武侯祠及部分良田安全。时任陕西提刑按察使山南观察使张端卿发动地方官员、绅士捐款，对这一段 3000 余丈河堤进行了加固，确保了武侯祠及周边群众的安全。

*安锡候墓志

年代：清光绪年间（1875—1908）刻。

形制：志长 0.28 米，宽 0.15 米。

行字：册页式。盖文篆书 8 行，满行 4 字。志文楷书 56 行，满行 21 字。

撰书：同璋撰。

现藏：合阳县博物馆。

提要：墓志记载安锡候之家族世系、生平，曾主讲古莘学院，任翰林院检讨等职。

云梯

年代：清光绪年间（1875—1908）刻立。

形制：高 0.95 米，宽 0.67 米。

行字：正文行楷 3 行，满行 2 字。

撰书：樊余谢撰并书。

出土：此碑自立未移。

现藏：留坝县张良庙文物管理所。

著录：《汉张留侯祠》《张良庙匾联石刻诗文集注》。

党文进墓志

全称：奉政大夫爵楼党公墓志铭。

年代：清光绪年间（1875—1908）刻。

形制：志长 0.30 米，宽 0.15 米。

行字：册页式。盖文篆书 5 行，满行 4 字。志文楷书 55 行，满行 19 字。

撰书：焦云龙撰。

现藏：合阳县博物馆。

提要：此墓志记载了党文进的家族世系、生平、品行及子嗣情况。

李文敏祖母李氏墓志

年代：清光绪年间（1875—1908）刻。

形制：志长 0.95 米，宽 0.38 米。

撰书：贺寿慈撰并书，李鸿藻书额。

出土：原嵌于西乡县二里桥李氏家祠墙上。2008 年移入西乡县文化馆保存。

现藏：西乡县文化馆。

提要：此碑为三块独立的碑合述李太夫人生平。李太夫人为同治、光绪年间江西巡抚李文敏之祖母。

*俞俞斋杂刻

年代：清光绪年间（1875—1908）刻立。

形制：共 40 石，尺寸相同。高 0.35 米，宽 0.42 米，厚 0.07 米。

行字：正文楷、行、草三体书。每石行字数不等。

撰书：史念祖临摹。

出土：西安碑林旧藏。

现藏：西安碑林博物馆。

著录：《西安碑林全集》。

提要：杂刻内容为史念祖所临历代名家书迹，如王羲之的《快雪时晴》《十月五日》，虞世南的《千人斋疏》等。

董神寨普善寺重修碑记

年代：清光绪年间（1875—1908）刻立。

形制：圆首。尺寸不详。

出土：原存乾县普善寺（今乾县周城乡董城村学校）。

现藏：乾县周城镇董城村学校。

提要：记载重修普善寺之事。

槐阴馆

年代：清光绪年间（1875—1908）刻立。

形制：高 0.91 米，宽 0.44 米，厚 0.15 米。

行字：正文楷书 1 行 3 字。

撰书：宋伯鲁撰并书。

出土：原藏乾县文化馆。

著录：《新编乾县志》。

备注：佚碑存拓。

提要：撰书人宋伯鲁，清光绪二十三年（1897）进士，陕西礼泉县城西大街人，清代著名书法家、文学家，亦曾参与《续修陕西通志稿》的编纂。

王凤岗妻夏氏慈惠路碑

全称：旌表奉祀生王凤岗之妻夏氏慈惠路碑。

年代：清宣统元年（1909）刻立。

形制：螭首龟座。通高 3.40 米，宽 0.84 米，厚 0.29 米。

行字：正文楷书 10 行，满行 54 字。

撰书：王树滋撰，杨峻书，张焕堂题。

纹饰：碑身饰人物图案及花卉纹。

出土：此碑自立未移。

现藏：扶风县天度镇中心小学。

提要：记夏氏捐资助学之事。

重修景福山玉屏大顶功德碑记

年代：清宣统元年（1909）刻立。

形制：圆首方额。高 1.92 米，宽 0.52 米，厚 0.22 米。

行字：正文楷书 7 行，满行 42 字。

纹饰：碑额饰二龙戏珠图案。

现藏：陇县温水镇景福山道观混元殿前。

提要：记述了景福山沿革及清代维修事项。

*留侯祠题诗碑

年代：清宣统元年（1909）刻立。

形制：高 0.50 米，宽 0.53 米，厚 0.14 米。

行字：正文楷书 18 行，满行 12 字。

撰书：白恩开撰。

现藏：留坝县张良庙文物管理所。

著录：《张良庙匾联石刻诗文集注》。

提要：此碑刻诗三首。

*焦芳谷暨妻严氏合葬墓志

年代：清宣统元年（1909）刻。

形制：长方形。尺寸不详。

撰书：张世英撰，周爱辙书，丁振铎篆盖。

现藏：合阳县博物馆。

提要：此碑记载了湖北候补知府焦芳谷及妻严氏的生平，焦芳谷获四品衔戴后备知府。

修度世堂碑记

年代：清宣统元年（1909）刻立。

形制：圆首。通高 2.05 米，宽 0.72 米，厚 0.18 米。

行字：正文楷书 16 行，满行 49 字。

撰书：王章撰，陈元鼎书。

纹饰：碑额饰二龙戏珠图案。

出土：此碑自立未移。

现藏：周至县九峰镇虎峰村学校东侧。

提要：记修度世堂的经过。

文昌帝君碑

年代：清宣统元年（1909）刻立。

形制：圆首方额。高 1.36 米，宽 0.56 米，厚 0.15 米。

行字：正文楷书 20 行，满行 36 字。

撰书：樊耀周书。

纹饰：碑额饰双龙图案。

出土：此碑自立未移。

现藏：蒲城县罕井镇尧山村。

提要：碑文规劝民众爱惜书籍，敬重文化。

柏汉章墓志

全称：清故长安柏汉章先生墓志铭。

年代：清宣统元年（1909）刻立。

形制：共 4 石，尺寸相同。长 0.64 米，宽 0.32 米。

行字：志文楷书 83 行，满行 15 字。

撰书：张元际撰，张元勋书，牛兆濂篆盖。

现藏：西安市长安博物馆。

著录：《长安新出墓志》。

提要：记柏汉章家族世系、生平。

*洋溪河禁烧山伐树碑

年代：清宣统元年（1909）刻立。

形制：方首。高 0.82 米，宽 0.40 米。

现藏：岚皋县农业局。

著录：《安康碑石》《安康碑版钩沉》。

提要：记因姚光华烧地，烧死漆树无数之事，为诫后人而作出之规定。

续建白云山榆林会馆碑记

年代：清宣统二年（1910）刻立。

形制：圆首方座。通高 2.01 米，宽 0.67 米，厚 0.11 米。

行字：正文楷书 20 行，满行 48 字。

撰书：曹鸿佶德撰，高瑸书。

纹饰：碑额饰麒麟、鹿、树木、花草图案。

现藏：佳县白云山白云观真武殿前钟楼下。

著录：《佳县白云山白云观碑刻》。

提要：碑文记叙续建白云山榆林会馆始末及收支情况。

重修白云山无量祖师殿碑记

年代：清宣统二年（1910）刻立。

形制：螭首方座。高 0.84 米，宽 0.80 米，厚 0.14 米。

行字：正文楷书 16 行，满行 54 字。

撰书：高承诰撰，高瑸书。

纹饰：碑额饰二龙戏珠图案，碑身饰万字纹及花卉纹。

现藏：佳县白云山白云观真武殿西廊下。

著录：《佳县白云山白云观碑刻》。

提要：碑文记叙光绪二十五年（1899），"秋禾不登，加之连年荒旱"，榆林会首王君智令绥、米、怀远及本城会首四方募化，于光绪二十九年（1903）动工，重修了无量祖师殿。

*倪统墓碑

年代：清宣统二年（1910）刻立。

形制：通高 1.86 米，宽 0.59 米，厚 0.16 米。

撰书：倪文灼撰。

纹饰：碑额饰二龙戏珠图案，碑身两侧饰蔓草纹。

现藏：千阳县草碧镇董坊村。

提要：碑阳记倪统姓名，碑阴记倪氏率众人在花门之变中的功绩。

重修三清殿碑记

年代：清宣统二年（1910）刻立。

形制：方首方座。高 1.63 米，宽 0.68 米，厚 0.12 米。

行字：正文楷书 14 行，满行 45 字。

撰书：高承诰撰，高瑸书。

纹饰：碑身四周饰回纹。

现藏：佳县白云山白云观三清殿右侧廊下。

著录：《佳县白云山白云观碑刻》。

提要：记光绪十五年（1889）榆林会首兴工补葺三清殿东西配殿、山门及钟楼二楼等事宜。

重修马王庙碑记

年代：清宣统二年（1910）刻立。

形制：通高 2.16 米，宽 0.72 米，厚 0.12 米；座高 0.14 米，厚 0.47 米，长 0.78 米。

行字：正文楷书 13 行，满行 44 字。

撰书：高承诰撰，高瑛书。

纹饰：碑身四周饰回纹。

现藏：佳县白云山白云观玉皇阁前廊右侧。

著录：《佳县白云山白云观碑刻》。

提要：记光绪二十三年（1897）重修马王庙事。

重修三圣楼碑记

年代：清宣统二年（1910）刻立。

形制：圆首方座。通高 1.92 米，宽 0.71 米，厚 0.12 米。

行字：正文楷书 16 行，满行 43 字。

撰书：郭守谦撰，高承诰书。

纹饰：碑身四周饰云纹。

现藏：佳县白云山白云观白云洞洞口西壁下。

著录：《佳县白云山白云观碑刻》。

提要：记光绪十二年（1886）重修三圣楼事宜。

重修五龙宫神牌记

年代：清宣统二年（1910）刻立。

形制：圆首方座。高 1.92 米，宽 0.93 米，厚 0.13 米。

行字：正文楷书 22 行，满行 48 字。

撰书：贺恩诏撰，高瑛书。

纹饰：碑额饰牡丹花卉纹，碑身饰卷草纹、花瓶、万字纹。

现藏：佳县白云山白云观大木牌楼左侧。

著录：《佳县白云山白云观碑刻》。

提要：记榆林朝山会商集资重修五龙宫前大木牌楼的艰难过程。

*保护武侯祠财产碑

年代：清宣统二年（1910）刻立。

形制：平首方座。通高 1.37 米，宽 0.76 米，厚 0.17 米。

行字：正文楷书 17 行，满行 41 字。

出土：此碑自立未移。

现藏：勉县武侯祠博物馆。

著录：《汉中碑石》。

提要：记由于清末社会动荡，新政府为解决危急，不断向当地寺院、庙观摊派，提取资财，鉴于此，汉中知府、沔县知县布告民众，任何人不得骚扰、摊派、提取武侯祠钱财，否则将受到严惩。

*张昇荣碑

年代：清宣统二年（1910）刻立。

形制：螭首龟座。通高 2.70 米，宽 0.70 米，厚 0.21 米。

行字：正文楷书 11 行，满行 33 字。

撰书：杨煜撰并书。

出土：原存扶风县五泉乡绛中村，1970 年迁至西安碑林。

现藏：西安碑林。

著录：《西安碑林全集》。

备注：又称"张化龙碑"。

提要：碑文记述了张昇荣于光绪三十一至三十二年间，领导当地人民起义。光绪三十二年年底被捕，次年年初遇害。当地民众感其义举，为之立碑。

赵习铭暨妻王氏张氏及子赵饶秀碑

全称：旌表节孝赵习铭妻王孺人暨子饶秀妻张孺人贞节之碑

年代：清宣统二年（1910）刻立。

形制：高 1.45 米，宽 0.84 米。

行字：正文楷书 11 行，满行 84 字。

撰书：王道炳撰，何登瀛、何登铠书。

现藏：洛南县古城镇马连滩村。

提要：此碑记载了王、张二位夫人孝姑教子，艰难持家事。

重修长武县昭仁寺碑亭记

年代：清宣统二年（1910）刻立。

形制：高 0.65 米，宽 0.35 米。

行字：正文楷书 20 行，满行 15 字。

撰书：沈锡荣撰，高维岳书。

现藏：长武县博物馆。

提要：记载重修长武县昭仁寺碑亭之事。

宣统二年重修城垣圣庙碑

年代：清宣统二年（1910）刻立。

形制：高 0.65 米，宽 0.50 米。

行字：正文楷书 26 行，满行 19 字。

撰书：沈锡荣撰，高维岳书。

现藏：长武县博物馆。

提要：记筹资重修城垣、圣庙等事。

楼山庙记

年代：清宣统二年（1910）刻立。

形制：高 1.65 米，宽 0.70 米。

行字：正文楷书 9 行，满行 52 字。

撰书：刘子杰撰并书。

现藏：商洛市商州区上官坊镇冷水沟村。

提要：此碑记述了楼山本系神仙会所，旧庙甚多，香火仍盛，遂增建将军殿、大佛殿、玉皇殿等建筑及庙会等事。

和落星石原韵

年代：清宣统二年（1910）刻立。

形制：高 0.65 米，宽 0.52 米。

行字：正文楷书 21 行，满行 16 字。

撰书：李元音撰并书。

现藏：兴平市博物馆。

著录：《咸阳碑刻》。

提要：记和落星石之事。

咸阳怀古

年代：清宣统二年（1910）刻立。

形制：高 1.16 米，宽 0.70 米，厚 0.19 米。

行字：正文行书 36 行，满行 22 字。

撰书：刘安科书。

现藏：兴平市博物馆。

提要：此碑刻记载了《咸阳怀古》《兴平怀古》《秦五女墓》三首诗词。刘安科，清代书画名家。

邵仁庵墓志

全称：皇清诰授奉直大夫仁庵邵公合葬墓志铭。

年代：清宣统三年（1911）刻立。

形制：志长 0.29 米，宽 0.15 米。

行字：盖文篆书 5 行，满行 5 字。志文楷书 46 行，满行 16 字。

撰书：王欣撰，陈嘉猷书，李棠篆盖。

现藏：合阳县博物馆。

提要：此墓志记载了皇清诰授奉直大夫邵仁庵的生平。

刘祥综墓碑

全称：午子观道会司祥综字绩亭刘仙长碑序。

年代：清宣统三年（1911）刻立。

形制：高 1.95 米，宽 0.96 米，厚 0.22 米。

行字：正文楷书 14 行，满行 42 字。

撰书：刘懿德撰，刘焕勋书。

出土：此碑自立未移。

现藏：西乡县午子山刘祥综墓前。

著录：《汉中碑石》。

提要：记刘祥综幼年入道，后重修午子山道观事。

*韩氏宗祠置地碑

年代：清宣统三年（1911）刻立。

形制：高 0.75 米，宽 0.45 米。

行字：正文楷书 37 行，满行 30 字。

撰书：韩应祥撰，韩鸿藻书。

出土：此碑自立未移。

现藏：城固县韩家祠堂。

提要：此碑记载宗祠置地情况。

*修黑龙洞廊房拜殿碑

年代：清宣统三年（1911）刻立。

形制：高 0.93 米，宽 0.55 米。

行字：正文楷书 13 行，满行 29 字。

撰书：黄洛清撰，毛全盛书。

现藏：镇安县米粮镇花水河黑龙洞。

提要：记述黑龙洞香火盛况，为方便庙会，利用庙资卖地三契，增修廊房拜殿等。

游香溪洞记

年代：清宣统三年（1911）刻立。

形制：圆首。高 1.96 米，宽 0.80 米。

行字：额篆书"八景之一"4 字。

撰书：林扬光撰。

纹饰：碑额饰二龙戏珠图案。

现藏：安康市汉滨区香溪洞公园。

著录：《安康碑版钩沉》。

提要：记时任兴安府事安康县知县侯官的林扬光游香溪洞之事。

*购置黑龙洞庙产地界四至碑

年代：清宣统三年（1911）刻立。

形制：高 0.98 米，宽 0.53 米。

行字：正文楷书 10 行，满行 28 字。

现藏：镇安县米粮镇花水河黑龙洞。

提要：记花水河黑龙洞庙产土地四至界畔及当时地价，完赋数额。

月台

年代：明清时期（1368—1911）刻立。

形制：砂石质。高 1.11 米，宽 0.51 米。

行字：隶书 1 行 2 字。

撰书：文冈居士题。

出土：此碑自立未移。

现藏：绥德县张家砭镇清水沟村晋溪洞外右壁。

备注：剥蚀严重。

提要：上款楷书"古鄠文冈居士"。

云室

年代：明清时期（1368—1911）刻立。

形制：砂石质。高 0.93 米，宽 0.52 米。

行字：正文隶书 1 行 2 字。

撰书：陈忠甫书。

出土：此碑自立未移。

现藏：绥德县张家砭镇清水沟村晋溪洞外右壁。

备注：剥蚀严重。

和曹公子排律

全称：过鱼河自述和壁间陈户部嘉言曹公子益园联句排律。

年代：明清时期（1368—1911）刻立。

形制：砂石质。高 0.72 米，宽 0.98 米。

行字：正文楷书 20 行，满行 12 字。

撰书：东楼题。

纹饰：碑身四周饰水波纹。

出土：此碑自立未移。

现藏：绥德县张家砭镇清水沟村晋溪洞外右壁。

备注：碑文剥蚀严重，字多漫漶不清。

提要：此题刻为文人仕子游览此地，即景联句。

白云山种松记

年代：明清时期（1368—1911）刻立。

形制：高 0.73 米，宽 0.96 米。

行字：正文行楷 33 行，满行 22 字。

撰书：刘光秀撰。

现藏：嵌于佳县白云山真武殿前五祖祠南槛

墙上。

著录：《佳县白云山白云观碑刻》。

提要：记载白云山道人李鸿阳从山西石楼取松种 300 多株，经蔚汾抵黄河至白云山麓下种植事。

咏土窑次东楼主人韵

年代：明清时期（1368—1911）刻立。

形制：砂石质。高 0.44 米，宽 0.79 米。

行字：正文楷书 9 行，满行 6 字。

出土：此碑自立未移。

现藏：绥德县张家砭镇清水沟村晋溪洞外右壁。

备注：剥蚀严重。

提要：碑文为五言诗一首。

绥州怀古次韵

年代：明清时期（1368—1911）刻立。

形制：高 0.49 米，宽 0.80 米。

行字：正文楷书 12 行，满行 6 字。

纹饰：碑身四周饰卷云纹。

出土：此碑自立未移。

现藏：绥德县张家砭镇清水沟村晋溪洞外右壁。

备注：剥蚀严重。

提要：刻七言诗一首。

*程子听箴

年代：明清时期（1368—1911）刻立。

形制：高 0.74 米，宽 1.45 米，厚 0.20 米。

行字：额篆书"宸翰"2 字。正文楷书 33 行，满行 15 字。

纹饰：碑身四周饰云龙纹。

出土：原立于周至县对峰书院旧址。

现藏：周至县文物管理所。

提要：碑文为程子的言论及对其言论的解读。

重修横渠张子祠记

年代：清代（1644—1911）刻立。

形制：圆首。通高 2.26 米，宽 0.69 米，厚 0.19 米。

撰书：贺瑞麟撰，王步瀛书。

纹饰：碑额饰二龙戏珠图案。

现藏：眉县横渠镇张载祠文物管理所。

提要：记载后人对张载的敬仰以及在蒲城、临潼、武功、麟游、眉县、洛州建张载祠堂之事。

*侯廷选墓志

年代：清代（1644—1911）刻。

形制：志长 0.54 米，宽 0.56 米。

行字：志文楷书 12 行，满行 13 字。

现藏：蒲城县文物保护开发中心。

备注：志文漫漶。

提要：侯廷选，字虞卿，世居蒲城，以耕读商贾起家。

重修横渠张子祠记

年代：清代（1644—1911）刻立。

形制：通高 1.45 米，宽 0.67 米，厚 0.12 米。

行字：行书 18 行，满行字数不详。

撰书：褚裕仁撰。

出土：此碑自立未移。

现藏：眉县横渠镇张载祠文物管理所。

提要：记张载的功德及距乾隆四十五年（1780）重修张子祠已有 40 余年，堂宇倾危，经二月重修事。

王氏神道碑

年代：清代（1644—1911）刻立。

形制：碑残损。残高 2.14 米，宽 0.80 米。

行字：正文行书 4 行，行残存 10 字。

出土：原立于蒲城县王氏墓前，1997年入藏蒲城县博物馆。

现藏：蒲城县博物馆。

备注：碑石上部残缺，下部疑为后补。

提要：该碑是王进德三兄弟为其曾祖所立的神道碑。

张弘襈妻王氏阎氏合葬墓志

全称：诰封奉政大夫山西督学道布政司参议兼按察司佥事前礼部仪制清吏司郎中张公暨配宜人王氏继配宜人阎氏合葬墓志铭。

年代：清代（1644—1911）刻。

形制：志长0.78米，厚0.08米。

撰书：陈所抱撰，唐章书，魏惟紫篆盖。

出土：1970年出土于户县玉蝉镇陂头村。

现藏：户县文物管理委员会。

著录：《户县碑刻》。

备注：志面下部有剥蚀。

提要：记张弘襈之家族世系、生平。

栈道杂诗碑

年代：清代（1644—1911）刻立。

形制：共3石，均高0.67米，厚0.17米，宽依次为1.18米，0.99米，1.16米。

行字：正文行书51行，各碑依次为18行、16行、17行，满行9—10字。

撰书：汪灏撰。

出土：1978年发现于汉中军分区，后移至汉中博物馆收藏。

现藏：汉中博物馆。

著录：《褒谷古迹辑略》。

备注：汪灏，山东临清人，康熙进士，官至内阁学士，礼部侍郎。康熙十四年（1675）任山陕学政，入蜀主持科举，取道连云栈至汉，积其沿途见闻和感

受赋诗十首，统名《栈道杂诗》，就地镌刻于汉中考院。

重修五圣庙碑

年代：清代（1644—1911）刻立。

形制：圆首。高1.36米，宽0.62米，厚0.12米。

行字：正文楷书11行，满行26字。

纹饰：碑额饰二龙戏珠图案。

出土：此碑自立未移。

现藏：眉县槐芽镇赵家庄村委会。

提要：记载重修眉县五圣庙之事。

王君暨妻张氏墓碑

全称：王老大人温惠淑德并张氏温栾之碑。

年代：清代（1644—1911）刻立。

形制：高0.89米，宽0.53米，厚0.15米。

行字：正文楷书11行，共297字。

撰书：李应享题，王□□书。

现藏：太白县鹦鸽镇高码头村。

提要：记墓主人之生平。

认粮齐目碑

年代：清代（1644—1911）刻立。

形制：高2.15米，宽0.74米。

纹饰：碑额饰丹凤朝阳纹，碑身两侧饰蔓草花卉纹。

现藏：太白县桃川镇杜家庄村学校内。

提要：碑嵌在墙内，仅露"认粮齐目"4字。

张载墓碑

全称：宋贤张横渠先生墓碑。

年代：清代（1644—1911）刻立。

形制：圆首方额。通高1.65米，宽0.66米，厚0.15米。

撰书：张元勋、张正绸立。

纹饰：碑额饰双凤朝阳图案。

现藏：眉县横渠张子墓地。

提要：碑文是对张载学问的赞颂和评价。

重修宋横渠张子祠宇碑记

年代：清代（1644—1911）刻立。

形制：圆首。通高 1.70 米，宽 0.69 米，厚 0.19 米。

行字：额楷书"皇清"2 字。正文楷书，行字数不详。

撰书：张景留撰。

纹饰：碑身四周饰花卉纹。

现藏：眉县横渠镇张载祠文物管理所。

提要：记张载祠的历史渊源，康熙御赐匾额，以及重修张载祠的详细过程。

龙王庙碑

年代：清代（1644—1911）刻立。

形制：高 0.78 米，宽 0.56 米，厚 0.17 米。

行字：正文楷书 5 行，共 130 字。

纹饰：碑身两侧饰弧纹。

现藏：太白县鹦鸽镇棉丝坝村。

提要：记龙王显灵使本境百姓得太平，善男信女捐资创修龙王庙事宜。

重修曾氏祠堂碑

年代：清代（1644—1911）刻立。

形制：身首一体。高 1.72 米，宽 0.63 米，厚 0.18 米。

行字：额楷书"皇清"2 字。正文楷书 12 行，满行 40 字。

撰书：曾宗儒、曾炳儒撰，刘印书。

纹饰：碑额饰二龙戏珠图案，碑身四周饰花草纹。

现藏：眉县槐芽镇黄家庄。

提要：记述了重修曾氏祠堂之始末。

*王兴隆暨妻张氏墓碑

年代：清代（1644—1911）刻立。

形制：高 1.24 米，宽 0.68 米，厚 0.17 米。

行字：正文楷书 1，满行 15 字。

纹饰：碑身四周饰花卉纹。

现藏：太白县鹦鸽镇高码头村。

提要：碑身两边有挽联。

*罗振世暨妻孙氏墓碑

年代：清代（1644—1911）刻立。

形制：圆首。通高 1.12 米，宽 0.48 米，厚 0.15 米。

纹饰：碑身两侧饰丹凤朝阳纹。

现藏：眉县汤峪镇郝口坡村郝北堡。

提要：记述了罗振世及妻孙氏之生平。

重修玉峰观记碑

年代：清代（1644—1911）刻立。

形制：圆首。高 1.25 米，宽 0.52 米，厚 0.10 米。

行字：正文楷书 10 行，满行 28 字。

撰书：梁舒亭撰。

纹饰：碑额饰双凤朝阳纹，碑身饰花草纹。

现藏：眉县横渠镇安沟村。

提要：记明代景泰至清代嘉庆年间数次重要的玉峰观维修过程。

重修孤魂庙太白圣母碑

年代：清代（1644—1911）刻立。

形制：圆首。通高 1.34 米，宽 0.63 米，厚 0.15 米。

撰书：张秉茂撰。

纹饰：碑身两侧饰蔓草纹。

现藏：眉县汤峪镇郝口坡村黄西庄。

提要：记载重修孤魂庙经过。

重修三法司四圣庙碑记

年代：清代（1644—1911）刻立。

形制：通高 1.58 米，宽 0.69 米，厚 0.18 米。

行字：正文楷书 3 行，满行字数不详。

撰书：何鲤化、何肇泰撰。

纹饰：碑身两侧饰花卉纹。

现藏：眉县汤峪镇郝口坡村。

提要：碑记集资修四圣庙事。

*张赵氏墓碑

年代：清代（1644—1911）刻立。

形制：圆首。通高 1.56 米，宽 0.59 米，厚 0.17 米。

纹饰：碑额饰五蝠图案，碑身两侧饰八仙人物。

现藏：眉县汤峪镇小法仪村总门塬路边。

*张玉廷墓碑

年代：清代（1644—1911）刻立。

形制：圆首。通高 1.60 米，宽 0.58 米，厚 0.17 米。

纹饰：碑身饰二龙戏珠图案纹。

现藏：眉县汤峪镇郝北堡。

*张昆玉懿行碑

年代：清代（1644—1911）刻立。

形制：高 2.00 米，宽 0.73 米，厚 0.25 米。

行字：正文楷书 14 行，满行 65 字。

撰书：陈纯忠撰。

现藏：眉县汤峪镇楼观塬村。

提要：记当地张氏弟兄三人白首同居，和睦相处的事。

*张宏献夫妇墓碑

年代：清代（1644—1911）刻立。

形制：圆首。通高 1.96 米，宽 0.70 米，身高 0.69 米，厚 0.10 米。

行字：正文楷书 2 行，满行字数不等。

撰书：凌云撰。

纹饰：碑额饰丹凤朝阳和二龙戏珠图案纹。

现藏：眉县汤峪镇郝口坡村南堡。

*马氏张氏墓碑

年代：清代（1644—1911）刻立。

形制：圆首。高 1.61 米，宽 0.57 米，厚 0.16 米。

行字：正文楷书，满行字数不详。

现藏：眉县汤峪镇郝口坡村。

重修五圣庙创立献殿碑

年代：清代（1644—1911）刻立。

形制：圆首。通高 1.80 米，宽 0.70 米，厚 0.18 米。

行字：正文楷书 7 行，满行 36 字。

撰书：王域撰。

纹饰：碑身两侧饰蔓草纹。

现藏：眉县汤峪镇八庄村袁家庄。

提要：碑记述袁家庄重修五圣庙创立献殿事。

长凹村修渠碑

年代：清代（1644—1911）刻立。

形制：圆首。高 1.48 米，宽 0.56 米，厚 0.16 米。

行字：正文楷书 11 行，满行 11—32 字不等。

撰书：贺济春撰。

出土：此碑自立未移。

现藏：眉县汤峪镇长凹村。

提要：记载修整长凹村内水渠经过。

*马诚懿行碑

年代：清代（1644—1911）刻立。

形制：高 1.92 米，宽 0.68 米，厚 0.20 米。

纹饰：碑身两侧饰花卉、书剑图案。

现藏：眉县汤峪镇上王村。

提要：记马诚之生平。

建立关帝庙碑记

年代：清代（1644—1911）刻立。

形制：通高 1.58 米，宽 0.69 米，厚 0.18 米。

行字：正文楷书 3 行，满行字数不详。

撰书：何齐、何鲤化撰。

纹饰：碑身两侧饰花卉纹。

现藏：眉县汤峪镇郝口坡村。

提要：记修造关帝庙事。

重修五圣庙碑记

年代：清代（1644—1911）刻立。

形制：圆首。通高 1.50 米，宽 0.56 米，厚 0.15 米。

纹饰：碑额饰鱼龙纹。

现藏：眉县首善镇岳陈村关庙。

提要：记重修五圣庙事。

留坝营游府安民告示碑

年代：清代（1644—1911）刻立。

形制：高 1.16 米，宽 0.60 米，厚 0.08 米。

行字：正文楷书 10 行，满行 24 字。

纹饰：碑身四周饰二龙戏珠图案。

现藏：太白县王家堎镇和平村西坝南庙会山墙上。

提要：叙述了除弊安民的宗旨。

重修钟吕坪斗姥宫碑

年代：清代（1644—1911）刻立。

形制：圆首。高 1.55 米，宽 0.56 米，厚 0.17 米。

行字：正文楷书 18 行，满行字数不详。

纹饰：碑额饰二龙戏珠图案，碑身两侧饰蔓草纹。

现藏：眉县汤峪镇钟吕坪村。

提要：碑文记捐资修建钟吕坪斗姥宫事。

重修萧公祠正殿碑

年代：清代（1644—1911）刻立。

形制：圆首。高 2.50 米，宽 0.72 米，厚 0.18 米。

行字：正文楷书 8 行，满行 50 字。

撰书：解大道、萧应庚撰。

纹饰：碑身四周饰几何纹。

现藏：眉县槐芽镇保安堡村。

提要：记述了始祖萧贞敏在元代居高官，道光时合族创修祠堂，同治年间后裔萧生元同全族当卖祖产重修祖祠一事。

*孙家祥墓碑

年代：清代（1644—1911）刻立。

形制：高 1.50 米，宽 0.82 米，厚 0.20 米。

纹饰：碑额饰人物图案，碑身四周饰回纹。

现藏：眉县横渠镇坡底下村。

提要：记孙家祥生平。

瓜里寨会村记事碑

年代：清代（1644—1911）刻立。

形制：圆首。通高 1.36 米，宽 0.55 米，厚 0.15 米。

纹饰：碑额饰二龙戏珠图案，碑身两侧饰回纹。

现藏：眉县横渠镇古城村村民委员会。

提要：碑记瓜里寨村民因地界纠纷与扶民成讼事及处理确定地界、地亩之事。

马广滩地碑记

年代：清代（1644—1911）刻立。

形制：高 1.80 米，宽 0.70 米，厚 0.20 米。

行字：正文楷书，行字数不详。

撰书：师定南撰。

纹饰：碑身四周饰花卉纹。

出土：原立于眉县横渠镇河滩村。

现藏：眉县横渠镇张载祠文物管理所。

提要：该碑记述了罗村与固镇村为争河滩地发生纠纷及处理过程。

*孙氏夫妇墓碑

年代：清代（1644—1911）刻立。

形制：圆首。高 1.49 米，宽 0.60 米，厚 0.12 米。

撰书：汤此撰。

纹饰：碑身四周饰八仙人物图案。

现藏：眉县汤峪镇羊仓堡村王会峰家。

塞北江南

年代：清代（1644—1911）刻立。

形制：高 1.40 米，宽 3.90 米。

行字：正文楷书 1 行 4 字。

现藏：榆林市红石峡东壁。

备注：上下款风蚀不清。

重修七星庙碑记

年代：清代（1644—1911）刻立。

形制：圆首。通高 1.45 米，宽 0.55 米，厚 0.11 米。

撰书：王树堂撰。

纹饰：碑额饰二龙戏珠图案。

现藏：眉县首善镇新庄村。

提要：记重修七星庙之原由、经过等。

天边锁钥

年代：清代（1644—1911）刻立。

形制：高 1.50 米，宽 4.70 米。

行字：正文隶书 1 行 4 字。

现藏：榆林市红石峡西壁。

备注：上下款文字均风蚀不清。

长天铁垛

年代：清代（1644—1911）刻立。

形制：高 3.20 米，宽 9.60 米。

行字：正文楷书 1 行 4 字。

现藏：榆林市红石峡西壁。

备注：上下款风蚀严重。

雄镇三秦

年代：清代（1644—1911）刻立。

形制：高 1.45 米，宽 4.40 米。

行字：行书 1 行 4 字。

现藏：榆林市红石峡西壁。

备注：上下款风蚀严重。

百二雄关

年代：清代（1644—1911）刻立。

形制：高 1.80 米，宽 4.30 米。

行字：正文行书 1 行 4 字。

现藏：榆林市红石峡西壁。

备注：剥蚀严重。

屏藩是寄

年代：清代（1644—1911）刻立。

形制：高 1.80 米，宽 4.30 米。

行字：正文楷书 1 行 4 字。

现藏：榆林市红石峡西壁。

备注：剥蚀较重。

山水清音

年代：清代（1644—1911）刻立。

形制：高 1.50 米，宽 3.20 米。

行字：正文楷书 1 行 4 字。

现藏：榆林市红石峡西壁。

备注：剥蚀严重。

安内攘外

年代：清代（1644—1911）刻立。

形制：宽 0.05 米，长 0.14 米。

行字：正文楷书 1 行 4 字。

撰书：许宗智撰并书。

现藏：榆林市红石峡西壁。

备注：上下款文字剥蚀不清。

重修佛堂日神庙碑

年代：清代（1644—1911）刻立。

形制：螭首方座。高 1.65 米，宽 0.67 米，厚 0.17 米。

行字：正文楷书 8 行，满行字数不详。

撰书：杨天玉、牛普清撰。

纹饰：碑身饰云纹。

现藏：富县茶坊镇后㟷村。

提要：记载了重修日神庙的原因、修建规模及募捐者。

重修龙王庙碑

年代：清代（1644—1911）刻立。

形制：高 1.46 米，宽 0.76 米，厚 0.15 米。

行字：正文楷书 20 行，满行 36 字。

撰书：业学礼撰并书。

纹饰：碑身四周饰几何纹。

现藏：太白县嘴头镇古迹街村斜石崖。

提要：记述了全昌仁、王正刚重修龙王庙事。

修桥碑

年代：清代（1644—1911）刻立。

形制：高 1.51 米，宽 0.70 米，厚 0.20 米。

行字：正文楷书 4 行，满行 36 字。

现藏：太白县嘴头镇古迹街村斜石崖。

提要：记述了该地修桥修路的事。

塞北天险

年代：清代（1644—1911）刻立。

形制：高 3.00 米，宽 8.50 米。

行字：正文行书 1 行 4 字。

现藏：榆林市红石峡西壁。

提要：上款"□□二十二年□□仲春"，下款"延□□处地方副总兵长安胡□臣题"。

*杨母郑氏墓碑

年代：清代（1644—1911）刻立。

形制：高 0.46 米，宽 1.48 米，厚 0.05 米。

行字：正文楷书 5 行，满行 32 字。

纹饰：护腿上刻鹿等图案。

出土：1988 年文物普查发现。

现藏：太白县黄柏塬镇杨家边村。

提要：此系杨氏后人所立墓碑。

*永字八法碑

年代：清代（1644—1911）刻立。

形制：高 0.60 米，宽 0.48 米，厚 0.15 米。

行字：正文楷书 15 行，满行 26 字。

出土：1988 年出土，地点不详。

现藏：千阳县文化馆。

提要：碑阳为永字八法图，碑阴为执笔图。

左氏施舍草湾碑记

年代：清代（1644—1911）刻立。

形制：圆首。高 1.28 米，长 0.60 米。

行字：正文楷书 11 行，满行 22 字。

现藏：榆林市红石峡东壁窟内。

备注：剥蚀严重。

提要：此碑记载了雄石峡香火养赡毫无所

出，左氏施舍草湾，"东至天河，西至山口，南至大路，北至大石"之事。

*红石峡题名碑

年代： 清代（1644—1911）刻立。

形制： 圆首方座。高1.10米，长0.90米。

行字： 正文楷书15行，满行24字。

撰书： 僧道祥书。

纹饰： 碑额饰花草纹，碑身饰卷草纹，碑座饰覆莲。

现藏： 榆林市红石峡东壁窟内。

备注： 剥蚀严重，仅见少量人名。

关帝庙碑

年代： 清代（1644—1911）刻立。

形制： 高1.50米，宽0.60米，厚0.20米。

行字： 正文楷书11行，共528字。

撰书： 王一清撰并书。

纹饰： 碑额饰二龙戏珠图案，碑身两侧饰八卦及人物图案。

现藏： 太白县鹦鸽镇瓦窑坡村。

提要： 记述了修建关帝庙事。

*段秀实故里碑

年代： 清代（1644—1911）刻立。

形制： 高1.50米，宽0.60米，厚0.16米。

行字： 正文楷书1行6字。

出土： 此碑自立未移。

现藏： 千阳县文化馆城关镇段坊村。

提要： 碑大字楷书"唐段太尉故里"6字。

*刘荣墓碑

年代： 清代（1644—1911）刻立。

形制： 高2.11米，宽0.71米，厚0.22米。

行字： 正文楷书15行，满行62字。

出土： 此碑自立未移。

现藏： 太白县鹦鸽镇鹦鸽街村。

提要： 记述刘荣生平。

*王雷氏墓碑

年代： 清代（1644—1911）刻立。

形制： 高0.92米，宽0.57米。

行字： 正文楷书5行，满行36字。

现藏： 太白县太白河镇东青村。

提要： 记述了墓主人王雷氏生平。

*吴仁淮暨妻张氏墓碑

年代： 清代（1644—1911）刻立。

形制： 庑殿顶。高1.40米，宽0.67米，厚0.38米。

行字： 正文楷书7行，满行35字。

现藏： 太白县太白河镇兴隆村。

提要： 此墓为吴仁淮和张氏的合葬墓。吴仁淮原籍安徽安庆府潜山县，妻张氏原籍汉中府城固县，康熙年间迁居此地。此碑对研究太白县南部清代前期人口流动有参考价值。

燕公墓基记碑

年代： 清代（1644—1911）刻立。

形制： 通高1.60米，宽0.70米，厚0.30米。

行字： 正文楷书25行，满行48字。

纹饰： 碑身四周饰花草纹。

现藏： 千阳县水沟镇水沟村燕伋墓地。

提要： 碑文主要记叙燕伋家族世系及生平之事。该碑为燕伋七十、七十一代孙所立。

重修圆明寺碣

年代： 清代（1644—1911）刻立。

形制： 通高1.48米，宽0.86米，厚0.31米。

行字： 正文楷书15行，满行39字。

出土： 此碑自立未移。

现藏：千阳县柿沟镇冉家沟园明寺小学。

提要：叙述园明寺的规模和重修经过等。

过延绥有作次唐校书郎韦庄韵

年代：清代（1644—1911）刻立。

形制：高 0.37 米，宽 0.81 米。

行字：正文楷书 14 行，满行 6 字。

撰书：曹岐题。

纹饰：碑身四周饰卷云纹。

出土：此碑自立未移。

现藏：绥德县张家砭镇清水沟村晋溪洞外右壁。

备注：剥蚀严重。

提要：刻七言诗一首。

胡文蔚之妻陈氏贞孝碑

年代：清代（1644—1911）刻立。

形制：圆首。高 2.50 米，宽 0.85 米，厚 0.25 米。

纹饰：碑额饰双凤朝阳图案。

现藏：眉县齐镇镇官村。

提要：此碑系胡文蔚后人所立，颂扬陈氏贞节孝行。

李雪木祠义学碑

年代：清代（1644—1911）刻立。

形制：身首一体。高 2.10 米，宽 0.68 米，厚 0.19 米。

行字：正文楷书 11 行，满行 45 字。

撰书：王登瀛、张均撰。

现藏：眉县槐芽镇红崖头村李柏祠。

提要：碑文记述了光绪年间楚北刘竹生、绍兴马寿臣等筹款买田、修祠堂、办义学事宜。

创建李雪木先生祠堂碑

年代：清代（1644—1911）刻立。

形制：高 2.35 米，宽 0.70 米，厚 0.21 米。

撰书：贺瑞麟、王建瀛撰。

纹饰：碑额饰二龙戏珠图案。

著录：（宣统）《眉县志》。

现藏：眉县槐芽镇红崖头村李柏祠。

备注：李雪木即李柏，是清初著名学者，关中三李之一。

创建雪木祠献殿碑

年代：清代（1644—1911）刻立。

形制：圆首。高 1.46 米，宽 0.53 米，厚 0.14 米。

行字：正文楷书 7 行，满行 33 字。

撰书：王登瀛撰。

现藏：眉县槐芽镇红崖头村李柏祠。

提要：该碑记载了创建李雪木献殿之事。

严温妻王氏墓碑

全称：旌表节孝严公讳温德配王孺人之碑。

年代：清代（1644—1911）刻立。

形制：高 1.42 米，宽 0.65 米。

行字：正文楷书 10 行，满行 31 字。

撰书：史尚玄撰。

现藏：洛南县古城镇寨子村。

提要：碑记严温原配夫人王氏生平。

新庄诸地庙碑记

年代：清代（1644—1911）刻立。

形制：圆首。高 1.42 米，宽 0.47 米，厚 0.15 米。

行字：正文楷书 14 行，满行 34 字。

纹饰：碑身两侧饰绶带纹。

现藏：眉县汤峪镇屈刘堡村。

提要：碑记乡民给道观捐献土地和相关管理等事宜。

重修王母庙碑

年代： 清代（1644—1911）刻立。

形制： 圆首。通高 1.35 米，宽 0.70 米，厚 0.15 米。

纹饰： 碑阳额饰二龙戏珠图案，碑阴饰双凤朝阳图案。

现藏： 眉县首善镇北屯村。

提要： 该碑主要记述了当时修庙的住持道人、会首及施地、钱、粮的四方善人的布施状况。

李启兰神道碑

全称： 例赠修职郎武生启兰李公神道碑。

年代： 清光绪十八年（1892）刻立。

形制： 圆首。高 3.02 米，宽 0.78 米，厚 0.20 米。

行字： 正文楷书 11 行，满行 33 字。

撰书： 张尽升撰，王步瀛书。

纹饰： 碑额饰二龙戏珠图案，额下部有一组人物图案。

现藏： 眉县首善镇白家庄村。

提要： 碑记述了李启兰的家世和生平，并述及道光末年当地饥馑一事。

吴氏节孝碑

全称： 旌表节孝武祖令吴孺人序碑。

年代： 清代（1644—1911）刻立。

形制： 圆首。碑残损。残高 1.05 米，宽 0.76 米，厚 0.20 米。

行字： 正文楷书 1 行 12 字。

现藏： 眉县首善镇下坡村。

提要： 记吴氏生平。

雷春轩神道碑

年代： 清代（1644—1911）刻立。

形制： 高 2.90 米，宽 0.78 米，厚 0.21 米。

撰书： 焦树熊、刘建卯撰。

纹饰： 碑阳额饰二龙戏珠图案，碑阴饰一龙二凤纹饰。

现藏： 眉县首善镇第五村。

提要： 该碑记叙了雷公德行。

*杨震鹭墓碑

年代： 清代（1644—1911）刻立。

形制： 高 1.48 米，宽 0.55 米，厚 0.19 米。

纹饰： 碑身四周饰云纹。

现藏： 眉县首善镇王容永庆庄北干渠桥面上。

备注： 该碑残损严重。

提要： 记杨震鹭之生平。

重修菩提寺暨关帝庙碑

年代： 清代（1644—1911）刻立。

形制： 圆首方额。高 1.60 米，宽 0.69 米，厚 0.18 米。

行字： 正文楷书，行字数不详。

撰书： 朱希参撰，王家宾书。

纹饰： 碑额饰二龙戏珠图案。

现藏： 眉县横渠镇风池村菩提寺。

提要： 碑文记述了清代对菩提寺暨关帝庙几次比较重大的维修过程。

重修中原庵碑记

年代： 清代（1644—1911）刻立。

形制： 通高 1.56 米，宽 0.66 米，厚 0.19 米。

行字： 正文楷书 11 行，满行 43 字。

现藏： 千阳县张家塬镇曹家塬村。

提要： 碑文记述重修中原庵之事。

四修斜峪关三义官碑

年代： 清代（1644—1911）刻立。

形制：高 1.78 米，宽 0.72 米，厚 0.19 米。

行字：正文楷书 12 行，满行 52 字。

撰书：张铼治撰，傅汝霖书。

纹饰：碑身四周饰回纹。

现藏：眉县齐镇镇斜谷村菩萨庙。

提要：碑记捐资修缮菩萨庙事。

*李柏故里碑

年代：清光绪十五年（1889）刻立。

形制：身首一体。高 1.44 米，宽 0.52 米，厚 0.17 米。

行字：正文楷书 1 行，满行 5 字。

现藏：眉县槐芽镇红崖头村李柏祠。

提要：碑题"李雪木故里"5 字。

*刘先三墓志

年代：清代（1644—1911）刻。

形制：共 4 石，尺寸相同。长 0.55 米，宽 0.32 米。

行字：正文楷书 36 行，满行字数不详。

撰书：王步瀛撰，陈澍霖书。

现藏：眉县齐镇镇齐镇村。

提要：碑文记载了刘先三的生平事迹等。

刘先三懿行碑

年代：清代（1644—1911）刻立。

形制：高 2.45 米，宽 0.76 米，厚 0.25 米。

行字：正文楷书 34 行，满行字数不详。

撰书：王登濂撰，王步瀛书。

纹饰：碑身饰人物、花卉图案，间饰花卉、动物纹。

现藏：眉县齐镇镇齐镇村。

提要：记载了同治七年村民组织兵勇防御回民军，以及当地"米珠薪桂，斗粟万钱，饿莩遍地"等事。

*台子山庙碑

年代：清代（1644—1911）刻立。

形制：高 1.07 米，宽 0.54 米，厚 0.11 米。

行字：正文楷书 9 行，共 252 字。

撰书：罗琹、杜冉书。

现藏：太白县王家堎镇板桥村台子山。

提要：略述维修庙宇的过程及捐资人姓名、钱亩等。

山水奇观

年代：清代（1644—1911）刻立。

形制：高 1.70 米，宽 4.70 米。

行字：正文楷书 1 行 4 字。

现藏：榆林市红石峡东壁。

提要：题款为湖南提督二等轻军都尉宋庆，广东陆路提督尉进职张曜。

*蔡宏斌墓碑

年代：清代（1644—1911）刻立。

形制：庑殿顶。高 1.32 米，宽 0.61 米，厚 0.07 米。

行字：正文楷书 3 行，共 57 字。

现藏：太白县王家堎镇中明村三道沟。

提要：碑文记载了蔡氏祖籍湖南常德府桃塬县下苏村，后迁居此地。此碑对研究清中晚期太白县人口流动有参考价值。

熊田暨妻吕氏墓碑

全称：清故显考姚熊公田讳大书慈惠吕氏字谨彰老大（孺）人正（淑）性之墓位。

年代：清代（1644—1911）刻立。

形制：高 1.20 米，宽 0.70 米。

行字：正文楷书 13 行，共 234 字。

撰书：雷寿山撰。

现藏：太白县王家塄镇中明村延长沟。

提要：碑文颂扬了墓主人的品德。

重修马鞍山神庙碑

年代：清代（1644—1911）刻立。

形制：圆首。高 1.50 米，宽 0.98 米，厚 0.11 米。

行字：正文楷书 31 行，共 1147 字。

纹饰：碑额饰二龙戏珠图案。

现藏：太白县黄柏塬镇杨家边村。

提要：记述了捐款重修马鞍山神庙的经过。

重修金堡观音殿碑记

年代：清代（1644—1911）刻立。

形制：高 1.57 米，宽 0.38 米。

行字：正文楷书 7 行，满行 50 字。

撰书：张松撰。

现藏：合阳县博物馆。

提要：此碑记载了西屯里旧有神祠，左右居民东西瓜分四社，每年四月中旬，旗帜仪仗，神之典甚盛，众信士各捐资立神香火会。于乾隆二十六年（1761）起会，于三十四年（1769）四月购铁铸旗杆两枝、兽狮两座，在神庙供神仪卫，后几经增修，今香火会深嘉其心。

重修三义庙碑记

年代：清代（1644—1911）刻立。

形制：圆首。通高 1.98 米，宽 0.74 米，厚 0.20 米。

撰书：袁希漠，张炳乾撰。

纹饰：碑额饰二龙戏珠图案。

出土：此碑自立未移。

现藏：眉县首善镇西关村。

提要：记重修三义庙之原由、过程等事。

重修七圣宫碑

年代：清代（1644—1911）刻立。

形制：圆首方额。通高 2.31 米，宽 0.72 米。

行字：正文楷书 13 行，满行 42 字。

撰书：柳建述撰，窦咸沫书。

纹饰：碑额饰二龙戏珠图案，碑身两侧有高浮雕人物造像。

现藏：眉县金渠镇黄家坡村七圣庙。

提要：碑文记述七圣庙的由来及修缮情况。

钦赐八品寿官□山公碑

年代：清代（1644—1911）刻立。

形制：螭首。高 1.78 米，宽 0.70 米，厚 0.22 米。

行字：正文楷书 18 行，共 494 字。

撰书：高□章撰，高鉴章书。

纹饰：碑额饰二龙戏珠图案，碑身饰飞鹤图案。

现藏：太白县嘴头镇牛家沟村黑龙江西岸。

重修三官庙碑

年代：清代（1644—1911）刻立。

形制：圆首。高 2.95 米，宽 0.70 米，厚 0.20 米。

行字：正文楷书 3 行，满行字数不详。

撰书：王震撰。

纹饰：碑额饰二龙戏珠图案，碑身两侧饰人物、花草纹。

现藏：眉县齐镇镇南寨村三官庙内。

提要：碑文记重修三官庙事。

*宋德文墓碑

年代：清代（1644—1911）刻立。

形制：圆首方额。高 1.35 米，宽 0.58 米，厚 0.15 米。

行字：正文楷书 22 行，满行 36 字。

纹饰：额外刻卷云龙纹，边线刻蔓草纹。

现藏：千阳县南寨镇闫家村。

提要：记宋氏生平及功德。

重修胜经寺碑

年代：清代（1644—1911）刻立。

形制：圆首方额。高 2.28 米，宽 0.68 米，厚 0.18 米。

行字：正文楷书 11 行，满行 42 字。

撰书：李现春撰。

纹饰：碑额饰二龙戏珠图案，碑身四周饰蔓草回纹。

现藏：眉县金渠镇枣林村。

提要：碑文记叙重修胜经寺事。

*张季常夫妻墓碑

年代：清代（1644—1911）刻立。

形制：圆首。通高 1.89 米，宽 0.67 米，厚 0.17 米。

纹饰：碑额饰龙凤图案，碑身四周饰花卉纹。

现藏：陇县东风镇下凉泉村。

提要：此系张季常夫妇墓碑。

*田氏先茔碑

年代：清代（1644—1911）刻立。

形制：高 1.65 米，宽 0.69 米，厚 0.17 米。

行字：正文楷书 1 行 4 字。

纹饰：碑身饰花草纹及人物、花瓶图案。

现藏：太白县嘴头镇大沟堰村。

*高氏懿行碑

年代：清代（1644—1911）刻立。

形制：高 1.74 米，宽 0.63 米，厚 0.20 米。

纹饰：碑身四周饰花草纹及人物图案。

现藏：太白县嘴头镇方才关村。

提要：叙述高氏生平及家业情况。

*左宗棠题联

年代：清代（1644—1911）刻立。

形制：高 1.70 米，宽 0.40 米，厚 0.10 米。

行字：行楷 1 行 8 字。

现藏：榆林市榆阳区文物管理办公室。

备注：上联断裂为七块，现缺上端一块，题款处剥落较大。

*谒桥陵诗碑

年代：清代（1644—1911）刻立。

形制：圆首方座。通高 1.87 米，宽 0.58 料，厚 0.12 米。

行字：正文楷书 7 行，满行 16 字。

撰书：伍中恺撰并书。

现藏：黄帝陵。

著录：《延安市文物志》《黄陵文典·文物卷》。

提要：碑文所载诗篇为楚人伍中恺步张三丰韵作谒桥陵诗。

*王公夫妇墓碑

年代：清代（1644—1911）刻立。

形制：圆首方座。高 1.50 米，宽 0.57 米，厚 0.12 米。

行字：正文楷书 2 行，共 13 字。

纹饰：碑身四周饰蔓草纹。

现藏：富县羊泉镇王家湾村。

创修关帝庙碑

年代：清代（1644—1911）刻立。

形制：高 2.35 米，宽 0.70 米，厚 0.17 米。

行字：正文楷书 9 行，共 387 字。

撰书：贾灏、李铣撰。

纹饰：碑身四周饰人物及花卉图案。

现藏：太白县嘴头镇拐里村太白庙内。

提要：记述了创修三神庙的目的和经过。

*观音庙碑

年代：清代（1644—1911）刻立。

形制：龟座。高 1.25 米，宽 0.55 米，厚 0.15 米。

行字：正文楷书 13 行，共 234 字。

撰书：马在郊撰。

纹饰：碑额饰二龙戏珠图案。

现藏：太白县嘴头镇沪家堰村盘岔河西岸。

提要：记载修建观音庙事。

*贺寿慈题联

年代：清代（1644—1911）刻立。

形制：高 1.52 米，宽 0.37 米。

行字：正文行书 2 行，满行 12 字。

撰书：贺寿慈书。

现藏：榆林市红石峡文物管理所。

提要：行书"每成佳句必惊人"，上联已丢失，下款"云甫贺寿慈"。

*樊氏节孝碑

年代：清代（1644—1911）刻立。

形制：高 1.47 米，宽 0.60 米，厚 0.15 米。

行字：正文楷书 3 行，满行 32 字。

纹饰：碑身四周饰蔓草纹。

出土：此碑自立未移。

现藏：太白县嘴头镇北沟村。

提要：记载樊氏节孝事迹。

重修宁虢宫圣母祠碑

年代：清代（1644—1911）刻立。

形制：高 1.75 米，宽 0.70 米，厚 0.18 米。

行字：正文楷书 14 行，共 504 字。

撰书：程□撰，杨步云书。

纹饰：碑身四周饰人物图案及花卉纹。

现藏：太白县嘴头镇北水利局。

提要：记述了圣母祠重修及规模。

*捐资碑

年代：清代（1644—1911）刻立。

形制：高 1.66 米，宽 0.70 米，厚 0.18 米。

纹饰：碑身四周饰花卉纹。

出土：此碑自立未移。

现藏：太白县嘴头镇北水利局。

备注：正文压于地面，背面为捐资者姓名及亩量。

提要：碑记捐资者姓名及亩数。

重修玉皇上帝宝庙施金姓氏碑

年代：清代（1644—1911）刻立。

形制：高 1.75 米，宽 0.72 米，厚 0.19 米。

纹饰：碑身四周饰花卉纹。

现藏：太白县嘴头镇拐里村。

提要：正文为"重修玉皇上帝宝庙施金姓氏"，以下为施金者姓名及数量。

明闰秋墓碑

全称：少亡闺女明姐闰秋之墓。

年代：清咸丰九年（1859）刻立。

形制：圆首。高 0.80 米，宽 0.33 米，厚 0.16 米。

行字：正文楷书 2 行，满行 22 字。

现藏：太白县嘴头镇方才关村。

提要：此碑系乡人为亡女所立墓碑。

*李智妻高氏节孝碑

年代：清代（1644—1911）刻立。

形制：高 1.70 米，宽 0.77 米，厚 0.24 米。

行字：正文楷书 3 行，满行 48 字。

纹饰：碑身四周饰花卉纹。

现藏：太白县嘴头镇牛家沟村。

提要：记高氏之懿行。

新建三肖殿碑

年代：清代（1644—1911）刻立。

形制：圆首。高 1.67 米，宽 0.72 米，厚 0.12 米。

行字：正文楷书。碑阳 20 行，碑阴 19 行，满行 24 字。

现藏：黄陵县双龙镇大院子村。

提要：此碑记载了民众捐资修建三肖殿的缘起、经过及捐资人的姓名。

*观音庙戏台楹联

年代：清代（1644—1911）刻立。

形制：长方形，尺寸不详。

行字：正文楷书 2 行，满行 10 字。

撰书：贾墨林撰并书。

出土：吴堡县张家圪观音庙戏台。

现藏：吴堡县张家圪观音庙。

著录：《吴堡文史资料》（第六辑）。

提要：楹联题"想当年汉用奇谋唐做梦，到今日晋演妙舞秦作歌"。

*西门戏楼楹联

年代：清代（1644—1911）刻立。

形制：高 3.03 米，宽 0.23 米，厚 0.23 米。

行字：正文楷书 2 行，满行 15 字。

纹饰：石柱正面上端雕龙头，下端雕莲花。

出土：绥德县义合乡义合镇西门楼戏楼。

现藏：绥德县博物馆。

提要：楹联题"开弦歌之声近者悦远者来劳而不怨，见奇羽之美视思明疑思向乐而亡忧"。

*关帝庙戏楼楹联

年代：清代（1644—1911）刻立。

形制：长方形，尺寸不详。

行字：正文楷书，上下联各 7 字。

出土：绥德县吉镇镇关帝庙戏楼。

现藏：绥德县吉镇镇关帝庙戏楼。

提要：楹联为"此曲祇应天上有，斯人莫谓世间无"。

*黄家村契约碑

年代：清代（1644—1911）刻立。

形制：圆首方额。高 1.26 米，宽 0.65 米，厚 0.08 米。

纹饰：碑额饰花草纹，碑身两侧饰花草纹。

出土：此碑自立未移。

现藏：眉县营头镇黄家村。

提要：记载了乾隆年间当时农业生产、水利设施等方面的内容。

重修菩萨殿碑记

年代：清代（1644—1911）刻立。

形制：圆首。高 1.52 米，宽 0.62 米，厚 0.14 米。

行字：正文楷书 8 行，满行 28 字。

撰书：刘炳辉撰，朱北奎书。

纹饰：碑阳额饰二龙戏珠图案，碑阴额饰凤凰图案。

现藏：眉县横渠镇青化村菩萨庙。

提要：记载了同治年间回汉纷争引起社会动荡不安，对眉县青化造成的重大破坏和影响。

*征讨喀尔丹纪功碑

年代：清代（1644—1911）刻立。

形制：碑残损。残高 1.20 米，宽 0.93 米，厚 0.23 米。

行字：正文楷书 20 行，满行 41 字。

出土：原立于黄陵县武装部。

现藏：黄陵县双龙镇万安禅院。

备注：风化严重，字迹不清。

提要：此碑记载了清代在征讨喀尔丹之前的

周密计划，含军队的部署、各路军行动的时间、路线等，以及康熙四十六年（1707）派遣阿王锡等 25 人到喀尔丹劝降的经过等事。

省雄方障

年代：清代（1644—1911）刻立。

形制：高 1.80 米，宽 3.90 米。

行字：正文楷书 1 行 4 字。

现藏：榆林市红石峡东壁。

备注：剥蚀严重。

提要：下款"□□秀刻石□□仲夏之□□□"，上款剥蚀。

威镇紫塞

年代：清代（1644—1911）刻立。

形制：高 0.48 米，宽 0.89 米，厚 0.14 米。

行字：正文楷书 1 行 4 字。

纹饰：碑身四周饰回纹。

出土：原在定边县西门城墙上，2002 年征集于邮电北巷居民家中。

现藏：定边县文物管理委员会。

备注：石匾利用一块旧石碑刻字。

*邓复荣妻唐氏苦节碑

年代：清代（1644—1911）刻立。

形制：圆首。通高 3.99 米，宽 0.78 米，厚 0.24 米。

行字：正文楷书 15 行，满行 48 字。

纹饰：碑额饰二龙戏珠图案，碑身两侧饰花卉纹及人物图案。

现藏：眉县常兴镇邓家塬村。

提要：碑文记载了清同治元年（1862），邓复荣因战乱遇难，其妻唐氏含辛茹苦，苦志殚虑操持家政，严教子侄。

张氏祖碑

年代：清代（1644—1911）刻立。

形制：圆首。高 2.14 米，宽 0.96 米，厚 0.16 米。

行字：正文楷书 24 行，满行 60 字。

纹饰：碑额饰二龙戏珠图案。

现藏：富县羊泉镇孙家塬村内。

提要：此碑记载了张氏祖先的迁移情况。

重修普明山钟楼碑

年代：清代（1644—1911）刻立。

形制：高 2.20 米，宽 0.90 米，厚 0.19 米。

行字：正文楷书 14 行，共 588 字。

撰书：王瑛撰，杨寅书。

纹饰：碑额饰二龙戏珠图案。

现藏：太白县靖口镇水蒿川村老庙。

提要：碑文记述了修普明山钟鼓楼事。

*何安墓碑

年代：清代（1644—1911）刻立。

形制：圆首方座。高 1.63 米，宽 0.77 米，厚 0.18 米。

行字：正文楷书 15 行，满行 28 字。

现藏：富县直罗镇小河子村药埠头林场。

提要：碑文记载了何安的家族世系、生平等情况。

重修胜经寺碑并筑城碑

年代：清代（1644—1911）刻立。

形制：圆首方额。高 1.89 米，宽 0.72 米，厚 0.16 米。

行字：正文楷书 13 行，满行 47 字。

撰书：解以动撰。

纹饰：碑额饰二龙戏珠图案，碑身四周饰回纹。

现藏：眉县金渠镇枣林村。

提要：该碑文记叙了胜经寺的由来以及当地村民为躲避白莲教和土匪筑城防御的历史事件。

*杨氏神道碑

年代：清代（1644—1911）刻立。

形制：高 1.58 米，宽 0.47 米，厚 0.16 米。

纹饰：碑身饰蔓草纹。

现藏：礼泉县城关镇药王洞道。

提要：记杨氏生平。

*王义如夫妇墓碑

年代：清代（1644—1911）刻立。

形制：螭首方座。高 1.55 米，宽 0.64 米，厚 0.15 米。

行字：正文楷书 4 行，满行 35 字。

纹饰：碑额饰二龙戏珠图案。

现藏：富县直罗镇胡家坡村。

*元祐墓碑

年代：清代（1644—1911）刻立。

形制：螭首龟座。高 1.54 米，宽 0.64 米，厚 0.14 米。

行字：正文楷书 4 行，共 20 余字。

纹饰：碑额饰二龙戏珠图案，碑身两侧饰蔓草纹。

现藏：富县茶坊镇三城塬村。

提要：此碑为太监元祐的墓碑。

景秀岩妻张氏节孝碑

年代：清代（1644—1911）刻立。

形制：圆首圆额。高 2.52 米，宽 0.65 米，厚 0.19 米。

行字：正文楷书 13 行，满行 33 字。

纹饰：碑额饰二龙戏珠图案，碑身四周饰牡丹纹。

现藏：千阳县张家塬镇景家寨小学。

提要：碑阳中刻有楷书"旌表处士景秀岩之妻张氏节孝碑"，碑阴名为"节孝碑记"。

*崔公神道碑

年代：清代（1644—1911）刻立。

形制：通高 2.68 米，宽 0.78 米，厚 0.24 米。

行字：正文楷书 5 行，满行字数不详。

纹饰：碑身两侧饰八仙图案。

现藏：眉县常兴镇安上塬安家塬小学。

*李澍懿行碑

年代：清代（1644—1911）刻立。

形制：螭首龟座。高 2.62 米，宽 0.74 米，厚 0.22 米。

行字：正文楷书 1 行，满行 11 字。

纹饰：碑额饰二龙戏珠图案，碑身两侧饰八仙、花卉纹。

现藏：眉县常兴镇安上塬村。

张公神位碑

年代：清代（1644—1911）刻立。

形制：碑残损，残高 1.66 米，宽 0.80 米，厚 0.22 米。

行字：正文楷书 2 行，满行 9 字。

现藏：眉县横渠镇青化村张家堡。

*屈公墓志盖

年代：清代（1644—1911）刻。

形制：盖正方形。边长 0.54 米，厚 0.18 米。

行字：盖文楷书 2 行，满行 2 字。

出土：出土时间、地点不详。

现藏：洛川县博物馆。

备注：志石佚，仅存志盖。

香严山乾元观碑

全称：香严山乾元观铁旂碑并建修火帝庙献
　　　殿碑记。

年代：清代（1644—1911）刻立。

形制：高 1.80 米，宽 0.78 米，厚 0.20 米。

行字：正文楷书 10 行，满行 61 字。

撰书：高学鲁撰并书。

纹饰：碑身两侧饰花草及几何纹。

现藏：太白县靖口镇水蒿川村老庙。

提要：碑文记述了修建火帝庙庙亭事。

创修杨四庙碑

年代：清代（1644—1911）刻立。

形制：高 1.50 米，宽 0.61 米，厚 0.11 米。

行字：正文楷书 7 行，共 315 字。

撰书：王成禄、剡子贵书。

纹饰：碑身四周饰花瓶及几何纹。

现藏：太白县靖口镇水蒿川村老庙。

提要：碑文记述了创修杨四将军庙事。

*李公墓志盖

年代：清代（1644—1911）刻。

形制：盖正方形。边长 0.56 米，厚 0.13 米。

行字：盖文篆书 2 行，满行 2 字。

出土：出土时间、地点不详。

现藏：洛川县博物馆。

备注：志石佚，仅存志盖。

*谒周公庙碑

年代：清代（1644—1911）刻立。

形制：高 0.87 米，宽 0.60 米。

行字：正文楷书 29 行，满行 15 字。

撰书：李因笃撰。

出土：此碑自立未移。

现藏：岐山县周公庙管理处。

提要：此碑文记载了渭阳李因等来周公庙拜

谒周公事。

*张君德行碑

年代：清代（1644—1911）刻立。

形制：高 2.05 米，宽 0.63 米，厚 0.12 米。

行字：正文楷书 15 行，共 405 字。

撰书：王瑛书。

纹饰：碑额饰二龙戏珠图案，碑身饰花卉纹，
　　　碑阴额饰双凤朝阳图案。

现藏：太白县靖口镇水蒿川村老庙。

提要：碑文记张君生平。

重修青霄山铁瓦殿碑

年代：清代（1644—1911）刻立。

形制：方首方额。高 2.49 米，宽 0.62 米，
　　　厚 0.16 米。

行字：正文楷书 8 行，共 256 字。

撰书：毛振鸣书。

纹饰：碑身四周饰花瓶及几何纹。

现藏：太白县靖口镇水蒿川村老庙。

提要：碑文记述了重修铁瓦殿事。

灵仙崖记

年代：清代（1644—1911）刻立。

形制：高 0.80 米，宽 0.53 米，厚 0.20 米。

行字：正文草书 30 行，满行 28 字。

撰书：沈丹植撰并书。

纹饰：碑身四周饰蔓草、忍冬纹。

现藏：陇县新集川乡龙门洞道院四公祠。

提要：碑文赞颂丘祖及灵仙崖。

*拐里捐资碑

年代：清代（1644—1911）刻立。

形制：高 2.65 米，宽 0.73 米，厚 0.17 米。

纹饰：碑身两侧饰人物及花卉纹。

现藏：太白县嘴头镇拐里村小学。

提要：刻捐款人的姓名。

*闫永祥墓碑

年代：清代（1644—1911）刻立。

形制：圆首。通高 2.45 米，宽 0.85 米，厚 0.15 米。

纹饰：碑额饰蟠螭纹。

现藏：陇县东风镇洞子村。

*路氏墓志

年代：清代（1644—1911）刻。

形制：志正方形。边长 0.43 米，厚 0.12 米。

行字：志文楷书 16 行，满行 16 字。

出土：洛川县槐柏镇统蒋村。

现藏：洛川县博物馆。

备注：字体漫漶不清。

*缑燧神道碑

年代：清代（1644—1911）刻立。

形制：螭首。高 2.75 米，宽 1.91 米，厚 0.78 米。

行字：正文楷书 2 行，满行 30 字。

纹饰：碑身两侧饰蔓草纹。

现藏：富县羊泉镇八合村。

提要：缑燧之子缑山鹏为乾隆十四年（1749）进士。

*柏山古寺碑

年代：清代（1644—1911）刻立。

形制：高 1.15 米，宽 0.39 米，厚 0.09 米。

行字：正文楷书。碑阳 2 字，碑阴 2 字。

出土：1998 年出土于延长县张家滩镇介子坪村。

现藏：延长县文物管理委员会办公室。

鹫岭

年代：清代（1644—1911）刻立。

形制：高 0.85 米，宽 0.63 米。

行字：正文楷书 1 行 2 字。

撰书：慕寅撰并书。

现藏：榆林市红石峡东壁山门对面。

备注：剥蚀严重。

提要：上款风蚀，下款："慕寅题"。慕寅，甘肃固原人，时任延绥镇标右营游击。

*严如煜游灵岩寺诗碑

年代：清代（1644—1911）刻立。

形制：高 0.65 米，宽 0.25 米。

行字：正文楷书 5 行，满行 62 字。

撰书：严如煜撰并书。

出土：此碑自立未移。

现藏：略阳县灵岩寺博物馆。

提要：碑文为严如煜游历灵岩寺诗。

*盛寿山暨妻郭氏合葬墓志

年代：清代（1644—1911）刻。

形制：志正方形。边长 0.57 米，厚 0.09 米。

行字：盖文篆书 4 行，满行 4 字。正文楷书 30 行，满行 37 字。

现藏：潼关县东门博物馆。

备注：字迹模糊。

提要：记盛公及妻郭氏生平。

录写禁条旧文规式

年代：清代（1644—1911）刻立。

形制：高 0.43 米，宽 0.78 米。

行字：正文楷书 35 行，满行 19 字。

现藏：澄城县冯原镇韦家社村。

著录：《澄城碑石》。

提要：记村约禁条。

李伯明墓志

全称：皇清待赠乡饮正宾岳父伯明李公太翁墓志铭。

年代：清代（1644—1911）刻。

形制：志长 0.40 米，宽 0.48 米，厚 0.06 米。

行字：志文楷书，行字数不详。

现藏：潼关县东门博物馆。

提要：记李伯明生平。

创建华阴城隍神龛碑记

年代：清代（1644—1911）刻立。

形制：高 0.93 米，宽 0.54 米，厚 0.10 米。

出土：1996 年出土于潼关县港口镇黄河公路桥引线工地。

现藏：潼关县东门博物馆。

备注：字迹模糊。

提要：记创建华阳城隍神龛之经过。

王锡命暨妻员氏合葬墓志

全称：皇清太学生乡饮介宾北亭王公暨德配员孺人合葬墓志铭。

年代：清代（1644—1911）刻。

形制：志长 0.67 米，宽 0.66 米，厚 0.09 米。

行字：志文楷书 22 行，满行 30 字。

现藏：潼关县东门博物馆。

提要：此墓志记载了王锡命及夫人员氏的生平、生卒年月等情况。

陶心晨墓志

全称：皇清例封文林郎太学生心晨陶公墓志铭。

年代：清代（1644—1911）刻。

形制：志正方形。边长 0.70 米，厚 0.07 米。

行字：志文楷书 30 行，满行 37 字。

现藏：潼关县东门博物馆。

备注：字迹模糊。

提要：记陶心晨之生平。

*灵岩寺游记碑

年代：清代（1644—1911）刻立。

形制：圆首方座。高 1.48 米，宽 0.69 米。

行字：正文行楷 17 行，满行字数不等。

撰书：诸保宥、梁加琦撰。

纹饰：碑额饰双鹤图案，碑身四周饰云纹。

现藏：略阳县灵岩寺博物馆。

提要：碑为诸保宥游灵岩寺诗。

李石麓志铭

全称：皇清太学生石麓李君志铭。

年代：清代（1644—1911）刻。

形制：志正方形。边长 0.67 米，厚 0.05 米。

行字：志文楷书 26 行，通行 28 字。

纹饰：碑身四周饰云纹。

现藏：潼关县东门博物馆。

备注：字迹模糊。

提要：记李石麓生平。

陪娄少府游灵岩同游唱和诗

年代：清代（1644—1911）刻立。

形制：高 0.86 米，宽 0.47 米。

行字：正文楷书 47 行，满行字数不等。

撰书：王采、黎成德等撰。

出土：此碑自立未移。

现藏：略阳县灵岩寺博物馆。

提要：此碑是王采、黎成德、许良泳、张其藻、谭口、谭沅、谭芳、白启华等游览灵岩寺时所作的诗文。

*苏轼题字碑

年代：清代（1644—1911）刻立。

形制：正方形。边长 0.47 米，厚 0.34 米。

现藏：大荔县文物局。

提要：内容为苏轼题字。

孙氏墓志

全称：皇清例赠宜人孙太君墓志铭。

年代：清代（1644—1911）刻。

形制：志正方形。边长 0.54 米，厚 0.05 米。

现藏：潼关县东门博物馆。

备注：字迹模糊。

提要：记孙太君生平。

*王定勤等书法碑帖

年代：清代（1644—1911）刻立。

形制：高 1.08 米，宽 0.36 米。

现藏：大荔县文物局。

提要：内容为王定勤等所书诗文。

*贵华东墓志

年代：清代（1644—1911）刻。

形制：志长 0.63 米，宽 0.67 米，厚 0.10 米。

行字：志文楷书 20 行，满行 51 字。

现藏：潼关县东门博物馆。

提要：记贵华东生平。

*张粼壁等题诗碑

年代：清代（1644—1911）刻立。

形制：高 0.55 米，宽 0.38 米。

行字：正文楷书 14 行，满行字数不等。

撰书：张粼壁、张一明、潘荣撰。

纹饰：碑身四周饰水波纹。

现藏：略阳县灵岩寺博物馆。

提要：碑文为张粼壁、张一明、潘荣三人游
　　　灵岩寺的题诗。

*徐通久题诗碑

年代：清代（1644—1911）刻立。

形制：高 1.18 米，宽 0.70 米。

行字：正文行楷 19 行，满行字数不等。

撰书：徐通久撰并书。

出土：此碑自立未移。

现藏：略阳县灵岩寺博物馆。

提要：此碑是徐通久题诗。

陈初合暨妻李氏墓碑

全称：大德处仕陈公初合李孺人之墓。

年代：清代（1644—1911）刻立。

形制：圆首。高 1.30 米，宽 0.50 米，厚 0.12 米。

行字：志文楷书 12 行，满行字数不等。

纹饰：碑额饰龙凤纹。

现藏：澄城县赵庄镇陈家堤。

提要：此系陈氏夫妇合葬墓碑。

重修佛面纪事碑

年代：清代（1644—1911）刻立。

形制：圆首方座。高 0.87 米，宽 0.55 米。

行字：正文行楷 8 行，满行 14 字。

撰书：陶毓秀书。

纹饰：碑额饰花鸟图案，碑身四周饰卷云纹。

出土：此碑自立未移。

现藏：略阳县灵岩寺博物馆。

提要：记李氏捐金妆佛事。

*特授碑

年代：清代（1644—1911）刻立。

形制：方首。通高 1.30 米，宽 0.70 米，厚 0.10 米。

纹饰：碑额饰龙纹，碑身四周饰蔓草纹。

现藏：镇巴县杨家河镇杨家河村。

备注：碑文漫漶严重。

皇清诰授德配老宜人墓志

年代：清代（1644—1911）刻。

形制：志长 0.52 米，宽 0.50 米。

行字：志文楷书 21 行，满行 26 字。

现藏：潼关县东门博物馆。

提要：记载志主生平。

移建关帝圣庙赵二郎神庙碑记

年代：清代（1644—1911）刻立。

形制：高 0.68 米，宽 0.35 米。

行字：正文楷书 10 行，满行 6 字。

撰书：雷学谦撰。

现藏：合阳县博物馆。

提要：此碑记载了合阳龙王庙移建事。

王千波暨妻杨氏蕉氏刘氏张氏合葬墓志

全称：王公暨元配杨宜人继配蕉安人刘安人张安人合葬墓志铭。

年代：清代（1644—1911）刻。

形制：志、盖均为正方形。盖边长 0.62 米，厚 0.09 米。志边长 0.62 米，厚 0.06 米。

行字：盖文篆书 18 行，满行 4 字。志文楷书 60 行，满行 16 字。

撰书：李僡撰，谈建襄篆盖。

现藏：华县文物管理委员会。

提要：记载了王千波生平及家族世系。王千波，号陶园居士，先籍山西洪洞，明初迁居陕西华州。他生性随和，喜欢研究名人诗集，以吟诗为乐。

伊尹庙诗

年代：清代（1644—1911）刻立。

形制：高 0.68 米，宽 0.35 米。

行字：正文楷书 10 行，满行 6 字。

撰书：雷学谦撰。

现藏：合阳县博物馆。

提要：刻七言诗一首。

光济寺碑

年代：清代（1644—1911）刻立。

形制：高 0.40 米，宽 0.84 米。

行字：正文楷书 10 行，满行 56 字。

撰书：雷学谦撰。

现藏：合阳县博物馆。

提要：碑记雷学谦观光济寺时赋诗两首。

先圣行教小影碑

年代：清代（1644—1911）刻立。

形制：高 0.85 米，宽 0.80 米，厚 0.19 米。

现藏：潼关县东门博物馆。

提要：此碑上刻有一幅孔子人物像。

安定桥碑

年代：清代（1644—1911）刻立。

形制：方首。通高 1.75 米，宽 0.96 米，厚 0.12 米。

行字：正文楷书 1 行 4 字。

出土：此碑自立未移。

现藏：镇巴县泾洋镇。

提要：此碑系安定桥边所立。

赵玉亭暨妻谢氏合葬墓志

全称：皇清例授承德郎州同知玉亭赵公暨元配安人谢氏合葬墓志铭。

年代：清代（1644—1911）刻。

形制：志正方形。边长 0.62 米，厚 0.07 米。

行字：盖文篆书 6 行，满行 5 字。志文楷书 30 行，满行 16 字。

撰书：曹布元撰，杜映著书，杜映茵篆盖。

现藏：华县文物管理委员会。

提要：此墓志记载了赵玉亭的生平及道德品行。赵玉亭，华州南门外水渠村人，品貌兼优为人忠厚，在妻子谢氏病重之时，衣带不解侍候左右。

*雷学谦题诗碑

年代：清代（1644—1911）刻立。

形制：高 0.62 米，宽 0.33 米。

撰书：雷学谦撰。

现藏：合阳县博物馆。

提要：刻七言诗一首。

开地约保碑

年代：清代（1644—1911）刻立。

形制：圆首。通高 1.55 米，宽 0.67 米，厚 0.17 米。

行字：正文楷书 3 行，满行 3 字。

纹饰：碑身四周饰卷云纹和蔓草纹。

现藏：镇巴县兴隆镇税务所。

提要：此碑系乡人约定关于土地使用的条规。

建修财神庙记

年代：清代（1644—1911）刻立。

形制：高 1.30 米，宽 0.25 米。

行字：正文楷书 4 行，满行 50 字。

撰书：王楷撰，杨茂书。

现藏：合阳县博物馆。

提要：此碑记载了财神庙最初在金水沟，移至谢家桥后，于乾隆五十五年（1790）迁到城内，由于回禄之灾，寝室献殿等化为灰烬，士庶重修事。

赵公德妻杨氏墓志

全称：皇清诰封孺人赵太君杨太孺人墓志铭。

年代：清代（1644—1911）刻。

形制：志长 0.54 米，宽 0.55 米，厚 0.07 米。

行字：盖文篆书 4 行，满行 4 字。志文楷书 30 行，满行 14 字。

纹饰：志四周饰卷草纹。

出土：1984 年出土于华县莲花寺镇。

现藏：华县文物管理委员会。

提要：记载了诰封职郎儒学正堂钦差赵公德之妻杨氏生平。杨氏即华州城东杨公之女，长辈视其为贤孝之媳，相夫教子，温柔敦厚，与人相处融洽。

王君墓志盖

年代：清代（1644—1911）刻。

形制：盖长 0.90 米，宽 0.59 米，厚 0.13 米。

行字：盖文篆书 7 行，满行 5 字。

现藏：华县文物管理委员会。

备注：志石佚，仅存志盖。

杨氏墓志盖

年代：清代（1644—1911）刻。

形制：盖长 0.67 米，宽 0.64 米，厚 0.07 米。

行字：盖文篆书 4 行，满行 6 字。

出土：1985 年出土于华县莲花寺镇南马村。

现藏：华县文物管理委员会。

备注：志石佚，仅存志盖。

郭怀玉暨妻元氏合葬墓志

全称：例封武略骑尉崑山郭怀玉暨德配安元太君墓志铭并盖。

年代：清代（1644—1911）刻。

形制：志正方形。边长 0.72 米，厚 0.10 米。

行字：志文楷书 26 行，满行 28 字。

出土：1980 年出土于潼关县吴村乡管南村。

现藏：潼关县东门博物馆。

提要：记载了郭怀玉及夫人元氏的家族世系、生平。

*姚君墓志

年代：清代（1644—1911）刻。

形制：志正方形。边长 0.54 米。

行字：志文楷书 22 行，满行 27 字。

现藏：潼关县东门博物馆。

提要：记载志主生平。

*赵希璜题诗碑

年代：清代（1644—1911）刻立。

形制：高 0.75 米，宽 0.69 米。

行字：正文楷书 15 行，满行 18 字。

撰书：赵希璜撰并书。

出土：此碑自立未移。

现藏：勉县武侯祠博物馆。

提要：此碑由渭川赵希璜过武侯祠题"谒诸葛忠武侯祠四首"，赞颂武侯之功德。赵希璜，广东长宁人，字渭川，乾隆举人，官安阳知县。

山陕滩界碑记

年代：清代（1644—1911）刻立。

形制：圆首。双面刻。高 1.61 米，宽 0.63 米，厚 0.16 米。

行字：正文楷书 17 行，满行 6—36 字不等。

出土：2008 年自大荔县范家镇辛村征集。

现藏：大荔县文物局。

著录：《大荔碑刻》。

备注：刻于《蒲朝分界碑》碑阴。

提要：碑文记述刻碑缘由，解纠纷产生之因，解决问题的官员及过程、结果。

雷茂兰墓志

全称：皇清例封修职郎贡生北崖雷公墓志铭。

年代：清代（1644—1911）刻。

形制：志长 0.27 米，宽 0.15 米。

行字：册页式，共 14 页。盖文篆书 5 行，满行 4 字。志文楷书 59 行，满行 17 字。

撰书：雷安定撰，雷建辰篆并书。

现藏：合阳县博物馆。

提要：此墓志记载了雷茂兰的家族世系、生平及子嗣等情况。

杨震墓碑

年代：清代（1644—1911）刻立。

形制：高 1.58 米，宽 0.84 米，厚 0.18 米。

行字：正文楷书 1 行 4 字。

出土：1959 年出土于潼关县吊桥村。

现藏：潼关县东门博物馆。

任春同墓志盖

全称：皇清儒生员春同公墓志铭。

年代：清代（1644—1911）刻。

形制：盖长 0.52 米，宽 0.37 米，厚 0.04 米。

行字：盖文篆书 4 行，满行 3 字。

撰书：张口堂撰，王焕樏书。

出土：1984 年出土于澄城县罗家洼乡许庄。

现藏：澄城县乐楼文物管理所。

著录：《澄城碑石》。

备注：志石佚，仅存志盖。

李赞翁暨妻孙氏合葬墓志

全称：皇清待赠庠生赞翁李公暨原配孙孺人合葬墓志铭。

年代：清代（1644—1911）刻。

形制：志长 0.48 米，宽 0.42 米，厚 0.09 米。

行字：志文楷书 28 行，满行 30 字。

现藏：潼关县东门博物馆。

提要：记李赞翁及孙氏的生平及生卒年月。

*王士祯题诗碑

年代：清代（1644—1911）刻立。

形制：高 0.44 米，宽 0.90 米。

行字：正文楷书 22 行，满行 19 字。

撰书：王士祯撰并书。

出土：此碑自立未移。

现藏：勉县武侯祠博物馆。

提要：此碑系刑部尚书王士祯过沔谒武侯祠
题诗二首。

入潼关诗

年代：清代（1644—1911）刻立。

形制：高 2.00 米，宽 0.66 米。

行字：正文楷书 3 行，共 34 字。

撰书：李三才撰并书。

现藏：潼关县东门博物馆。

提要：碑为李三才撰诗一首。

李诚甫暨妻董氏墓志盖

全称：皇清例封诚甫李公德配董孺人墓志铭。

年代：清代（1644—1911）刻。

形制：盖长 0.63 米，宽 0.52 米。

行字：盖文篆书 4 行，满行 4 字。

现藏：潼关县东门博物馆。

备注：志石佚，仅存志盖。

*王氏墓志

年代：清代（1644—1911）刻立。

形制：志正方形。边长 0.62 米，厚 0.18 米。

行字：正文楷书 20 行，满行 32 字。

撰书：王步瀛撰并书。

现藏：白水县文物管理委员会。

提要：墓志记述王氏生平及家族情况。

内府建校碑记

年代：清代（1644—1911）刻立。

形制：高 2.40 米，宽 0.83 米，厚 0.18 米。

行字：正文楷书 11 行，满行字数不详。

纹饰：碑额饰二龙戏珠图案。

现藏：蒲城县陈庄镇内府村。

著录：《中国文物地图集·陕西分册》。

备注：碑文漫漶不清。

孟宗翁暨妻张氏合葬墓志

全称：皇清待赠处士宗翁孟公暨元配孺人张
氏合葬墓志铭。

年代：清代（1644—1911）刻。

形制：志长 0.61 米，宽 0.50 米，厚 0.06 米。

行字：志文楷书 25 行，满行 29 字。

现藏：潼关县东门博物馆。

提要：记孟宗翁及张氏的生平。

王母刘氏墓志

全称：皇清王母孺人刘氏墓志铭。

年代：清代（1644—1911）刻。

形制：志正方形。边长 0.55 米。

行字：志文楷书 12 行，满行 20 字。

现藏：潼关县东门博物馆。

提要：此墓志记载了刘氏生平。

*王君墓志

年代：清代（1644—1911）刻。

形制：志正方形。边长 0.82 米，厚 0.10 米。

行字：盖文篆书 7 行，满行 5 字；志文楷书，
行字数不详。

现藏：华县文物管理委员会。

提要：记王君生平，其曾任江苏提刑按察
司按察使。

清明境水

年代：清代（1644—1911）刻立。

形制：高 0.52 米，宽 0.30 米。

行字：正文行草 15 行，满行字数不等。

撰书：刘世骏撰。

出土：此碑自立未移。

现藏：略阳县灵岩寺博物馆。

著录：《灵岩流光》。

提要：此碑文为刘世竣游览美景胜地时的有
感之作。

孙耀辉墓志

全称：皇清待赠优庠生乡饮介宾虞亭孙公墓志铭。

年代：清代（1644—1911）刻。

形制：志正方形。边长 0.79 米，厚 0.07 米。

行字：志文楷书 42 行，满行 20 字。

撰书：袁希谟撰，姚友松书，李偲篆。

现藏：潼关县东门博物馆。

出土：1989 年出土于潼关县十里铺村。

提要：孙耀辉，号虞亭，先世山东邹平人。明初家于潼关。耀辉年逾三十始入庠，公平正直，素孚于人。

同亚元暨妻罗氏杨氏合葬墓志

全称：皇清武生亚元同公暨元配罗氏继配杨氏合葬墓志铭。

年代：清代（1644—1911）刻立。

形制：盖长 0.52 米，宽 0.37 米，厚 0.04 米。

行字：盖文篆书 6 行，满行 4 字。

出土：1984 年出土于澄城县赵庄镇许庄。

现藏：澄城县乐楼文物管理所。

著录：《澄城碑石》。

备注：志佚。仅存志盖，左下角残缺，"墓"字残缺。

*太极图说碑

年代：清代（1644—1911）刻立。

形制：高 1.98 米，宽 0.86 米，厚 0.15 米。

现藏：大荔县朝邑镇岱祠岑楼内。

备注：碑文漫漶严重，无法辨识。

*仓圣鸟迹书碑

年代：清代（1644—1911）刻立。

形制：圆首。通高 1.41 米，宽 0.62 米，厚 0.13 米。

撰书：梁善长摹。

现藏：白水县仓颉庙内。

提要：碑文传说是仓颉手书所创造的 28 个字。

柏里坊关帝历代追封碑记

年代：清代（1644—1911）刻立。

形制：高 0.32 米，宽 0.58 米。

行字：正文楷书 30 行，满行 19 字。

现藏：合阳县博物馆。

提要：此碑记载了关帝的历代追封时间及追封事。

潼关

年代：清代（1644—1911）刻立。

形制：高 0.29 米，宽 0.85 米，厚 0.23 米。

行字：正文楷书 1 行 2 字。

撰书：弘历撰并书。

出土：原潼关县城南门瓮城门额。

现藏：潼关县东门博物馆。

备注：残、断裂。

*田赋碑

年代：清代（1644—1911）刻立。

形制：高 1.03 米，宽 1.40 米。

行字：正文楷书 51 行，满行 34 字。

纹饰：碑身四周饰云纹。

现藏：蓝田县蔡文姬纪念馆。

备注：碑文下方已漫漶不清。

著录：《中国文物地图集·陕西分册》。

提要：此碑记述了清时征粮纳税时的各项规定及细节、制度等。

*辋川集碑

年代：清代（1644—1911）刻立。

形制：高 1.04 米，宽 0.22 米。

行字：正文行书 60 行，满行 20 字。

撰书：王维撰。

现藏：蓝田县文物管理所。

提要：该碑石为王维在蓝田辋川二十景观诗集的集锦。

*辋川题跋碑

年代：清代（1644—1911）刻立。

形制：高 0.80 米，宽 0.40 米。

行字：正文行楷书 29 行，满行 25 字。

撰书：潘世恩、王鼎、汤金钊、杜鄂、杨芳题跋，仇和刻。

现藏：蓝田县蔡文姬纪念馆。

提要：碑文为潘世恩、王鼎、汤金钊、杜鄂、杨芳等人游览辋川的诗作。

游辋川歌

年代：清代（1644—1911）刻立。

形制：碑残损。残高 0.27 米，宽 0.49 米。

行字：正文楷书。残存 15 行，满行 31 字。

撰书：魏一德撰并书。

出土：蓝田县文物管理所。

现藏：蓝田县文物管理所。

著录：（光绪）《蓝田县志》。

提要：碑文为魏一德及胡元瑛同游辋川诗。

辋川图碑

年代：清代（1644—1911）刻立。

形制：高 0.78 米，宽 0.40 米。

行字：正文楷书 9 行，满行 5 字。

撰书：熊晖撰。

现藏：蓝田县蔡文姬纪念馆。

备注：碑已断三截。

提要：此碑用线刻辋川二十景中的华子冈、孟城坳、文杏馆、木兰柴、茱萸沜、宫槐陌、鹿柴景观。

*楼观题诗碑

年代：清代（1644—1911）刻立。

形制：碑残损。高 0.39 米，残宽 1.00 米。

行字：正文楷书 15 行，满行 5 字。

出土：周至县楼观台。

现藏：周至县楼观台。

著录：《楼观台道教碑石》。

提要：记五言题诗一首。

朝修锡水洞碑记

年代：清代（1644—1911）刻立。

形制：圆首圭额。高 1.20 米，宽 0.55 米。

行字：正文楷书 17 行，满行 48 字。

撰书：蒲瑞撰。

纹饰：碑额饰二龙戏珠图案。

现藏：蓝田县辋川溶洞管理处。

提要：此碑记述了王得、深允魁等人朝拜锡水洞后的经过，以及锡水洞韩湘子庙的历史沿革。

*王绍轩墓碑

年代：清代（1644—1911）刻立。

形制：通高 2.05 米，宽 0.84 米，厚 0.22 米。

行字：正文行书 4 行，共 10 字。

出土：原立于蒲城县王绍轩墓前。

现藏：蒲城县王鼎纪念馆。

提要：此碑上刻王氏之家族世系图。

*杨敬斋暨妻合葬墓志

年代：清代（1644—1911）刻。

形制：正方形。边长 0.70 米，厚 0.09 米。

行字：册页式。盖文篆书 4 行，满行 3 字。志文楷书 14 行，满行 30 字。

纹饰：碑身四周饰回纹。

出土：富平县薛镇。

现藏：蒲城县文物保护开发中心。

提要：记杨敬斋生平。

路德墓志

全称：皇清诰封中宪大夫晋赠通议大夫鹭洲
　　　公墓志铭。

年代：清代（1644—1911）刻。

形制：共 4 石，长 0.93—0.97 米，宽 0.31—
　　　0.33 米。

行字：盖文篆书 7 行，满行 3 字。志文楷书
　　　42 行，满行 20 字。

撰书：吴福先题并撰盖。

出土：1970 年出土于周至县马召镇金盆村。

现藏：周至县文物管理所内。

提要：记路德家族世系、生平。

路小舫暨妻萧氏合葬墓志

全称：皇清诰授奉政大夫小舫路公继配萧宜
　　　人墓志铭。

年代：清代（1644—1911）刻。

形制：志长 0.63 米，宽 0.32 米，厚 0.09 米。

行字：志文楷书 24 行，满行 14 字。

撰书：李景华撰，田均书，杨樾撰盖。

现藏：周至县文物管理所内。

提要：墓志记载萧氏之家族世系、生平。

仙游寺守贞和尚塔铭

年代：清代（1644—1911）刻。

形制：高 0.33 米，宽 0.45 米，厚 0.08 米。

行字：正文楷书 13 行，满行 12 字。

撰书：郑世容撰。

出土：1998 年从周至县仙游寺南狮山北坡守
　　　贞和尚墓塔移至仙游寺新址。

现藏：仙游寺博物馆。

提要：铭文为郑世容撰四言偈语。

仙游寺守贞和尚法范

年代：清代（1644—1911）刻立。

形制：高 0.59 米，宽 0.34 米，厚 0.08 米。

行字：正文楷书 8 行，满行 22 字。

撰书：张恒鉴撰。

出土：1998 年从周至县仙游寺南狮山北坡
　　　守贞和尚墓塔移至仙游寺新址。

现藏：仙游寺博物馆。

提要：碑为张恒鉴书词一首。

守真和尚塔铭（甲）

年代：清代（1644—1911）刻立。

形制：高 0.48 米，宽 0.35 米，厚 0.12 米。

行字：正文行书 6 行，满行 9 字。

撰书：周建邦撰。

出土：1998 年从周至县仙游寺南狮山北坡
　　　守贞和尚墓塔移至仙游寺新址。

现藏：仙游寺博物馆。

备注：铭为周建邦书四言偈语。

守真和尚塔铭（乙）

年代：清代（1644—1911）刻立。

形制：高 0.61 米，宽 0.36 米，厚 0.08 米。

行字：正文行楷 6 行，满行 11 字。

撰书：王煜撰。

出土：1998 年从周至县仙游寺南狮山背坡
　　　守贞和尚墓塔移至仙游寺新址。

现藏：仙游寺博物馆。

提要：碑刻四言偈语一首。

守贞和尚法范（甲）

年代：清代（1644—1911）刻立。

形制：高 0.37 米，宽 0.47 米，厚 0.09 米。

行字：正文楷书 8 行，满行 7 字。

撰书：王雨堂撰。

出土：1998 年从周至县仙游寺南狮山北坡

守贞和尚墓塔移至仙游寺新址。

现藏：仙游寺博物馆。

提要：碑为王雨堂书五言偈语一首。

守贞和尚法范（乙）

年代：清代（1644—1911）刻立。

形制：高 0.42 米，宽 0.37 米，厚 0.10 米。

行字：正文行楷 7 行，满行 11 字。

撰书：张鹏霄撰。

出土：1998 年从周至县仙游寺南狮山北坡守贞和尚墓塔移至仙游寺新址。

现藏：仙游寺博物馆。

提要：铭为张鹏霄书五言诗。

守真和尚圆觉

年代：清代（1644—1911）刻立。

形制：宽 0.37 米，高 0.46 米，厚 0.10 米。

行字：正文行楷 7 行，满行 9 字。

撰书：周象琴撰。

出土：1998 年从周至县仙游寺南狮山北坡守贞和尚墓塔移至仙游寺新址。

现藏：仙游寺博物馆。

提要：碑为周象琴书五言偈语一首。

守贞上人圆觉

年代：清代（1644—1911）刻立。

形制：高 0.42 米，宽 0.37 米，厚 0.10 米。

行字：正文行楷 7 行，满行 11 字。

撰书：王惠棠撰。

出土：1998 年从周至县仙游寺南狮山北坡守贞和尚墓塔移至仙游寺新址。

现藏：仙游寺博物馆。

提要：铭文为王惠棠书七言诗。

*毕锡勒图题联

年代：清代（1644—1911）刻立。

形制：高 2.53 米，宽 0.97 米，厚 0.25 米。

行字：正文楷书 43 行，满行 10 字。

撰书：毕锡勒图撰。

出土：华阳市西岳庙文物管理处。

现藏：华阴市西岳庙文物管理处。

提要：此碑为毕锡勒图郡王题。

梁捷三墓志

全称：皇清农政司捷三梁翁墓志铭。

年代：清代（1644—1911）刻。

形制：志正方形。边长 0.70 米。

行字：盖文篆书 4 行，满行 3 字。志文楷书，仅存 30 字。

现藏：蒲城县博物馆。

备注：仅存一块残石，无首尾。

提要：记梁捷三家世及生平，另记光绪三年（1877）陕西大饥，蒲城尤甚等情况。

党士煌母党孺人墓志

全称：皇清敕封孺人显妣党孺人墓志铭。

年代：清代（1644—1911）刻立。

形制：志长 0.62 米，宽 0.42 米。

行字：志文楷书，残存 24 行，满行 24 字。

撰书：党士煌撰。

现藏：蒲城县博物馆。

备注：仅存一块。

提要：此系党士煌为其母党孺人所撰志文。

王容溪墓志

全称：皇清诰封朝议大夫湖北安陆府知府孝廉方正容溪王公墓志铭。

年代：清代（1644—1911）刻。

形制：志长 1.18 米，宽 0.33 米。

行字：志文楷书 48 行，满行 18 字。

撰书：王鼎撰，杨振麟书，陈官俊篆盖。

现藏：蒲城县博物馆。

备注：仅存一块。

提要：志文记载了王氏家族南宋时由太原迁至蒲城事，以及王颖的生平。

增加义举碑

年代：清代（1644—1911）刻立。

形制：碑残损。残高 1.00 米，宽 0.72 米，厚 0.11 米。

行字：正文楷书，存 13 行，共 174 字。

撰书：毓英、王壬撰并书。

出土：原立于佛坪厅故城。

现藏：周至县佛坪厅故城文物管理所。

提要：碑为增加义举条文的规定。

文昌帝君阴骘文

年代：清代（1644—1911）刻立。

形制：共 2 石，尺寸相同。高 1.42 米，宽 0.30 米。

行字：正文楷书，每石 5 行，满行 30 字。

撰书：李友槟书。

现藏：蒲城县博物馆。

备注：中部断裂，其一底部残。

提要：其内容为劝善书，教导人们不仅在行为上要止恶修善，在心地上，在暗室屋漏中也应规范自己的内心。

*雷捷三墓志盖

年代：清代（1644—1911）刻。

形制：共 2 石，均为正方形，尺寸相同。边长 0.81 米。

行字：盖文楷书 4 行，满行 8 字。

现藏：蒲城县博物馆。

备注：志石佚，仅存志盖。

原母张氏墓志

全称：清诰封宜人原祖母张太宜人墓志铭。

年代：清代（1644—1911）刻。

形制：志正方形。边长 0.66 米。

行字：正文楷书，分为上下两栏，每栏 24 行，满行 15 字。

撰书：阎洪道撰，戴逸言书，吴口篆盖。

现藏：蒲城县博物馆。

备注：盖佚，志仅存一块。

提要：该志记载了张孺人生平。

刘适如暨妻高氏墓表

全称：九品衔刘君适如暨德配高孺人墓表。

年代：清代（1644—1911）刻立。

形制：碑残损。残高 0.80 米，宽 0.67 米，厚 0.14 米。

行字：正文楷书 15 行，满行 22 字。

撰书：孙瑗撰。

纹饰：碑身四周饰花卉纹。

出土：2007 年出土于临潼区雨金镇东胡村。

现藏：西安市临潼博物馆。

提要：铭文记刘逢如捐款助赈事。

周燨暨妻李氏合葬墓志

全称：皇清敕授文林郎福建建宁县知县汉公周公暨元配李孺人合葬墓志铭。

年代：清代（1644—1911）刻。

形制：志、盖均为正方形。盖边长 0.71 米，厚 0.09 米。志边长 0.72 米，厚 0.14 米。

行字：盖文篆书 5 行，满行 5 字。志文行楷 39 行，满行 40 字。

撰书：王承祖撰，房廷祯书，周良翰篆盖。

出土：2006 年出土于西安市临潼区陕鼓科技园周公墓。

现藏：西安市临潼博物馆。

备注：盖两角残缺。

提要：墓志记载周燨家族世系及其生平。

*屹然残碑

年代： 清代（1644—1911）刻立。

形制： 碑残损。残高 1.12 米，宽 0.29 米，厚 0.10 米。

行字： 正文楷书，残存 2 字。

纹饰： 碑身四周饰回纹。

出土： 2007 年于西安市临潼区雨金镇东湖村征集。

现藏： 西安市临潼博物馆。

提要： 此书画碑残断，仅存"屹然"二字，前字缺。

*天井渠图碑

年代： 清代（1644—1911）刻立。

形制： 圆首。高 1.46 米，宽 0.60 米，厚 0.14 米。

行字： 正文楷书 18 行，满行 23 字。

纹饰： 碑阳额饰凤纹，碑阴右下角有线刻天井渠图。

出土： 此碑自立未移。

现藏： 周至县终南镇西大坚村索母宫。

备注： 碑阳文字被毁无存，仅存碑阴文字和图案。

提要： 记该渠所经之地及历年维修渠道之经过。

杨汝愚墓志

全称： 皇清敕授征仕郎四川候补盐大使太学生子学杨君墓志铭。

年代： 清代（1644—1911）刻。

形制： 志正方形。边长 0.70 米，厚 0.11 米。

行字： 志文楷书，分上下两栏，每栏 24 行，满行 16 字。

撰书： 雷山撰，雷监林书，魏丙篆盖。

出土： 2006 年出土于渭南市开发区。

现藏： 西安市临潼博物馆。

提要： 志文记载墓主杨如愚之家族世系、生平。

田钦若暨妻杨氏合葬墓志

全称： 皇清太学生钦若田公德配孺人杨太君墓志铭。

年代： 清代（1644—1911）刻。

形制： 志正方形。边长 0.56 米。

行字： 志文楷书 21 行，满行 30 字。

撰书： 李寓蕃撰，郭田□书。

出土： 1972 年出土于华阴县西关村。

现藏： 西安碑林博物馆。

著录： 《华山碑石》。

备注： 志文漫漶严重。

提要： 记田钦若妻杨氏之家族世系、生平及子嗣情况。

*福寿碑

年代： 清代（1644—1911）刻立。

形制： 两面刻。高 1.51 米，宽 0.91 米。

行字： 每面一字，两面共跋文 7 段，每段行字数不等。

撰书： 郭修文书，王鸿远、赵元摹并跋。

现藏： 西安碑林博物馆。

著录： 《西安碑林全集》《西安碑林博物馆藏碑刻总目提要》。

提要： 此碑两面刻字，一面刻"福"字，王鸿远摹，并有许汝霖、许其光、赵嘉肇等人诗文跋语；另一面刻"寿"字，赵元摹，并有赵元、谢湘如、秦焕三人跋语。

文昌帝君阴骘文

年代： 清代（1644—1911）刻立。

形制： 共 2 石，尺寸相同。高 0.63 米，宽 0.37 米。

行字：正文行书。每石分刻 3 栏，每栏 12 行，满行 8 字—9 字。

撰书：宋大勋书，王立诚刊，杜之孝刻。

现藏：西安碑林博物馆。

著录：《西安碑林全集》《西安碑林博物馆藏碑刻总目提要》。

提要：此碑书法学《集王圣教序》，凡见于王书者甚佳，不见于王书者则稍差，疑其多从《集王圣教序》中摹写。

般若波罗蜜多心经

年代：清代（1644—1911）刻立。

形制：高 0.30 米，宽 1.08 米。

行字：正文行书 30 行，满行 10 字。

撰书：郭嵩书。

现藏：西安碑林博物馆。

著录：《西安碑林全集》《西安碑林博物馆藏碑刻总目提要》。

刘生云夫妇神道碑

年代：清代（1644—1911）刻立。

形制：圆首。高 1.59 米，宽 0.58 米，厚 0.15 米。

行字：正文楷书 5 行，满行 37 字。

撰书：杨方本撰。

纹饰：碑额饰二龙戏珠图案，碑身四周饰瓶花、几何纹。

现藏：铜川市印台区红土镇前河村。

汉夫子雨竹

年代：清代（1644—1911）刻立。

形制：高 0.81 米，宽 0.37 米。

行字：正文楷书 2 行，满行 5 字。

现藏：西安碑林博物馆。

著录：《西安碑林全集》《西安碑林博物馆藏碑刻总目提要》。

提要：画面有竹子一杆，竹叶由一首五言绝句的前两句组成。

汉夫子风竹

年代：清代（1644—1911）刻立。

形制：高 0.81 米，宽 0.37 米。

行字：正文楷书 2 行，满行 5 字。

现藏：西安碑林博物馆。

著录：《西安碑林全集》《西安碑林博物馆藏碑刻总目提要》。

提要：画中竹子的竹叶由一首五言绝句的后两句组成。

*梅图碑

年代：清代（1644—1911）刻立。

形制：高 1.02 米，宽 0.38 米。

行字：正文楷书 8 行，满行字数不等。

撰书：黄绣题。

现藏：西安碑林博物馆。

著录：《西安碑林全集》《西安碑林博物馆藏碑刻总目提要》。

提要：图绘一枝梅花。

望华岳

年代：清代（1644—1911）刻立。

形制：高 0.58 米，宽 0.60 米。

行字：正文楷书 13 行，满行 14 字。

撰书：陈德正撰并书。

现藏：西安碑林博物馆。

著录：《西安碑林全集》《西安碑林博物馆藏碑刻总目提要》。

提要：碑文为一首五言古体诗。

喜折月桂

年代：清代（1644—1911）刻立。

形制：高 1.01 米，宽 0.44 米。

撰书：李逢春画。

现藏：西安碑林博物馆。

著录：《西安碑林全集》《西安碑林博物馆藏碑刻总目提要》。

提要：此碑绘月下桂树，一只喜鹊独立枝头。

碑洞帖

年代：清代（1644—1911）刻立。

形制：高 0.39 米，宽 0.85 米。

行字：正文楷书 23 行，满行 10 字。

撰书：高鐈撰并书。

现藏：西安碑林博物馆。

著录：《西安碑林全集》《西安碑林博物馆藏碑刻总目提要》。

提要：碑文为高鐈一行三人游览碑林、曲江等地之后，有感而作的诗篇。

张伟庵处士家传

年代：清代（1644—1911）刻立。

形制：共 2 石。均高 0.32 米。一石宽 0.88 米，一石宽 0.84 米。

行字：正文楷书 53 行，满行 12 字。

撰书：郭尚先撰并书，明均和刻。

现藏：西安碑林博物馆。

著录：《咸宁长安两县续志》《西安碑林全集》《西安碑林博物馆藏碑刻总目提要》。

备注：一石断裂。

提要：主要记叙了张伟庵孝母与助人之事，曾得到当时福建巡抚叶健庵亲笔书赠的"贫能好义"匾额。

东坡词

年代：清代（1644—1911）刻立。

形制：高 0.50 米，宽 0.73 米。

行字：正文行书 8 行，满行 6 字。

撰书：苏轼撰，平轩书。

现藏：西安碑林博物馆。

著录：《西安碑林全集》《西安碑林博物馆藏碑刻总目提要》。

提要：碑刻《卜算子·黄州定惠院寓居作》词。

东园记

年代：清代（1644—1911）刻立。

形制：高 0.50 米，宽 1.02 米。

行字：正文行书 30 行，满行 19—22 字不等。

撰书：祖允娓撰并书。

现藏：西安碑林博物馆。

著录：《西安碑林全集》《西安碑林博物馆藏碑刻总目提要》。

提要：碑文记叙了祖允娓来陕西任职后，在官衙之东建一园林，以便公事之暇，散心其间。

再宿宜君

年代：清代（1644—1911）刻立。

形制：共 2 石，均为正方形，尺寸相同。边长 0.63 米，厚 0.06 米。

行字：正文草书 12 行，满行 7 字。

撰书：张祥河撰并书。

现藏：宜君县文物管理所。

著录：《新编宜君县志》。

提要：刻张祥河七言诗一首。

*竹菊图碑

年代：清代（1644—1911）刻立。

形制：高 1.00 米，宽 0.37 米。

行字：正文隶书 3 行，满行 11 字。

撰书：野庵书并题诗。

现藏：西安碑林博物馆。

著录：《西安碑林全集》《西安碑林博物馆藏碑刻总目提要》。

提要：图绘竹菊。

抵西安有作

年代： 清代（1644—1911）刻立。

形制： 高 0.38 米，宽 0.53 米。

行字： 正文行草 9 行，满行 9 字。

撰书： 蔡升元撰并书。

现藏： 西安碑林博物馆。

著录：《西安碑林全集》《西安碑林博物馆藏碑刻总目提要》。

提要： 此碑全文为七言律诗，言虽抵西安，仍将西行塞上之意。

妙法莲华经观世音菩萨普门品

年代： 清代（1644—1911）刻立。

形制： 共 6 石，均高 0.31 米，宽 0.47—0.63 米不等。

行字： 正文篆书 86 行，满行 25—28 字不等。释文楷书，存 50 行，满行 28 字。

撰书： 鸠摩罗什等译，傅山书，张照释文。

现藏： 西安碑林博物馆。

著录：《西安碑林全集》《西安碑林博物馆藏碑刻总目提要》。

备注： 第 6 石今佚，第 4 石有跋文两段，已漫漶不清。

*郭司经题残联

年代： 清代（1644—1911）刻立。

形制： 碑残损。残高 1.07 米，宽 0.92 米。

行字： 正文行楷 2 行，满行 3 字。

撰书： 郭司经书。

纹饰： 碑身四周饰花卉纹。

现藏： 西安碑林博物馆。

著录：《西安碑林全集》《西安碑林博物馆藏碑刻总目提要》。

备注： 石已残缺上半部。

提要：上联存"无量佛"三字，下联存"老人星"三字。落款钤印二枚，一为朱文方形篆刻"郭司经印"，一为白文方形篆刻"修文"。

创修窑神庙碑记

年代： 清代（1644—1911）刻立。

形制： 圆首方座。高 1.60 米，宽 0.60 米，厚 0.14 米。

行字： 正文楷书 5 行，满行 39 字。

纹饰： 碑额饰二龙戏珠图案，碑身四周饰蔓草纹。

现藏： 铜川市印台区雷家坡初级中学。

提要： 记述村民众捐资买地修庙之事。

重修文庙碑记

年代： 清代（1644—1911）刻立。

形制： 圆首方座。高 2.27 米，宽 0.68 米，厚 0.14 米。

行字： 正文楷书，碑阳 14 行，满行 24 字。碑阴 9 行，满行 31 字。

撰书： 黄肇宏撰。

纹饰： 碑额饰二龙戏珠图案，碑身四周饰蔓草花纹和回纹。

现藏： 铜川市第一中学。

著录：《同官县志》《铜川文物志》。

提要： 记重修同官县文庙的经过。

*芥藏子词碑

年代： 清代（1644—1911）刻立。

形制： 高 0.42 米，宽 1.57 米。

行字： 正文楷书 6 行，满行 3 字。下款 2 行，满行 4 字。

撰书： 芥藏子书。

现藏： 西安碑林博物馆。

著录：《西安碑林全集》《西安碑林博物馆藏

碑刻总目提要》。

提要：碑刻"谁听得，寂寂岩前，惺惺树下，杜宇一声春晓"。

惜字规条

年代：清代（1644—1911）刻立。

形制：高 0.81 米，宽 1.76 米。

行字：正文楷书 82 行，满行 39 字。

撰书：罗绪撰，李弘德立。

现藏：西安碑林博物馆。

著录：《西安碑林全集》《西安碑林博物馆藏碑刻总目提要》。

提要：碑文旨在劝诫世人爱惜字纸，不得任意狼藉作践。

关圣帝君觉世经

年代：清代（1644—1911）刻立。

形制：高 0.28 米，宽 0.82 米。

行字：正文楷书 6 栏，每栏 6 行，满行 15 字。

撰书：史致俨书，周德昭刻。

现藏：西安碑林博物馆。

著录：《西安碑林全集》《西安碑林博物馆藏碑刻总目提要》。

备注：石纵向断为三截，损 10 余字。

提要：此为道教经书，托名"关圣帝君"，列举应行之善事，应戒之恶事，是通俗的劝善书。

*保举题名碑

年代：清代（1644—1911）刻立。

形制：圆首方座。高 2.21 米，宽 0.82 米，厚 0.26 米。

行字：正文楷书 10 栏，每栏 46 字。

撰书：王怀堂书。

现藏：西安碑林博物馆。

著录：《西安碑林全集》《西安碑林博物馆藏碑刻总目提要》。

提要：保举题名碑为清代所沿袭的秦汉以来选官方法之一，记叙了十五班、数百人出任官职和为之保举者的姓名，对后世察举和科举都有一定的影响。碑阴为长安李逢春所绘的《三友图》。

淡然

年代：清代（1644—1911）刻立。

形制：高 0.44 米，宽 0.73 米。

行字：正文行书 2 字。

撰书：平轩书。

现藏：西安碑林博物馆。

著录：《西安碑林全集》《西安碑林博物馆藏碑刻总目提要》。

重修庙学之辞碑

年代：清代（1644—1911）刻立。

形制：圆首龟座。通高 3.45 米，宽 1.09 米，厚 0.24 米。

行字：正文楷书，碑阳 33 行，满行 59 字。碑阴 22 行，满行 40 字。

纹饰：碑额饰双龙图案，碑身四周饰蔓草纹。

现藏：铜川市第一中学。

著录：《同官县志》《铜川文物志》。

提要：记述重修同官县文庙的经过。

*司马光赵抃格言碑

年代：清代（1644—1911）刻立。

形制：正方形。边长 0.83 米。

行字：正文隶书 6 行，满行 9 字。

撰书：平轩书。

现藏：西安碑林博物馆。

著录：《西安碑林全集》《西安碑林博物馆藏碑刻总目提要》。

提要：右栏刻司马光格言三行："吾无过人
者，但生平所为未有不可对人言者
耳。"左栏刻赵抃格言三行："吾书之
所为，夜必焚香告于天，不敢告者，
不敢为也。"

*王治临玄秘塔碑

年代：清代（1644—1911）刻立。

形制：共 5 石，均高 0.30 米，宽度不等。

行字：正文楷书 70 行，满行 20 字。跋文 10
段，行字数不等。

撰书：王治临，刘安笃刻，张祥河等跋。

现藏：西安碑林博物馆。

著录：《西安碑林全集》《西安碑林博物馆藏
碑刻总目提要》。

提要：此碑乃王治临摹柳公权书《玄密塔
碑》，跋文依年代顺序推断此碑时间
约在咸丰末年。

*周雯兰草图碑

年代：清代（1644—1911）刻立。

形制：高 1.03 米，宽 0.44 米。

行字：跋文行书 16 行，满行字数不等。

撰书：周雯画并题跋。

现藏：西安碑林博物馆。

著录：《西安碑林全集》《西安碑林博物馆藏
碑刻总目提要》。

提要：图绘岩石间倒垂之兰花。

古今训

年代：清代（1644—1911）刻立。

形制：共 2 石。均高 0.30 米，第 1 石宽 0.92
米，第 2 石宽 0.60 米。

行字：正文楷书 50 行，满行 11—12 字不等。

撰书：庞壁书，仇和刻。

现藏：西安碑林博物馆。

著录：《西安碑林全集》《西安碑林博物馆藏
碑刻总目提要》。

提要：内容为辑录古代书论要诀，包括卫夫
人、梁武帝、张旭、黄庭坚、米芾、
董其昌等的书论精华。

*重刻集王书圣教序及多心经（甲）

年代：清代（1644—1911）刻立。

形制：共 3 石。两石均高 0.60 米，宽 1.53 米；
第 3 石残高 0.29 米，宽 0.99 米。

行字：正文行书，分刻 5 栏，每栏字数不等。

现藏：西安碑林博物馆。

著录：《西安碑林全集》《西安碑林博物馆藏
碑刻总目提要》。

备注：第 2 石断为 4 块，第 3 石已残缺。

提要：碑内容为《集王圣教序》《圣教序记》
《般若多心经》，皆据唐代《集王圣
教序碑》摹刻。末尾附刻兰亭帖，因
石残仅存数行。

*覆刻集王书圣教序及多心经（乙）

年代：清代（1644—1911）刻立。

形制：共 9 石，尺寸相同。高 0.31 米，宽
0.62 米。

行字：正文行书，每石 16 行，满行字数不等。

现藏：西安碑林博物馆。

著录：《西安碑林全集》《西安碑林博物馆藏
碑刻总目提要》。

备注：缺 1、4、11 石，第 8 石残缺右半。

提要：碑内容为《集王圣教序》《圣教序记》
《般若多心经》，皆据唐代《集王圣
教序碑》摹刻。

*青莲入朝图碑

年代：清代（1644—1911）刻立。

形制：高 0.97 米，宽 0.40 米。

撰书：李逢春画。

现藏：西安碑林博物馆。

著录：《西安碑林全集》《西安碑林博物馆藏
　　　碑刻总目提要》。

提要：图绘残荷孤鱼，风格与八大山人画风
　　　较为接近。

*菊图碑

年代：清代（1644—1911）刻立。

形制：高 1.02 米，宽 0.35 米。

行字：跋文楷书 4 行，满行 12 字。

撰书：张太和刻。

现藏：西安碑林博物馆。

著录：《西安碑林全集》《西安碑林博物馆藏
　　　碑刻总目提要》。

提要：图绘一枚盛开的菊花，自岩石旁斜出。

*殷化行临兰亭序碑

年代：清代（1644—1911）刻立。

形制：高 1.66 米，宽 0.78 米。

行字：正文行书，分刻 5 栏，每栏 12 行，
　　　满行 6 字。跋文 4 行，满行 14 字。

撰书：王羲之撰，殷化行书，赵希献跋。

现藏：西安碑林博物馆。

著录：《西安碑林全集》《西安碑林博物馆藏
　　　碑刻总目提要》。

提要：殷化行，咸阳人，曾任官广东，喜书
　　　法。嘉庆二十五年（1820）赵希献见
　　　殷化行所书《兰亭序》深得王氏风神，
　　　遂携回关中，刻之碑石。

吊杨贵妃诗十二首

年代：清代（1644—1911）刻立。

形制：高 1.53 米，宽 0.72 米。

行字：正文楷书 16 行，满行 25 字。

撰书：孔兴源撰，白宗堂刻。

纹饰：碑身四周饰回纹。

出土：清代出土于马嵬镇杨贵妃墓。

现藏：兴平市杨贵妃墓博物馆。

提要：此碑为清诗人孔兴源过马嵬吊杨贵妃
　　　之诗 12 首。

*天齐庙碑（甲）

年代：清代（1644—1911）刻立。

形制：圆首。高 2.33 米，宽 0.75 米，厚 0.17 米。

行字：额楷书"皇清" 2 字。正文楷书，行字数
　　　不详。

纹饰：碑额饰二龙捧寿图案，碑身四周饰蔓
　　　草纹。

出土：原立于乾县临平镇天齐庙。

现藏：乾县临平高级中学。

备注：原天齐庙遗址即是现在临平高级中
　　　学。仅见碑阴全为助缘人。因用碑石
　　　铺台阶，正面朝下，仅见碑阴。

*天齐庙碑（乙）

年代：清代（1644—1911）刻立。

形制：圆首。高 1.98 米，宽 0.68 米，厚 0.17 米。

行字：正文楷书。仅见碑阴，均为助缘人姓
　　　名。

纹饰：碑额饰二龙戏珠图案，碑身四周饰缠
　　　枝蔓草纹。

出土：原乾县临平镇东天齐庙内物。

现藏：乾县临平高级中学。

提要：因用碑石铺台阶，正面朝下，仅见碑
　　　阴，内容无法识读。

*天齐庙碑（丙）

年代：清代（1644—1911）刻立。

形制：螭首方额。残高 1.49 米，宽 0.67 米，
　　　厚 0.21 米。

出土：原乾县临平镇天齐庙内物。

现藏：乾县临平高级中学。

提要：因碑石倒地被压，无法识读。

平分秋色

年代：清代（1644—1911）刻立。

形制：高 1.80 米，宽 0.50 米，厚 0.11 米。

行字：正文行书 1 行 4 字。

撰书：贺百珍撰并书。

现藏：三原县李靖故居文物管理所。

刘敏英墓志

全称：皇清诰封通奉大夫议叙道衔加三级赏
戴花翎敏英刘君墓志铭。

年代：清代（1644—1911）刻。

形制：共 6 石，尺寸相同。长 0.63 米，宽 0.33 米。

行字：志文楷书 20 行，满行 13 字。

撰书：余庚阳撰并书。

现藏：三原县李靖故居文物管理所。

提要：记载刘敏英生平事迹。

*洪敬夫过马嵬题诗碑

年代：清代（1644—1911）刻立。

形制：高 0.64 米，宽 0.60 米，厚 0.13 米。

行字：正文楷书 17 行，满行 15 字。

撰书：洪敬夫撰并书。

出土：清代出土于马嵬镇杨贵妃墓。

现藏：兴平市杨贵妃墓博物馆。

提要：此碑为洪敬夫过马嵬作诗八首。

李善容墓志

全称：皇清敕授修职郎县丞衔邑庠生个臣李
公墓志。

年代：清代（1644—1911）刻。

形制：志长 1.13 米，宽 0.37 米，厚 0.09 米。

行字：志文楷书 43 行，满行 15 字。

撰书：徐贤熊撰，谢维蕃书。

出土：1997 年自咸阳市渭城区正阳镇庇李
村李岳瑞后人收集。

现藏：秦咸阳宫遗址博物馆。

提要：记李善容之家族世系、生平。

*重修桃园山神庙碑

年代：清代（1644—1911）刻立。

形制：圆首方座。通高 3.03 米，宽 0.64 米，
厚 0.17 米。

行字：正文楷书 9 行，满行 50 字。

撰书：乔云汉撰。

纹饰：碑额饰二龙戏珠图案。

现藏：千阳县南寨镇北山桃园山神庙。

提要：碑记述桃园山神庙改址事。

*卜云其吉墓志盖

年代：清代（1644—1911）刻。

形制：盖长 0.69 米，宽 0.34 米，厚 0.07 米。

行字：盖文楷书 1 行 4 字。

纹饰：碑身四周饰菊花纹。

现藏：秦咸阳宫遗址博物馆。

备注：志石佚，仅存志盖。

监典籍允卿李公墓志

年代：清代（1644—1911）刻。

形制：志长 0.63 米，宽 0.31 米，厚 0.06 米。

行字：盖文篆书 4 行，满行 3 字。志文楷书
12 行，满行 16 字。

现藏：秦咸阳宫遗址博物馆。

提要：记李允卿墓志。

李云樵墓志

全称：皇清诰封奉政大夫分省补同知李公墓
志铭。

年代：清代（1644—1911）刻。

形制：志长 0.64 米，宽 0.32 米，厚 0.06 米。

行字：盖文篆书 7 行，满行 3 字。志文楷书 13 行，满行 16 字。

出土：1997 年自咸阳市渭城区正阳镇庇李村李岳瑞后人收集。

现藏：秦咸阳宫遗址博物馆。

著录：《咸阳碑刻》。

备注：志仅存后一石。

提要：记李云樵之生平。

李凌阁墓志

全称：皇清诰封朝议大夫勋卿李君墓铭。

年代：清代（1644—1911）刻立。

形制：志、盖尺寸相同。长 0.63 米，宽 0.32 米，厚 0.06 米。

行字：盖文篆书 8 行，满行 2 字。志文楷书存 20 行，满行 14 字。

出土：1997 年自咸阳市渭城区正阳镇庇李村李岳瑞后人收集。

现藏：秦咸阳宫遗址博物馆。

著录：《咸阳碑刻》。

备注：仅存一石。

提要：记墓主李凌阁生平。

殷氏墓志盖

年代：清代（1644—1911）刻立。

形制：盖长 0.65 米，宽 0.32 米，厚 0.08 米。

行字：盖文篆书 7 行，满行 4 字。

现藏：秦咸阳宫遗址博物馆。

备注：志石佚，仅存志盖。

*张承先懿行碑

年代：清代（1644—1911）刻立。

形制：首座皆佚。高 1.30 米，宽 0.70 米，厚 0.18 米。

行字：正文楷书 5 行，满行 18 字。

纹饰：碑身沿花、鸟、人物图案。

现藏：眉县金渠镇小寨村三组村。

提要：碑文记张承先生平。

*张五暨妻郭氏墓碑

全称：张五公郭氏之墓。

年代：清代（1644—1911）刻立。

形制：正方形。高 0.68 米，宽 0.68 米，厚 0.10 米。

行字：正文楷书 1 行 7 字。

现藏：顺陵文物管理所。

*马孝妇墓碑

年代：清代（1644—1911）刻立。

形制：高 0.63 米，宽 1.53 米，厚 0.16 米。

行字：正文楷书 1 行 5 字。

现藏：顺陵文物管理所。

*重修通灵寺碑

年代：清代（1644—1911）刻立。

形制：高 1.74 米，宽 0.74 米，厚 0.22 米。

行字：正文楷书 13 行，满行字数不详。

撰书：郑士范撰。

出土：1982 年出土于凤翔县唐村乡大唐村学校。

现藏：凤翔县博物馆。

著录：（乾隆）《凤翔县志》。

提要：碑文记重修通灵寺事。

*安源村修庙碑

年代：清代（1644—1911）刻立。

形制：高 1.17 米，宽 0.53 米，厚 0.08 米。

出土：原在淳化县方里镇安源村。

现藏：淳化县博物馆。

备注：碑面风化严重，内容无法辨识。

*桃渠村修庙碑

年代：清代（1644—1911）刻立。

形制：圆首。高 1.16 米，宽 0.64 米，厚 0.08 米。

出土：原在淳化县方里镇桃渠村。

现藏：淳化县博物馆。

备注：碑面风化严重，内容无法辨识。

*关帝庙残碑

年代：清代（1644—1911）刻立。

形制：高 0.45 米，宽 0.52 米，厚 0.13 米。

出土：出土于淳化县，时间不详。

现藏：淳化县博物馆。

备注：碑面风化严重，内容无法辨识。

*苏民困事碑

年代：清代（1644—1911）刻立。

形制：圆首。高 1.84 米，宽 0.81 米，厚 0.14 米。

出土：1991 年出土于淳化县政府。

现藏：淳化县博物馆。

提要：记载官府救济百姓之事。

清川记碑

年代：清代（1644—1911）刻立。

形制：圆首。高 1.22 米，宽 0.62 米，厚 0.08 米。

出土：1997 年出土于淳化县固贤乡丁村。

现藏：淳化县博物馆。

备注：碑面风化严重，内容无法辨识。

怀舍弟子由

年代：清代（1644—1911）刻立。

形制：高 0.65 米，宽 0.80 米。

行字：正文楷书 9 行，满行 82 字。

撰书：苏轼撰。

现藏：凤翔县博物馆。

提要：刊载苏轼所作诗文。

*殷氏墓志

年代：清代（1644—1911）刻。

形制：志长 0.65 米，宽 0.32 米，厚 0.08 米。

行字：志文楷书 14 行，满行 16 字。

撰书：岳瑞撰。

现藏：秦咸阳宫遗址博物馆。

提要：记载墓主生平事迹。

*章熙墓志

年代：清代（1644—1911）刻立。

形制：高 0.97 米，宽 0.50 米。

行字：正文楷书 12 行，满行 30 字。

撰书：刘化德撰。

现藏：镇安县高峰镇。

提要：记述章熙系例授岁贡生候选儒学正堂及数亲友所题悼词。

龙兴寺修殿塑神像碑

年代：清代（1644—1911）刻立。

形制：高 1.38 米，宽 0.88 米。

行字：正文楷书 31 行，满行 39 字。

现藏：镇安县永乐镇峪沟花甲村太山庙。

提要：记述峪沟跃虎山修药王、关帝庙及塑像事略。

*修渡船及章程碑

年代：清代（1644—1911）刻立。

形制：方首。高 0.90 米，宽 0.53 米。

纹饰：碑身四周饰宝瓶花卉纹。

现藏：汉中市汉滨区石梯镇石家坡渡口。

著录：《安康碑版钩沉》。

提要：该碑文记载二郎铺石家坡原有渡船一

只，因年久朽坏，无人修复，以致行
人阻隔。后倡首在汉江南北两岸劝捐
成数，新造船一只，且余钱十千文以
资每年修补之费并议定章程。

续修将军硐神像序

年代：清代（1644—1911）刻立。

形制：方首。高 0.97 米，宽 0.57 米。

纹饰：碑身四周饰蔓草纹。

现藏：旬阳县神河镇东南将军洞内。

著录：《安康碑版钩沉》。

提要：碑文记重修将军山神像事。

李母刘氏墓志盖

全称：皇清诰封李母刘大宜人墓志。

年代：清代（1644—1911）刻。

形制：盖长 0.34 米，宽 0.32 米，厚 0.05 米。

行字：盖文篆书 4 行，满行 3 字。

现藏：秦咸阳宫遗址博物馆。

备注：志石佚，仅存志盖。

*李仪墓碑

年代：清代（1644—1911）刻立。

形制：高 0.61 米，宽 0.61 米，厚 0.08 米。

现藏：顺陵文物管理所。

备注：碑面风化严重，碑文多无法辨识。

留凤关记

年代：清代（1644—1911）刻立。

形制：高 1.43 米，宽 0.78 米，厚 0.16 米。

撰书：杨志桢撰。

纹饰：碑额饰二龙戏珠图案，碑身饰莲花、菊花纹。

现藏：凤县南星镇留凤关。

提要：碑文记载废邱关更名为留凤关之原由。

*吴道子人物山水画碑

年代：清代（1644—1911）刻立。

形制：高 0.86 米，宽 0.70 米，厚 0.17 米。

行字：正文楷书 5 行，满行字数不等。

撰书：吴道子画，周铭旗题识。

出土：凤翔县博物馆旧藏。

现藏：凤翔县博物馆。

著录：（乾隆）《凤翔县志》。

提要：碑石分四格，格内画有僧道像和山岩、瀑布、虎等图案。碑石左侧阴刻楷书小字竖排五行，落款为吴道子。周铭旗题识。

潘公暨妻魏氏合葬墓志

全称：皇清潘公暨继配魏孺人合葬墓志。

年代：清代（1644—1911）刻。

形制：志正方形。边长 0.60 米，厚 0.15 米。

行字：志文楷书 32 行，满行 39 字。

现藏：秦咸阳宫遗址博物馆。

提要：记潘公及妻魏氏生平。

*梅兰竹菊画碑

年代：清代（1644—1911）刻立。

形制：共 4 石。高 0.98—1.04 米，宽 0.34 米，厚 0.12 米。

行字：正文楷书 3 行，共 28 字。

撰书：苏轼画。

现藏：凤翔县博物馆。

著录：（乾隆）《凤翔县志》。

提要：每石分别刻梅、兰、竹、菊，并有七言诗各一首。

尚年伯墓志

全称：皇清诰授昭勇将军镇安江南北寿春等处地方副总戎官帝赏尚公墓志铭。

年代：清代（1644—1911）刻。

形制：志正方形。边长 0.80 米。

行字：盖文篆书 8 行，满行 6 字。志文楷书 33 行，满行 33 字。

撰书：王云锦撰。

纹饰：碑身四周饰龙纹。

出土：1980 年出土于长武县昭仁镇西关村。

现藏：长武县博物馆。

提要：尚年伯为镇守江南寿春等地方副总戎，晋封昭勇将军，又封骠骑将军。

*义山碑

年代：清代（1644—1911）刻立。

形制：圆首。尺寸不详。

出土：1995 年出土于彬县监察院旧房基。

现藏：彬县文化馆。

提要：碑面书"义山"二字。左下方有跋文，记述刘姓数人在城西捐地若干亩，以安葬兵民客商死无归者。

*李竹村墓碑

年代：清代（1644—1911）刻立。

形制：圆首。尺寸不详。

出土：2001 年出土于彬县刘家湾村。

现藏：彬县文化馆。

提要：此系李竹村墓碑。

邠州大佛寺碑记

年代：清代（1644—1911）刻立。

形制：高 1.72 米，宽 0.71 米，厚 0.13 米。

行字：正文隶书 10 行，满行 20 字。

现藏：彬县大佛寺石窟博物馆。

提要：碑文为一首七言诗，记述古之大佛寺的环境、风貌及大佛寺的名声远扬，劝告人们信佛之事。

监修大佛寺题名碑

全称：监修大佛寺官员及董事绅民各工匠姓名碑记。

年代：清代（1644—1911）刻立。

形制：圆首方额。高 1.55 米，宽 0.69 米，厚 0.11 米。

行字：正文楷书 15 行，满行 33 字。

纹饰：碑额饰双龙云纹，碑身饰蔓草纹。

现藏：彬县大佛寺石窟博物馆。

提要：碑记监修大佛寺官员及董事绅民各工匠姓名。

*邠州大佛寺捐资碑

年代：清代（1644—1911）刻立。

形制：高 1.70 米，宽 0.87 米，厚 0.19 米。

行字：正文楷书 28 行，满行 50 字。

纹饰：碑额饰二龙戏珠图案，碑身四周饰太极花瓶图案。

现藏：彬县大佛寺石窟博物馆。

提要：碑文刻捐资人姓名。

皇清大佛寺碑记

年代：清代（1644—1911）刻立。

形制：螭首圭额。高 3.20 米，宽 0.10 米。

行字：正文楷书 16 行，满行 64 字。

纹饰：碑额饰二龙戏珠图案，碑身饰瑞兽祥鸟纹。

现藏：彬县大佛寺石窟博物馆。

提要：碑文记述陕西布政使黄明设法修葺大佛寺的经过。

云雾寺创修殿宇碑

全称：云雾寺创修四圣并龙王药王蜡神庙碑。

年代：清代（1644—1911）刻立。

形制：圆形方额。高 1.66 米，宽 0.66 米，厚 0.15 米。

行字：正文楷书 12 行，满行 30 字。

纹饰：碑额饰麒麟祥云及龙纹。

现藏：眉县金渠镇第二坡村云雾寺。

提要：该碑记叙了捐资修建四圣并龙王药王蜡神庙的原因以及经过。

*金渠镇水利诉讼碑

年代：清代（1644—1911）刻立。

形制：首座皆佚。高 1.40 米，宽 0.66 米。

行字：正文楷书 12 行，满行 43 字。

纹饰：碑身两侧饰回纹，上部饰梅花瓣图案。

现藏：眉县金渠镇来家寨村龙泉寺。

提要：记述了清康熙年间邑令梅侯率领十三村村民兴修水利和宁曲村监生傅清杰、乡约傅魁、居民李志文等强占水源，后金渠镇经理水利生员王溃、李翰墨和廉生陈惠迪诉讼于官并且胜诉的事件。

五圣祠献殿乐楼碑记

年代：清代（1644—1911）刻立。

形制：圆首圭额。高 1.37 米，宽 0.59 米，厚 0.18 米。

行字：正文楷书 18 行，满行 34 字。

撰书：王登瀛撰并书。

纹饰：碑身饰二龙戏珠图案、牡丹纹及缠枝花纹。

出土：1985 年出土于淳化县固贤乡下常社村。

现藏：淳化县博物馆。

提要：记载修建五圣祠献殿乐楼之事。

长武县修学记

年代：清代（1644—1911）刻立。

形制：高 1.60 米，宽 0.68 米。

撰书：王维鼎撰并书。

出土：长武县中学。

现藏：长武县博物馆。

著录：（宣统）《长武县志》。

提要：记各界人士捐资助学，倡导办学事。

*义塚碑

年代：清代（1644—1911）刻立。

形制：圆首。尺寸不详。

出土：1995 年出土于彬县检察院。

现藏：彬县文化馆。

提要：此为乡人所立义塚碑。

捐修宜禄学署碑

全称：捐修宜禄学署以诗落成兼记其事。

年代：清代（1644—1911）刻立。

形制：高 0.80 米，宽 0.50 米。

行字：正文楷书 27 行，满行 19 字。

现藏：长武县博物馆。

提要：记载乡人捐资修建学署之事。

修昭仁寺碑亭记

年代：清代（1644—1911）刻立。

形制：高 0.90 米，宽 0.55 米。

行字：正文楷书 20 行，满行 16 字。

撰书：张教撰。

现藏：长武县博物馆。

提要：记载修建昭仁寺碑亭经过。

重修龙泉寺前殿乐楼碑

年代：清代（1644—1911）刻立。

形制：圆首方额。高 2.10 米，宽 0.68 米，厚 0.20 米。

行字：正文楷书，行字数无法辨识。

纹饰：碑额饰二龙戏珠图案。

现藏：眉县金渠镇金渠村自来水公司。

提要：该碑记叙了捐资重修龙泉寺乐楼时

的经过。

*牛弘景清碑

年代：清代（1644—1911）刻立。

形制：高 1.86 米，宽 0.65 米。

行字：正文隶书 2 行 8 字。

现藏：长武县博物馆。

备注：牛弘，隋吏部尚书，右光禄大夫，赠开府仪同三司。景清，洪武二十七年（1394）进士，都御使，为官做人洒脱豪爽，注重大节，刚直不阿，宣宗即位后，追赠为"忠烈公"，孝宗赠谥号"忠敏"。

*仙鹤纹碑

年代：清代（1644—1911）刻立。

形制：梯形。长 0.52 米，上宽 0.75 米，下宽 0.70 米，厚 0.10 米。

纹饰：碑身饰仙鹤纹。

现藏：咸阳市秦都区渭阳西路街道办安村。

*水仙图碑

年代：清代（1644—1911）刻立。

形制：高 0.35 米，宽 0.33 米，厚 0.08 米。

现藏：咸阳市秦都区渭阳西路街道办安村。

*龙首纹碑

年代：清代（1644—1911）刻立。

形制：高 0.51 米，宽 0.34 米，厚 0.08 米。

行字：正文隶书 1 行 4 字。

纹饰：碑身饰龙首纹。

现藏：咸阳市秦都区渭阳西路街道办安村。

*耕作图碑

年代：清代（1644—1911）刻立。

形制：高 1.23 米，宽 0.48 米，厚 0.08 米。

现藏：咸阳市秦都区渭阳西路街道办安村。

风惨云楼

年代：清代（1644—1911）刻立。

形制：高 0.62 米，宽 0.34 米，厚 0.05 米。

行字：正文楷书 1 行 4 字。

现藏：咸阳市秦都区渭阳西路街道办安村。

成均雅望

年代：清代（1644—1911）刻立。

形制：高 0.73 米，宽 0.35 米，厚 0.08 米。

行字：正文楷书 1 行 4 字。

现藏：咸阳市秦都区渭阳西路街道办安村。

敬胜者吉

年代：清代（1644—1911）刻立。

形制：高 0.78 米，宽 0.39 米，厚 0.10 米。

行字：正文隶书 1 行 4 字。

现藏：咸阳市秦都区渭阳西路街道办安村。

地灵人杰

年代：清代（1644—1911）刻立。

形制：高 1.24 米，宽 0.44 米，厚 0.10 米。

行字：正文楷书 1 行 4 字。

现藏：咸阳市秦都区渭阳西路街道办安村。

恩荣千古

年代：清代（1644—1911）刻立。

形制：高 0.88 米，宽 0.49 米，厚 0.10 米。

行字：正文隶书 1 行 4 字。

纹饰：碑四角饰蝙蝠及龙纹。

现藏：咸阳市秦都区渭阳西路街道办安村。

昆仲联芳

年代：清代（1644—1911）刻立。

形制：螭首方额。通高 2.54 米，宽 0.73 米，厚 0.23 米。

行字：正文行书 1 行 4 字。

纹饰：碑额饰花草纹，碑身两侧饰菊花蔓草纹。

现藏：千阳县南寨镇邓家塬村。

*冉店乡立集公约碑

年代：清代（1644—1911）刻立。

形制：高 1.92 米，宽 0.65 米。

行字：正文楷书 12 行，满行字数不等。

出土：长武县冉店乡政府。

现藏：长武县博物馆。

提要：记述冉店乡立集公约。

*清凉寺重铸钟碑

年代：清代（1644—1911）刻立。

形制：圆形方额。高 1.69 米，宽 0.60 米，厚 0.16 米。

行字：正文楷书 15 行，满行 35 字。

撰书：王用中撰并书。

纹饰：碑额饰三龙图案，碑身两侧饰人物及花草纹。

现藏：眉县金渠镇年家庄清凉寺。

提要：碑文记述了清凉寺的创建重修等概况以及道光、同治年间两次铸铁钟等事。

*白显秀墓碑

年代：清代（1644—1911）刻立。

形制：碑残损。残高 1.13 米，宽 0.64 米，厚 0.13 米。

纹饰：碑额饰二龙戏珠及蝙蝠图案，碑身四周饰几何纹。

现藏：彬县韩家镇任石村。

提要：题款已磨损严重，无法辨认。

重修三官庙碑

年代：清代（1644—1911）刻立。

形制：圆首。碑残损。残高 1.24 米，宽 0.55 米，厚 0.15 米。

行字：正文楷书 14 行，满行 31 字。

纹饰：碑额饰双龙图案，碑身四周饰几何纹。

现藏：宝鸡市渭滨区马营镇黄家山村。

提要：碑文记述了三官庙的历史、创建、重修的情况及此次重修的经过。

*李宗福墓表

年代：清代（1644—1911）刻立。

形制：高 1.49 米，宽 0.63 米，厚 0.17 米。

行字：志文楷书 15 行，满行 50 字。

撰书：马麟撰，李发祥书。

纹饰：碑身四周饰花卉纹。

现藏：宝鸡市渭滨区马营镇黄家山村。

提要：碑文记述了李宗福的家世、生平及子孙情况。

景楠妻刘氏节孝碑

全称：旌表太学生景楠之妻刘氏节孝碑。

年代：清代（1644—1911）刻立。

形制：圆首方额。通高 2.47 米，宽 0.75 米，厚 0.20 米。

行字：正文楷书 1 行 14 字。

纹饰：碑阳额饰二龙戏珠图案，碑阴额饰双凤朝阳图案，碑身四周饰花蔓纹。

现藏：千阳县张家塬镇景家寨小学。

提要：记述刘氏生平。

重修明伦堂碑

年代：清代（1644—1911）刻立。

形制：首座皆佚。通高 1.28 米，宽 0.69 米，厚 0.12 米。

行字：正文楷书 40 行，满行 21 字。

现藏：千阳县城关面粉厂院内。

提要：碑文记述重修明伦堂事。

*福字碑

年代：清代（1644—1911）刻立。

形制：正方形。边长 1.19 米。

行字：正文楷书 1 字。

出土：泾阳县安吴镇安吴村。

现藏：泾阳县太壶寺文物管理所。

重修歇马塬九天圣母庙碑

年代：清代（1644—1911）刻立。

形制：圆首方额。通高 1.80 米，宽 0.63 米，厚 0.17 米。

行字：正文楷书 25 行，满行 35 字。

撰书：赵全撰。

纹饰：碑额饰二龙戏珠图案，碑身两侧饰蔓草纹。

现藏：千阳县崔家头镇圣母庙内。

提要：记叙九天圣母庙的位置、形胜，并提及秦非子养马千渭之滨即居于此。

马汉双暨妻李氏郭氏合葬墓志

全称：清赐进士吏部验封司主事汉双马公暨配安人李氏继郭氏合葬墓志铭。

年代：清代（1644—1911）刻。

形制：志长 0.68 米，宽 0.64 米。

行字：志文楷书 34 行，满行 34 字。

撰书：张廷玉撰，马豫书，焦映汉篆盖。

纹饰：碑身四周饰水波纹。

出土：武功县游凤乡游凤街。

现藏：武功县城隍庙碑廊。

提要：志文记马汉双生平。撰者张廷玉为翰林院修撰，书者马豫为翰林院检讨兼

修国史，篆盖者焦映汉为为江南提刑按察使司按察使。

杨邃园墓志

全称：皇清例授修职佐郎附贡生邃园杨公墓志铭。

年代：清代（1644—1911）刻。

形制：共 3 石，尺寸相同。长 0.63 米，宽 0.30 米。

行字：正文楷书。第 1 石 22 行，第 2 石 24 行，第 3 石 17 行，满行字数不等。

撰书：赵文炳、魏振奎书。

出土：武功县武功镇龙门村。

现藏：武功县城隍庙碑廊。

提要：志文记杨邃园生平。

创建昔古寺碑

年代：清代（1644—1911）刻立。

形制：圆首方额。高 2.15 米，宽 0.68 米，厚 0.20 米。

行字：正文楷书 10 行，满行 47 字。

纹饰：碑额饰二龙戏珠图案，碑身四周饰人物及花草纹。

现藏：眉县金渠镇枣林村昔古寺。

提要：碑文记金渠人捐资修缮古寺的事件。

萧荣迁墓碑

全称：待赠太学生显考荣迁府君萧公之墓。

年代：清代（1644—1911）刻立。

形制：高 1.93 米，宽 0.65 米，厚 0.15 米。

行字：正文楷书 1 行 15 字。

现藏：彬县新民镇肖家村肖平禄老家门前。

*两堡水利碑

年代：清康熙三十年（1691）刻立。

形制：圆首方额。高 1.30 米，宽 0.63 米，

厚 0.20 米。

行字：正文楷书 23 行，满行字数不详。

纹饰：碑额饰鹤鹿及祥云图案，碑身饰蔓
草纹。

现藏：眉县金渠镇小寨村。

著录：《中国文物地图集·陕西分册》。

提要：此碑记康熙七年当地疏浚渠道，村民
得以水利，以及各村公议制定使用渠
水条规等事。

*张骞墓碑

年代：清代（1644—1911）刻立。

形制：方首方座。通高 1.18 米，宽 0.64 米。

行字：正文楷书 16 行，满行 38 字。

撰书：胡瀛涛撰，王润敬书。

纹饰：碑身四周饰花草纹。

出土：此碑自立未移。

现藏：城固县张骞纪念馆。

提要：记张骞生平功绩及后裔张楷等呈请培
修张骞墓之事。

*八甲村佚名碑

年代：清代（1644—1911）刻立。

形制：圆首方额。高 1.65 米，宽 0.53 米，
厚 0.13 米。

纹饰：碑额饰二龙戏珠图案。

现藏：彬县北极镇八甲村。

备注：碑文漫漶不清。

刘公墓碑

全称：大硕德公刘老先生老大人之墓碑。

年代：清代（1644—1911）刻立。

形制：圆首。高 1.79 米，宽 0.68 米，厚
0.12 米。

行字：正文楷书 8 行，满行 32 字。

撰书：李九井撰。

纹饰：碑额饰蝙蝠图案，左侧为凤纹，右侧
为鹿纹，碑身两侧饰雷纹。

现藏：彬县永乐镇嘴头村。

提要：碑文叙刘公生平品德。

泰山石敢当

年代：清代（1644—1911）刻立。

形制：圆首。高 1.24 米，宽 0.31 米，厚 0.11 米。

行字：正文楷书 1 行 5 字。

纹饰：中部刻一朵莲花。

现藏：彬县永乐镇安家河村。

屈氏放赈碑

年代：清代（1644—1911）刻立。

形制：高 1.40 米，宽 0.54 米，厚 0.07 米。

纹饰：碑额及碑身饰花草叶纹。

现藏：彬县太峪镇南洼村屈富民家。

提要：碑文记光绪间天旱民饥，屈氏放赈事。

*张氏神道碑

年代：清代（1644—1911）刻立。

形制：高 1.27 米，宽 0.66 米，厚 0.08 米。

现藏：彬县北极镇甘津头村。

提要：记张氏生平。

*断泾村庙碑

年代：清代（1644—1911）刻立。

形制：高 1.98 米，宽 0.66 米，厚 0.13 米。

行字：正文楷书 14 行，满行 38 字。

纹饰：碑额饰二龙戏珠图案，碑身四周饰几
何蔓草纹。

现藏：彬县太峪镇断泾村。

备注：碑做桥面用。

*胡星垣题诗碑

年代：清代（1644—1911）刻立。

形制：高 0.26 米，宽 0.45 米。

行字：正文楷书 8 行，满行 4 字。

撰书：胡星垣撰。

出土：原存耀县药王山。

现藏：药王山博物馆。

著录：《药王山碑刻》《陕西药王山碑刻艺
术总集》。

提要：刻胡星垣七言诗一首。

*张弼狂草碑

年代：清代（1644—1911）刻立。

形制：共 2 石，尺寸相同。高 1.60 米，宽
0.70 米。

行字：正文狂草 10 行，满行字数不等。

撰书：张弼撰并书。

现藏：汉中博物馆。

提要：张弼系明成化年间进士，江西南安知
府，诗文俱佳，兼工书法，尤以草书
著称。此碑系据清代收藏家所出示
之藏品摹刻，约刻于清代末年。

严文轩纪念碑

全称：大中华民国志士严文轩先生纪念碑。

年代：民国元年（1912）刻立。

形制：圆首方座。通高 2.24 米，宽 0.69 米，
厚 0.16 米。

行字：标题隶书。正文楷书 7 行，满行 48 字。

撰书：李良材撰，吴□书。

纹饰：碑额饰二龙戏珠图案。

出土：原存澄城县寺前镇严祐民家，1983 年
迁入乐楼文物管理所。

现藏：澄城县乐楼文物管理所。

著录：《澄城碑石》。

提要：严文轩（1885—1911）是澄城县辛亥
革命时期的一位代表人物，秘密从事
革命活动，颇有影响，因积劳成疾病

逝于西安，年仅 27 岁。

撑支天地

年代：民国元年（1912）刻立。

形制：高 1.30 米，宽 0.42 米。

行字：正文楷书 1 行 4 字。

撰书：熊会昌撰并书。

出土：此碑自立未移。

现藏：略阳县灵岩寺博物馆。

*熊会昌游灵岩寺题诗碑

年代：民国元年（1912）刻立。

形制：高 1.28 米，宽 0.80 米。

行字：正文楷书 24 行，满行字数不详。

撰书：熊会昌撰并书。

现藏：略阳县灵岩寺博物馆。

提要：记熊会昌游灵岩寺事。

*林延龄题联

年代：民国元年（1912）刻立。

形制：高 1.26 米，宽 0.35 米。

行字：正文行楷 2 行，满行 5 字。

撰书：林延龄撰并书。

现藏：留坝县张良庙文物管理所。

著录：《张良庙匾联石刻诗文集注》《汉张
留侯祠》。

提要：联文：山月借栖隐，天风度步虚。

雷登阁暨妻王崔潘氏合葬墓志

全称：前清诰授奉政大夫钦加同知衔四川补
用知县光绪王午副贡剑南雷公暨德
配王、崔、潘宜人合葬墓志铭。

年代：民国元年（1912）刻。

形制：志长 0.30 米，宽 0.15 米。

行字：册页式。志文楷书 96 行，满行 18 字。

撰书：张子剑撰，雷文蔚书。

现藏：合阳县博物馆。

提要：此墓志记载了雷登阁的家族世系、生平。雷氏历任新都、南山、平武等知县。

*修大禹庙捐资碑

年代：民国元年（1912）刻立。

形制：圆首方座。通高 1.54 米，宽 0.53 米，厚 0.11 米。

现藏：韩城市大禹庙。

提要：此碑记载民国元年，中西两社乡老为大禹庙捐银花名册。

史锦堂暨妻党氏合葬墓志

全称：前清朝议大夫锦堂史公暨德配党恭人合葬墓志铭。

年代：民国元年（1912）刻。

形制：共 2 石，均为正方形，尺寸相同。边长 0.55 米。

行字：志文楷书 78 行，满行 17 字。

撰书：杨尔勉撰，杨鸣銮书。

出土：1981 年出土于华阴县南营村。

现藏：西安碑林博物馆。

著录：《华山碑石》。

备注：第 1 石左偏上残断，盖题在第 1 石右上部。

提要：记史锦堂及夫人生平与子嗣情况。

培修汉丞相忠武乡侯祠记

年代：民国二年（1913）刻立。

形制：圆首方座。高 1.23 米，宽 0.80 米，厚 0.15 米。

行字：正文楷书 21 行，满行 37 字。

撰书：傅佐高撰，王庭暄书。

纹饰：碑额饰二龙戏珠图案。

出土：此碑自立未移。

现藏：勉县武侯祠博物馆。

著录：《汉中碑石》。

提要：记民国元年（1912）三月，沔县成立自治会，傅佐高出任自治会主席，会址设在武侯祠，傅佐高公事之余看到武侯祠古建"屋瓦破碎，棹楔凋敝，上漏下湿"的这一情况，与祠之道长共同商议筹银修祠，直到完工的经过。

*耶稣教士山如仁山淑贞碑

年代：民国二年（1913）刻立。

形制：长方形，尺寸不详。

现藏：合阳县博物馆。

提要：碑文"耶稣教士山如仁牧师，耶稣女教士山淑贞"。

*王聘斋墓志

年代：民国二年（1913）刻。

形制：志正方形。边长 0.63 米。

行字：志文楷书 24 行，满行 24 字。

撰书：马桂芬撰。

出土：20 世纪 60 年代出土于蒲城县花王村。

现藏：蒲城县文物保护开发中心。

提要：志文记王聘斋生平。

重修藏经阁碑记

年代：民国三年（1914）刻立。

形制：平首方座。通高 1.89 米，宽 0.61 米，厚 0.10 米。

行字：正文楷书 22 行，满行 55 字。

撰书：谢济撰，李锡恩书。

纹饰：碑额饰二龙戏珠及花卉纹。

现藏：佳县白云山白云观。

著录：《佳县白云山白云观碑刻》。

提要：碑文记榆林会王智及本山道士张永祯

等资助，重修藏经阁事宜。碑文同时记叙了王智奉命监修榆林归德堡桥事。

榆林重修三官殿过仙桥碑记

年代： 民国三年（1914）刻立。

形制： 平首方座。通高 2.44 米，宽 0.78 米，厚 0.13 米。

行字： 正文楷书 20 行，满行 54 字。

撰书： 谢济撰，李锡恩书。

纹饰： 碑身饰动物纹、几何纹，间饰琴棋书画图案。

现藏： 佳县白云山白云观。

著录：《佳县白云山白云观碑刻》。

提要： 碑文记录了王智等筹资重修三官殿、过仙桥事宜。

*于右任张良庙题联

年代： 民国三年（1914）刻立。

形制： 平首方座。通高 2.16 米，宽 0.83 米，厚 0.18 米。

行字： 正文草书 4 行，满行 4 字。

撰书： 于右任撰并书。

出土： 此碑自立未移。

现藏： 留坝县张良庙文物管理所。

著录：《张良庙匾联石刻诗文集注》《张良庙与紫柏山》。

备注： 碑面有明显凿痕和修复痕迹。

提要： 题联内容为"不从赤松子，安报黄石公"。

*刘天援行状碑

年代： 民国三年（1914）刻立。

形制： 圆首。高 1.52 米，宽 0.62 米。

行字： 正文隶书 16 行，满行 35 字。

撰书： 陈慕义撰，阎甘园书。

纹饰： 碑额刻十字架，碑身四周饰蔓枝葡萄纹。

现藏： 蓝田县县城北关村。

提要： 此碑详细记述基督教执事刘天援的生平。

赵母董氏墓志

全称： 前清旌表节孝诰封一品夫人赵母董太夫人墓志铭。

年代： 民国三年（1914）刻。

形制： 志长 0.66 米，宽 0.68 米。

行字： 志文行楷 31 行，满行 37 字。

撰书： 董涛撰，刘晖书并篆盖。

出土： 出土时间、地点不详。2003 年入藏西安碑林博物馆。

现藏： 西安碑林博物馆。

著录：《碑林集刊》（第 10 辑）。

提要： 此墓志记载了董氏的生平。

金洋堰禁捕鱼布告碑

全称： 西乡县知事禁止堰堤上下捕鱼布告。

年代： 民国四年（1915）刻立。

形制： 高 0.85 米，宽 0.53 米。

行字： 正文楷书 23 行，满行 16 字。

撰书： 许承先书。

现藏： 西乡县堰口镇金洋堰头碑墙。

提要： 此碑系民国四年西乡县知事禁止在堰堤上下捕鱼的布告。

重建文昌楼碑记

年代： 民国四年（1915）刻立。

形制： 螭首方座。通高 3.40 米，宽 0.80 米，厚 0.14 米。

行字： 正文楷书 19 行，满行 48 字。

撰书： 魏越撰，闫宝贤书。

纹饰： 碑身饰几何纹及花卉纹。

现藏： 佳县白云山白云观。

著录：《佳县白云山白云观碑刻》。

提要：碑文记民国元年（1912）火烧毁文昌楼，道政司张永祯等于绥米头会首等人重建文昌楼事宜。

*冯玉祥题联

年代：民国四年（1915）刻立。

形制：平首方座。通高 2.39 米，宽 0.80 米，厚 0.16 米。

行字：正文行楷 6 行，满行 14 字。

撰书：冯玉祥书。

纹饰：碑座饰花卉图案。

出土：此碑自立未移。

现藏：留坝县张良庙文物管理所。

著录：《张良庙匾联石刻诗文集注》《张良胜迹诗词选》。

备注：碑头和碑身均有明显被凿痕迹。

*武侯墓定章碑

年代：民国四年（1915）刻立。

形制：圆首。高 1.50 米，宽 0.70 米，厚 0.16 米。

行字：正文楷书 31 行，满行 53 字。

撰书：马采桂撰，岳秦书，王廷英篆额。

纹饰：碑额饰二龙戏珠图案。

出土：此碑自立未移。

现藏：勉县武侯墓博物馆。

著录：《定军山下话武侯》《沔阳碑石》《汉中碑石》。

提要：记清末民国初年，由于管理混乱致使武侯墓房舍毁坏，树木被伐，庙产被侵，匪人滋事，一切废弛。为保护武侯墓庙产，沔县知事冯绍翰会同武侯墓三牌七绅，于民国四年成立武侯墓庙产管理董事会，由县政府制定 8 条规章制度加强管理。

*胡彦麟母吴氏墓志

全称：节孝胡母吴太孺人墓志铭。

年代：民国四年（1915）刻。

形制：志正方形。边长 0.72 米，厚 0.09 米。

行字：志文楷书 33 行，满行 36 字。

撰书：张鹏一撰，寇遐书，高树基篆盖。

出土：富平县庄里镇。

现藏：富平县文庙。

备注：盖佚。

提要：此墓志记载胡彦麟之母吴氏的籍贯及生平简况。

*史儒俊题诗碑

年代：民国四年（1915）刻立。

形制：高 0.36 米，宽 0.65 米。

行字：正文楷书 11 行，满行 8 字。

撰书：史儒俊撰并书。

出土：此碑自立未移。

现藏：勉县武侯祠博物馆。

提要：民国四年（1915）渤海居士史儒俊过武侯祠题诗一首。

功垂千古

年代：民国四年（1915）刻立。

形制：高 0.50 米，宽 1.30 米。

行字：正文楷书 1 行 4 字。

撰书：吴文华撰并书。

出土：此碑自立未移。

现藏：留坝县张良庙文物管理所。

著录：《张良庙匾联石刻诗文集注》《汉张留侯祠》《张良庙与紫柏山》。

水绕山环

年代：民国四年（1915）刻立。

形制：高 0.27 米，宽 1.30 米。

行字：正文楷书 1 行 4 字。

撰书：江朝宗撰并书。

出土：此碑自立未移。

现藏：留坝县张良庙文物管理所。

著录：《张良庙匾联石刻诗文集注》《汉张留侯祠》《张良庙与紫柏山》。

汪承经暨妻吴氏墓碑

全称：故显考汪公承经大人显妣汪母吴老孺人之合墓。

年代：民国四年（1915）刻立。

形制：高 1.28 米，宽 0.50 米。

行字：正文楷书 7 行，满行 27 字。

现藏：镇安县大寨沟。

提要：记述吴氏生平。

*禁烧山伐树碑

年代：民国四年（1915）刻立。

形制：圆首。尺寸不详。

现藏：岚皋县南宫山镇中河村。

著录：《安康碑版钩沉》。

提要：碑文记因屡屡发生烧挖砍伐漆树、偷挖药材、偷打漆子等，经公议订立条规五条。

董文会暨妻舒氏墓碑

全称：皇清武生董君讳文会字尚友暨德配孺人舒氏之墓。

年代：民国四年（1915）刻立。

形制：高 1.27 米，宽 0.50 米。

行字：志文楷书 8 行，满行 25 字。

撰书：王道炳撰并书。

现藏：洛南县古城镇赵滩。

提要：此碑记载了舒孺人生平。

李锡类墓碑

年代：民国洪宪元年（1916）刻立。

形制：螭首。通高 2.31 米，宽 0.56 米，厚 0.22 米。

撰书：赵鸿烈书，张伣题。

纹饰：碑额饰蝠、鹿、鹤等图案。

现藏：千阳县南寨镇朝阳村。

提要：碑题"钦赐文品衔武庠生锡类李公大人行三墓碑"。

默佑全军

年代：民国五年（1916）刻立。

形制：平首方座。高 1.60 米，宽 0.74 米，厚 0.10 米。

行字：正文楷书 1 行 4 字。

撰书：路进忠撰。

纹饰：碑额饰万字纹。

出土：2000 年从勉县褒城镇征集。

现藏：勉县武侯祠博物馆。

汉丞相诸葛忠武侯之真墓

年代：民国五年（1916）刻立。

形制：螭首方座。高 1.48 米，宽 0.75 米，厚 0.16 米。

行字：正文楷书 9 行，满行 25 字。

撰书：余经权撰并书。

纹饰：碑额饰二龙戏珠图案。

现藏：勉县武侯祠博物馆。

著录：《汉中碑石》《沔阳碑石》。

提要：记民国五年余经权立"真墓"碑之经过。

*五门堰土地裁决告示碑

年代：民国五年（1916）刻立。

形制：高 0.97 米，宽 0.60 米。

行字：正文楷书 22 行，满行 22 字。

撰书：吴其昌撰并书。

出土：此碑自立未移。

现藏：城固县五门堰。

提要：此碑记载五门堰与百丈堰首尾衔接，附近村民因土地使用危及河堰安全发生争讼，官府进行裁决并出示布告，禁止近居民开垦耕种等内容。

建修方氏宗祠碑记

年代：民国五年（1916）刻立。

形制：高 0.95 米，宽 0.68 米，厚 0.08 米。

行字：正文楷书 24 行，满行 19 字。

撰书：高健撰，张云锦书。

现藏：户县庞光镇化羊村西堡。

著录：《户县碑刻》。

提要：记户县县南方氏家族卜居化羊西堡之时间、户数及家庭成员、子孙情况，并简述其民国四年（1915）合族建方氏祠宇之事。

重修大福寺碑记

年代：民国六年（1917）刻立。

形制：圆首方座。高 1.46 米，宽 0.62 米，厚 0.14 米。

行字：正文楷书 20 行，满行 43 字。

撰书：吕文斌撰。

纹饰：碑身饰水波纹、花卉纹。

出土：此碑自立未移。

现藏：佳县上高寨乡大福寺。

提要：记民国六年重修大福寺事。

重修河神庙神路碑记

年代：民国六年（1917）刻立。

形制：螭首方座。通高 3.32 米，宽 0.77 米，厚 0.16 米。

行字：正文楷书 25 行，满行 62 字。

撰书：马修文撰，任光缉书。

纹饰：碑身饰卷云纹、花草纹。

现藏：佳县白云山白云观。

著录：《佳县白云山白云观碑刻》。

提要：碑文记叙了会首刘盛荣募化资金重修河神庙、神路事宜。

增筑武侯真墓碑

年代：民国六年（1917）刻立。

形制：平首剡角。高 1.40 米，宽 0.68 米，厚 0.13 米。

行字：正文楷书 12 行，满行 23 字。

撰书：彭锡福撰，刘云书，廖善立。

出土：此碑自立未移。

现藏：勉县武侯墓博物馆。

著录：《定军山下话武侯》《沔阳碑石》。

提要：碑记在武侯墓后坟亭后再次增加"真坟"封土，修建围墙，修建后坟亭之时，发现亲王题谒碑之事，并刻立所谓真坟之方向为"真冢坤山艮向，大殿酉山卯向"。

*重修禹王庙捐资碑

年代：民国六年（1917）刻立。

形制：圆首方座。通高 1.62 米，宽 0.51 米，厚 0.11 米。

行字：正文楷书 20 行，满行 43 字。

现藏：韩城市大禹庙。

提要：此碑记载民国六年刘新科等人为大禹庙捐银花名册。

中西两社乡老捐银碑

年代：民国六年（1917）刻立。

形制：圆首方座。通高 1.86 米，宽 0.46 米，厚 0.12 米。

行字：正文楷书 19 行，满行 43 字。

现藏：韩城市大禹庙。

提要：此碑记载民国六年中西两社乡老为大

禹庙捐银花名册。

翻修龙门寺佛殿碑记

年代：民国六年（1917）刻立。

形制：高 0.97 米，宽 0.60 米。

行字：正文楷书 24 行，满行 16 字。

出土：此碑自立未移。

现藏：城固县五门堰。

提要：记五门堰龙门寺翻修事。

功与堉长

年代：民国六年（1917）刻立。

形制：高 0.77 米，宽 1.85 米，厚 0.13 米。

行字：正文楷书 5 行，满行 31 字。

撰书：吴其昌撰并书。

出土：此碑自立未移。

现藏：城固县五门堰。

提要：此碑为民国时期城固县知事吴其昌题写给清代县令张育生"功与堉长"碑，以歌颂其功德无量。

曲石寄庐

年代：民国六年（1917）刻立。

形制：高 0.34 米，宽 1.27 米。

行字：正文行书 4 字。跋文行书 8 行，满行 9 字。

撰书：黄兴书并跋，卜未刻。

现藏：西安碑林博物馆。

著录：《西安碑林全集》《西安碑林博物馆藏碑刻总目提要》。

提要：曲石寄庐是黄兴 1914 年在日本为李根源所题，1917 年黄兴任陕西省省长刻成此碑。

创建武侯诸神庙暨修城记

年代：民国六年（1917）刻立。

形制：高 1.57 米，宽 0.71 米。

行字：正文楷书 23 行，满行 54 字。

撰书：王兆熊撰，□□培书。

纹饰：碑身饰人物、祥云纹。

出土：原立于岐山县满星乡龙泉塬村。

现藏：岐山县五丈原诸葛亮庙博物馆。

提要：此碑为重修豁满城时，记录当时修城的原因及修建情况，碑阴为捐款人姓名及金额。

熊祖河暨妻蔡氏张氏墓碑

全称：故显祖公祖河老大人姚熊蔡张老孺人之墓。

年代：民国六年（1917）刻立。

形制：高 0.94 米，宽 0.50 米。

行字：正文楷书 10 行，满行 34 字。

现藏：镇安县永乐镇楝树垭。

提要：简要记述蔡氏由湖北入迁镇安及建立家业情况。

聂登义墓碑

全称：故显考聂公登义老大人之墓。

年代：民国六年（1917）刻立。

形制：高 0.90 米，宽 0.46 米。

行字：正文楷书 9 行，满行 27 字。

撰书：聂云衢撰并书。

现藏：镇安县西口回族镇黑沟村。

提要：记述墓主人于清代道光间由湖北襄阳枣阳县迁入镇安，耕读传家。

重修灵台县进香会碑记序碑

年代：民国七年（1918）刻立。

形制：圆首方座。通高 1.67 米，宽 0.67 米，厚 0.19 米。

行字：正文楷书 12 行，满行 31 字。

纹饰：碑额饰双凤朝阳图案，碑身饰蔓草纹。

现藏：陇县温水镇景福山大殿前。

提要：记述了景福山"实汧陇第一形胜之
地"，祈福辄灵，因之立会。

重修五龙宫并创立善会碑记

年代：民国七年（1918）刻立。

形制：平首方座。高 1.94 米，宽 0.79 米，
厚 0.14 米。

行字：正文楷书 18 行，满行 48 字。

纹饰：碑身饰卷云纹、花卉纹。

现藏：佳县白云山白云观五龙宫。

著录：《佳县白云山白云观碑刻》。

备注：剥蚀严重。

提要：碑记重修五龙宫事。

李雁行暨妻赵氏墓碑

全称：前恩赐寿官李公行二暨元配赵氏之墓。

年代：民国七年（1918）刻立。

形制：螭首。通高 2.03 米，宽 0.61 米，厚
0.20 米。

行字：正文楷书 14 行，满行 34 字。

撰书：李乐善撰，吕充恭书。

纹饰：碑身四周饰花卉纹及文房四宝图案。

现藏：千阳县南寨镇闫家村小寨村。

提要：记载李雁行暨夫人的生平。

*汧阳宫捐资碑

年代：民国七年（1918）刻立。

形制：碑残损。残高 1.00 米，宽 0.60 米。

行字：正文楷书 25 行，满行 42 字。

出土：此碑自立未移。

现藏：城固县洞阳宫。

提要：记布施者姓名。

重修洞阳宫碑序

年代：民国七年（1918）刻立。

形制：圆首。通高 1.10 米，宽 0.62 米。

行字：正文楷书 36 行，满行 14 字。

撰书：赖金鉴撰，董凤林书。

纹饰：碑额饰莲花纹。

出土：此碑自立未移。

现藏：城固县洞阳宫。

提要：记宣统三年至民国六年重修洞阳宫
事。

王母郑氏墓碑

全称：显妣王母讳郑老孺人之墓。

年代：民国七年（1918）刻立。

形制：高 1.05 米，宽 0.50 米。

行字：正文楷书 9 行，满行 30 字。

现藏：镇安县铁厂镇黄龙铺。

提要：记述郑氏随丈夫由湖北大冶迁入镇安
定居的简况。

*史次乾德教碑

年代：民国七年（1918）刻立。

形制：高 2.48 米，宽 0.97 米。

行字：正文楷书 13 行，满行 62 字。

撰书：王步瀛撰，史鸣銮书。

出土：原在华阴县华西镇五合村。

现藏：华阴市西岳庙文物管理处。

备注：碑阴为"史君次乾碑阴记"，石断为
二。

提要：记史次乾任知县期间廉洁奉公，心系
民众，终因不奉谀权贵而被免官。

重创千手千眼神庙正殿并献殿碑记

年代：民国八年（1919）刻立。

形制：圆首方座。通高 2.30 米，宽 0.81 米，
厚 0.14 米。

行字：正文楷书 29 行，满行 64 字。

纹饰：碑额饰牡丹纹，碑身饰卷云纹。

出土：此碑自立未移。

现藏：黄龙县白马滩镇神峪村千手千眼寺内。

提要：此碑记载了村民重修千手千眼神庙事。

*重建千手千眼庙捐资碑

年代：民国八年（1919）刻立。

形制：圆首方座。通高 1.70 米，宽 0.69 米，厚 0.10 米。

行字：正文楷书 20 行，满行 31 字。

纹饰：碑额饰牡丹纹，碑身饰水波纹。

出土：此碑自立未移。

现藏：黄龙县白马滩镇神峪村千手千眼寺内。

提要：此碑记载捐资重修白马滩镇神峪村千手千眼神庙人姓名。

英雄神仙

年代：民国八年（1919）刻立。

形制：圆首方座。高 1.78 米，宽 0.85 米，厚 0.20 米。

行字：正义楷书 1 行 4 字。

撰书：管金聚书。

纹饰：碑额饰双龙图案，碑座饰花卉图案。

现藏：留坝县张良庙文物管理所。

著录：《张良胜迹诗词选》。

备注：碑身中部断裂。

*员建德暨妻刘氏墓表

年代：民国八年（1919）刻立。

形制：圆首。高 1.75 米，宽 7.68 米，厚 0.14 米。

行字：正文楷书 16 行，共 33 字。

撰书：巩伯奇撰并书。

纹饰：碑额饰二龙戏珠图案，碑身四周饰回纹。

现藏：周至县尚村镇龚家庄村。

提要：此碑记载了员建德及夫人刘氏生平及子嗣情况。

*史德性烈士传碑

年代：民国八年（1919）刻立。

形制：首、座皆佚。碑残损。残高 1.04 米，宽 0.56 米。

行字：正文楷书 13 行，行存 33 字。

撰书：南复堂撰，张厚坤书，□□升篆额。

纹饰：碑身饰曲回纹。

出土：原立于户县庞光镇新寨堡史德性烈士墓。

现藏：户县文物管理委员会。

著录：《户县碑刻》。

备注：碑上部残缺，且碑身横向断残。

提要：记史德性烈士之生平。

刘云祥妻逯氏节苦碑

全称：旌表处士刘君讳云祥德配逯孺人节苦碑。

年代：民国八年（1919）刻立。

形制：高 1.25 米，宽 0.50 米。

行字：正文楷书 10 行，满行 49 字。

撰书：逯邦鼎撰并书。

出土：1959 年出土于华阴县刘家寨。

现藏：西安碑林博物馆。

著录：《西安碑林博物馆藏碑刻总目提要》《华山碑石》。

备注：石裂为七块，佚两块。

提要：记逯孺人生平。

游中条山果老洞碑

年代：民国八年（1919）刻立。

形制：高 2.26 米，宽 0.87 米，厚 0.24 米。

行字：正文楷书，满行字数不详。

撰书：全聚撰。

现藏：凤县凤州镇豆积山果老洞下。

提要：碑文记载镇守陕南的十五混成旅长官全聚游过中条山果老洞。

*重修德慧寺碑

年代：民国八年（1919）刻立。

形制：圆首方座。高 1.30 米，宽 0.64 米，厚 0.12 米。

行字：碑楷书"皇清"2 字。正文楷书 27 行，满行 48 字。

现藏：咸阳市秦都区钓台街道办资村德慧寺。

提要：记载重修德慧寺之事。

重修仓圣庙增补碑记

年代：民国八年（1919）刻立。

形制：圆首。通高 1.74 米，宽 0.66 米，厚 0.16 米。

行字：正文楷书 20 行，满行 40 字。

撰书：王炳耀撰，梁国桢书。

纹饰：碑身饰双赤猴图案。

现藏：白水县仓颉庙。

提要：碑文"衣裳制人物分文字，制造法昭二者乃宇宙之大制人物"。

*合社碑记

年代：民国八年（1919）刻立。

形制：圆首。高 1.3 米，宽 0.70 米，厚 0.3 米。

行字：额楷书"合社碑记"。正文楷书 20 行，满行 31 字。

撰书：王炳耀撰，梁国桢书，孙德长刻。

现藏：白水县仓颉庙。

提要：碑文可见"一乡之风俗随地而殊，一世之功因人而异"等字。落款"民国八年岁次己未又秋七月中澣八日吉旦立"。

郿畤保障

年代：民国九年（1920）刻立。

形制：高 0.86 米，宽 0.50 米，厚 0.10 米。

撰书：张本睿书。

出土：原立于富县城墙，20 世纪 70 年代移于鄜州博物馆。

现藏：鄜州博物馆。

提要：此石刻为民国九年富县知事张本睿所题。

*白云观会费收支碑

年代：民国九年（1920）刻立。

形制：螭首方座。通高 3.10 米，宽 0.79 米，厚 0.15 米。

行字：正文楷书 16 行，满行 46 字。

纹饰：碑身饰二龙拱寿图、几何纹、花卉纹。

现藏：佳县白云山白云观五龙捧圣宫。

著录：《佳县白云山白云观碑刻》。

备注：剥蚀严重。

提要：此碑记录了民国九年、十二年四方募化及朝山小引钱的收入支出情况。

*任霈枝题诗碑

年代：民国九年（1920）刻立。

形制：高 0.36 米，宽 0.75 米，厚 0.17 米。

行字：正文楷书 26 行，满行 10 字。

撰书：任霈枝撰并书。

出土：原存麟游县小学。

现藏：麟游县博物馆。

提要：此碑为浙江绍兴人任霈枝在民国九年任麟游县知事时题。

董振五墓志

全称：董少将振武墓志铭。

年代：民国九年（1920）刻。

形制：共 10 块，尺寸相同。长 0.63 米，宽 0.33 米，厚 0.08 米。

行字：志文行书 10 行，满行 15 字。

撰书：于右任撰并书，刘守中篆盖，刘应文、
樊鼎新镌，邓宝珊题签。

出土：1985 年征集于扶风县建和乡永安村董
振五家中。

现藏：周原博物馆。

著录：《扶风县文物志》《文博》（1995 年第
1 期）。

备注：其中 4 块磨损严重，字迹不清。

提要：董振五（1893—1919），陕西省扶风
县建和乡永安村人。生前参加过辛亥
革命和讨袁护法运动，是陕西靖国军
中著名将领之一。曾任靖国军排、连、
营长和第四路第二支队司令。1919 年
元月 27 日在与奉军作战中，阵亡于武
功大王村，享年 26 岁。同年四月，孙
中山领导的广州军政府追任他为陆军
少将。志后附有岳西峰哭振五诗两首。

金台观创修鸣凤楼暨改建雨傍山碑

年代：民国九年（1920）刻立。

形制：圆首。高 1.27 米，宽 0.82 米，厚
0.16 米。

行字：正文楷书 16 行，满行 33 字。

纹饰：碑额饰双旗云纹。

现藏：宝鸡市金台观。

提要：此碑记载了金台观内创修鸣凤楼暨改
建雨傍山之事。

重修毗卢殿补筑院墙暨新置田地碑记

年代：民国九年（1920）刻立。

形制：高 1.30 米，宽 0.77 米。

行字：正文楷书 41 行，满行 22 字。

撰书：罗际云撰，庞国骏书。

现藏：洋县子房山。

提要：此碑记载了同治年间良马寺遭兵焚，
殿宇毁坏，田地散失，其后有善士出

资修补庙宇并重修院墙，还记载了寺
庙田地情况。

飞攀

年代：民国九年（1920）刻立。

形制：高 0.50 米，宽 0.74 米。

行字：正文行楷 2 字。

撰书：李元燮书。

出土：此碑自立未移。

现藏：留坝县张良庙文物管理所。

著录：《张良庙匾联石刻诗文集注》《汉张留
侯祠》。

*五门堰惩罚伐树碑

年代：民国九年（1920）刻立。

形制：高 1.17 米，宽 0.63 米，厚 0.10 米。

行字：正文楷书 14 行，满行 35 字。

出土：此碑自立未移。

现藏：城固县五门堰。

提要：此碑记载许家庙人付清云偷伐杨树三
根，经五门堰首调查，见其家境贫寒，
本人甘愿认罚，让其栽树三根，补足
原数事。

杨文卿暨妻习氏阡表

年代：民国九年（1920）刻立。

形制：高 1.08 米，宽 0.60 米。

行字：正文楷书 15 行，满行 47 字。

撰书：杨树声书。

现藏：合阳县博物馆。

提要：此碑记载杨文卿夫妇生平。

*何母杨氏苦节碑记

全称：旌表何母杨太孺人苦节碑记。

年代：民国九年（1920）刻立。

形制：圆首。高 1.54 米，宽 0.60 米，厚 0.09 米。

行字：正文楷书 10 行，满行 40 字。

撰书：张厚坤撰并书。

纹饰：碑身饰曲回纹。

现藏：户县秦渡镇南焦羊村。

著录：《户县碑刻》。

提要：此碑记载了杨氏之生平、子嗣情况。

*曹寅侯之碑

年代：民国九年（1920）刻立。

形制：螭首。高 2.88 米，宽 0.85 米。

行字：正文楷书 10 行，满行 42 字。

撰书：郭希仁撰，杨子重书。

纹饰：碑身饰回纹。

出土：原立于临潼县油槐乡昌寨村。

现藏：西安市临潼博物馆。

备注：碑石断裂为五块。

提要：碑记曹寅侯生平，曾任国会代表。

侯欣然暨妻赵氏墓碑

全称：显考欣然侯公妣赵老孺人之墓碑。

年代：民国九年（1920）刻立。

形制：圆首方额。高 2.21 米，宽 0.67 米，厚 0.21 米。

行字：正文楷书。碑阳 4 行，碑阴 24 行，满行 46 字。

纹饰：碑额饰龙纹。

出土：此碑自立未移。

现藏：周至县四屯镇下侯家村。

提要：记侯欣然及妻赵氏之生平。

杨耀海妻刘氏墓表

年代：民国九年（1920）刻立。

形制：圆首。高 1.95 米，宽 0.79 米。

行字：志文楷书 17 行，满行 38 字。

撰书：蔡元培撰，牛兆濂书，高树基篆额。

现藏：西安碑林博物馆。

著录：《西安碑林全集》《西安碑林博物馆藏碑刻总目提要》。

备注：额题及下部凿损。

提要：墓表记叙了刘氏生平。

*共护森林碑

年代：民国九年（1920）刻立。

形制：方首。高 1.10 米，宽 0.65 米。

行字：正文楷书，行字数不详。

现藏：平利县广佛镇秋山沟。

著录：《安康碑版钩沉》。

提要：碑文为保护森林告示。

刘长谱暨妻汪氏墓碑

全称：前清例赠武信郎显考刘公讳长谱大人显妣刘母汪老孺人之墓。

年代：民国九年（1920）刻立。

形制：高 1.10 米，宽 0.55 米。

行字：正文楷书 7 行，满行 30 字。

现藏：镇安县铁厂镇铁铜沟。

提要：记述刘长谱系邑武生，例赠武信郎及其家简况。

邢如峰暨妻白氏合葬墓志

全称：前清校尉邢公讳如峰老大人母白氏老孺人二墓合冢。

年代：民国九年（1920）刻立。

形制：高 1.15 米，宽 0.56 米。

行字：正文楷书 12 行，满行 31 字。

现藏：镇安县高峰镇永丰村。

提要：记述邢如峰夫妇平生。

*滇军将士殉国碑

年代：民国九年（1920）刻立。

形制：圆首方座。高 1.90 米，宽 0.68 米，厚 0.15 米。

行字：正文隶书、楷书 15 行，满行 15 字。

撰书：叶荃、和庆善书。

出土：原存耀县药王山。

现藏：药王山博物馆。

备注：碑断裂为三，中缺一块。

提要：碑分上下两栏：上栏中书"国殇"二字，下栏记民国七、八年间护国战争时，滇军入陕作战，阵亡数百人，民国九年春葬于药王山晒药场事。

*陕南边防总司令吴布告

年代：约民国九年（1920）刻立。

形制：高 0.95 米，宽 0.31 米。

行字：正文行书 5 行，满行 11 字。

出土：此碑自立未移。

现藏：汉中市留坝县张良庙文物管理所。

著录：《张良庙匾联石刻诗文集注》《张良庙与紫柏山》。

提要：此碑是直系军阀吴新田下的一条布告。大意为：留侯庙地是关中入川的必经通道，过往行人不得在庙内任意扰乱，违者按军法处置。

*赵敏张力仁诗碑

年代：民国十年（1921）刻立。

形制：高 0.49 米，宽 0.65 米，厚 0.06 米。

行字：正文行书 15 行，满行 10 字。

撰书：赵敏、张力仁撰。

现藏：榆林市红石峡文物管理所。

提要：诗一首是赵敏作《红山对景清幽》，另一首是为张力仁作的《和蒲州先生原韵》。赵敏，字蒲州，榆林人，清末民初榆林著名书法家。

*刘宝善题字碑

年代：民国十年（1921）刻立。

形制：尖首方座。通高 2.18 米，宽 0.80 米，厚 0.12 米。

行字：正文楷书 5 行，满行 16 字。

撰书：刘宝善撰。

出土：此碑自立未移。

现藏：留坝县张良庙文物管理所。

著录：《张良庙匾联石刻诗文集注》。

提要：作者刘宝善一直很敬慕张良，1921 年进驻汉中后，瞻拜留侯庙题字以作留念。

下五洞底及增修倒龙门碑记

年代：民国十年（1921）刻立。

形制：高 1.20 米，宽 0.62 米。

行字：正文隶书 18 行，满行 43 字。

撰书：李杜撰并书。

出土：此碑自立未移。

现藏：城固县五门堰。

提要：碑文记五门堰乡众为避免水灾、增修倒龙门堵水势之事。

河心夹地碑记

年代：民国十年（1921）刻立。

形制：高 1.20 米，宽 0.60 米。

行字：正文楷书 17 行，满行 48 字。

撰书：李杜撰并书。

出土：此碑自立未移。

现藏：城固县五门堰。

提要：碑文记五门堰上游河心夹地归属案事。

*萧西丞杨季石纪念碑

年代：民国十年（1921）刻立。

形制：高 1.40 米，宽 0.60 米。

提要：此碑记载了民国陕西靖国军第五路司令高峻和合阳县知事、合阳绅士为萧西丞、杨季石先生殉难立碑纪念。

*渭南县永不支差碑

年代：民国十年（1921）刻立。

形制：圆首。高 1.30 米，宽 0.50 米，厚 0.10 米。

行字：正文楷书 8 行，满行 35 字。

纹饰：碑额饰螭龙纹。

现藏：渭南中心博物馆。

备注：碑有残损。

提要：此碑记载了民国初期政府"抚军为民"政策，对参加南北战争的军人家庭实行免除各种差徭及其姓名。

*员母雷氏圹记

年代：民国十年（1921）刻立。

形制：志正方形。边长 0.60 米。

行字：志文楷书 28 行，满行 39 字。

撰书：员述千撰，员在宽书。

出土：1981 年出土于华阴县上洼村。

现藏：西安碑林博物馆。

著录：《华山碑石》。

备注：剥蚀严重。

提要：记员雷氏之生平及子嗣情况。

*黑龙庙社境界碑

年代：民国十年（1921）刻立。

形制：高 0.90 米，宽 0.50 米。

行字：正文楷书 13 行，满行 30 字。

现藏：镇安县米粮镇滑水河黑龙洞。

提要：记述黑龙洞香火灵异及黑龙庙庙会盛况，申明不得由外社人侵占庙产。

计开新制山地文契

年代：民国十年（1921）刻立。

形制：共 2 石，尺寸相同。高 0.90 米，宽 0.50 米。

行字：正文楷书 33 行，满行 28 字。

现藏：镇安县米粮镇滑水河黑龙洞。

提要：翔实记述黑龙庙买地四块界限以及纳粮数额，并公约禁盗、禁害庄田赏罚细则。

*重修黑龙洞碑

年代：民国十年（1921）刻立。

形制：高 0.89 米，宽 0.50 米。

行字：正文楷书 14 行，满行 30 字。

撰书：柳焕斗撰并书。

现藏：镇安县米粮镇滑水河黑龙洞。

提要：碑文记滑水河黑龙庙修葺拜殿及复建廊情况。

*张伯良陕军德政碑

年代：民国十年（1921）刻立。

形制：高 1.42 米，宽 0.60 米，厚 0.20 米。

行字：正文楷书 17 行，满行字数不等。

撰书：于桂芳撰。

纹饰：碑身饰交叉五色旗图案。

现藏：凤县南星镇留凤关。

提要：碑文记载陕西陆军第三混成团步兵第一营营长张伯良率军剿匪事迹。

*重修槐坪寺碑

年代：民国十一年（1922）刻立。

形制：首座皆佚。碑残损。残高 1.27 米，宽 0.60 米，厚 0.18 米。

撰书：马俊程撰，姚希虞书。

纹饰：碑身饰花草纹。

现藏：陇县河北镇兰家堡槐坪寺。

提要：记述了槐坪寺的由来、清同治年间毁于兵火、民国十一年重修之原因及经过。

*萧愚亭德政碑

年代：民国十一年（1922）刻立。

形制：高 1.38 米，宽 0.79 米。

行字：正文行书 18 行，满行 60 字。

撰书：孟宗兴撰，侯鞠躬书。

现藏：合阳县博物馆。

提要：此碑记载了合阳县东马村人萧愚亭先生的生平，宣统元年兼任西北大学农科校长。宣统三年任高陵县知事，晚年任法政学校教授。

*萧愚亭先生墓志

年代：民国十一年（1922）刻。

形制：志正方形。边长 0.60 米。

行字：盖文篆书 10 字。志文楷书 28 行，满行 31 字。

撰书：邓守真撰，刘晖书并篆盖。

现藏：合阳县博物馆。

提要：此墓志记载了萧愚亭先生的家族世系、生平。

新安里清革合里空粮碑记

年代：民国十一年（1922）刻立。

形制：高 0.27 米，宽 0.73 米。

行字：正文楷书 25 行，满行 15 字。

现藏：合阳县博物馆。

提要：此碑记载了新安里由于书写记载的弊端，在咸丰九年（1859）、光绪十二年（1886）、光绪三十三年（1907）、民国六年（1917）合里粮库亏空情况，并为以后制定了相应的五项处罚措施。

五门堰改造碑

全称：五门堰筒车田亩改造飞漕永远接用高堰退水碑记。

年代：民国十一年（1922）刻立。

形制：高 1.12 米，宽 0.80 米，厚 0.11 米。

行字：正文楷书 28 行，满行 49 字。

现藏：城固县五门堰。

提要：记五门堰改造水车及飞漕，后接用高堰水灌溉良田碑记。

康海丞墓志

全称：清例授修职郎候铨县丞海丞康公墓志铭。

年代：民国十一年（1922）刻。

形制：志长 0.29 米，宽 0.13 米。

行字：册页式，共 6 页。志文楷书 50 行，满行 8 字。

撰书：张星耀撰，杨秀开书。

现藏：合阳县博物馆。

提要：此墓志记载了康公的家族世系。

冯玉祥题联

年代：民国十一年（1922）刻立。

形制：高 2.90 米，宽 1.10 米。

行字：正文楷书 4 行，满行 14 字。

撰书：冯玉祥撰并书。

出土：此碑自立未移。

现藏：留坝县张良庙文物管理所。

著录：《汉张留侯祠》《张良庙匾联石刻诗文集注》。

提要：赞扬了张良博浪沙椎秦的勇敢之举和他淡泊名利、功成身退的高贵品质。

*任霈枝游记摩崖

年代：民国十一年（1922）刻立。

形制：高 0.35 米，宽 0.51 米。

行字：正文楷书 4 行，满行 6 字。

撰书：任霈枝撰。

出土：此碑自立未移。

现藏：略阳县灵岩寺博物馆。

提要：此碑是民国十一年冬月任霈枝与吴德槐同游灵岩寺时题。

*任霈枝观李公自述题记石刻

年代：民国十一年（1922）刻立。

形制：高 1.45 米，宽 0.74 米。

行字：正文行楷 32 行，满行 73 字。

撰书：任霈枝书，石文华刻。

出土：此碑自立未移。

现藏：略阳县灵岩寺博物馆。

提要：此碑是任霈枝游览灵岩寺时，观李公自述碑后联系到当时世事，抒发了自己一片忧民虑国之心。

*灵岩寺任霈枝残碑

年代：民国十一年（1922）刻立。

形制：高 0.50 米，宽 0.37 米。

行字：正文楷书 7 行，满行字数无法辨识。

撰书：任霈枝撰并书。

出土：此碑自立未移。

现藏：略阳县灵岩寺博物馆。

备注：此碑风化严重，模糊不清。

提要：记任霈枝游灵岩寺事。

*任霈枝济世良方碑

年代：民国十一年（1922）刻立。

形制：高 0.68 米，宽 1.03 米，厚 0.15 米。

行字：正文行书 31 行，满行 21 字。

撰书：任霈枝书。

出土：此碑自立未移。

现藏：略阳县灵岩寺博物馆。

著录：《汉中碑石》。

提要：告诫国人应自省洗心，开诚布公，不争权利，勿执迷不悟、同室操戈，自取灭种之祸。

*关帝庙开光布施碑

年代：民国十一年（1922）刻立。

形制：圆首。高 1.60 米，宽 0.65 米，厚 0.20 米。

行字：正文楷书 10 行，满行 40 字。

撰书：宋士廉撰并书。

出土：原立于澄城县义合庙。

现藏：澄城县安里镇政府。

提要：碑歌颂关帝庙的功绩。

翻修洞阳宫暨粧诸像贴金碑序

年代：民国十一年（1922）刻立。

形制：圆首。通高 1.15 米，宽 0.56 米。

行字：正文楷书 14 行，满行 3 字。

撰书：朱文焕撰并书。

出土：此碑自立未移。

现藏：城固县洞阳宫。

提要：记民国九年地震后重修洞阳宫事。

员善庵墓志

全称：清授修职郎候铨儒学训导廪贡生善庵员君墓志铭。

年代：民国十一年（1922）刻。

形制：志长 0.60 米，宽 0.56 米。

行字：志文楷书 29 行，满行 30 字。

撰书：孟宗献撰，刘炎书。

出土：1967 年出土于华阴县上洼村。

现藏：西安碑林博物馆。

著录：《华山碑石》。

提要：记员善庵之家族世系、生平及子嗣情况。

*同让暨妻李氏墓表

年代：民国十一年（1922）刻立。

形制：圆首。高 1.60 米，宽 0.64 米，厚 0.17 米。

行字：志文楷书 18 行，满行 36 字。

撰书：巩伯奇撰，李缙憕书。

纹饰：碑身饰两面交叉旗帜图案。

现藏：户县蒋村镇曹村。

著录：《户县碑刻》。

提要：记曹村堡同让继配李孺人之生平。

增修四献祠芸阁学舍记

年代：民国十一年（1922）刻立。

形制：高 0.54 米，宽 0.60 米，厚 0.08 米。

行字：正文隶书 27 行，满行 22 字。

撰书：李惟人撰，孙应福刻。

出土：蓝田县四吕墓地。

现藏：蓝田县蔡文姬纪念馆。

著录：（光绪）《蓝田县志》。

提要：碑记民国十一年增修四献祠芸阁学舍的原因和经过。

张东白圹记

全称：清授文林郎候选知县甲午科举人张君东白圹记。

年代：民国十一年（1922）刻立。

形制：志正方形。边长 0.63 米。

行字：志文楷书 18 行，满行 18 字。

撰书：宋伯鲁撰并书。

出土：原存蒲城县贾曲乡刘家村，1978 年入藏蒲城县博物馆。

现藏：蒲城县博物馆。

著录：《蒲城县志》。

提要：该碑记载了张东白生平。

萧何庙村建修神堂记

年代：民国十一年（1922）刻立。

形制：圆首龟座。高 0.64 米，宽 1.67 米，厚 0.18 米。

行字：正文楷书 19 行，满行 40 字。

现藏：咸阳市秦都区双照镇萧何庙村红色记忆博物馆。

提要：此碑为咸阳萧何庙村建修神堂记事碑。

*禁砍耳杌碑

年代：民国十一年（1922）刻立。

形制：圆首。高 0.95 米，宽 0.60 米。

行字：额楷书"万古不朽"4 字。正文楷书，满行字数不等。

现藏：汉阴县漩涡镇桃园村。

著录：《安康碑版钩沉》。

提要：该碑文记载大耳杌山场禁止乡人私自砍伐耳树，及议定的违规后的处罚措施。

重修白云山东岳大帝庙碑记

年代：民国十二年（1923）刻立。

形制：螭首方座。共 2 石，尺寸相同。通高 3.26 米，宽 0.82 米，厚 0.13 米。

行字：正文楷书 23 行，满行 54 字。

撰书：常炳撰，李瑞图、刘太勋书。

纹饰：碑身饰花卉纹、瓶花鱼背纹。

现藏：佳县白云山白云观东岳大殿前。

著录：《佳县白云山白云观碑刻》。

备注：由南向北并列，第 2 石刻捐资人姓名。

提要：碑文记重修白云山东岳大帝庙事。

重修白云山诸庙碑

全称：重修白云山关帝及五祖七真诸君庙碑。

年代：民国十二年（1923）刻立。

形制：圆首方座。通高 2.16 米，宽 0.69 米，厚 0.11 米。

行字：正文楷书 17 行，满行 38 字。

撰书：常炳撰，李进宝书。

纹饰：碑身饰牡丹、花瓶图案和万字纹。

现藏：佳县白云山白云观关帝庙前。

著录：《佳县白云山白云观碑刻》。

备注：剥蚀严重。

提要：碑文记募化集资补葺白云山关帝五祖七真诸庙等事宜。

*援川军布告

年代：民国十二年（1923）刻立。

形制：高 0.90 米，宽 0.56 米。

行字：正文楷书 28 行，满行 22 字。

撰书：许承先书。

出土：西乡县堰口镇金洋堰头碑墙。

提要：碑记恳请军队发布命令，禁止过往军队抓修堰民工充军。

创修无生老母洞碑记

年代：民国十二年（1923）刻立。

形制：圆首。通高 1.65 米，宽 0.55 米，厚 0.14 米。

行字：正文楷书 15 行，满行 40 字。

撰书：宁百忍撰并书。

出土：原立于扶风县朱家坡老母洞，1980 年移于朱家坡老爷庙。

现藏：扶风县绛帐镇双庙村朱家坡老爷庙前。

提要：记录了朱家坡各会首创修无生老母洞、三教尊神、华院尊祠等事。

*褒城县政府处理响水堰案碑

年代：民国十二年（1923）刻立。

形制：高 1.42 米，宽 0.68 米，厚 0.16 米。

行字：正楷书 18 行，满行 46 字。

出土：原立于褒城县濂水镇城隍庙。

现藏：南郑县圣水寺文物管理所。

著录：《汉中碑石》。

提要：记濂水镇上下堰村民为田间放水引起纠纷，政府部门出面解决并立下放水规定，使上下堰放水井然有序。

创建天台山南天门碑

年代：民国十二年（1923）刻立。

形制：高 1.77 米，宽 0.80 米，厚 0.15 米。

行字：正文楷书 20 行，满行 43 字。

撰书：殷象贤撰，张俊德书。

出土：此碑自立未移。

现藏：汉中市天台山南天门侧。

提要：记创修天台山南天门事。

五门堰田户集资举办张公纪念会碑记

年代：民国十二年（1923）刻立。

形制：高 1.33 米，宽 0.69 米。

行字：正文楷书 22 行，满行 46 字。

出土：此碑自立未移。

现藏：城固县五门堰。

提要：此碑记载五门堰自张育生制定田赋局及各农户集资款归五门堰作为每年修理堰渠之费之后，为表感激，民国六年纪念张公时，集资者接踵而来，共集得 7 万票钱，135 串文，一并交于水利局作本生息，每年拿出办会纪念。

*观音会捐资碑

年代：民国十二年（1923）刻立。

形制：圆首方座。高 0.73 米，宽 0.50 米。

行字：正文楷书 8 行，满行 21 字。

出土：此碑自立未移。

现藏：略阳县灵岩寺博物馆。

提要：碑文为助缘人姓名。

重修嘉陵江灵岩寺碑记

年代：民国十二年（1923）刻立。

形制：圆首方座。高 0.84 米，宽 0.50 米，厚 0.14 米。

行字：正文楷书 21 行，满行 40 字。

撰书：苏学悟撰，任需枝书。

出土：此碑自立未移。

现藏：略阳县灵岩寺博物馆。

著录：《汉中碑石》。

提要：记民国十二年重修灵岩寺事。

白星垣暨妻刘氏合葬墓志

全称：清封武义都尉星垣白公暨配刘淑人合葬墓志铭并序。

年代：民国十二年（1923）刻。

形制：志长 0.30 米，宽 0.19 米。

行字：册页式。盖文篆书 5 行，满行 4 字。志文楷书 56 行，满行 16 字。

撰书：刘镇华撰，宋伯鲁书，霍勤燡篆盖。

现藏：合阳县博物馆。

提要：此墓志记载了白星垣的生平。

重修党氏祖祠碑

年代：民国十二年（1923）刻立。

形制：高 1.53 米，宽 0.86 米。

行字：正文隶书 13 行，满行 38 字。

撰书：党天柱撰。

现藏：合阳县博物馆。

提要：此碑记载了民国十二年重修党氏祠堂事。

吉同钧圹志

全称：皇清赐进士出身诰授通议大夫钦加二品衔法部郎中韩城吉石笙先生生圹志铭。

年代：民国十二年（1923）刻。

形制：志长 0.83 米，宽 0.41 米。

行字：志文楷书 64 行，满行 22 字。

撰书：萧之葆撰，周爱诹书。

现藏：韩城市博物馆。

提要：墓志记载了吉同钧的家族世系、生平。

重修户县太史桥碑记

年代：民国十二年（1923）刻立。

形制：圆首龟座。高 2.33 米，宽 0.78 米，厚 0.21 米。

行字：正文楷书 24 行，满行 48 字。

撰书：赵继声撰，宋伯鲁书。

出土：原立于户县县城西门外太史桥西桥头。

现藏：户县文物管理委员会。

著录：《重修户县志》《户县碑刻》。

提要：记太史桥之历史，总结了清光绪年间一次修桥的教训，提出本次修桥新办法。

重修佛坪县衙署记

年代：民国十二年（1923）刻立。

形制：圆首。尺寸不详。

行字：正文楷书 21 行，满行 41 字。

撰书：孙培经撰，吕厚泽书。

纹饰：碑额饰两面相交旗帜图案。

现藏：周至县佛坪厅故城文物管理所。

提要：记载了陕西督军署行营执法官兼陕南边防总司令部军法官代理佛坪县知事孙培经到任后剿匪、建文庙、修县衙等事迹。

百里金汤

年代：民国十二年（1923）刻立。

形制：高 0.60 米，宽 1.78 米，厚 0.10 米。

行字：正文楷书 1 行 4 字。

撰书：王进德书，周爱诹题跋。

出土：原立于蒲城县城隍庙内。

现藏：蒲城县博物馆。

著录：《蒲城县志》《蒲城文物》。

备注：王进德，字霁堂，明末著名书法家。

赵元震暨妻阎氏阡表

全称：清诰封奉政大夫赵府君暨德配阎宜人
艮原阡表。

年代：民国十二年（1923）刻立。

形制：圆首龟座。通高 2.36 米，宽 0.89 米，
厚 0.30 米。

行字：正文楷书 26 行，满行 70 字。

撰书：赵继声撰，刘晖书并篆额，孙应基刻。

现藏：户县渭丰镇定舟村东原。

著录：《户县碑刻》。

备注：文中虽有刘晖书并篆额，而实际篆额
未刻。

提要：记赵元震之家族世系、生平。

清官第式

年代：民国十二年（1923）刻立。

形制：圆首。通高 1.57 米，宽 0.66 米，
厚 0.15 米。

行字：行楷 1 行 4 字。

纹饰：碑额饰两面相交旗帜图案。

出土：原立于周至县首都门，2000 年移立于
老县城西门外。

现藏：周至县佛坪厅故城文物管理所。

提要：该碑为佛坪四乡民众为县长孙培经所立。

黄文轩德教碑

全称：乾县区立第一高等小学校校长文轩黄
老夫子德教碑记。

年代：民国十二年（1923）刻立。

形制：圆首方额。通高 1.91 米，宽 0.65 米，
厚 0.15 米。

行字：正文楷书 18 行，满行 46 字。

撰书：范凝绩书。

纹饰：碑额饰双螭龙图案，碑身两侧饰八仙

人物及琴棋书画图案。

现藏：乾县姜村镇神坊村小学。

著录：《新编乾县志》。

提要：碑文简述黄文轩先生在原兴教寺内创
办学校，增设校舍数十楹，因捐款不
足，曾毁家以益之，历十数年而建成。

重葺杨太真初记

年代：民国十二年（1923）刻立。

形制：高 1.13 米，宽 0.31 米，厚 0.08 米。

行字：正文草书 37 行，满行 11 字。

撰书：李居义撰。

出土：1923 年出土于兴平县马嵬镇杨贵妃墓。

现藏：兴平市杨贵妃墓博物馆。

提要：此碑为兴平知事李居义修缮贵妃墓时
所立。

乾县西南区孔教分会碑记

年代：民国十二年（1923）刻立。

形制：圆首圭额。通高 1.90 米，宽 0.62 米，
厚 0.17 米。

行字：正文楷书 16 行，满行 45 字。

撰书：梁守典撰，胡炳文书。

纹饰：碑额饰二龙戏珠图案，碑身饰回纹。

现藏：乾县姜村镇神坊村小学。

著录：《新编乾县志》。

提要：碑记乾县西南区成立孔教分会事。

恭立神龙显应碑

年代：民国十二年（1923）刻立。

形制：高 0.85 米，宽 0.45 米。

行字：正文楷书 13 行，满行 16 字。

现藏：镇安县西口回族镇上河村黑龙庙。

提要：记述镇安西沟口黑龙显应，乡民以水
治疾，并合修龙王庙缘由。

*创修太皇宫募化布施碑

年代：民国十三年（1924）刻立。

形制：高 1.06 米，宽 0.47 米。

行字：正文楷书 48 行，满行 15 字。

现藏：宝鸡市金台观。

提要：记载了创修太皇宫时募化布施，杨照烈等数人捐资的数额情况。

重修太和山无量祖师庙碑

年代：民国十三年（1924）刻立。

形制：圆首方座。高 1.77 米，宽 0.49 米，厚 0.18 米。

行字：正文楷书 17 行，共 300 余字。

纹饰：碑身四周饰蔓草纹。

现藏：延安市太和山祖师庙。

提要：此墓志记载了太和山无量祖师玉宇皇楼创始于同治七年（1881），光绪二十五年（1899）夏重修，民国十三年完工立碑。

力挽狂澜

年代：民国十三年（1924）刻立。

形制：高 0.85 米，宽 2.40 米。

行字：正文楷书 1 行 4 字。

撰书：崔九焕书。

现藏：榆林市红石峡东壁地祇窟左下。

提要：此题是陕北榆林中学丁级班学生毕业题刻纪念。

*究整粮行碑

年代：民国十三年（1924）刻立。

形制：通高 1.05 米，宽 0.50 米，厚 0.20 米。

行字：正文楷书 11 行，满行 40 字。

撰书：李劝善撰，李嵩书。

现藏：千阳县南寨镇。

提要：碑叙述该里粮行起银的数量及规矩。

*曹可峰碑

年代：民国十三年（1924）刻立。

形制：高 1.33 米，宽 0.56 米。

行字：正文隶书 10 行，满行 40 字。

撰书：郭浤撰并书。

现藏：合阳县博物馆。

提要：记载曹可峰在辛亥革命中的功绩。

金台观创修太皇宫序

年代：民国十三年（1924）刻立。

形制：高 1.20 米，宽 0.64 米。

行字：正文楷书 32 行，满行 20 字。

撰书：景会图撰并书。

现藏：宝鸡市金台观。

提要：碑文记金台观因光绪年间大旱人们求雨得甘霖，故创修太皇宫之事。

修建洞阳宫碑记

年代：民国十三年（1924）刻立。

形制：圆首。通高 1.10 米，宽 0.52 米。

行字：正文楷书 15 行，满行 30 字。

出土：此碑自立未移。

现藏：城固县洞阳宫。

提要：记羊立清及其徒弟修建洞阳宫事。

*党子成墓志

年代：民国十三年（1924）刻。

形制：志正方形。边长 0.61 米。

行字：志文楷书 20 行，满行 27 字。

撰书：党云撰。

现藏：合阳县博物馆。

提要：此碑记载了党子成的生平。

修补文庙碑记

年代：民国十三年（1924）刻立。

形制：高 1.32 米，宽 0.57 米。

行字：正文隶书 10 行，满行 40 字。

撰书：杨楷撰并书。

现藏：合阳县博物馆。

提要：碑文记民国初年修补合阳县文庙大成殿事。

五门堰水案碑

全称：五门堰撤去王家车改修飞漕用高堰水呈县立案文。

年代：民国十三年（1924）刻立。

形制：高 1.33 米，宽 0.69 米。

行字：正文楷书 15 行，满行 40 字。

出土：此碑自立未移。

现藏：城固县五门堰。

提要：此碑记载因官渠设有一水车名王家车，任意拦截水流，使下游 40 里处水便枯竭，要使官渠之水下流，必须撤去王家车，另开小渠引水，另设飞漕过水而灌田，水费归高家堰征收，而用高堰之水，五门堰局筹给入册费 60 串文。

严存信暨妻杨氏墓碑

全称：宋知郓州事寔庵严公讳存信暨夫人杨氏合葬之墓碑。

年代：民国十三年（1924）刻立。

形制：圆首方座。高 0.97 米，宽 0.33 米，厚 0.18 米。

行字：碑中部大字楷书 22 字。正文楷书 6 行，满行 39 字。

撰书：严毓瑞撰，严建勋书。

现藏：户县涝店镇余姚村西侧公坟。

著录：《户县碑刻》。

提要：记严存信传为宋郓州知州，勤政爱民。

王进德墓碑

全称：明关中名书王公进德之墓。

年代：民国十三年（1924）刻立。

形制：高 1.11 米，宽 0.43 米。

行字：正文楷书 9 行，碑额 4 字。

撰书：梁希灏撰，党文英书。

纹饰：碑道上雕龙凤纹，碑身两侧及下边均刻有四形纹。

出土：原立于蒲城县王进德墓前。1997 年入藏蒲城县博物馆。

现藏：蒲城县博物馆。

提要：该碑为民国十三年王平候、党秉鑫等人为明代关中著名书法家王进德所立。

重修文庙明伦堂碑记

年代：民国十三年（1924）刻立。

形制：圆首。高 2.41 米，宽 0.83 米，厚 0.22 米。

行字：正文楷书 19 行，满行 40 字。

撰书：熊飞撰，刘晖篆额并书，孙象乾刻。

出土：2008 年出土于周至县东街小学。

现藏：周至县东街小学。

提要：此碑记载了重修文庙明伦堂之经过。

赵继声墓志

全称：河南任用简任职赵君鹤皋墓志铭并序。

年代：民国十三年（1924）刻。

形制：志、盖均为正方形。边长 0.69 米。盖厚 0.14 米，志厚 0.10 米。

行字：盖文篆书 5 行，满行 4 字。志文楷书 37 行，满行 37 字。

撰书：张凤翼撰，刘炳埏书，刘晖篆盖。

出土：1967 年出土于户县渭丰乡定舟村。

现藏：户县渭丰镇定舟村。

著录：《户县碑刻》。

提要：记赵继声之家族世系、生平。

*杨增龙墓表

年代：民国十三年（1924）刻立。

形制：圆首。高 2.00 米，宽 0.69 米。

行字：正文楷书 14 行，满行 50 字。

撰书：蔡元培撰，李大钊撰铭，黄福藻书，刘晖篆额。

出土：原立于华县杨增龙墓前。

现藏：西安碑林博物馆。

著录：《西安碑林博物馆藏碑刻总目提要》。

提要：碑中部题"龙潭老人杨君墓表"。

严裕汉神道碑

全称：清授中宪大夫晋赠光禄大夫振威将军兵部右侍郎河南巡抚候选知府增贡生严公神道碑。

年代：民国十三年（1924）刻立。

形制：平首方座。通高 2.21 米，宽 0.86 米。

行字：正文楷书 26 行，满行 60 字。

撰书：张森楷撰，康有为书并篆额。

现藏：西安碑林博物馆。

著录：《西安碑林全集》《西安碑林博物馆藏碑刻总目提要》。

提要：碑文记严裕汉生平。

*朱元有墓碑

年代：民国十三年（1924）刻立。

形制：高 0.94 米，宽 0.50 米。

行字：正文楷书 10 行，满行 30 字。

撰书：柯国幡撰，张文明书。

现藏：镇安县铁厂镇铁厂村。

提要：记述朱元有原系武昌大冶人，在镇安创业使家道富裕等况。

*平利镇坪二县勘定界碑

年代：民国十三年（1924）刻立。

形制：圆首。高 2.20 米，宽 0.95 米，厚 0.08 米。

行字：额楷书"照刊"2 字。碑身中题楷书 7 字。

现藏：镇坪县曾家镇曾家坝村。

著录：《安康碑版钩沉》。

提要：平利、镇坪两县勘定载立界碑以定疆域等事。

建修龙头山朝阳观戏楼碑记

年代：民国十三年（1924）刻立。

形制：高 1.65 米，宽 0.85 米。

行字：正文楷书 13 行，满行 41 字。

现藏：镇安县木王镇龙头山朝阳观。

提要：记述朝阳观历史上庙会盛况，及增修戏楼缘由。

*黄浩然墓碑

年代：民国十三年（1924）刻立。

形制：高 1.15 米，宽 0.64 米。

行字：正文楷书 22 行，满行 50 字。

撰书：程鸿鼐撰并书。

现藏：镇安县青铜关镇茨沟村。

提要：记述了黄浩然祖孙三代兴家立业，热赞公益事业，屡受皇封之绩。

南郑地方惜字纸募捐疏碑

年代：民国十四年（1925）刻立。

形制：高 2.13 米，宽 1.01 米。

行字：正文楷书 17 行，满行 32 字。

撰书：汪佩声撰。

现藏：汉中博物馆。

提要：阮贞豫释文幕僚程立中、余竹书、朱

德其组织汉中文化界人士共同成立惜字纸会。

补修午子观碑记

年代： 民国十四年（1925）刻立。

形制： 高 0.50 米，宽 0.65 米。

行字： 正文楷书 18 行，满行 19 字。

撰书： 杨开显撰，许国进书。

出土： 此碑自立未移。

现藏： 西乡县午子山。

著录：《汉中碑石》。

提要： 记午子山道观年久失修，蒋、张二君及四地士绅重修道观，并购娘娘殿神鼓事。

重修关帝庙碑记

年代： 民国十四年（1925）刻立。

形制： 高 0.54 米，宽 0.85 米。

行字： 正文楷书 32 行，满行 16 字。

纹饰： 碑身饰折线纹。

现藏： 陇县博物馆。

提要： 记载重修关帝庙之事。

捐置张念先君遗族田产记

年代： 民国十四年（1925）刻立。

形制： 通高 1.75 米，宽 0.80 米。

行字： 正文楷书 16 行，满行 40 字。

撰书： 阮贞豫撰并书。

现藏： 汉中博物馆。

提要： 记载汉中道尹阮贞豫为其慕僚张念先出资购置墓地之事。阮贞豫，清末安徽合肥人，曾任镇巴、南郑知县，后升汉中道尹。提倡文治，重视教育，曾资助《续修南郑县志》及重刻《汉中府志》的出版刊行，在汉中文化界口碑甚好。

汉台新建竹林阁赋

年代： 民国十四年（1925）刻立。

形制： 高 0.66 米，宽 0.37 米。

行字： 正文楷书 13 行，满行 16 字。

撰书： 刘次枫撰。

现藏： 汉中博物馆。

备注： 此碑左上部残缺。

提要： 此碑系为阮贞豫在汉台新建竹林阁写的一篇颂文。

重修哑姑庙碑

年代： 民国十四年（1925）刻立。

形制： 方额。高 1.90 米，宽 1.02 米，厚 0.18 米。

行字： 额篆书 1 行 6 字，题"重修哑姑庙碑"。正文楷书 11 行，满行 38 字。

撰书： 汪佩声撰并书。

纹饰： 碑正中钤有"陕西汉中道尹之印"。

出土： 此碑自立未移。

现藏： 汉中市哑姑山宝峰寺。

著录：《汉中碑石》。

提要： 碑记重修哑姑庙事。

刘雨亭墓志

全称： 邰阳刘公雨亭墓志铭。

年代： 民国十四年（1925）刻。

形制： 共 12 石，尺寸相同。长 0.30 米，宽 0.16 米。

行字： 册页式，共 12 页。每页楷书 6 行，满行 14 字。

撰书： 王炳撰，惠渥恩书。

现藏： 合阳县博物馆。

提要： 记载了刘雨亭之家族世系、生平。

李麟趾圹志

全称： 清授奉政大夫五品衔山西候补直隶州

州判丁酉科拔贡陕西督军省长公署咨议李府君圹志。

年代：民国十四年（1925）刻。

形制：共 2 石，均为正方形，尺寸相同。边长 0.61 米。

行字：志文楷书 41 行，满行 32 字。

撰书：郭毓璋撰，郗朝俊书，景凌霞篆盖。

出土：1959 年出土于华阴县西泉点村。

现藏：西安碑林博物馆。

著录：《华山碑石》。

备注：第 1 石裂为 6 块，盖题在第 1 石右上部。

提要：记李仁厚（字麟趾）之家族世系、生平。

黄堆南堡续修中路碑记

年代：民国十四年（1925）刻立。

形制：圆首座趺。高 0.98 米，宽 0.43 米，厚 0.10 米。

行字：额篆书"中华"2 字。正文楷书 11 行，满行 27 字。

现藏：户县草堂镇黄堆村。

著录：《户县碑刻》。

备注：碑身核心中断为两截。

提要：记民国十一年春黄堆南堡首事人等续修中路之事。

*杨子荣墓表

年代：民国十四年（1925）刻立。

形制：圆首座趺。高 1.18 米，宽 0.55 米，厚 0.18 米。

行字：额篆书"中华"2 字。正文楷书 15 行，满行 37 字。

撰书：张急济撰，□景直书。

现藏：户县五竹镇赵王镇西堡。

著录：《户县碑刻》。

提要：记杨子荣之家族世系、生平。

建修高陵县商会碑记

年代：民国十四年（1925）刻立。

形制：圆首方座。高 1.76 米，宽 0.62 米，厚 0.13 米。

行字：正文楷书 18 行，满行 37 字。

撰书：王景贤撰，杨枢书。

出土：1989 年从高陵县鹿苑镇上原村移至县文化馆。

现藏：高陵县文化馆。

著录：《高陵碑石》。

备注：碑身断为两截。

提要：碑记载建修高陵县商会之事。

倪达寿墓碑

全称：清授修职郎显考倪公讳达寿老大人之墓。

年代：民国十四年（1925）刻立。

形制：高 1.36 米，宽 0.56 米。

行字：正文楷书 14 行，满行 62 字。

撰书：范景云撰，陈耀虞书。

现藏：镇安县铁厂镇新声村。

提要：碑文记倪达寿生平。

创建乾县西乡贵德学校碑记

年代：民国十四年（1925）刻立。

形制：圆首方额。高 1.68 米，宽 0.61 米，厚 0.19 米。

行字：正文楷书 11 行，满行 41 字。

撰书：王天枢撰，韩义长书。

纹饰：碑额饰二龙戏珠图案。

现藏：乾县临平高级中学。

提要：碑文记临平镇在原天齐庙旧址上创建贵德学校事。

重修静明宫碑记

年代：民国十四年（1925）刻立。

形制：圆首方座，两面刻。高 2.14 米，宽
0.76 米，厚 0.16 米。

行字：正文楷书 17 行，满行 53 字。

撰书：侯徽撰，胡睿书。

出土：原存耀县药王山。

现藏：药王山博物馆。

著录：《药王山碑刻》《陕西药王山碑刻艺
术总集》。

提要：碑文记民国时重修静明宫事。

创修本坝初级学校序

年代：民国十五年（1926）刻立。

形制：高 0.50 米，宽 0.92 米，厚 0.16 米。

行字：正文楷书 28 行，满行字数不详。

撰书：宁济仲撰并书。

现藏：宁强县文化馆。

提要：碑文记兴建学校的重要性以及新建学校
的起止时间及新建学校的地至范围。

*猴化龙墓志

年代：民国十五年（1926）刻。

形制：志、盖均为正方形。边长 0.64 米。志
厚 0.12 米，盖厚 0.11 米。

行字：册页式。每页楷书 5 行，满行 12 字。

撰书：王逢源撰，于右任书，周爱覰篆盖。

出土：1999 年出土于西安市临潼区油槐乡
南张村。

现藏：西安市临潼博物馆。

提要：该志文记载猴化龙之家族世系、夫人
及子嗣等情况。

温氏列宗墓表

年代：民国十五年（1926）刻立。

形制：首残座佚。残高 1.14 米，宽 0.64 米，
厚 0.13 米。

行字：志文楷书 13 行，满行 30 字。

撰书：李蔚堂撰并书。

现藏：户县蒋村镇蒋村堡。

著录：《户县碑刻》。

备注：碑身上部中间凿有一高 0.12 米、宽
0.1 米孔洞。

提要：记温氏列宗的简单情况。

薛秉辰墓志

全称：清故诰授资政大夫赐进士出身日讲起
居注官文渊阁校理咸安宫总裁翰林
院侍读学士长安薛君墓志铭。

年代：民国十五年（1926）刻。

形制：志长 0.63 米，宽 0.62 米。

行字：志文行楷 36 行，满行 37 字。

撰书：李岳瑞撰并书，王步瀛篆盖。

出土：1954 年出土于西安市南郊。

现藏：西安碑林博物馆。

著录：《西安碑林全集》。

提要：此墓志记载了薛秉辰的生平。薛秉辰，
又名宝辰，咸宁杜曲人，光绪丙子年
（1876）举乡南宫试，己丑年（1889）
登进士第，改庶吉士，授职编修。主
讲关中书院，为总教。宣统元年
（1909）充讲官及文渊阁校理，三年
（1911）迁侍讲学士，旋转侍读学士，
充咸安宫总裁。所著书有：《宝学斋》
《文诗钞仪》《邓堂笔记全号》《编本
草全号》《医学论说》。

吉同钧德教碑

全称：韩城吉石笙先生德教碑记。

年代：民国十五年（1926）刻立。

形制：共 4 石。三块均长 0.88 米，宽 0.32
米，一块长 0.49 米，宽 0.32 米。

行字：正文行书 56 行，满行 15 字。

撰书：刘敦撰，宋伯鲁书。

现藏：韩城市博物馆。

提要：吉同钧，字石笙，号顽石，韩城赳赳寨人，光绪十六年（1891）进士，授刑部主事，精于法学，奉命修订法律，编《现行律》等。

*于右任题诗碑

年代：民国十五年（1926）刻立。

形制：高 0.50 米，宽 0.17 米，厚 0.14 米。

行字：正文楷书 4 行，满行 18 字。

撰书：于右任书。

出土：原存耀县文化馆，后存于柳范书画协会，2004 年入藏铜川市耀州区博物馆。

现藏：铜川市耀州区博物馆。

提要：此碑是于右任在民国九年北上延安路过耀县在药王山养病时撰写的一首五言诗，民国十五年刻石。

滕印仲德政碑

全称：镇安县知事太邱滕公德政碑。

年代：民国十五年（1926）刻立。

形制：高 1.42 米，宽 0.76 米。

行字：正文楷书 23 行，满行 53 字。

撰书：刘鹤年撰，瑚炳林书。

出土：2003 年出土于镇安县粮站。

现藏：镇安县城校场沟口。

提要：碑记滕印仲在镇安任知事期间平匪安民以及修县志、建魁星楼等业迹。

朱启亮暨妻谌氏合葬墓碑

全称：故先考朱公讳启亮老大人先妣朱母谌老孺人之墓。

年代：民国十五年（1926）刻立。

形制：高 0.90 米，宽 0.48 米。

行字：正文楷书 9 行，满行 30 字。

撰书：刘应余撰并书。

现藏：镇安县西口回族镇黑沟村。

提要：碑文记述朱启亮迁镇安东乡栗原后兴家情况。

*神灵远护碑

年代：民国十五年（1926）刻立。

形制：高 0.72 米，宽 0.44 米。

行字：正文楷书 28 行，满行 7 字。

撰书：杨朝刚撰。

现藏：镇安县西口回族镇上河村黑龙庙。

提要：记述杨朝刚被贼掳去，暗求龙王救护，顿时天降大雨，贼各自奔，杨朝刚逃回事。

王理富暨妻胡氏墓碑

全称：皇清例赠修职郎显考王公理富大人显妣王母胡老孺人之墓。

年代：民国十五年（1926）刻立。

形制：高 1.31 米，宽 0.78 米。

行字：正文楷书 14 行，满行 58 字。

撰书：倪鹏藻撰，丁云亭书。

现藏：镇安县铁厂镇黄龙铺。

提要：碑文记王理富夫妇生产生活状况及其热心办公益等事。

王世镗书急就章

年代：民国十六年（1927）刻立。

形制：通高 1.35 米，宽 0.70 米。

行字：正文草书 6 行，满行 13 字。

撰书：王世镗书。

出土：此碑自立未移。

现藏：汉中博物馆。

提要：此碑系王世镗节临汉初史游《急就章》以应程立中为竹林阁碑廊之求而作。王世镗是中国近现代章草书法大家。清末客居汉中，致力于书法研究，尤深研章草今草书体，有《稿决集字》行世。

金洋堰重整条规碑

全称：金洋堰重整旧规理处违背条件碑记。

年代：民国十六年（1927）刻立。

形制：高 0.65 米，宽 0.68 米，厚 0.16 米。

行字：正文楷书 26 行，满行 26 字。

撰书：肖春久撰，苏培厚书。

出土：此碑自立未移。

现藏：西乡县堰口镇金洋堰头碑墙。

著录：《汉中碑石》。

提要：记灌区绅粮于民国十六年就堰旧规不合、劣绅欠纳堰费等整改条规事。

*冯玉祥言志碑（临潼）

年代：民国十六年（1927）刻立。

形制：高 0.13 米，宽 0.58 米，厚 0.27 米。

行字：正文楷书 8 行，满行 20 字。

撰书：冯玉祥撰并书。

出土：1982 年出土于临潼县相桥。

现藏：西安市临潼博物馆。

提要：碑文记冯玉祥施政纲领。

*冯玉祥言志碑（蓝田甲）

年代：民国十六年（1927）刻立。

形制：圆首。高 1.50 米，宽 0.70 米。

行字：正文楷书 8 行，满行 14 字。

撰书：冯玉祥撰并书。

出土：蓝田县政府大院。

现藏：蓝田县蔡文姬纪念馆。

备注：字已漫漶不清。

提要：记冯玉祥施政纲领。

*冯玉祥言志碑（蓝田乙）

年代：民国十六年（1927）刻立。

形制：圆首。高 1.90 米，宽 0.75 米。

行字：正文行楷 7 行，满行 17 字。

撰书：冯玉祥撰并书。

出土：蓝田县法院。

现藏：蓝田县蔡文姬纪念馆。

著录：（光绪）《蓝田县志》。

提要：碑文记冯玉祥施政口号。碑阴为《重修毓仙漫道白龙桥碑》。

*冯玉祥言志碑（周至）

年代：民国十六年（1927）刻立。

形制：圆首方座。通高 2.60 高 2.15 米，宽 0.68 米，厚 0.23 米。

行字：正文楷书 7 行，满行 17 字。

撰书：冯玉祥撰并书。

出土：1988 年出土于周至县终南镇毓兴村。

现藏：周至县终南镇火神庙街道。

提要：记冯玉祥施政纲领。

*冯玉祥言志碑（扶风）

年代：民国十六年（1927）刻立。

形制：圆首方座。通高 1.67 米，宽 0.57 米，厚 0.20 米。

行字：正文楷书 7 行，满行 17 字。

撰书：冯玉祥撰并书。

出土：原立于扶风县召公镇东门外，1985 年入藏扶风县博物馆。

现藏：扶风县博物馆。

提要：记冯玉祥语录。

*冯玉祥言志碑（乾县）

年代：民国十六年（1927）刻立。

形制：碑残损。残高 0.93 米，宽 0.70 米，厚 0.19 米。

行字：正文楷书 8 行，行残存 12 字。

出土：原立于乾县杨洪镇杨庄村。

现藏：乾县懿德太子墓博物馆。

著录：《新编乾县志》。

提要：碑文记冯玉祥施政纲领。

*冯玉祥言志碑（淳化）

年代：民国十六年（1927）刻立。

形制：碑残损。残高 1.08 米，宽 0.61 米，厚 0.12 米。

行字：正文楷书 7 行，满行存 17 字。

出土：1984 年出土于淳化县政府。

现藏：淳化县博物馆。

提要：记冯玉祥施政纲领。

*冯玉祥言志碑（泾阳）

年代：民国十六年（1927）刻立。

形制：高 1.82 米，宽 0.69 米。

行字：正文楷书 7 行，满行 17 字。

纹饰：碑额饰云纹。

现藏：泾阳县博物馆。

提要：碑文记冯玉祥施政纲领。

*冯玉祥言志碑（华阴）

年代：民国十六年（1927）刻立。

形制：圆首。高 1.34 米，宽 0.80 米。

行字：正文楷书 9 行，满行 13 字。

撰书：冯玉祥撰并书。

纹饰：碑身四周饰仙人、神童、嘉禾图案。

出土：原在华阴县夫水镇官道旁，1980 年移入西岳庙。

现藏：华阴市西岳庙文物管理处。

著录：《华山碑石》。

提要：此碑记冯玉祥为人民谋福祉的建政口号。

*冯玉祥言志碑（合阳）

年代：民国十六年（1927）刻立。

形制：高 1.35 米，宽 0.63 米。

行字：正文隶书 6 行，满行 17 字。

撰书：陈禄书。

现藏：合阳县博物馆。

提要：记冯玉祥语录。

*冯玉祥言志碑（潼关）

年代：民国十六年（1927）刻立。

形制：高 1.91 米，宽 0.76 米，厚 0.20 米。

出土：1959 年出土于潼关县老城。

现藏：潼关县东门博物馆。

提要：记冯玉祥施政纲领。

*冯玉祥言志碑（子长）

年代：民国十六年（1927）刻立。

形制：高 1.52 米，宽 0.70 米。

行字：正文楷书 7 行，满行 17 字。

撰书：冯玉祥撰并书。

现藏：子长县安定故城永清门内镶嵌。

备注：碑体下部风化严重。

提要：记冯玉祥语录。

建护鄐阁颂记

年代：民国十六年（1927）刻立。

形制：高 0.90 米，宽 0.50 米。

行字：正文楷书 29 行，满行 15 字。

撰书：刘晓霆撰。

出土：此碑自立未移。

现藏：略阳县灵岩寺博物馆。

著录：《灵岩流光》。

提要：此碑记载鄐阁颂摩崖的地理位置和建护起因，并告知后人应共同珍视与保护。

*西乡县知事等尊孔碑

年代：民国十六年（1927）刻立。

形制：高 2.04 米，宽 1.04 米。

行字：正文楷书 25 行，满行 77 字。

撰书：赖运淑撰，任郁文书。

出土：原立于西乡县县委。

现藏：西乡县午子山。

提要：民国十六年西乡县知事等祭孔事。

*方寿昌题诗碑

年代：民国十六年（1927）刻立。

形制：高 0.33 米，宽 0.66 米。

行字：正文行书 19 行，满行 11 字。

撰书：方寿昌撰并书。

出土：此碑自立未移。

现藏：略阳县灵岩寺博物馆。

著录：《汉中碑石》。

提要：诗文描写了灵岩寺周边优美的自
然风光。

重修午子山顶观后塞紫金城碑

年代：民国十六年（1927）刻立。

形制：高 0.34 米，宽 0.38 米。

行字：正文楷书 12 行，满行 15 字。

现藏：西乡县午子观。

提要：记载民国间重修午子山顶紫金城事。

*悼李大钊等同志碑

年代：民国十六年（1927）刻立。

形制：高 1.13 米，宽 0.71 米，厚 0.13 米。

出土：原立于潼关县老城，1959 年迁至潼关
县文化馆。

现藏：潼关县东门博物馆。

备注：字迹漫漶。

提要：记冯玉祥悼李大钊等二十位同志之
悼词。

寇卓墓志

全称：清授中宪大夫知府衔四川在任候补

直隶州知州巫山县知县立如寇君墓
志铭。

年代：民国十六年（1927）刻。

形制：志、盖均为正方形，尺寸相同。边长
0.70 米，厚 0.10 米。

行字：盖文篆书 4 行，满行 3 字。志文楷书
31 行，满行 39 字。

撰书：牛兆濂撰，宋伯鲁书，宋联奎篆盖。

出土：1990 年出土于临潼县斜口镇王家坡。

现藏：西安市临潼博物馆。

提要：志文记载寇卓生平。寇卓，字立如，
号悔庵，临潼人，著有《悔庵集》。

革命纪念公园

年代：民国十六年（1927）刻立。

形制：高 0.56 米，宽 0.99 米，厚 0.26 米。

行字：正文行书 3 行 6 字。上款"十六年"，
下款"于右任"。

撰书：于右任书。

出土：1984 年出土于临潼县雨金小学。

现藏：西安市临潼博物馆。

提要：革命纪念公园为当地纪念辛亥革命烈
士所建。

阵亡烈士纪念碑记

年代：民国十六年（1927）刻立。

形制：碑残损。残高 0.92 米，残宽 0.87 米，
厚 0.21 米。

行字：正文楷书 15 行，满行字数不详。

纹饰：碑身饰菊花纹。

出土：原立于临潼县雨金镇东胡村。

现藏：西安市临潼博物馆。

备注：该碑仅存上部，且有残阙。

提要：碑文记载民国初年临潼渭北剿匪战斗
之事及阵亡人员名单。

陕西新城记

年代： 民国十六年（1927）刻立。

形制： 高 0.65 米，宽 1.25 米。

行字： 正文楷书 36 行，满行 17 字。

撰书： 石敬亭撰，宋伯鲁书。

现藏： 西安事变纪念馆。

提要： 此碑记述新城历史沿革及新城地名沿革。

姚香亭妻王氏节孝碑

全称： 清旌表处士姚香亭之妻王氏节孝碑。

年代： 民国十六年（1927）刻立。

形制： 圆首座佚。高 2.25 米，宽 0.70 米。

行字： 额楷书"民国"2 字。正文楷书 12 行，满行 62 字。

撰书： 陈元鼎撰并书，赵浪亭刻。

现藏： 户县甘亭镇坳子堡。

著录：《户县碑刻》。

提要： 记王氏生平。

*马守清懿行碑

年代： 民国十六年（1927）刻立。

形制： 圆首座佚。高 1.51 米，宽 0.58 米，厚 0.16 米。

行字： 正文隶书 9 行，满行 36 字。

撰书： 张宝麟题，查文芳书。

纹饰： 碑额饰二龙戏珠图案。

现藏： 户县秦渡镇北待诏村。

著录：《户县碑刻》。

提要： 记待诏村善士马守清事亲孝顺，教子义方，勤俭约己，恭谨持躬之生平。

彭仲翔碑

全称： 公葬彭仲翔烈士之碑。

年代： 民国十六年（1927）刻立。

形制： 圆首。通高 1.72 米，宽 0.65 米。

行字： 正文楷书 9 行，满行字数不等。

撰书： 于右任撰并书。

现藏： 西安碑林博物馆。

著录：《西安碑林全集》《西安碑林博物馆藏碑刻总目提要》。

提要： 彭仲翔，陕西白水人，1905 年加入同盟会，曾经任陕西靖国军总司令部军务处长、参谋长等职，1924 年被军阀刘振华所害。此碑是 1927 年为彭仲翔举行公葬时所立。

*龙王庙秘方碑

年代： 民国十六年（1927）刻立。

形制： 高 0.91 米，宽 0.52 米。

行字： 正文楷书 28 行，满行 5 字。

现藏： 镇安县西口回族镇上河村黑龙庙。

提要： 记述晏树德求龙庙秘方治愈顽疾事。

*旬阳县长恭录冯玉祥口号碑

年代： 民国十六年（1927）刻立。

形制： 平首方座。高 1.54 米，宽 0.79 米，厚 0.06 米。

行字： 正文楷书 6 行，满行 17 字。

出土： 原立于洵阳县城东门外。

现藏： 旬阳县城西门外洞儿碥。

著录：《安康碑石》。

提要： 此碑记冯玉祥五种建政口号。

李玉堂暨妻王氏神道碑

全称： 清赠五品职衔岁贡生李玉堂王宜人之神道碑。

年代： 民国十七年（1928）刻立。

形制： 两面刻。高 2.20 米，宽 0.78 米，厚 0.19 米。

行字：正文楷书 16 行，满行 48 字。

撰书：甄士仁撰。

纹饰：碑身饰动物及二十四孝故事图案。

出土：原立于麟游县丈八乡壑口村。

现藏：麟游县博物馆。

提要：记李玉堂及妻王氏生平。

*游雄山寺碑

年代：民国十七年（1928）刻立。

形制：高 1.23 米，宽 0.58 米。

行字：正文行书 6 行，满行 14 字。

撰书：杭栋书。

现藏：榆林市红石峡东壁。

提要：文中是杭栋游红石峡时题写的七言诗。

定安寺创修石佛殿碑记

年代：民国十七年（1928）刻立。

形制：螭首方座。通高 1.90 米，宽 0.56 米，厚 0.20 米。

行字：正文楷书 12 行，满行 32 字。

撰书：张自立书。

纹饰：碑身饰人物图案。

现藏：扶风县段家镇西河定安寺内。

提要：记录了定安寺概况及修殿经过。

*稿决集字碑

年代：民国十七年（1928）刻立。

形制：共 42 石，尺寸相同。高 0.32 米，宽 0.39 米。

行字：正文草书，每块 20 行，满行 10—19 字。

撰书：王世镗撰并书。

出土：原存汉中市哑姑山宝峰寺，1980 年移至古汉台。

现藏：汉中市博物馆。

提要：民国十七年，阮贞豫主持，程立中集资，将王世镗《稿决集字》镌成碑石。

*观音会捐资碑

年代：民国十七年（1928）刻立。

形制：高 0.49 米，宽 0.81 米。

行字：正文行书 11 行，满行 12 字。

出土：此碑自立未移。

现藏：略阳县灵岩寺博物馆。

提要：此碑记载了观音会后捐资者的姓名及所捐款数。

*郭世芳题诗碑

年代：民国十七年（1928）刻立。

形制：高 0.64 米，宽 1.20 米，厚 0.14 米。

行字：正文行书 9 行，满行 5—6 字不等。

撰书：郭世芳撰并书。

出土：此碑自立未移。

现藏：勉县武侯祠博物馆。

著录：《汉中碑石》。

提要：记民国十七年任沔县知事郭世芳拜谒武侯祠时所题诗。

*略阳县医院陈时雨等摩崖题刻

年代：民国十七年（1928）刻立。

形制：高 0.46 米，宽 0.36 米。

行字：正文行书 16 行，满行 15 字。

出土：此碑自立未移。

现藏：略阳县灵岩寺博物馆。

提要：碑文记载了观音会上捐款的人名及其捐款额数。

夹门子荷叶坝两牌绅粮捐资兴学记

年代：民国十七年（1928）刻立。

形制：高 0.93 米，宽 0.57 米。

行字：正文楷书 27 行，满行 40 字。

撰书：崔蕴玉撰，李绍唐书。

纹饰：碑身四周饰卷云纹。

出土：此碑自立未移。

现藏：略阳县灵岩寺博物馆。

著录：《汉中碑石》。

提要：记陈子兰等多人募捐兴建学校，何存才、何奇才兄弟捐私渡一处作为办学基金事。

*冯玉祥为马超祠题联

年代：民国十七年（1928）刻立。

形制：高 1.35 米，宽 0.74 米，厚 0.16 米。

行字：正文隶书 2 行，满行 7 字。

撰书：冯玉祥撰并书。

出土：原竖于勉县马超祠大门外。

现藏：勉县武侯祠博物馆。

备注：碑残断，4 字受损，已做粘接。

提要：内容为冯玉祥为马超祠所题楹联。

盟心处

年代：民国十七年（1928）刻立。

形制：高 1.30 米，宽 0.60 米，厚 0.14 米。

行字：正文楷书 1 行 3 字。

出土：原立于略阳县剧团。

现藏：略阳县江神庙民俗博物馆。

*冯玉祥为武侯祠题联

年代：民国十七年（1928）刻立。

形制：平首方座。高 1.34 米，宽 0.82 米，厚 0.15 米。

行字：正文隶书 4 行，满行 5 字。

撰书：冯玉祥撰并书。

出土：此碑自立未移。

现藏：勉县武侯祠博物馆。

著录：《汉中地区名胜古迹》。

提要：内容为冯玉祥为沔县武侯祠所题楹联。

*刘足民墓表

年代：民国十七年（1928）刻立。

形制：圆首座佚。高 1.88 米，宽 0.67 米，厚 0.15 米。

行字：正文行书 14 行，满行 50 字。

撰书：赵守愚撰，王凤仪书。

纹饰：碑额饰二龙戏珠图案。

现藏：户县渭丰镇留南村刘辉家中。

著录：《户县碑刻》。

提要：记刘足民之生平。

过之翰祭胡励生碑

全称：陕西财政厅厅长过之翰祭胡励生上将文。

年代：民国十七年（1928）刻立。

形制：高 0.64 米，宽 0.78 米。

行字：正文隶书 25 行，满行 30 字。

撰书：过之翰撰并书。

出土：1967 年出土于华阴县华麓胡励生墓。

现藏：华阴市西岳庙文物管理处。

著录：《华山碑石》。

提要：碑为祭文，记胡励生上将一生之功绩。

陈希夷先生心相编

年代：民国十七年（1928）刻立。

形制：高 0.70 米，宽 1.38 米。

行字：正文楷书 65 行，满行 21 字。跋文 3 段，行字数不等。

撰书：宋陈抟撰，段莹书，宋伯鲁、徐廷锡、段韶九跋，孙应基刻。

现藏：西安碑林博物馆。

著录：《西安碑林全集》《西安碑林博物馆藏碑刻总目提要》。

提要：《心相编》是传统的劝善文字，为宋人陈希夷所作。

陕西新城小碑林记

年代：民国十七年（1928）刻立。

形制：高 0.66 米，宽 1.31 米。

行字：正文楷书 28 行，满行 13 字。

撰书：宋伯鲁撰并书。

现藏：西安碑林博物馆。

著录：《西安碑林全集》《西安碑林博物馆藏碑刻总目提要》。

提要：1927 年宋远哲到陕西主持军政，收藏古代碑刻聚集在新城，名曰"小碑林"。

聂龙灵暨妻徐氏墓碑

全称：故显考聂公讳龙灵老大人显妣聂母徐老孺人之墓。

年代：民国十七年（1928）刻立。

形制：高 1.00 米，宽 0.67 米。

行字：正文楷书 13 行，满行 38 字。

撰书：项镜清撰，聂凤喈书。

现藏：镇安县西口回族镇黑沟村。

提要：记述聂龙灵妻徐孺人一生艰难持家景况。

聂凤岗墓碑

全称：故先考聂公凤岗老大人之墓。

年代：民国十七年（1928）刻立。

形制：高 0.85 米，宽 0.48 米。

行字：正文楷书 8 行，满行 24 字。

撰书：聂凤喈撰并书。

现藏：镇安县西口回族镇黑沟村。

提要：记述聂凤岗生平。

乾县中山公园落成记

年代：民国十七年（1928）刻立。

形制：碑残损。残高 0.93 米，宽 0.77 米，厚 0.19 米。

行字：正文楷书 8 行，满行 13 字。

撰书：杨韶撰并书。

出土：原立于乾县人民政府西边中山公园。

现藏：乾县懿德太子墓博物馆。

著录：《新编乾县志》。

提要：碑文记乾县创修中山公园事。杨韶，福建闽侯人，时任乾县县长。

*冯玉祥言志碑（耀县）

年代：民国十七年（1928）刻立。

形制：圆首。高 1.30 米，宽 0.57 米。

行字：正文楷书 8 行，满行 17 字。

撰书：冯玉祥撰并书。

出土：原立于耀县柳林小学。

现藏：药王山博物馆。

著录：《药王山碑刻》《陕西药王山碑刻艺术总集》。

提要：此碑记冯玉祥为人民谋福祉的建政口号。

*冯玉祥言志碑（澄城）

年代：民国十八年（1929）刻立。

形制：碑残损。残高 0.92 米，宽 0.57 米，厚 0.10 米。

行字：正文楷书 7 行，每行存 12 字。

撰书：冯玉祥撰并书。

出土：1991 年出土于澄城县尧头医院。

现藏：澄城县乐楼文物管理所。

著录：《澄城碑石》。

提要：记冯玉祥当时提出的六条施政纲领。

*冉希无懿行碑

年代：民国十八年（1929）刻立。

形制：高 2.06 米，宽 0.74 米，厚 0.21 米。

行字：正文行书 12 行，满行 55 字。

撰书：牛崇德刊。

纹饰：碑身四周饰菊花、蔓草纹。

现藏：千阳县柿沟镇冉家沟村。

备注：现倒放路旁，无保护措施。

提要：记冉希无生平及培育桃李事迹。

青石崖重修碑记

年代：民国十八年（1929）刻立。

形制：圆首方额。通高 2.44 米，宽 0.62 米，厚 0.18 米。

行字：正文楷书 11 行，满行 43 字。

撰书：蒲兴虞撰并书。

纹饰：碑额饰二龙戏珠图案，碑身饰文房四宝、龙、兽、花卉纹。

现藏：陇县八渡镇桃园村青石崖古庙。

提要：记述了青石崖的位置、胜景、沿革及祈雨之灵、重修等情况。

燕伋望鲁台

年代：民国十八年（1929）刻立。

形制：圆首龟座。通高 1.65 米，宽 0.60 米，厚 0.17 米。

行字：正文 1 行 5 字。

撰书：张道芷书。

纹饰：碑额饰花草纹，碑身两侧饰蔓草纹。

出土：原立于千阳县城关镇西关村裴家台塬上。

现藏：千阳县望鲁台广场。

提要：碑身中书"燕伋望鲁台"五个大字。

清岁进士折尚忠功德碑

年代：民国十八年（1929）刻立。

形制：螭首长方座。通高 1.94 米，宽 0.74 米，厚 0.14 米。

行字：正文楷书 11 行，满行 48 字。

撰书：营植本撰，杨如震书。

纹饰：碑身两侧饰暗八仙纹及莲花纹。

现藏：子长县南沟岔镇。

提要：碑文记折尚忠生平。

合阳县裁革地耗开一切陋规碑记

年代：民国十八年（1929）刻立。

形制：高 1.20 米，宽 0.56 米。

行字：正文楷书 11 行，满行 44 字。

撰书：范涌芬撰。

现藏：合阳县博物馆。

提要：此碑记载民国十八年合阳县官绅讨论减免地耗及一切陋规陋习事。

乡贤公讳神位

年代：民国十八年（1929）刻立。

形制：高 0.96 米，宽 0.63 米。

行字：正文楷书 16 行，满行字数不等。

现藏：合阳县博物馆。

提要：该碑记载了乡贤神位人员名单及官位。

刘母韩孺人墓表

年代：民国十八年（1929）刻立。

形制：圆首座佚。高 1.68 米，宽 0.62 米，厚 0.12 米。

行字：额楷书"悠远"2 字。正文楷书 17 行，满行 42 字。

撰书：吴继祖撰，张宗鼎书。

现藏：户县庞光镇东焦蒋村。

著录：《户县碑刻》。

提要：记刘三友母亲韩孺人之生平。

周爱诹圹志

全称：皇清赐进士出身诰授资政大夫赏加二品衔日讲起居注官翰林院侍讲学士加七级周政伯生圹志。

年代：民国十八年（1929）刻。

形制：志正方形。边长 0.70 米。

行字：志文楷书 33 行，满行 32 字。

撰书：周爱诹撰并书，白瑜跋。

出土：蒲城县三合乡十里铺村。

现藏：蒲城县博物馆。

著录：《蒲城县志》。

提要：该墓志为周爰诹自撰自书，记述生平。周爰诹（1854—1929），字政伯，清光绪十二年（1886）进士，历任翰林撰、侍讲学士等，著有《蒲城文献征录》等。

吉人骥暨妻高氏合葬墓志

全称：清授奉政大夫汝材吉公暨德配高宜人合葬墓志铭。

年代：民国十八年（1929）刻。

形制：志正方形。边长 0.64 米。

行字：盖文篆书 3 行，满行 8 字。志文楷书 39 行，满行 25 字。

撰书：李兰撰，杜彦煌书，杜曜箕篆盖。

现藏：韩城市博物馆。

提要：墓志记载了吉人骥及高氏的家族世系、生平。

张卜暨妻张氏彭氏懿行碑

全称：张公讳卜暨德配张彭氏懿行碑。

年代：民国十八年（1929）刻立。

形制：圆首。高1.83米，宽0.64米，厚0.18米。

行字：正文楷书 19 行，满行 43 字。

撰书：张元勋撰，贾岂书。

纹饰：碑额饰二龙戏珠图案及莲花纹。

出土：1970 年出土于周至县钟徐村。

现藏：周至县尚村镇钟徐村。

备注：碑上部残断。

提要：碑记载张卜和两位夫人生平、谱系。

小碑林记

年代：民国十八年（1929）刻立。

形制：平首方座。通高 1.57 米，宽 0.76 米。

行字：正文楷书 13 行，满行 29 字。

撰书：毛昌杰撰并书，王尚玺刻。

现藏：西安碑林博物馆。

著录：《西安碑林全集》《西安碑林博物馆藏碑刻总目提要》。

提要：小碑林系宋哲元 1927 年在陕主政期间在西安新城所建。

耿端人少将纪念碑

年代：民国十八年（1929）刻立。

形制：圆首。通高 2.10 米，宽 0.80 米。

行字：额篆书 4 行，满行 4 字，题"中华民国陆军少将耿公端人纪念之碑"。正文楷书 18 行，满行 36 字。

撰书：党元凯撰，于右任书。

现藏：西安碑林博物馆。

著录：《西安碑林全集》《西安碑林博物馆藏碑刻总目提要》。

提要：此碑是纪念耿端人而立。耿端人辛亥革命时追随宋向臣，后参加护国战争，曾任陕西警备军统领。1917 年耿端人在西安率兵起义兵败战死于蒲城。

柯荔阶暨妻李氏墓碑

全称：显考例赠文林郎柯公荔阶大人显妣例赠安人柯母李老安人之墓。

年代：民国十八年（1929）刻立。

形制：高 1.40 米，宽 0.69 米。

行字：正文楷书 7 行，满行 31 字。

现藏：镇安县永乐镇铁铜沟。

提要：记述柯荔阶及李氏生平。

徐文彩墓碑

全称：故先考徐公讳文彩老大人之墓。

年代：民国十八年（1929）刻立。

形制：高 1.10 米，宽 0.80 米。

行字：志文楷书 8 行，满行 35 字。

现藏：镇安县东川镇后街。

提要：记述徐文彩由兴安府迁入镇安兴家立业等况。

重修周文王陵碑记

年代：民国十八年（1929）刻立。

形制：圆首方座。通高 2.00 米，宽 0.50 米。

行字：碑额篆书 3 行，满行 3 字，题"重修周文王陵碑记"。正文楷书 16 行，满行 36 字。

撰书：李佩琴撰，鲁指南书。

出土：此碑自立未移。

现藏：咸阳市周陵文物管理所。

著录：《咸阳碑刻》《咸阳市渭城区志》《渭城文物志》。

提要：记咸阳县长李佩琴等重修周文王陵事。

宁陕县学务汇刊碑

年代：民国十八年（1929）刻立。

形制：圆首方座。高 2.50 米，宽 0.95 米。

撰书：廖金元撰，宗仁书。

现藏：宁陕县老城小学。

著录：《安康碑石》《安康碑版钩沉》。

提要：记宁陕县长等筹措学款基金事。

杨母姜氏墓碑

全称：故先妣杨母姜老孺人之墓。

年代：民国十八年（1929）刻立。

形制：高 1.04 米，宽 0.57 米。

行字：志文楷书 21 行，满行 41 字。

纹饰：碑身饰蝙蝠图案。

现藏：镇安县高峰镇张家川。

提要：记述姜氏生平。

*张三丰瓜皮书碑

年代：民国十九年（1930）刻立。

形制：圆首。通高 2.80 米，宽 0.71 米，厚 0.18 米。

行字：正文草书。碑阳 2 行，满行 7 字。碑阴 2 行，满行 7 字。

撰书：张三丰书。

纹饰：碑额饰二龙戏珠图案。

现藏：宝鸡市金台观。

著录：《武当》（2004 年 8 期）《金台观文史资料》。

备注：2008 年汶川地震时碑裂，今已修复。

提要：碑文为七律唐诗。传说系张三丰用瓜皮所书。

*金台观全图碑

年代：民国十九年（1930）刻立。

形制：圆首方座。高 2.34 米，宽 0.64 米，厚 0.20 米。

纹饰：碑阳额饰双龙图案，碑阴额饰双凤朝阳图案，碑身为金台观线刻图。

现藏：宝鸡市金台观。

备注：碑正面落款处题跋已被毁，内容不详。

提要：碑阳题"金台古观"四字。碑阴面为金台观布局图。

蓬莱胜境

年代：民国十九年（1930）刻立。

形制：高 1.20 米，宽 1.00 米。

行字：正文草书 1 行 4 字。

撰书：师汝霖、张柽书。

现藏：榆林市红石峡东壁。

提要：上款"民国庚午"，下款"师汝霖、张柽□□石"。

例授贡生荣庭张公神道碑

年代：民国十九年（1930）刻立。

形制：首座皆佚。高 1.20 米，宽 0.70 米，厚 0.18 米。

纹饰：碑身饰人物图案。

现藏：陇县城关镇。

提要：记张荣庭之生平。

重修良马寺碑记

年代：民国十九年（1930）刻立。

形制：高 1.33 米，宽 0.70 米。

行字：正文楷书 29 行，满行 22 字。

撰书：冯钰麟撰并书。

现藏：洋县良马寺。

著录：《汉中碑石》。

提要：记重修良马寺觉皇殿，并两廊诸神殿，以及大门、二门、照壁等事。

傅鸣铎墓志

全称：清庠生中华民国陆军上校傅公振之墓志铭。

年代：民国十九年（1930）刻。

形制：志正方形。边长 0.60 米。

行字：盖文篆书 4 行，满行 5 字，题"清庠生中华民国陆军上校傅公振之墓志铭"。志文楷书 32 行，满行 32 字。

撰书：李鼎馨撰，任庭海书，马凌云篆盖。

现藏：蒲城县博物馆。

备注：盖在下角残缺，铭在上角断开。

提要：志石记载傅鸣铎生平，其曾任国民革命军军需官。

马文炳德教碑

全称：清授征仕郎贡生马老夫子德教碑并序。

年代：民国十九年（1930）刻立。

形制：首座皆佚。高 1.19 米，宽 0.66 米，厚 0.14 米。

行字：正文楷书 16 行，满行 48 字。

撰书：段光世撰，刘清峨书，赵均明、王志明刻。

纹饰：碑身饰人物图案。

现藏：户县光明乡百福村。

著录：《户县碑刻》。

提要：记马文炳之家族世系、籍贯、生平。

三山拱翠

年代：民国二十年（1931）刻立。

形制：高 0.80 米，宽 1.40 米。

行字：行书 1 行 4 字。

撰书：陈璋书。

现藏：榆林市红石峡东壁。

提要：陈璋为榆林党氏题字为康熙五十四年（1715），1931 年榆林人苏向辰等人在党氏家族的木匾上拓字后镌刻于红石峡东壁上。

山如仁墓碑

全称：耶稣教瑞典国内教会牧师山如仁之冢墓。

年代：民国二十年（1931）刻立。

形制：高 1.26 米，宽 0.53 米。

行字：正文楷书 7 行，满行 35 字。

现藏：合阳县博物馆。

提要：此碑记载了瑞典国牧师山如仁的生平。

重修观音阁弁言

年代：民国二十年（1931）刻立。

形制：圆首。高 0.95 米，宽 0.47 米。

行字：正文楷书 15 行，满行 35 字。

撰书：田培祯撰并书。

现藏：城固县五门堰。

提要：记重修夹心台观音阁事。

云山苍苍

年代：民国二十年（1931）刻立。

形制：高 0.77 米，宽 0.41 米。

行字：正文隶书 1 行 4 字。

撰书：谭先炯、柳民均同题。

出土：此碑自立未移。

现藏：留坝县张良庙文物管理所。

著录：《汉张留侯祠》《张良庙匾联石刻诗文集注》《张良庙与紫柏山》。

伯淑贞墓碑

全称：耶稣教瑞典国内地会女教士伯淑贞之墓。

年代：民国二十年（1931）刻立。

形制：高 1.24 米，宽 0.39 米。

行字：正文楷书 7 行，满行 35 字。

现藏：合阳县博物馆。

提要：此碑简要介绍了伯淑贞的生平。

大勇若怯

年代：民国二十年（1931）刻立。

形制：长方形，尺寸不详。

行字：正文楷书 1 行 4 字。

撰书：孙蔚如撰并书。

出土：此碑自立未移。

现藏：留坝县张良庙文物管理所。

著录：《张良庙匾联石刻诗文集注》《汉张留侯祠》。

重修土地庙碑记

年代：民国二十年（1931）刻立。

形制：高 1.70 米，宽 0.70 米。

行字：正文楷书 7 行，满行 66 字。

撰书：聂凤谐撰。

现藏：镇安县西口回族镇黑沟村。

提要：记述该村土地灵应而感动村民捐资修庙以及过土地庙会景况，附捐资人姓名。

*药王洞碑

年代：民国二十一年（1932）刻立。

形制：高 0.64 米，宽 0.46 米。

行字：草书 20 行，满行 23 字。

撰书：郑信元刊。

现藏：陇县城关镇药王洞。

备注：碑文漫漶，多数无法辨识。

*郑信元题诗碑

年代：民国二十一年（1932）刻立。

形制：高 0.52 米，宽 0.46 米。

行字：正文楷书 23 行，满行 21 字。

现藏：陇县城关镇药王洞。

提要：内容为潭州郑信元咏陇县药王洞七律诗五首。

敬业图书馆

年代：民国二十一年（1932）刻立。

形制：高 1.08 米，宽 0.62 米，厚 0.15 米。

行字：正文隶书 1 行 5 字。

撰书：刘文伯书。

纹饰：碑身四周饰回纹。

现藏：乾县城关镇高庙小学。

著录：《新编乾县志》。

提要：碑为乾县敬业小学图书馆门额。此校为乾县人刘文伯所建。

*段象武题字碑

年代：民国二十一年（1932）刻立。

形制：高 2.05 米，宽 1.20 米。

行字：正文行楷 4 行，满行 4 字。

撰书：段象武书。

出土：此碑自立未移。

现藏：留坝县张良庙文物管理所。

著录：《张良庙匾联石刻诗文集注》《汉张留侯祠》《张良庙与紫柏山》。

提要：碑题"借君之棰，以棰暴日"。

山高仙灵

年代：民国二十一年（1932）刻立。

形制：高 0.91 米，宽 0.70 米。

行字：正文篆书 1 行 4 字。

撰书：蒋健国书。

出土：此碑自立未移。

现藏：略阳县灵岩寺博物馆。

提要：上款"中华民国二十一年十一月上旬"，下款"陕西警备第一师游击司令蒋健国题"。

灵岩滴翠

年代：民国二十一年（1932）刻立。

形制：高 1.80 米，宽 0.74 米。

行字：正文行楷 1 行 4 字。

撰书：赵寿山书。

出土：此碑自立未移。

现藏：略阳县灵岩寺博物馆。

提要：上款"民国二十一年五月谷旦"，下款"陕西汉中府绥靖司令部赵寿山题并书"。

*孔明公园成立记事题诗碑

年代：民国二十一年（1932）刻立。

形制：高 0.38 米，宽 0.62 米。

行字：正文隶书、行书 14 行，满行 17 字。

撰书：郭自洁撰，席实生书。

出土：此碑自立未移。

现藏：勉县武侯墓博物馆。

著录：《定军山下话武侯》。

提要：碑记为保护武侯墓古迹，勉县境内乡坤自发设立孔明公园委员会事。

*党晴梵祖母李氏行状

年代：民国二十一年（1932）刻立。

形制：志正方形。边长 0.70 米。

行字：志文楷书 38 行，满行 44 字。

撰书：党晴梵撰。

现藏：合阳县博物馆。

提要：此碑记载了党晴梵的祖母李太宜人守寡 40 年，含辛茹苦，勤俭持家的生平。

阎维翰墓志

全称：清恩贡生阎君幹卿墓志铭。

年代：民国二十一年（1932）刻。

行字：册页式。盖文篆书 4 行，满行 3 字。志文楷书 60 行，满行 14 字。

撰书：牛兆濂撰，孙廼琨篆盖，贺伯鍼书，郭希安、孙培良刻。

现藏：户县大王镇凿齿村。

著录：《户县碑刻》。

备注：志石尚在墓中。

提要：记阎维翰之生平。

韩福魁墓表

全称：清故处士显考梅岩府君韩公墓表。

年代：民国二十一年（1932）刻立。

形制：圆首座佚。高 1.67 米，宽 0.59 米，厚 0.17 米。

行字：正文楷书 19 行，满行 40 字。

撰书：张凤翼撰，李崿书，上官鹏镌。

纹饰：碑身饰人物及花卉纹。

现藏：户县大王镇梧村南堡韩林子家。

著录：《户县碑刻》。

提要：记韩福魁之生平。

李良材暨妻马氏合葬墓志

全称： 莲舌居士蒲城李桐萱先生暨原配马孺
人墓志铭。

年代： 民国二十一年（1932）刻。

形制： 志正方形。边长 0.76 米。

行字： 志文楷书 38 行，满行 42 字。

撰书： 王颀撰，宋联奎书，马树基篆盖。

现藏： 蒲城县博物馆。

提要： 该志记载李良材，字桐萱（1860—
1932）的生平，曾创办易俗社，改良
戏曲。

*张灌园墓碑

年代： 民国二十一年（1932）刻立。

形制： 圆首方座。高 1.20 米，宽 0.50 米，
厚 0.15 米。

行字： 正文楷书 20 行，满行 38 字。

撰书： 吴继祖撰，宋伯鲁书，孙应福刻。

纹饰： 碑身饰曲回纹。

现藏： 户县玉蝉镇北斑竹园。

著录：《户县碑刻》。

提要： 记张灌园之家族世系、生平。

华阴杨松轩先生墓表

年代： 民国二十一年（1932）刻立。

形制： 圆首。高 1.81 米，宽 0.70 米。

行字： 正文楷书 22 行，满行 47 字。

撰书： 张伯苓撰，李书华撰铭，于右任书，
马衡篆额。

现藏： 西安碑林博物馆。

著录：《西安碑林全集》《西安碑林博物馆藏
碑刻总目提要》。

备注： 额题及下部凿损。

提要： 碑文主要记载了杨松轩的生平事迹，
他是中国近现代史上著名的教育
家，陕西近现代教育事业的开拓者

之一。

创立文陵民众教育馆碑记

年代： 民国二十一年（1932）刻立。

形制： 圆首方座。通高 1.76 米，宽 0.78 米。

行字： 正文楷书 18 行，满行 41 字。

出土： 此碑自立未移。

现藏： 咸阳市周陵文物管理所。

著录：《咸阳碑刻》《咸阳市渭城区志》《渭
城文物志》。

提要： 记咸阳刘县长创立文陵民众教育馆
之事。

续刻贺复斋先生墓表并序

年代： 民国二十一年（1932）刻立。

形制： 圭首。高 2.38 米，宽 0.93 米，厚
0.24 米。

行字： 额篆书 5 行，满行 2 字，题"清儒贺
复斋先生之墓表"。志文楷书 26 行，
满行 61 字。

撰书： 牛兆濂撰。

现藏： 三原县博物馆。

提要： 记贺瑞麟殁后四十年，门人牛兆濂述
其德行，立碑以传。

重修游龙观碑

年代： 民国二十二年（1933）刻立。

形制： 碑残损。残高 1.42 米，宽 0.66 米，
厚 0.20 米。

行字： 正文楷书 14 行，满行 50 字。

撰书： 孙继光撰，蒲兴虞书，王居敬校阅。

纹饰： 碑身饰二龙戏珠图案。

现藏： 陇县东风镇麋家河村。

提要： 记述了游龙观的胜景及修建经过。

*红军石刻标语

年代： 民国二十二年（1933）刻立。

形制：高 0.46 米，宽 1.20 米。

行字：正文楷书 3 行，满行 11 字。

出土：原在镇巴县赤南乡坪乐村。

现藏：镇巴县文物管理所。

提要：内容"工农们快快联合起来，打倒
国民狗，穷人永不出捐，永不出款！
陕南县委员会"。

*红军石刻标语

年代：民国二十二年（1933）刻立。

形制：高 0.37 米，宽 0.83 米，厚 0.14 米。

行字：正文楷书 2 行，共 6 字。

出土：原在镇巴县赤南乡。

现藏：镇巴县文物管理所。

备注：碑侧有残缺。

提要：内容"到白区灭敌人"。

*红军石刻标语

年代：民国二十二年（1933）刻立。

形制：高 0.40 米，宽 0.94 米，厚 0.17 米。

行字：正文楷书 1 行 4 字。

出土：原在镇巴县赤南乡。

现藏：镇巴县文物管理所。

提要：内容"拥护红军"。

*红军石刻标语

年代：民国二十二年（1933）刻立。

形制：高 0.61 米，宽 0.83 米，厚 0.15 米。

行字：正文行书 5 行，满行 6 字。

出土：原在镇巴县赤南乡平乐村。

现藏：镇巴县文物管理所。

提要：内容"全苏区穷苦青年武装上前线去
活捉刘湘，陕南县县委制"。

*红军石刻标语

年代：民国二十二年（1933）刻立。

形制：方首。通高 1.00 米，宽 0.56 米，厚
0.08 米。

行字：正文楷书 2 行，满行 5 字。

出土：原在镇巴县赤南乡小学。

现藏：镇巴县文物管理所。

备注：红军标语碑原为一纪事碑，文字隐
约可见。

提要：内容"反对宗教迷信！甲三"。

*红军石刻标语

年代：民国二十二年（1933）刻立。

形制：圆首方座。通高 0.77 米，宽 0.44 米，
厚 0.10 米。

行字：正文楷书 2 行，满行 4 字。

出土：原在镇巴县赤南乡青鹤观。

现藏：镇巴县文物管理所。

备注：该碑标语刻原清光绪九年纪事碑上。

提要：内容："打倒国民狗党！"

*红军石刻标语

年代：民国二十二年（1933）刻立。

形制：高 0.79 米，宽 0.76 米，厚 0.15 米。

行字：正文楷书 3 行，满行 3 字。

出土：原在镇巴县赤南乡。

现藏：镇巴县文物管理所。

提要：内容"援助东北人民革命军！甲三"。

*红军石刻标语

年代：民国二十二年（1933）刻立。

形制：通高 1.10 米，宽 0.88 米，厚 0.07 米。

行字：正文楷书 4 行，满行 6 字。

出土：原在镇巴县赤南乡。

现藏：镇巴县文物管理所。

提要：内容"红军不杀人，穷苦工农是红军
骨肉，红军不杀穷人！甲三"。

*红军石刻标语

年代：民国二十二年（1933）刻立。

形制：圆首方座。高 1.14 米，宽 0.20 米，厚 0.12 米。

行字：正文楷书 1 行 4 字。

出土：原在镇巴县赤南乡。

现藏：镇巴县文物管理所。

备注：原为墓碑立柱。

提要：内容："赤化川陕！"

*红军石刻标语

年代：民国二十二年（1933）刻立。

形制：高 0.87 米，宽 0.38 米，厚 0.13 米。

行字：正文楷书 2 行，满行 5 字。

出土：原在镇巴县赤南乡。

现藏：镇巴县文物管理所。

提要：内容："争取苏维埃的中国！"

*红军石刻标语

年代：民国二十二年（1933）刻立。

形制：高 0.94 米，宽 0.38 米，厚 0.23 米。

行字：正文楷书 1 行 4 字。

出土：原在镇巴县赤南乡平乐村。

现藏：镇巴县文物管理所。

提要：内容："杀死刘湘！"

*红军石刻标语

年代：民国二十二年（1933）刻立。

形制：圆首方座。高 0.56 米，宽 2.00 米，厚 0.16 米。

行字：正文楷书 6 行，满行 3 字。

出土：原在镇巴县赤南乡。

现藏：镇巴县文物管理所。

备注：该碑尾部风化严重。

提要：可见"庆祝红军伟大胜利！扩大民族"等字。

虎头桥碑

年代：民国二十二年（1933）刻立。

形制：圆首方座。高 2.50 米，宽 0.96 米，厚 0.20 米。

行字：正文行书 1 行 4 字。

撰书：王匡九书。

纹饰：碑额饰虎头，碑身饰竹叶花木纹。

出土：此碑自立未移。

现藏：汉中市北环城路刘家巷路侧。

著录：《汉中地区名胜古迹》《中国文物地图集•陕西分册》《汉中碑石》。

备注：碑原为明代所立，清中叶损毁，民国二十二年重立。

提要：虎头桥为三国时马岱斩魏延处。

*韩光臻题联摩崖

年代：民国二十二年（1933）刻立。

形制：高 3.30 米，宽 1.15 米。

行字：正文隶书 4 行，满行 20 字。

撰书：韩光臻书。

现藏：留坝县张良庙文物管理所。

著录：《汉张留侯祠》《张良庙匾联石刻诗文集注》。

提要：上联歌颂了张良灭秦、复韩、辅汉的聪明才智，在汉初三杰中是最为出类拔萃的。下联赞扬了张良尊老的品德和激流勇退的高贵品质。

宋光甫墓志

全称：郃阳宋光甫先生墓志铭。

年代：民国二十二年（1933）刻。

形制：志正方形。边长 0.72 米，厚 0.09 米。

行字：志文楷书 31 行，满行 30 字。

撰书：霍勤燨撰，党晴梵书，冯钦哉篆盖。

出土：1986 年新池乡宋家庄宋汝朝捐，"文化大革命"中出土。

现藏：合阳县博物馆。

提要：主要记载宋光甫之生平、世系等。宋光甫名凝辉，合阳县宋家庄人，子秀锋，曾任朝邑县县长。

郭公仰山世行传略

年代：民国二十二年（1933）刻立。

形制：圆首座佚。高 1.72 米，宽 0.66 米，厚 0.15 米。

行字：额楷书民国 2 字。正文楷书 22 行，满行 55 字。

撰书：高健撰，禄世纯书。

纹饰：碑身四周饰葡萄纹。

现藏：户县秦渡镇秦一村。

著录：《户县碑刻》。

备注：碑面左部自下而上有裂痕。

提要：记郭仰山之家族世系、生平。

尧山圣母降雨灵验碑

年代：民国二十二年（1933）刻立。

形制：圆首。通高 1.44 米，宽 0.60 米，厚 0.17 米。

行字：正文隶书 14 行，满行 26 字。

现藏：蒲城县尧山庙大殿前檐东部。

著录：《尧山圣母庙与神社》。

提要：此碑记述了县长钱润田两次求雨灵验之事。

盩厔临川堡两会买畜免税碑

全称：盩厔县东南区临川堡两会买畜免税记略。

年代：民国二十二年（1933）刻立。

形制：圆首。通高 1.62 米，宽 0.56 米。

行字：正文楷书 18 行，满行 41 字。

撰书：王骧撰，赵良翰书，张长江、付保禄刻。

纹饰：碑额饰双凤纹，碑身两侧饰菊花草叶纹。

出土：此碑自立未移。

现藏：周至县尚村镇临川堡戏楼前。

备注：此碑身中部有一横向裂缝。

提要：记临川堡两会买畜免税之事。

华岳楼

年代：民国二十二年（1933）刻立。

形制：长方形，尺寸不详。

行字：正文楷书 1 行 3 字。

撰书：刘楚才撰。

现藏：华阴市西岳庙文物管理处。

备注：共 2 块，其中一块断裂为 2 段。

提要：此碑是民国二十二年刘楚才为华岳楼题的匾额。

*陈养虚墓表碑

年代：民国二十二年（1933）刻立。

形制：圆首。高 2.05 米，宽 0.76 米，厚 0.15 米。

行字：正文楷书 19 行，满行 37 字。

撰书：邢延伟撰并书，范紫东篆额。

纹饰：碑额饰葡萄枝蔓纹。

现藏：蓝田县孟村镇姚村。

提要：该碑记述陈养虚的生平。陈养虚（1904—1932），字龙光，陕西省蓝田县孟村乡姚村人。曾入保定军官学校工兵科学习，后参加胡景翼的民国第二军，历任连长、营长等职。民国参加北伐，出任第十七路军五十旅副旅长，后任陕西警备师第一旅长。民国二十年（1931），蒋介石鼓动杨虎城部马青范叛杨投蒋，杨虎城派陈养虚前往劝说，陈坠马而死，时年29 岁。

*于母房氏行述

年代：民国二十二年（1933）刻立。

形制：共 6 石，尺寸相同。高 1.27 米，宽 0.33 米。

行字：正文草书 40 行，满行字数不等。

撰书：于右任撰，王世镗书。

现藏：西安碑林博物馆。

著录：《西安碑林全集》《西安碑林博物馆藏碑刻总目提要》。

提要：记于右任伯母房太夫人生平。

王劲哉剿匪纪念碑

年代：民国二十二年（1933）刻立。

形制：圆首。高1.69米，宽0.80米，厚0.16米。

行字：正文楷书 4 行，满行 24 字。

撰书：邓守真撰，胡虎臣书。

纹饰：碑额饰云龙纹，正中上部刻国民党党旗图案，碑身饰蔓草纹。

出土：原在乾县人民政府院内。

现藏：乾县懿德太子墓博物馆。

著录：《新编乾县志》。

提要：碑文记王劲哉于乾县梁山剿匪事。

*王光晖题联

年代：民国二十三年（1934）刻立。

形制：高 1.35 米，宽 0.34 米。

行字：正文楷书 2 行，满行 7 字。

撰书：王光晖撰并书。

出土：此碑自立未移。

现藏：神木县二郎山三佛洞。

提要：上联"镇驼峰灵光浩荡"，下联"坐古洞佛法无边"。

张楚林墓表

全称：清故宁阳县知县张君墓表。

年代：民国二十三年（1934）刻立。

形制：高 1.35 米，宽 0.67 米。

行字：志文行书 18 行，满行 37 字。

撰书：章太炎撰并篆额，于右任书。

现藏：榆林市榆阳区文物管理所。

备注：中部磨损，缺一角。

提要：该碑系曾任南京临时政府秘书张季鸾为其父亲张楚林所立，碑文记载了张楚林的家世及生平。

桥陵圣境

年代：民国二十三年（1934）刻立。

形制：圆首。高 1.82 米，宽 0.67 米，厚 0.14 米。

行字：正文隶书 1 行 4 字。跋文楷书 6 行，满行字数不等。

现藏：黄帝陵。

著录：《黄帝陵碑刻》。

提要：此碑为国民党第 42 师第 124 旅旅长拜谒黄帝陵时所立。

*慈母纪念碑

年代：民国二十三年（1934）刻立。

形制：圆首方额。通高 1.87 米，宽 0.65 米，厚 0.20 米。

行字：正文碑阳 3 行，碑阴 7 行，满行 29 字。

撰书：于右任书。

纹饰：碑额饰龙纹及两面青天白日旗，碑身饰花草纹。

出土：出土于椿林乡万兴大队小万兴村一组，时间不详。

现藏：蒲城县椿林乡万兴大队小万兴村一组。

提要：此碑记述了曹德昭之母的身世及对儿子的教诲。

紫柏中峰

年代：民国二十三年（1934）刻立。

形制：高 1.50 米，宽 0.63 米。

行字：正文行楷 1 行 4 字。

撰书：陈郭撰并书。

现藏：留坝县张良庙文物管理所。

著录：《汉张留侯祠》《张良庙匾联石刻诗文集注》。

五门堰重修二洞创修西河截堤记

年代：民国二十三年（1934）刻立。

形制：高 1.50 米，宽 0.70 米。

行字：正文楷书 19 行，满行 46 字。

撰书：张健儒撰并书。

出土：此碑自立未移。

现藏：城固县五门堰。

提要：此碑记载五门堰二洞邻河，地基不稳。民国二年（1913），洞底冲崩，二十二年（1933）九月兴工重修，二十三年四月工程告竣。

其犹龙乎

年代：民国二十三年（1934）刻立。

形制：高 0.95 米，宽 0.75 米。

行字：正文行楷 1 行 4 字。

撰书：熊斌撰并书。

现藏：留坝县张良庙文物管理所。

著录：《汉张留侯祠》《张良庙匾联石刻诗文集注》。

*张企留题诗碑

年代：民国二十三年（1934）刻立。

形制：高 1.07 米，宽 0.71 米。

行字：正文隶书 7 行，满行 19 字。

撰书：张企留记题。

现藏：留坝县张良庙文物管理所。

著录：《张良庙匾联石刻诗文集注》《汉张留侯祠》。

提要：作者谒拜张良庙所作感怀之文。

古今一人

年代：民国二十三年（1934）刻立。

形制：圆首方座。高 1.00 米，宽 0.47 米。

行字：正文楷书 1 行 4 字。

撰书：肖敷撰并书。

纹饰：碑额饰花卉纹。

现藏：留坝县张良庙文物管理所。

著录：《张良庙匾联石刻诗文集注》《汉张留侯祠》。

备注：碑面严重被凿。

*汉中绥靖司令部布告碑

年代：民国二十三年（1934）刻立。

形制：高 0.65 米，宽 0.38 米。

行字：正文楷书 14 行，满行 13 字。

撰书：赵寿山撰并书。

现藏：西乡县午子观。

著录：《西乡县志》《西乡县林业志》。

提要：此碑内容为禁止盗伐午子山林木事。

*天谯会碑

年代：民国二十三年（1934）刻立。

形制：圆首。高 0.62 米，宽 0.30 米，厚 0.13 米。

行字：额楷书"天谯会碑记"5 字。正文楷书 10 行，满行 22 字。

撰书：赵成章撰。

现藏：略阳县灵岩寺博物馆。

著录：《汉中碑石》。

提要：碑文记载了天谯会成立后由于开办困难，受助于陈时雨等人事。

张治家暨妻杨氏合葬墓志

全称：前三河口商务会会长张公子勤暨德配杨孺人合葬墓志。

年代：民国二十三年（1934）刻。

形制：志正方形。边长 0.60 米。

行字：志文楷书 30 行，满行 32 字。

撰书：王达省撰并书，张恺如篆盖。

出土：1969 年出土于华阴县陈家村。

现藏：西安碑林博物馆。

著录：《华山碑石》。

提要：记载了张治家之生平。

党起凤墓志

全称：清太学生党君岐山墓志铭并序。

年代：民国二十三年（1934）刻。

形制：志长 0.65 米，宽 0.68 米。

行字：志文楷书 30 行，满行 33 字。

撰书：翟沧海撰并书。

现藏：华阴市西岳庙文物管理处。

提要：记载党起凤的生平、经历。

朱兴隆暨妻刘氏墓碑

全称：故先考朱公兴隆老大人先妣朱母刘氏
老孺人墓。

年代：民国二十三年（1934）刻立。

形制：高 0.73 米，宽 0.47 米。

行字：正文楷书 10 行，满行 31 字。

现藏：镇安县西口回族镇黑沟村。

提要：记述朱兴隆祖籍襄阳府南章县，自入
户镇安后，艰苦创业，急公好义等事。

虎山碑

年代：民国二十三年（1934）刻立。

形制：圆首方座。通高 2.60 米，宽 0.68 米，
厚 0.15 米。

行字：正文楷书 7 行，满行 110 字。

撰书：王澄之撰，祁芸石书。

纹饰：碑额饰双旗相交图案。

出土：原立于永寿县县城国道旁。

现藏：永寿县武陵寺。

著录：《新编永寿县志》。

提要：此碑记载了王澄之见虎头山威势，不
忍从此修路而立碑以示敬意之事。

陈惟富暨妻孔氏墓碑

全称：故先考陈公惟富老大人先妣陈母孔老
孺人之墓。

年代：民国二十三年（1934）刻立。

形制：高 0.65 米，宽 0.44 米。

行字：正文楷书 9 行，满行 28 字。

现藏：镇安县西口回族镇黑沟村。

提要：简述陈惟富生平。

*重修龙王庙碑

年代：民国二十三年（1934）刻立。

形制：高 1.20 米，宽 0.57 米。

行字：正文楷书 21 行，满行 35 字。

现藏：镇安县东乡龙王庙。

提要：记述复修龙王庙之由及其捐修人姓名。

童年仁童年义墓碑

全称：故先考童公年仁（义）老大人墓。

年代：民国二十三年（1934）刻立。

形制：高 1.00 米，宽 0.56 米。

行字：正文楷书 9 行，满行 34 字。

现藏：镇安县西口回族镇王家沟村。

提要：此碑系兄弟二人合葬墓碑，较为特
殊。碑文记述墓主人生平及好善乐
义等事。

沟通秦陇

年代：民国二十四年（1935）刻立。

形制：首佚，碑身四棱柱体，八棱形座。高
1.70 米，宽 0.35 米，厚 0.35 米。

行字：正文楷书，行字数不等。

撰书：张介丞撰，张宝化书。

现藏：陇县固关镇十桥河。

提要：碑阳题"沟通秦陇"。其余三面记述
　　　了修筑凤陇公路的时间、耗资及修成
　　　之后的作用等。

*张三丰瓜皮题诗碑

年代：民国二十四年（1935）刻立。

形制：圆首。高2.87米，宽0.71米，厚0.18米。

行字：正文草书。碑阳2行，碑阴2行，满
　　　行7字。

撰书：张三丰书。

纹饰：碑额饰二龙戏珠图案。

现藏：宝鸡市金台观。

著录：《武当》（2004年8期）《金台观文史
　　　资料》。

备注：碑残碎。

提要：碑刻唐人七言律诗一首。传说碑文为
　　　张三丰用瓜皮书写。

金洋堰

年代：民国二十四年（1935）刻立。

形制：高0.84米，宽0.52米。

行字：正文楷书7行，满行11字。

现藏：西乡县堰口镇金洋堰头碑墙。

提要：此碑为民国二十四年，金洋堰首事们
　　　立"金洋堰"铭碑。

金洋堰重整堰规振兴水利碑略

年代：民国二十四年（1935）刻立。

形制：高0.74米，宽0.48米，厚0.13米。

行字：正文楷书31行，满行23字。

撰书：杨菁华撰并书。

现藏：西乡县堰口镇金洋堰头碑墙。

著录：《汉中碑石》。

提要：记金洋堰灌区绅粮于民国二十四年重
　　　修堰规、修渠护堰等事。

龙首坝碑

年代：民国二十四年（1935）刻立。

形制：方首。通高4.00米，宽1.00米。

行字：正文楷书，共13字。

撰书：林森撰并书。

现藏：澄城县交道镇状头村与蒲城县洛滨镇
　　　苏家坡村洛河龙首渠水坝东岸。

提要：此碑为当时国民政府主席林森所书。

*红军石刻标语

年代：民国二十四年（1935）刻立。

形制：高1.38米，宽0.70米，厚0.15米。

行字：正文楷书2行，满行6字。

现藏：宁强县文化馆。

提要：内容"红军不杀穷人，只杀□□的官"。

*红军石刻标语

年代：民国二十四年（1935）刻立。

形制：高0.54米，宽0.46米，厚0.07米。

行字：正文楷书3行，共16字。

出土：原在宁强县罗村坝乡。

现藏：宁强县文化馆。

提要：内容"农民自来平分土地，分给谁就
　　　归谁耕种"。

*红军石刻标语

年代：民国二十四年（1935）刻立。

形制：不规则。

行字：正文楷书3行，共24字。

出土：原存宁强县高寨子乡马面山摩崖。

现藏：宁强县文化馆。

提要：内容"消灭摊捐派款的杨虎城、孙蔚
　　　如。工人、雇农、贫民分好田好地"。

*红军石刻标语

年代：民国二十四年（1935）刻立。

形制：高 1.55 米，宽 0.90 米，厚 0.19 米。

行字：正文楷书 4 行，共 47 字。

现藏：宁强县文化馆。

备注：利用旧墓碑所刻。

提要：内容"参加红军把军阀发财人消灭尽，永远过太平的生活，红军只杀卖国贼，杀振（整）穷人的人，红军到地穷人不交租、不完粮、不出款"。

*红军石刻标语

年代：民国二十四年（1935）刻立。

形制：高 0.98 米，宽 0.60 米，厚 0.24 米。

行字：正文楷书 5 行，共 35 字。

现藏：宁强县文化馆。

提要：内容："消灭胡宗南、杨虎城、孙蔚如，会合全国红军北上抗日！只有打倒国民党，才好打倒帝国主义！"

*红军石刻标语

年代：民国二十四年（1935）刻立。

形制：高 0.80 米，宽 0.55 米，厚 0.13 米。

行字：正文楷书 3 行，共 25 字。

出土：原在宁强县罗村坝乡。

现藏：宁强县文化馆。

提要：内容"国民党勾引帝国主义来瓜分中国，所以红军坚决打倒国民党"。

*红军石刻标语

年代：民国二十四年（1935）刻立。

形制：高 1.25 米，宽 0.42 米，厚 0.13 米。

行字：正文楷书 4 行，共 34 字。

现藏：宁强县文化馆。

备注：利用旧庙碑所刻。

提要：内容"红军是反对帝国主义的主力军。红军是中国民族和劳苦民众的救星，拥护工农红军"。

*红军石刻标语

年代：民国二十四年（1935）刻立。

形制：高 1.30 米，宽 0.62 米，厚 0.15 米。

行字：正文楷书 3 行，共 18 字。

现藏：宁强县文化馆。

备注：利用宁羌县城南门《宪示》石碑所刻。

提要：内容"穷人参加红军，分好田，有人代耕。——红军政治部"。

*红军石刻标语

年代：民国二十四年（1935）刻立。

形制：高 1.46 米，宽 0.64 米，厚 0.13 米。

行字：正文楷书 5 行，共 55 字。

现藏：宁强县文化馆。

提要：内容"消灭摊捐派款的胡宗南、杨虎城、孙蔚如，消灭阻止红军抗日的胡宗南、杨虎城、孙蔚如，打下汉中、北出潼关好打日本帝国主义。北河红军丁"。

*红军石刻标语

年代：民国二十四年（1935）刻立。

形制：高 1.35 米，宽 0.73 米，厚 0.13 米。

行字：正文楷书 4 行，存 37 字。

现藏：宁强县文化馆。

备注：以旧墓碑所刻，有残缺。

提要：内容"反对帝国主义瓜分中国，进攻中国革命，打倒帝国主义，争取独立、自由、统一的苏维埃新中国"。

*红军石刻标语

年代：民国二十四年（1935）刻立。

形制：高 1.50 米，宽 0.48 米，厚 0.15 米。

行字：正文楷书 2 行 5 字。

现藏：宁强县文化馆。

备注：以旧碑所刻。

提要：内容"平分土地丁"。

贺子权暨妻王氏合葬墓志

全称：清太学生子权贺公暨德配王孺人墓志铭。

年代：民国二十四年（1935）刻。

形制：志长 1.76 米，宽 0.31 米。

行字：盖文篆书 5 行，满行 4 字。志文楷书 62 行，满行 20 字。

撰书：赵寅亮撰，雷文昭书。

现藏：合阳县博物馆。

提要：此碑记载了贺子权及王孺人的生平及子嗣情况。

调查西高渠三坝田亩数目碑记

年代：民国二十四年（1935）刻立。

形制：高 1.28 米，宽 0.56 米。

行字：正文楷书 23 行，满行 38 字。

出土：此碑自立未移。

现藏：城固县五门堰。

提要：记民国二十四年西高渠上坝、中坝、下坝共有田亩数。

陆军医院建筑记事

年代：民国二十四年（1935）刻立。

形制：高 0.74 米，宽 0.52 米。

行字：正文楷书 12 行，满行 19 字。

撰书：张学良撰，杨甲先书。

现藏：西安市西稍门外空军工程学院。

备注：此纪事碑为张学良 1935 年率东北军入陕，因部队伤员无适宜疗养之所，故在西安筹建陆军医院。

唐嗣桐墓碑

全称：陆军少将唐嗣桐之墓。

年代：民国二十四年（1935）刻立。

形制：高 1.90 米，宽 0.69 米，厚 0.17 米。

行字：正文楷书 1 行 9 字。

撰书：杨虎城书。

纹饰：碑额饰青龙戏水图案，碑身四周饰回纹。

现藏：蒲城县博物馆。

提要：该碑是杨虎城为 17 军总部少将参议唐嗣桐所立的神道碑。唐嗣桐（1900—1935），本县甜水井人，1935 年"围剿"红 25 军时阵亡。

渭惠渠放水典礼志盛

年代：民国二十四年（1935）刻立。

形制：高 0.50 米，宽 1.05 米。

行字：正文楷书 10 行，满行 4 字。

撰书：杨虎城撰。

现藏：兴平市渭惠渠。

备注：1930 年杨虎城任陕西省主席后，着手解决陕西缺水问题，先后修建了泾惠渠、渭惠渠等多项水利工程，造福桑梓。此碑为渭惠渠放水时杨虎城有感而发。

方氏祠堂购置祭田碑记

年代：民国二十四年（1935）刻立。

形制：高 1.15 米，宽 0.62 米，厚 0.07 米。

行字：正文楷书 33 行，满行 19 字。

撰书：张子甲撰，方明数书。

现藏：户县庞光镇化羊村西堡。

著录：《户县碑刻》。

提要：记庞光镇化羊村西堡方姓宗族购置祭田 50 余亩，以备春秋祭扫之资。

*刘至善碑

年代：民国二十四年（1935）刻立。

形制：圆首方座。高 1.35 米，宽 0.57 米。

行字：额楷书"龙门"2 字。正文楷书 7 行，满行 15 字。

纹饰：碑身四周饰回纹。

出土：此碑自立未移。

现藏：周至县楼经台。

著录：《楼观台道教碑石》。

提要：记刘至善生平。

赵寿山母曹氏墓志

全称：赵寿山旅长之母曹太夫人墓志铭。

年代：民国二十四年（1935）刻。

形制：志正方形。边长 0.62 米。

行字：志文楷书 28 行，满行 28 字。

撰书：冯孝伯撰，郑百愚书，邵力子篆盖。

现藏：户县定舟村。

著录：《户县碑刻》。

备注：盖佚。

提要：记曹太夫人之生平。

泾惠渠颂并序

年代：民国二十四年（1935）刻立。

形制：高 1.25 米，宽 0.65 米。

行字：正文楷书 22 行，满行 51 字。

撰书：杨虎城撰，宋联奎书。

备注：碑断为二截。

提要：此碑详细记载杨虎城主陕事时邀李仪祉回陕，并修建泾惠渠的经过和建成后的灌溉面积等。

重修龙岗学校碑记

年代：民国二十四年（1935）刻立。

形制：高 1.68 米，宽 0.71 米。

行字：正文楷书 19 行，满行 45 字。

撰书：闵养志书。

现藏：商洛市商州区腰市镇郭家村郭家祠堂。

提要：碑文记述泉村东街家塾创建及其改建为龙岗小学的过程。

郭福田暨妻李氏墓碑

全称：处士郭福田暨德配李儒人之墓。

年代：民国二十四年（1935）刻立。

形制：圆首方额。高 2.13 米，宽 0.70 米，厚 0.22 米。

行字：碑阳行书 8 行，满行 14 字。碑阴楷书 12 行，满行 34 字。

撰书：叶之葆撰，于右任书。

纹饰：碑额饰二龙戏珠图案，边饰六人雕像及狮子、团花纹；碑阴额饰双凤朝阳图案，碑身饰莲花、凤尾草纹。

出土：原立于武功县代甲乡郭庄村。

现藏：武功县城隍庙碑廊。

备注：此碑出土后几经迁移，武功县文物管理委员会于 1999 年从县副食加工厂收回。

提要：碑阴记郭福田生平。

重整庙业碑记

年代：民国二十四年（1935）刻立。

形制：正方形。边长 0.62 米。

行字：正文楷书 23 行，满行 23 字。

撰书：王俊彦撰，史可载书。

纹饰：碑身四周饰曲回纹。

出土：原在华阴市华山王刁岭，后移入西岳庙。

现藏：华阴市西岳庙文物管理处。

著录：《华山碑石》。

提要：记重整王刁岭几处庙业事。

陕西省立安康中学树人楼碑记

年代：民国二十四年（1935）刻立。

形制：高 0.85 米，宽 0.55 米。

撰书：张孝慈撰并书。

现藏：安康中学。

著录：《安康碑版钩沉》。

提要：碑文记述民国年间安康中学建修树人楼事。

重修周公庙碑记

年代：民国二十五年（1936）刻立。

形制：螭首方座。高 0.78 米，宽 0.30 米。

行字：正文楷书 18 行，满行 15 字。

撰书：薛成兑撰，董岐周书。

出土：此碑自立未移。

现藏：岐山县周公庙管理处。

提要：此碑主要记载民国二十五年大规模重修周公庙事。

道官周崇贵道行序

年代：民国二十五年（1936）刻立。

形制：螭首方座。高 1.87 米，宽 0.75 米。

行字：正文楷书 23 行，满行 65 字。

撰书：薛成兑撰，阎琳书。

出土：此碑自立未移。

现藏：岐山县周公庙管理处。

提要：此碑文记载了民国二十四年周道官去世，其信徒于民国二十五年因感念其德行高洁而为其刻碑立石，追述其生平事迹，记述其精通医道、善济百姓及集资广修周公庙这一史实。

*毛泽东为谢子长题词碑

年代：民国二十五年（1936）刻立。

形制：螭首长方座。通高 2.11 米，宽 0.78

米，厚 0.20 米。

行字：正文草书 4 行，满行 7 字。

撰书：毛泽东撰并书。

纹饰：碑额饰坦克图案。

现藏：谢子长烈士陵园。

著录：《新编子长县志》《延安市文物志》。

提要：内容"谢子长同志千古，前赴后继，打倒人民公敌蒋介石"。

紫柏留仙

年代：民国二十五年（1936）刻立。

形制：高 0.50 米，宽 1.05 米。

行字：正文楷书 1 行 4 字。

现藏：留坝县张良庙文物管理所。

著录：《张良庙匾联石刻诗文集注》《汉张留侯祠》《张良庙与紫柏山》。

英雄神仙

年代：民国二十五年（1936）刻立。

形制：高 1.08 米，宽 0.68 米。

行字：正文行书 1 行 4 字。

撰书：王辅臣书。

现藏：留坝县张良庙文物管理所。

著录：《汉张留侯祠》《张良庙匾联石刻诗文集注》。

*洞阳宫捐资碑

年代：民国二十五年（1936）刻立。

形制：通高 1.05 米，宽 0.50 米。

行字：正文楷书 55 行，满行 20 字。

出土：此碑自立未移。

现藏：城固县洞阳宫。

提要：记载捐资者姓名。

重修洞阳宫碑记

年代：民国二十五年（1936）刻立。

形制：通高 1.10 米，宽 0.57 米。

行字：正文行书 37 行，满行 14 字。

出土：此碑自立未移。

现藏：城固县洞阳宫。

提要：记重修洞阳宫事。

*谒留侯祠

年代：民国二十五年（1936）刻立。

形制：高 1.40 米，宽 0.97 米。

行字：正文隶书 6 行，满行 7 字。

撰书：张笃伦题。

现藏：留坝县张良庙文物管理所。

著录：《张良庙匾联石刻诗文集注》《汉张留
侯祠》。

提要：文为张笃伦七言诗。

*寿庵堂碑

年代：民国二十五年（1936）刻立。

形制：高 0.56 米，宽 0.31 米。

行字：正文楷书 15 行，满行 19 字。

现藏：户县甘河镇东侯王村。

著录：《户县碑刻》。

提要：记户县东侯王村寿庵堂各地段之地亩
数目及屋宇创修年月。

*赵母曹氏墓表

年代：民国二十五年（1936）刻立。

形制：高 2.08 米，宽 0.76 米。

行字：志文草书 11 行，满行约 65 字。

撰书：景定成撰，于右任书。

现藏：户县渭丰镇定舟村。

著录：《户县碑刻》《于右任书墓表墓志选集》
《于右任书碑石墓志选》。

提要：记赵寿山将军之母曹太夫人生平。

*赵端甫墓表

年代：民国二十五年（1936）刻立。

形制：长方形，尺寸不详。

行字：正文楷书 87 行，满行 6 字。

撰书：冯孝伯撰，王凤仪书。

现藏：户县渭丰镇定舟村郊外地下。

著录：《户县碑刻》。

备注：该碑原竖于赵寿山将军家坟，后因故
埋藏于地下，今存拓本。

提要：记赵寿山将军之父端甫公被推为乡约
里长，勤不误公，廉不殃民，及兴学
等生平事迹。

*郭沫若题词碑

年代：民国二十五年（1936）刻立。

形制：高 1.77 米，宽 0.77 米。

行字：正文行草 3 行，满行 14—16 字不等。

撰书：郭沫若撰并书。

现藏：户县石井镇曹家堡辛垦小学。

著录：《户县碑刻》。

提要：碑文为郭沫若 1936 年给户县辛垦小
学的题词，内容是"中国人的体格有
逐渐衰减之势，我觉得是一个严重
的问题，小学教育应该特别以体育
为重"。

刘母李太君八十有三寿序

年代：民国二十五年（1936）刻立。

形制：螭首方座。高 3.89 米，宽 0.85 米，
厚 0.32 米。

行字：正文楷书 15 行，满行 74 字。

撰书：王式撰，王忠荩书。

现藏：户县涝店镇涝上村。

著录：《户县碑刻》。

提要：记户县涝店刘孝鸾母亲李太君居心仁

厚，济急救难之懿行。

井岳秀墓华表

年代： 民国二十五年（1936）刻立。

形制： 八棱柱顶，四棱柱身。通高 1.75 米，直径 0.28 米。

行字： 正文楷书，每面行字数不等。

撰书： 杨虎城、张学良题。

纹饰： 碑身饰莲花及缠枝花卉纹。

出土： 原在蒲城翔村乡井岳秀墓前，1996 年移至杨虎城将军纪念馆。

现藏： 蒲城县杨虎城将军纪念馆。

提要： 此墓表系杨虎城将军和张学良将军为"榆林王"井岳秀所题。

刘世熙圹记

全称： 亡儿世熙圹记。

年代： 民国二十五年（1936）刻。

形制： 志正方形。边长 0.58 米，厚 0.27 米。

行字： 志文楷书 26 行，满行 34 字。

撰书： 刘震撰并书，段光世篆盖，吴继祖跋并铭。

现藏： 户县文物管理处。

著录：《户县碑刻》。

提要： 记刘震之子刘世熙弃书务农，事亲至孝，为父命而捐生之事。

王步瀛德教碑

全称： 眉县王仙洲先生德教碑。

年代： 民国二十五年（1936）刻立。

形制： 圆首方座。通高 2.08 米，宽 0.77 米。

行字： 正文楷书 18 行，满行 46 字。

撰书： 杨楚材撰，段惠诚书。

现藏： 西安碑林博物馆。

著录：《西安碑林全集》《西安碑林博物馆藏碑刻总目提要》。

提要： 碑记王步瀛（字仙洲）的生平事迹。王仙洲以进士入第，先后任户部主事、郎中、侍御史、常州知府、凉州知府等，后在清帝退位后返回乡里。

安康中学创建博化室碑

年代： 民国二十五年（1936）刻立。

形制： 高 0.60 米，宽 1.03 米。

撰书： 刘焰荣撰。

现藏： 安康中学。

著录：《安康碑版钩沉》。

提要： 碑文记述民国年间安康中学创建博化室事。

新立初级兼强迫学校序

年代： 民国二十五年（1936）刻立。

形制： 高 1.30 米，宽 0.6 米。

撰书： 唐国元、唐正焜撰并书。

现藏： 安康市石梯渡口。

著录：《安康碑版钩沉》。

提要： 碑文记载唐氏合族于宗祠会议，抽祀租之余课，再立初级兼强迫学校。并立条例七条。

*马世英墓碑

年代： 民国二十五年（1936）刻立。

形制： 高 1.44 米，宽 0.66 米。

行字： 正文楷书 9 行，满行 48 字。

现藏： 镇安县城校场沟口。

提要： 记述马世英生前在任国民军中尉排长期间，作战以身殉职事。

酒奠梁

年代： 民国二十五年（1936）刻立。

行字： 正文楷书 1 行 3 字。

撰书： 赵祖康题。

现藏：凤县双石铺镇酒奠梁顶宝汉公路右侧。

教稼台

年代：民国二十五年（1936）刻立。

形制：高 0.35 米，宽 0.79 米。

行字：正文隶书 1 行 3 字。

撰书：钱范字题。

纹饰：碑身四周饰回纹。

现藏：武功县教稼台体壁上。

古大散关

年代：民国二十五年（1936）刻立。

形制：圆首。高 2.00 米，宽 1.05 米。

行字：正文楷书 1 行 4 字。

撰书：赵祖康题。

现藏：宝鸡市渭滨区神农镇大散关。

柴关岭碑

年代：民国二十五年（1936）刻立。

形制：通高 2.15 米，宽 1.1 米，厚 0.19 米。

行字：正文楷书 1 行 4 字。

撰书：赵祖康题。

现藏：凤县与留坝县交界处柴关岭顶公路右侧。

*浩然亭碑记

年代：民国二十六年（1937）刻立。

形制：圆首无座。高 1.42 米，宽 0.66 米。

行字：正文楷书 18 行，满行 31 字。

撰书：吕纯阳撰，阎廷杰书。

纹饰：碑身四周饰卷草纹。

现藏：嵌于神木县二郎山浩然亭正壁。

著录：《榆林碑石》。

备注：左上角、右下角残缺，文字漫漶不清。

提要：此碑记述了神木驼峰山（今二郎山）风景。

*夏建寅题诗碑

年代：民国二十六年（1937）刻立。

形制：高 0.79 米，宽 1.57 米。

行字：正文行草 19 行，满行 13 字。

撰书：夏建寅撰并书。

出土：此碑自立未移。

现藏：绥德县名州镇龙湾村龙王庙。

备注：剥蚀严重，斜断为两截。

提要：记夏建寅游览诗文。

重修白云山三清殿魁星楼碑记

年代：民国二十六年（1937）刻立。

形制：平首方座。共 2 石，尺寸相同。通高 2.75 米，宽 0.84 米，厚 0.11 米。

行字：正文楷书 22 行，满行 65 字。

撰书：申绍清撰，刘和甫书。

纹饰：碑身四周饰花卉、花瓶、卷云纹。

现藏：佳县白云山白云观三清殿。

著录：《佳县白云山白云观碑刻》。

备注：第 2 石仅刻捐资人姓名。

提要：此碑为记事碑，碑文记录了申登元等人修葺三清殿、魁星楼。

云川八景诗碑

全称：民国丁丑年正月吉日书云川八景诗。

年代：民国二十六年（1937）刻立。

形制：共 2 石。第 1 石高 0.52 米，宽 0.65 米；第 2 石高 0.51 米，宽 0.56 米。

行字：正文楷书，第 1 石 18 行，满行 14 字，第 2 石 13 行，满行 12 字。

撰书：刘淦生书。

出土：此碑自立未移。

现藏：神木县二郎山浩然亭。

提要：碑文为记述二郎山风景诗。

录开化集诗碑

全称：民国丁丑五月吉日恭录开化集律诗。

年代：民国二十六年（1937）刻立。

形制：共 2 石，尺寸相同。高 0.59 米，宽 0.89 米。

行字：正文楷书 26 行，满行 14 字。

撰书：赵玉章、郭怀仁、王启烈、王光晖 等书。

出土：此碑自立未移。

现藏：神木县二郎山浩然亭。

提要：分别为赵玉章书《玉真山人劝孝诗》、郭怀仁书《玉真山人劝孝诗二》、王启烈书《曹大仙诗》、王光晖书《文昌帝君诗》、郝维明书《玉真山人叹世诗》、张艺书《阆苑主任渡世诗》、李见荣书《西山居世佛祖训世诗》、张祄书《极虚道士醒世诗》。

清凉佛地

年代：民国二十六年（1937）刻立。

形制：高 0.51 米，宽 0.97 米。

行字：正文行书 1 行 4 字。

撰书：邓宝珊题。

出土：此碑自立未移。

现藏：神木县二郎山浩然亭。

提要：上款"民国丁丑"，下款"天水邓宝珊"。

清凉宝山

年代：民国二十六年（1937）刻立。

形制：高 0.53 米，宽 1.27 米。

行字：正文楷书 1 行 4 字。

撰书：天禄书。

出土：此碑自立未移。

现藏：神木县二郎山浩然亭。

提要：上款"民国丁丑"，下款"清化天禄书"。

还我河山

年代：民国二十六年（1937）刻立。

形制：高 2.08 米，宽 1.30 米。

行字：正文行楷 1 行 4 字。

撰书：王耀武书。

现藏：留坝县张良庙文物管理所。

著录：《汉张留侯祠》《张良庙匾联石刻诗文集注》。

*汉中府文庙经幢

年代：民国二十六年（1937）刻立。

形制：四方柱形，顶石雕莲花圆顶，下座八棱形。通高 4.16 米，每面宽 0.35 米。

行字：正文楷书，行字数不等。

撰书：张笃伦撰。

现藏：汉中市政府机关后院（原汉中府文庙）。

提要：记载汉中府各属县和陆军 51 师全体官兵出资修建汉中府文庙，旨在倡导全社会兴文化重教育之事。幢北刻有"民众良友"和捐资府县名。

奇人奇地

年代：民国二十六年（1937）刻立。

形制：高 1.79 米，宽 1.12 米。

行字：正文行书 1 行 4 字。

撰书：翁国华书。

出土：此碑自立未移。

现藏：留坝县张良庙文物管理所。

著录：《张良庙匾联石刻诗文集注》《汉张留侯祠》《张良庙与紫柏山》。

南甘卿墓志

全称：户县南甘卿先生墓志铭并序。

年代：民国二十六年（1937）刻。

形制：志正方形。边长 0.60 米。

行字：志文楷书 32 行，满行 32 字。

撰书：崔云松撰，张凤翔书，刘治洲篆盖。

出土：1966 年出土于户县南稻务庄。

现藏：户县秦渡镇南稻务庄。

著录：《户县碑刻》。

提要：记述户县稻务庄望族南甘卿之家世、生平。

*于右任书翰碑

年代：民国二十六年（1937）刻立。

形制：高 0.97 米，宽 0.48 米。

行字：正文草书 5 行，跋文草书 4 行，满行字数不等。

撰书：于右任撰并书，林纪方跋。

现藏：西安碑林博物馆。

著录：《西安碑林全集》《西安碑林博物馆藏碑刻总目提要》。

提要：此碑乃据于右任写给友人书翰的手稿刻成。

题马嵬杨太真墓并序

年代：民国二十六年（1937）刻立。

形制：高 0.39 米，宽 1.04 米，厚 0.08 米。

行字：正文行书 26 行，满行 14 字。

撰书：段民达书，王尚玺刻。

现藏：兴平市杨贵妃墓博物馆。

提要：此碑记 1937 年兴平县长段民达随陕西省政府主席邵力子游览杨贵妃墓，见颓垣败瓦，命兴平县政府修缮贵妃墓事，后有诗六首。

*烈士纪念碑

年代：民国二十六年（1937）刻立。

形制：高 1.50 米，宽 0.66 米。

行字：正文楷书 16 行，满行 42 字。

撰书：公秉藩撰。

现藏：商南县博物馆。

提要：此碑记载了民国二十五年国民党军与红 74 师陈先瑞部在商南青山作战及战斗经过、结果事。

重修白云山玉皇殿碑记

年代：民国二十七年（1938）刻立。

形制：圆首方座。高 1.91 米，宽 0.73 米，厚 0.09 米。

行字：正文楷书 26 行，满行 62 字。

撰书：任静撰，刘和甫书。

纹饰：碑身四周饰几何纹、花草纹。

现藏：佳县白云山白云观玉皇庙。

著录：《佳县白云山白云观碑刻》。

提要：碑文记民国时重修白云山玉皇殿事。

重修白云山三清殿碑记

年代：民国二十七年（1938）刻立。

形制：平首方座。高 1.91 米，宽 0.73 米，厚 0.09 米。

行字：正文楷书 23 行，满行 56 字。

撰书：曹思聪撰。

纹饰：碑身四周饰几何纹，间饰琴棋书画、瓶花等纹饰。

现藏：佳县白云山白云观三清殿。

著录：《佳县白云山白云观碑刻》。

提要：碑文记民国年间，"陕北各县兵燹旱疫，偏灾叠构，死亡枕藉"，当地善男信女共设誓承修三清殿事。曹思聪，日本东京法政大学法学士，前陕西省长公置参议会议员。

大有妙亭

年代：民国二十七年（1938）刻立。

形制：高 0.23 米，横 0.28 米。

行字：正文行书 1 行 4 字。

撰书：王伯恭书。

出土：此碑自立未移。

现藏：神木县二郎山浩然亭。

提要：上款"民国戊寅"，下款"王伯恭书"。

小兰亭

年代：民国二十七年（1938）刻立。

形制：扇面形。高 0.34 米，上宽 0.80 米。

行字：正文楷书 1 行 3 字。

撰书：王伯恭书。

出土：此碑自立未移。

现藏：神木县二郎山浩然亭。

提要：上款"民国戊寅"，下款"王伯恭"。

可以兴观

年代：民国二十七年（1938）刻立。

形制：高 0.23 米，宽 0.68 米。

行字：正文行书 1 行 4 字。

撰书：张祉繁书。

出土：此碑自立未移。

现藏：神木县二郎山浩然亭。

提要：上款"民国戊寅"，下款"张祉繁□"。

重修一步岩蕲王庙暨戏台碑记

年代：民国二十七年（1938）刻立。

形制：圆首无座。通高 2.54 米，宽 0.80 米，
　　　厚 0.11 米。

行字：额楷书"留芳百世"4 字。正文楷书
　　　26 行，满行 58 字。

撰书：党韫瑜撰并书。

纹饰：碑额饰双龙图案，碑身饰牡丹花卉、
　　　几何纹、暗八仙纹、莲瓣纹。

现藏：绥德县名州镇七里铺村蕲王庙。

著录：《榆林碑石》。

提要：碑记述了会首李秉成等人募缘资助，
　　　用以补葺屋瓦、新修戏台、塑神像等
　　　事宜。

*摹刻石门铭碑

年代：民国二十七年（1938）刻立。

形制：高 1.47 米，宽 0.68 米。

行字：正文楷书 18 行，满行 39 字。

撰书：张万杰书。

出土：1970 年迁至汉中博物馆。

现藏：汉中博物馆。

备注：碑文字迹清晰，但有别字。

提要：碑文为民国二十七年张万杰摹刻
　　　《石门铭》。

东西习保小学建校志碑

年代：民国二十七年（1938）刻立。

形制：圆首。高 1.40 米，宽 0.70 米，厚 0.20 米。

行字：正文楷书，行字数不详。

现藏：澄城县寺前镇西习保小学。

提要：碑记东、西习保小学建校事。

天台胜迹汇志

年代：民国二十七年（1938）刻立。

形制：高 0.70 米，宽 1.20 米，厚 0.14 米。

行字：志文楷书 27 行，满行 54 字。

撰书：吴坚础、吴寅三撰，陈凤俦书。

出土：此碑自立未移。

现藏：汉中市天台山寺庙中。

著录：《汉中碑石》。

提要：记天台山十八景。

蓝川先生墓表

年代：民国二十七年（1938）刻立。

形制：圆首。高 1.87 米，宽 0.79 米。

行字：正文楷书 24 行，满行 67 字。

撰书：孙遒琨撰，张元勋书，刘守中篆额，郭希安刻。

纹饰：碑身饰蔓草花纹。

现藏：蓝田县蔡文姬纪念馆。

备注：残断两节，字迹不清。

提要：墓表记载牛兆濂先生的生平事迹，先生号蓝川先生，曾增修四献祠芸阁学舍，远近有名，执教于芸阁学舍，桃李天下。

修理祠堂碑记

年代：民国二十七年（1938）刻立。

形制：螭首。高 1.69 米，宽 0.61 米，厚 0.16 米。

行字：额楷书"中华民国"4 字。正文楷书 17 行，满行 37 字。

撰书：李甲模撰，唐克恭书。

纹饰：碑额饰云龙纹，碑身侧饰回纹。

现藏：户县祖庵镇西街。

著录：《户县碑刻》。

提要：记户县祖庵镇李氏后裔李甲模等补修祠堂之事。

*西安碑林鸟瞰图碑

年代：民国二十七年（1938）刻立。

形制：高 2.32 米，宽 0.89 米，厚 0.20 米。

现藏：西安碑林博物馆。

提要：上部刻《西安碑林鸟瞰图》，下部刻《西安碑林平面图》。

*正气歌

年代：民国二十七年（1938）刻立。

形制：共6石，尺寸相同。高 1.75 米，宽 0.53 米。

行字：正文草书 19 行，满行 16—19 字不等。

撰书：于右任书。

现藏：西安碑林博物馆。

著录：《西安碑林全集》《西安碑林博物馆藏碑刻总目提要》。

提要：此碑为于右任手书南宋抗元将领文天祥所作《正气歌》。

*齐士贵暨妻薛氏墓碑

全称：故先考齐公讳士贵老大人先妣齐母薛氏老孺人之墓。

年代：民国二十七年（1938）刻立。

形制：高 1.38 米，宽 0.72 米。

行字：正文楷书 11 行，满行 48 字。

撰书：倪汉藻撰并书。

现藏：镇安县高峰镇磨里沟西坡村。

提要：碑文记齐士贵生平。

增修汉博望侯张公墓道碑记

年代：民国二十七年（1938）刻立。

形制：方首方座。通高 2.74 米，宽 0.80 米，厚 0.18 米。

行字：正文楷书 25 行，满行 25 字。

撰书：吴世昌撰。

纹饰：碑额双旗相交图案。

出土：此碑自立未移。

现藏：城固县张骞纪念馆。

备注：碑阴刻《汉书·张骞传》全文。

提要：增修汉博望侯张公墓道碑为颂扬张骞功绩，并记载 1938 年国立西北联合大学历史系发掘张骞墓墓道一事。

*范颙墓志

年代：民国二十八年（1939）刻。

形制：志长 0.60 米，宽 0.35 米。

行字：志文楷书 23 行，满行 15 字。

现藏：合阳县博物馆。

提要：该墓志记载了范颙的家族世系。范颙弟兄三人，因家贫仍能勤俭并认真读书，在高小以第一的成绩考入中学读书。因卢沟桥事件，热心宣传抗战救国，不慎得病，于民国二十八年四月亡。

*董天华题联

年代：民国二十八年（1939）刻立。

形制：高 1.42 米，宽 0.19 米。

行字：正文行楷 2 行，满行 7 字。

撰书：董天华撰并书。

出土：此碑自立未移。

现藏：神木县二郎山朝仙洞。

提要：上款"民国二十八年三月"，下款"合肥董天华熏沐撰并书"。

劝忠篇

年代：民国二十八年（1939）刻立。

形制：高 1.23 米，宽 0.50 米。

行字：正文楷书 16 行，满行 40 字。

撰书：赵永修书。

现藏：神木县二郎山浩然亭。

著录：《榆林碑石》。

提要：此题刻颂扬了岳飞精忠报国的精神。

劝信篇

年代：民国二十八年（1939）刻立。

形制：高 1.28 米，宽 0.47 米。

行字：正文楷书 12 行，满行 40 字。

撰书：姜谦祖书。

现藏：神木县二郎山浩然亭。

著录：《榆林碑石》。

提要：文记五常之义。

民族英雄

年代：民国二十八年（1939）刻立。

形制：方首长方座。通高 2.02 米，宽 0.80 米，厚 0.18 米。

行字：正文行书 1 行 4 字。

撰书：毛泽东撰并书。

现藏：谢子长烈士陵园。

国家至上

年代：民国二十八年（1939）刻立。

形制：通高 1.29 米，宽 0.50 米，厚 0.16 米。

行字：正文楷书 3 行，满行 20 字。

撰书：周开勋撰并书。

现藏：宝鸡青铜器博物馆。

劝弟篇

年代：民国二十八年（1939）刻立。

形制：高 1.36 米，宽 0.48 米。

行字：正文楷书 14 行，满行 40 字。

撰书：沈芥清书。

现藏：神木县二郎山浩然亭。

著录：《榆林碑石》。

提要：此题刻劝告人们兄弟同心和睦。

张飞拴马处

年代：民国二十八年（1939）刻立。

形制：圆首方跌。通高 1.87 米，宽 0.83 米，厚 0.20 米。

行字：正文楷书 1 行 7 字。

撰书：吴乾德书。

出土：原立于镇巴县陕家滩乡拉溪塘村拴马岭。

现藏：镇巴县文物管理所。

备注：碑下座处残缺。

提要：上款"中华民国二十八年五月吉日"，下款"镇巴县长吴乾德题"。

天地正气

年代：民国二十八年（1939）刻立。

形制：高 0.65 米，宽 2.90 米。

行字：正文楷书 1 行 4 字。

撰书：何柱国题。

出土：此碑自立未移。

现藏：神木县二郎山浩然亭。

提要：上款"民国廿八年仲秋"，下款"何柱国题"。

虽死犹生

年代：民国二十八年（1939）刻立。

形制：方首长方座。通高 2.12 米，宽 0.80 米，厚 0.19 米。

行字：正文草书 1 行 4 字。

撰书：毛泽东撰并书。

纹饰：碑额饰坦克图案。

现藏：子长县谢子长烈士陵园。

著录：《新编子长县志》《延安市文物志》。

提要：此碑是毛泽东第一次为谢子长烈士墓题词。

创修雷家河培德桥碑

年代：民国二十八年（1939）刻立。

形制：圆首方座。通高 1.63 米，宽 0.54 米，厚 0.12 米。

行字：正文楷书 16 行，满行 43 字。

撰书：赵连璧撰，丁兆椿书。

纹饰：碑座正面雕一喜鹊。

出土：原立于澄城县醍醐乡雷家河。

现藏：澄城县乐楼文物管理所。

著录：《澄城碑石》。

提要：碑记孙培茂及其子钟哲慷慨解囊，在霍家河修筑石桥事。

詹通齐墓志

全称：皇清敕授儒林郎候铨公直隶州州同加二级通齐詹公墓志铭。

年代：民国二十八年（1939）刻。

形制：圆首。通高 2.00 米，宽 0.80 米。

行字：正文楷书，行字数不详。

纹饰：碑额饰螭龙图案。

现藏：渭南市临渭区中心博物馆。

提要：记詹通齐之生平。

南蔡庄奉令免支差车碑记

年代：民国二十八年（1939）刻立。

形制：高 0.82 米，宽 0.59 米。

行字：正文楷书 11 行，满行 28 字。

现藏：合阳县博物馆。

提要：碑记南蔡是通行大荔、韩城、澄县、合阳之间的主要街道，军运频繁，络绎不绝，而村民全力支军，动用所有人力、物力运送物资，往返无数，人、畜因劳累非病即死。因此村民恳请政府予以调解，政府为了体恤民情，命令五村联保主任共同商量，酌情解决。

棰秦兴汉

年代：民国二十八年（1939）刻立。

形制：高 1.60 米，宽 0.51 米。

行字：正文行楷 1 行 4 字。

撰书：周开勋题。

出土：此碑自立未移。

现藏：留坝县张良庙文物管理所。

著录：《汉张留侯祠》《张良庙匾联石刻诗文集注》。

重修仓圣陵园碑记

年代：民国二十八年（1939）刻立。

形制：圆首。通高 3.25 米，宽 0.80 米，厚 0.17 米。

行字：正文楷书 7 行，满行 55 字。

撰书：高俊锋撰。

纹饰：碑额饰二龙戏珠图案，碑身饰花卉纹。

现藏：白水县仓颉庙内。

提要：碑文记重修仓圣陵园事。

李东圆暨妻梁氏阡表

全称：大德望东圆李公暨德配梁孺人后山阡表。

年代：民国二十八年（1939）刻立。

形制：高 1.36 米，宽 0.60 米。

行字：正文楷书 14 行，满行 56 字。

撰书：王景勃撰，王依仁书。

现藏：合阳县博物馆。

提要：该墓志记载了李公及夫人梁氏的生平。

严氏长门先茔碑记

年代：民国二十八年（1939）刻立。

形制：螭首。高 1.86 米，宽 0.73 米，厚 0.20 米。

行字：额篆书"大宗"2 字。正文楷书 14 行，满行 39 字。

撰书：段光世撰并书。

纹饰：碑身四周饰回纹。

现藏：户县涝店镇余姚村。

著录：《户县碑刻》。

提要：记户县余姚村严氏自宋居于此，支族繁衍，但葬地丘陇不修，碑记阙如，裔孙岁时拜扫，无以识先人坟墓之所在，故立碑记之。

*王大勋懿行碑

年代：民国二十八年（1939）刻立。

形制：圆首方额。通高 2.67 米，宽 0.78 米，厚 0.22 米。

行字：正文楷书 4 行，满行 52 字。

纹饰：碑额饰双螭图案，碑身两侧饰二十四孝故事图案。

现藏：乾县新阳镇三兴村。

提要：碑记述三黄村王大勋幼年失怙，家境贫寒，度日维艰，为维持生计从事挂面事业，披星戴月，寒暑不息，待人宽厚，族人特为立懿行碑以彰其名。

*田厚甫暨妻王氏墓志

年代：民国二十八年（1939）刻。

形制：圆首方座。高 2.17 米，宽 0.78 米，厚 0.20 米。

行字：志文楷书 18 行，满行 40 字。

撰书：王颀撰，黄建极书，高树基篆额。

现藏：兴平市赵村镇。

提要：志文记田厚甫生平。

*秦岭标志碑

年代：民国二十八年（1939）刻立。

形制：高 1.40 米，宽 0.75 米，厚 0.20 米。

行字：正文楷书 1 行 2 字。

撰书：宋希尚书。

现藏：宝鸡市渭滨区神农镇秦岭梁。

提要：上款"民国廿八年冬"，下款"宋希尚题"。

培养我们的新生力量

年代：民国二十九年（1940）刻立。

形制：高 1.35 米，宽 0.39 米，厚 0.08 米。

行字：正文行书 1 行 9 字。

撰书：吴玉章题。

出土：原立于延安市白家沟。

现藏：延安革命纪念馆。

提要：1940 年陕甘宁边区第一保育院在延安城北白家沟修建新址，共建 48 孔石窟，吴玉章为其题字。

清真寺

年代：民国二十九年（1940）刻立。

形制：高 2.38 米，宽 0.41 米，厚 0.09 米。

行字：正文草书 1 行 3 字。

撰书：毛泽东题。

出土：原立于延安大砭沟。

现藏：延安革命纪念馆。

著录：《新华日报》（1940 年 10 月 20 日第 4 版）《中国文物报》（1995 年 11 月 12 日第 4 版）。

备注：利用明代的石牌坊所刻。

提要：1940 年延安回民救国会成立大会通过决议，在延安建立清真寺，同年 3 月陕甘宁边区政府批准在延安城北文化沟桃花岭选址动工，9 月竣工后，毛泽东为其题名。1947 年 3 月，国民党军队进犯延安，清真寺遭到破坏。1970 年，延安革命纪念馆在清理清真寺遗址时发现。

新的战士在孕育中

年代：民国二十九年（1940）刻立。

形制：高 0.38 米，宽 1.27 米，厚 0.10 米。

行字：正文楷书 1 行 8 字。

撰书：林伯渠题。

出土：原立于延安市白家沟。

现藏：延安革命纪念馆。

著录：《延安革命旧址》。

提要：1940 年陕甘宁边区第一保育院在延安城北白家沟修建新址，共建 48 孔石窟，林伯渠为其题字。

*罗德新题联

年代：民国二十九年（1940）刻立。

形制：高 2.09 米，宽 0.16 米。

行字：正文楷书 2 行，满行 7 字。

撰书：罗德新书。

纹饰：碑身饰几何纹。

出土：此碑自立未移。

现藏：榆林市神木县二郎山浩然亭前。

提要：上联"正气磅礴留千古"，下联"热心慈悲济兆民"。

好好的保育儿童

年代：民国二十九年（1940）刻立。

形制：高 0.36 米，宽 1.27 米，厚 0.11 米。

行字：正文草书 1 行 7 字。

撰书：毛泽东题。

出土：原立于延安市白家沟。

现藏：延安革命纪念馆。

著录：《延安革命旧址》。

提要：1940 年陕甘宁边区第一保育院在延安城北白家沟修建新址，共建 48 孔石窟，毛泽东题字。

耐心培养小孩子

年代：民国二十九年（1940）刻立。

形制：高 0.39 米，宽 1.33 米，厚 0.08 米。

行字：正文楷书 1 行 7 字。

撰书：朱德题。

出土：原立于延安市白家沟搬迁。

现藏：延安革命纪念馆。

著录：《延安革命旧址》。

提要：1940 年陕甘宁边区第一保育院在延安城北白家沟修建新址，共建 48 孔石窟，朱德为其题字。

重修老龙王庙碑记

年代：民国二十九年（1940）刻立。

形制：圆首方座。高 1.45 米，宽 0.68 米，厚 0.06 米。

行字：正文楷书 17 行，满行 32 字。

撰书：任文林撰，李元兴书。

纹饰：碑身四周饰几何纹。

现藏：佳县白云山任家畔村。

著录：《佳县白云山白云观碑刻》。

提要：碑记修龙王庙事。

*左世允题联

年代：民国二十九年（1940）刻立。

形制：高 2.09 米，宽 0.16 米。

行字：正文行楷 2 行，满行 8 字。

撰书：左世允题。

纹饰：碑上部刻兽首图案，下部饰卷草纹。

出土：此碑自立未移。

现藏：神木县二郎山浩然亭。

提要：上联"绝壁千仞下临一水"，下联"双峰高耸遥对九龙"。

成功不居

年代：民国二十九年（1940）刻立。

形制：高 0.81 米，宽 1.08 米。

行字：正文行楷 1 行 4 字。

撰书：陈立夫题。

现藏：留坝县张良庙文物管理所。

著录：《张良庙匾联石刻诗文集注》《汉张留侯祠》。

备注：原"陈立夫"3 字"文化大革命"时被凿，现三字为后补。

七七抗战阵亡将士纪念碑

年代：民国二十九年（1940）刻立。

形制：碑残损。残高 2.88 米，宽 0.41 米，厚 0.21 米。

行字：碑阳楷书 10 行，满行 1 字。碑阴隶书 38 行，满行 5 字。

撰书：赖琏撰并书。

出土：此碑自立未移。

现藏：城固县博物馆。

提要：由国立西北联合大学工学院院长赖

琏暨全体教职员学生为纪念抗战阵亡将士所立。

造化现成

年代：民国二十九年（1940）刻立。

形制：高 0.54 米，宽 0.73 米。

行字：正文行书 1 行 4 字。

撰书：毛超题。

现藏：留坝县张良庙文物管理所。

著录：《汉张留侯祠》《张良庙匾联石刻诗文集注》。

神仙福地

年代：民国二十九年（1940）刻立。

形制：高 0.62 米，宽 1.12 米。

行字：正文行楷 2 行，满行 2 字。

撰书：冯治安题。

现藏：留坝县张良庙文物管理所。

著录：《汉张留侯祠》《张良庙匾联石刻诗文集注》《张良庙与紫柏山》。

问松

年代：民国二十九年（1940）刻立。

形制：高 0.55 米，宽 0.35 米。

行字：正文行书 1 行 2 字。

撰书：党玄题。

现藏：留坝县张良庙文物管理所。

著录：《张良庙匾联石刻诗文集注》《汉张留侯祠》《张良庙与紫柏山》。

*咏圣水寺诗碑

年代：民国二十九年（1940）刻立。

形制：高 0.30 米，宽 0.75 米，厚 0.16 米。

行字：正文楷书 40 行，满行 11 字。

撰书：刘树德撰，刘树勋书。

现藏：南郑县圣水寺文物管理所。

著录：《汉中碑石》。

提要：记七言减字回体诗1首，回文七律3首。又记七言1首，依次赞美了圣水寺的龙泉、古松、紫荆花、灵泉山、汉桂等景致。

抗战阵亡将士忠魂碑

年代：民国二十九年（1940）刻立。

形制：圭首。通高2.30米，宽0.45米，厚0.19米。

行字：正文楷书2行，共26字。

撰书：孙维善书。

出土：1997年出土于周至县经贸委大院。

现藏：周至县文物管理所内。

提要：此碑是1940年由周至县人民政府为抗日战争中阵亡的将士所立。当年周至作为抗战的大后方，是受伤将士疗伤的地方，死亡的将士安葬于周至烈士陵园内，周至县县长孙维善亲自书丹并树立此碑以示纪念。

高乾三先生事略

年代：民国二十九年（1940）刻立。

形制：高1.38米，宽0.73米。

行字：正文楷书16行，满行41字。

撰书：刘炳堃撰，王觉生书。

现藏：户县余下镇旧泉坊学校。

著录：《户县碑刻》。

备注：石中断为三截，下截文字漫漶难辨。

提要：记高乾三创办山阴小学、担任户县中学校长等事迹。

*杨仁天墓志

年代：民国二十九年（1940）刻。

形制：志、盖均为正方形。边长0.77米，志

厚0.08米，盖厚0.07米。

行字：盖文行书4行，满行4字。志文行书20行，满行24字。

撰书：于右任撰并书，张继篆盖。

出土：1999年自蓝田县白杨村征集。

现藏：西安市临潼博物馆。

备注：志盖残破，阙左上角。

提要：该墓志记载杨仁天清末受业于陕西名儒牛兆濂，并加入中国同盟会，是辛亥革命陕西的先驱之一，是民国初期陕西"关学"文化实践者，民国二十二年（1933）曾任中央政府监察委员等职。民国二十九年九月四日晨在重应西郊遭遇日本飞机轰炸而亡，年60岁。

重修武侯祠碑记

年代：民国二十九年（1940）刻立。

形制：方座。高1.90米，宽0.70米。

行字：正文楷书15行，满行45字。

撰书：麻森秀撰并书。

出土：此碑自立未移。

现藏：岐山县五丈原诸葛亮庙博物馆。

著录：《岐山县志》。

提要：碑记民国时重修武侯祠事。

*王雪樵题联

年代：民国二十九年（1940）前后刻立。

形制：左石高1.30米，宽0.30米。右石高1.32米，宽0.26米。

撰书：王雪樵撰并书。

出土：此碑自立未移。

现藏：神木县二郎山浩然亭。

提要：正文"浩充天地形影外，然爱风云变化中"，上款"孚佑帝君此赐联句"，下款"王雪樵敬书"。

浩然亭

年代： 民国二十九年（1940）前后刻立。

形制： 扇面形。高 0.21 米，宽 0.58 米，厚 0.03 米。

行字： 正文楷书 3 字。

出土： 此碑自立未移。

现藏： 神木县二郎山浩然亭。

众和村创修菩萨殿及山门楼碑记

年代： 民国三十年（1941）刻立。

形制： 螭首方座。通高 2.14 米，宽 0.66 米，厚 0.22 米。

行字： 正文楷书 18 行，满行 51 字。

撰书： 周尚德撰并书，张鸿德篆额。

纹饰： 碑身饰人物及花卉纹。

出土： 此碑自立未移。

现藏： 扶风县法门镇周家村龙柏寺。

提要： 记录了众和村修建菩萨殿及山门楼经过和捐资者。

*张祉繁题诗碑

年代： 民国三十年（1941）刻立。

形制： 高 0.35 米，宽 0.69 米。

行字： 正文楷书 16 行，满行 10 字。

撰书： 张祉繁撰。

现藏： 神木县二郎山朝仙洞。

著录： 《榆林碑石》。

提要： 此题刻为七言诗，诗文抒发了作者抗战必胜的决心。

八卦醮盆幢

年代： 民国三十年（1941）刻立。

形制： 八棱柱形，首座皆佚，上下有榫。通高 0.68 米，直径 0.34 米。

撰书： 孙学斌撰，孙文烈书。

纹饰： 幢顶饰八卦图案。

现藏： 陇县东风镇苏家坡村。

提要： 记述了建醮盆一座的经过。

*张祉繁题诗碑

年代： 民国三十年（1941）刻立。

形制： 高 0.35 米，宽 0.71 米。

行字： 正文楷书 13 行，满行 7 字。

撰书： 张祉繁撰。

现藏： 神木县二郎山朝仙洞。

著录： 《榆林碑石》。

提要： 此题刻为七言诗，诗文抒发了作者览浩然亭之后的感想。

黄帝手植柏

年代： 民国三十年（1941）刻立。

形制： 方座。高 1.80 米，宽 0.71 米。

行字： 正文楷书 1 行 5 字。

现藏： 黄帝陵。

解放日报

年代： 民国三十年（1941）刻立。

形制： 高 0.58 米，上宽 1.84 米，下宽 1.57 米，厚 0.31 米。

行字： 正文草书 1 行 4 字。

撰书： 毛泽东题。

出土： 原立于延安清凉山下《解放日报》社门前。

现藏： 延安革命纪念馆。

著录： 《圣地风云录》《延安文物大观》。

备注： 石刻由 7 块上宽下窄的石组成拱状，大小基本相同。

提要： 1941 年《解放日报》创刊，毛泽东为该报题写了刊头，刻石后镶在报社大门上。

流沙蓬岛

年代：民国三十年（1941）刻立。

形制：高 1.20 米，宽 3.60 米。

行字：正文楷书 1 行 4 字。

撰书：朱绶光题。

现藏：榆林市红石峡东壁三教殿外。

提要：上款"中华民国三十五年五月"，下款"二十八年秋绶光受命指导蒙政，修流沙环绕，台阁层嵝，春秋佳日，颇饶风景，爰题四字，以志雪鸿。襄阳朱绶光题"。

还我河山

年代：民国三十年（1941）刻立。

形制：高 1.20 米，宽 3.00 米。

行字：正文楷书 1 行 4 字。

撰书：马占山题。

现藏：榆林市红石峡东壁。

备注：马占山 1937 年驻防府谷哈拉寨，1941 年经榆林时所题。

*李雪木祠堂碑

年代：民国三十年（1941）刻立。

形制：身首一体。高 1.47 米，宽 0.52 米，厚 0.12 米。

行字：正文楷书 11 行，满行 50 字。

撰书：徐镇南、王谦枢撰并书。

出土：此碑自立未移。

现藏：眉县槐芽镇红崖头村李柏祠。

提要：此碑记述了民国三十年地方名士募集资金重修李雪木祠堂一事。

汉蒙一家

年代：民国三十年（1941）刻立。

形制：高 1.20 米，宽 3.60 米。

行字：正文楷书 1 行 4 字。

撰书：崔云松等撰。

现藏：榆林市红石峡东壁三教殿外。

提要：上款"中华民国二年十月"，下款"陕北观察使崔云松，偕榆林县知事赵毓寅，防军长杨运桂，警长郝嘉玉，使置秘书张又拭，科长罗云章，翟明新、姚汉勋、涂鼎章暨科员等来游题"。

*赵喜记等游留侯庙题刻

年代：民国三十年（1941）刻立。

形制：高 0.63 米，宽 0.44 米。

行字：正文行楷 9 行，满行 7 字。

撰书：赵喜记、汤津文等撰并书。

现藏：留坝县张良庙文物管理所。

备注：碑面漫漶。

提要：内容"奉命考察甘宁青云，道出紫柏山谒留侯庙刊石记"。

*何根山暨妻李氏墓碑

年代：民国三十年（1941）刻立。

形制：高 1.25 米，宽 0.55 米，厚 0.14 米。

行字：志文草书 1 行 13 字。

撰书：于右任题。

出土：原在南郑县周家坪镇何家湾何根山墓前。

现藏：南郑县圣水寺文物管理所。

著录：《汉中碑石》。

提要：1941 年于右任题"何公根山暨德配李太夫人之墓"。

*康氏墓碣

年代：民国三十年（1941）刻立。

行字：志文楷书 23 行，满行 13 字。

现藏：合阳县博物馆。

提要：墓志记载了二伯母何力之德配康太孺人抚养杨修一事。

王伯实暨妻马氏阡表

全称： 先考王公府君暨先妣马太孺人合葬西原阡表。

年代： 民国三十年（1941）刻立。

形制： 高 1.19 米，宽 0.60 米。

行字： 正文楷书 19 行，满行 50 字。

撰书： 王依仁撰。

现藏： 合阳县博物馆。

提要： 碑记王伯实生平。

重修说经台记

年代： 民国三十年（1941）刻立。

形制： 圆首方座。高 2.57 米，宽 0.91 米。

行字： 正文楷书 21 行，满行 50 字。

撰书： 王骧撰，贾耷书。

出土： 此碑自立未移。

现藏： 周至县楼观台。

著录：《楼观台道教碑石》。

提要： 记重修楼观台说经台事。

朱子桥墓志

全称： 绍兴朱子桥先生墓志铭。

年代： 民国三十年（1941）刻。

形制： 志、盖尺寸相同。长 0.92 米，宽 1.01 米。

行字： 志文行楷 46 行，满行 44 字。

撰书： 叶恭绰撰并书。

出土： 1954 年出于长安县杜曲镇竹园村。

现藏： 西安碑林博物馆。

著录：《西安碑林全集》。

提要： 此墓志记载了朱子桥的家世、生平。其曾任清奉天知县、前路巡防营统领兼奉天乡镇巡警总办、新军第二标标统、四川陆军协统，民国四川副都督、黑龙江督署参谋长、黑龙江巡按使、中东铁路护路总司令、哈尔滨特别区行政长官。1925 年后，朱子桥投身社会救济事业，曾在西北地区赈灾，并在陕西修泾惠渠、大小雁塔、兴教寺等。

振华威

年代： 民国三十年（1941）刻立。

形制： 高 1.75 米，宽 0.48 米。

行字： 正文楷书 1 行 3 字。

撰书： 关麟徵书。

现藏： 户县苍游乡真花硙村。

著录：《户县碑刻》。

提要： 其字为民国第九集团军总司令，抗日名将关麟徵所书。抗战中，关麟徵部屡给日军以重创，振我中华之威，故民国三十年回原籍时，改其故乡户县"真花硙"为"振华威"。

倪端糯暨妻刘氏墓碑

全称： 故显考倪公讳端糯老大人显妣倪母刘老孺人之墓。

年代： 民国三十年（1941）刻立。

形制： 高 1.06 米，宽 0.55 米。

行字： 正文楷书 11 行，满行 41 字。

撰书： 刘剑龙撰，胡如海书。

现藏： 镇安县铁厂镇新声村。

提要： 记述倪端鄠及妻刘氏生平。

*屈凌墓志

年代： 民国三十一年（1942）刻。

形制： 志长 0.70 米，宽 0.64 米，厚 0.11 米。

行字： 志文楷书 16 行，满行 14 字。

撰书： 于右任撰并书。

出土： 出土时间、地点不详。存三原县，1999 年入藏洛川县博物馆。

现藏： 洛川县博物馆。

提要：墓志记载屈凌的生平。

重修化云寺碑记

年代： 民国三十一年（1942）刻立。

形制： 螭首莲座。高 1.77 米，宽 0.87 米，厚 0.15 米。

行字： 正文楷书 20 行，满行 46 字。

撰书： 吕文斌撰并书。

纹饰： 碑额饰二龙戏珠图案，碑身饰琴棋书画、花鸟纹。

出土： 此碑自立未移。

现藏： 佳县刘国具乡白家铺村化云寺。

提要： 此碑记重修化云寺之事及功德主姓名，碑阴也为施舍人姓名。

南市

年代： 民国三十一年（1942）刻立。

形制： 高 1.22 米，宽 0.70 米，厚 0.07 米。

行字： 正文楷书 1 行 2 字。

撰书： 林伯渠题。

出土： 原在延安市宝塔区。

现藏： 延安市文物研究所。

亲民学校纪念碑

全称： 国民政府军事参议院参议冯云青先生新建亲民职业学校纪念碑。

年代： 民国三十一年（1942）刻立。

形制： 螭首龟座。通高 3.15 米，宽 0.81 米，厚 0.26 米。

行字： 正文草书 19 行，满行 50 字。

撰书： 王伯明撰，周伯敏书。

纹饰： 碑身饰人物图案。

出土： 此碑自立未移。

现藏： 扶风县法门镇豆会村冯家学校南侧。

提要： 记录冯云青建校的缘由经过。

*全国慰劳总会过张良庙题名碑

年代： 民国三十一年（1942）刻立。

形制： 高 0.93 米，宽 0.42 米。

行字： 正文行楷 6 行，满行 13 字。

撰书： 王用宾等撰。

现藏： 留坝县张良庙文物管理所。

提要： 1942 年全国慰劳总会前线将士北上过张良庙题名。

功业垂宇宙

年代： 民国三十一年（1942）刻立。

形制： 高 2.17 米，宽 0.98 米。

行字： 正文楷书 1 行 5 字。

撰书： 何应钦题。

现藏： 留坝县张良庙文物管理所。

著录： 《张良庙匾联石刻诗文集注》《汉张留侯祠》《汉中碑石》。

淡泊明志

年代： 民国三十一年（1942）刻立。

形制： 高 0.68 米，宽 0.60 米。

行字： 正文行楷 1 行 4 字。

撰书： 赵守钰题。

出土： 此碑自立未移。

现藏： 留坝县张良庙文物管理所。

著录： 《汉张留侯祠》《张良庙匾联石刻诗文集注》。

*孙竹青墓表

年代： 民国三十一年（1942）刻立。

形制： 六棱柱形。通高 1.67 米，宽 0.26 米。

行字： 正文楷书 31 行，满行 36 字。

撰书： 黎锦熙撰。

出土： 原立于汉中孙竹青墓前，1983 年移至古汉台。

现藏：汉中博物馆。

提要：孙竹青，河北人，师从齐白石先生。1937 年流亡来汉中，遂为汉中书画家、一代名媛，1942 年不幸去世。当时流亡旅居于汉中的著名学者黎锦熙先生为其撰写了碑文。

夹门子小学校碑记

年代：民国三十一年（1942）刻立。

形制：高 0.57 米，宽 0.45 米，厚 0.13 米。

行字：正文楷书 12 行，满行 19 字。

撰书：马玉堂题。

出土：原立于略阳县夹门子小学。

现藏：略阳县灵岩寺博物馆。

著录：《汉中碑石》。

提要：此碑记载陈时雨帮助夹门子民众办学，捐资置地，以及具体地界。

*赖恺元等过张良庙题记碑

年代：民国三十一年（1942）刻立。

形制：高 0.58 米，宽 0.42 米。

行字：正文行楷 14 行，满行 11 字。

撰书：赖恺元等撰并书。

出土：此碑自立未移。

现藏：留坝县张良庙文物管理所。

提要：1942 年赖恺元等 10 人奉命巡视西北政务过留侯祠题记。

*高树勋张良庙题记碑

年代：民国三十一年（1942）刻立。

形制：高 0.80 米，宽 0.65 米。

行字：正文隶书 2 行，满行 4 字。

撰书：高树勋撰并书。

出土：此碑自立未移。

现藏：留坝县张良庙文物管理所。

著录：《张良庙匾联石刻诗文集注》《汉张留

侯祠》《张良庙与紫柏山》。

提要：内容"扫除倭寇，再来作伴"。

*张乃华外祖母朱氏墓碑

年代：民国三十一年（1942）刻立。

形制：圆首座佚。高 1.40 米，宽 0.68 米。

行字：额题篆书 4 行，满行 3 字。正文楷书 21 行，满行 40 字。

撰书：景莘农撰，张恢元书，张翔初篆额。

现藏：户县小丰村。

著录：《户县碑刻》。

提要：张乃华少育于外婆家，功成名就后，立碑记其外婆朱太宜人"艰勤励毅之行，有君子所未及者"之生平事迹。

白云山纪念碑

全称：白云山祖师庙吴堡县头会捐修七圣楼乐楼社窑纪念碑序。

年代：民国三十二年（1943）刻立。

形制：圆首方座。高 2.16 米，宽 0.85 米，厚 0.14 米。

行字：正文楷书 26 行，满行 63 字。

撰书：霍含章撰，郝永耀书。

纹饰：碑身四周饰水波纹。

现藏：佳县白云山白云观二天门。

著录：《佳县白云山白云观碑刻》。

提要：碑文记叙民国二十四年（1935），因时局关系，吴邑进香之人越趄不前。

*张君如暨妻焦氏乌氏墓表

年代：民国三十二年（1943）刻立。

形制：圆首方座。高 1.95 米，宽 0.72 米，厚 0.30 米。

行字：正文楷书 15 行，满行 42 字。

撰书：冯光裕撰，茹欲立书。

纹饰：碑身饰人物及花卉纹。

现藏：扶风县天度镇阎村阎村小学对面。

提要：记录了张玉如家族世系及生平，焦氏勤俭持家，乌氏温良恭顺，教子有方等事。

李氏墓碑

全称：节母李太孺人墓碑铭。

年代：民国三十二年（1943）刻。

形制：螭首方座。通高 3.05 米，宽 0.84 米，厚 0.26 米。

行字：正文楷书 15 行，满行 50 字。

撰书：冯光裕撰，茹欲立书。

纹饰：碑身饰人物及四君子图案。

现藏：扶风县天度镇阎村阎村小学对面。

提要：记录了李氏早年守寡，光绪三年（1877）天下大旱，艰难度日。因其勤俭持家，教子有方，使家道中兴。

实事求是

年代：民国三十二年（1943）刻立。

形制：共 4 石，尺寸相同。高 0.64 米，宽 0.71 米，厚 0.15 米。

行字：正文草书，每块 1 字，共 4 字。

撰书：毛泽东书。

出土：原立于延安中央党校旧址。

现藏：延安革命纪念馆。

著录：《圣地风云录》。

备注：1943 年中央党校学员自己动手修建礼堂，毛泽东题字"实事求是"，刻石后镶在礼堂大门的正中上方。1947 年 3 月胡宗南进攻延安，中央党校遭到破坏，石刻随墙倒塌被埋入地下，1955 年夏才被发现。

淡泊宁静

年代：民国三十二年（1943）刻立。

形制：高 0.69 米，宽 0.55 米。

行字：正文行楷 1 行 4 字。

撰书：杨正治题。

现藏：留坝县张良庙文物管理所。

著录：《汉张留侯祠》《张良庙匾联石刻诗文集注》。

*韦雪松题诗碑

年代：民国三十二年（1943）刻立。

形制：高 0.80 米，宽 0.56 米。

行字：正文楷书 6 行，满行 15 字。

撰书：韦雪松撰并书。

现藏：留坝县张良庙文物管理所。

著录：《张良庙匾联石刻诗文集注》《汉张留侯祠》。

提要：歌颂了张良的丰功伟绩，赞扬了他功成身退的明智之举，从而抒发了自己对人生的感悟。

*高君妻惠氏墓志

年代：民国三十二年（1943）刻。

形制：圆首方额。高 1.48 米，宽 0.65 米。

行字：志文楷书 21 行，满行 41 字。

撰书：康寄遥撰，陈固亭篆额。

纹饰：碑阳额双旗相交图案及水波云纹，上部有一八卦图案。碑身四周饰草叶蔓枝纹。

出土：此碑自立未移。

现藏：周至县终南镇。

提要：记载高君妻惠氏家族世系、生平。

王世禄墓表

全称：近卿王公墓表。

年代：民国三十二年（1943）刻立。

形制：首座皆佚。高 1.70 米，宽 0.65 米，厚 0.19 米。

行字：正文楷书 16 行，满行 48 字。

撰书：李焕章撰，王丕卿书。

纹饰：碑身四周饰回纹。

现藏：户县甘河镇尹村。

著录：《户县碑刻》。

提要：表记王世禄之家族世系、生平。

无名英烈纪念碑

年代：民国三十二年（1943）刻立。

形制：高 1.09 米，宽 0.59 米。

行字：正文草书 10 行，满行字数不等。

撰书：于右任撰并书。

现藏：西安碑林博物馆。

著录：《西安碑林全集》《西安碑林博物馆藏
碑刻总目提要》。

提要：1926 年西安城被军阀刘振华率领军
队围困，时间达 8 个月之久，城中粮
食断绝，饿死者达 5 万人。解围后
幸存者在城东掩埋了数千人的骨
骸，1943 年于右任为此特写此碑，
以示悼念。

创办治安乡中心学校碑记

年代：民国三十二年（1943）刻立。

形制：高 1.54 米，宽 0.62 米。

行字：正文楷书 17 行，满行 50 字。

撰书：李中选撰，任邦汉书。

现藏：商洛市商州区邵家村。

提要：此碑记述了筹建歇马店小学及改名
为治安乡中心小学的经过，并记将
三官庙、白衣寺等庙产用作建校经
费等事。

相桥街市复兴记

年代：民国三十二年（1943 后）刻立。

形制：圆首。高 1.89 米，宽 0.69 米，厚 0.17 米。

行字：额题篆书 2 行，满行 4 字。正文楷书
10 行，满行 48 字。

撰书：周涤尘撰，张宏道书，孙烈夫篆额。

纹饰：碑额上刻国民党党旗和中华民国国旗。

出土：原立于临潼县相桥镇政府。

现藏：西安市临潼博物馆。

著录：《临潼碑石》。

提要：碑文记相桥镇因清同治年间战乱衰
败数十年，民国二十二年（1933）
由当地绅秦颂偶等修复街市，招聚
商贾，恢复旧观事。

*东北挺进军抗日英烈纪念碑

年代：民国三十三年（1944）刻立。

形制：圆首。高 1.11 米，宽 0.44 米。

行字：正文楷书 18 行，满行 46 字。

撰书：马占山撰。

出土：此碑自立未移。

现藏：府谷县哈镇抗日活动旧址忠烈祠。

备注：碑侧稍残，第 1 行有 4 字残损。

提要：此碑为抗日将领马占山时任东北挺进
军总司令兼黑龙江省政府主席时，驻
军府谷哈镇六年，率部顽强抵抗日
军，为战死的将士建忠烈祠时所写的
碑文。碑文记述了马占山将军率领东
北挺进军浴血奋战，组织多次战斗，
收复所陷各县及伊蒙七旗，"卒使倭寇
不能立足，将其侵陕部队撤援"，扼制
了日军进犯西北。

兴学碑

年代：民国三十三年（1944）刻立。

形制：高 1.42 米，宽 0.66 米，厚 0.09 米。

行字：正文行书 1 行 3 字。

撰书：施建康书。

现藏：陇县东南镇杨家坡小学。

提要：上款"中华民国三十三年十月"，下
款"陆军骑兵第九师师长施建康题"。

赵孝顺墓碑

年代：民国三十三年（1944）刻立。

形制：圆首。通高 0.97 米，宽 0.38 米，厚
0.09 米。

行字：正文楷书 1 行 4 字。

现藏：陇县博物馆。

提要：上款"河南济源县"，下款"民国三
十三年四月立"。

*修建校舍碑

年代：民国三十三年（1944）刻立。

形制：圆首。碑残损。残高 0.86 米，宽
0.46 米，厚 0.07 米。

行字：额隶书 1 行 4 字，题"乐育英才"。
正文楷书 21 行，行存 33 字。

撰书：刘仁阶撰。

纹饰：碑额饰牡丹纹，碑身饰富贵纹。

出土：1988 年出土于黄龙县白马滩镇。

现藏：黄龙县文物管理所。

著录：《新编黄龙县志》。

提要：此碑记载了刘仁阶等兴办民众教育事
业等经过。

教一旅大礼堂落成记

年代：民国三十三年（1944）刻立。

形制：高 1.55 米，宽 0.65 米，厚 0.15 米。

出土：原立于甘泉县道镇乡清泉村。

现藏：甘泉县博物馆。

提要：此碑主要记载了教一旅转战敌后的战
果，及奉命返回陕甘宁边区后，在
清泉镇开展大生产运动并建设大礼
堂的事迹。

前清例赠孺人李母张慈君之神道碑

年代：民国三十三年（1944）刻立。

形制：高 1.73 米，宽 0.74 米，厚 0.24 米。

行字：正文楷书 1 行 15 字。

纹饰：碑身四周饰人物、花卉纹。

现藏：陇县城关镇。

提要：记张氏之生平。

知止

年代：民国三十三年（1944）刻立。

形制：高 0.78 米，宽 0.58 米。

行字：正文行楷 1 行 2 字。

撰书：魏习儒题。

出土：此碑自立未移。

现藏：留坝县张良庙文物管理所。

著录：《汉张留侯祠》《张良庙匾联石刻诗
文集注》。

临潼王氏北迁表

年代：民国三十三年（1944）刻立。

形制：圆首。高 2.30 米，宽 0.79 米，厚 0.19 米。

行字：额篆书 2 行 7 字，题"临潼王氏北迁
表"。正文楷书 19 行，满行 45 字。

撰书：茹欲立撰并书并题额。

纹饰：碑身饰飞云纹。

现藏：西安市临潼博物馆。

备注：碑身中部横向断残。

提要：此碑为中华民国国民军 42 师师长王
明钦为其祖父母迁坟立传事。

鄠县孟襄图书楼记

年代：民国三十三年（1944）刻立。

形制：高 0.60 米，宽 0.35 米，厚 0.06 米。

行字：正文楷书 34 行，满行 17 字。

撰书：冯光迁撰，张恢元书。

出土：原镶嵌于户县中学图书楼墙壁上。

现藏：户县教师进修学校。

著录：《户县碑刻》。

备注：碑左上角断裂。

提要：记张孟襄为户县中学购置图书及其子捐资建图书楼事。

永寿县治迁移史略

年代：民国三十三年（1944）刻立。

形制：高 7.60 米，宽 0.70 米，厚 0.14 米。

行字：正文楷书 19 行，满行 16 字。

撰书：雷震甲撰，丁永炎书。

纹饰：碑身四周饰回纹。

现藏：永寿县文化馆。

提要：此碑记载了旧永寿县城居民零散，常受匪徒袭扰，影响县治，经县长王锦堂报请省政府批准，迁移至监军镇事。

*苏平轩夫妇墓碑

年代：民国三十四年（1945）刻立。

形制：圆首。通高 1.80 米，宽 0.75 米，厚 0.23 米。

行字：正文楷书 9 行，满行 37 字。

撰书：孙孝轩撰并书。

纹饰：碑额饰二龙戏珠图案，碑身饰八仙图案。

现藏：陇县东风镇苏家坡村。

提要：碑记述苏平轩夫妇的功德。

创修金台观太皇宫碑记

年代：民国三十四年（1945）刻立。

形制：圆首。通高 1.10 米，宽 0.54 米，厚 0.13 米。

行字：正文楷书 17 行，满行 42 字。

撰书：杨书霈书，李常态、彭桂等刻。

现藏：宝鸡市金台观。

备注：此碑已残。

提要：碑记创修太皇宫的经过。

重修景福山云溪宫碑记

年代：民国三十四年（1945）刻立。

形制：圆首方额。通高 1.90 米，宽 0.65 米，厚 0.11 米。

行字：正文楷书 22 行，满行 56 字。

纹饰：碑额国民党党旗，碑身饰花草纹及几何纹。

现藏：陇县温水镇景福山道观。

提要：碑文记重修云溪宫的原因、建成后的规模。

淳化战役烈士纪念碑

全称：陆军第二百二十三师淳化战役阵亡将士纪念碑。

年代：民国三十四年（1945）刻立。

形制：高 1.73 米，宽 0.83 米，厚 0.20 米。

行字：正文楷书 17 行，满行 30 字。

撰书：沙盛文撰。

出土：1986 年出土于淳化县老党校。

现藏：淳化县博物馆。

著录：《淳化县文物志》。

提要：此碑系为纪念淳化战役牺牲将士所立。

崔志新母阎氏懿行碑

全称：崔母阎太孺人懿行叙。

年代：民国三十四年（1945）刻立。

形制：圆首。高 1.75 米，宽 0.65 米，厚 0.15 米。

行字：额篆书"中华"2 字。正文隶书 20 行，满行 50 字。

撰书：王谦柄撰，杨志俭书。

出土：原立于户县阎生茔家祖坟。

现藏：户县大王镇凿齿村西大康砖厂。

著录：《户县碑刻》。

备注：碑身中下部横向断。

提要：记崔志新母阎氏共夫经商于蜀，她一身兼内外之任，力稼穑，勤绩纺，教子孙，能人之所难能，使家声鹊起等懿行。

护持大悲禅院叙事记

年代：民国三十四年（1945）刻立。

形制：圆首方座。通高 1.90 米，宽 0.68 米。

行字：额篆书"护持碑"3 字。正文楷书 25 行，满行 47 字。

撰书：王俊生撰，高子超书。

纹饰：碑额刻国民党党旗。

出土：此碑自立未移。

现藏：户县石井镇大悲寺。

著录：《户县碑刻》。

备注：碑身上部有一横向裂纹。

提要：记载户县石井村大悲禅院为道人朱永年强行占据，石井村代表向官府诉讼，并将裁定结果刻石立碑之事。

*邓尚贤墓碑

全称：天水邓太翁友斋墓表。

年代：民国三十四年（1945）刻立。

形制：圆首。高 2.48 米，宽 0.88 米，厚 0.26 米。

行字：正文行书 16 行，满行 41 字。

撰书：于右任撰并书。

现藏：西安碑林博物馆。

著录：《西安碑林博物馆藏碑刻总目提要》。

提要：此系邓尚贤墓碑，简述其生平事迹。

重修景福山碑记

年代：民国三十五年（1946）刻立。

形制：通高 1.70 米，宽 0.70 米，厚 0.16 米。

行字：正文楷书 12 行，满行 40 字。

现藏：陇县温水镇景福山道院。

提要：记述重修景福山时各地负责建筑的殿堂数等。

*林伯渠为谢子长陵题词碑

年代：民国三十五年（1946）刻立。

形制：方首方座。通高 2.15 米，宽 0.80 米，厚 0.18 米。

行字：正文行书 4 行，满行 10 字。

撰书：林伯渠题。

纹饰：碑额饰飞机、军舰、海水浮雕。

现藏：子长县谢子长烈士陵园。

提要：林伯渠题词"谢子长和刘志丹等同志创造了这块福地"。

保小礼堂

年代：民国三十五年（1946）刻立。

形制：高 2.21 米，宽 0.87 米，厚 0.10 米。

行字：正文楷书 1 行 4 字。

撰书：梁金生题。

出土：原在安塞县白家坪保小礼堂正门上。

现藏：延安革命纪念馆。

备注：1946 年 8 月陕甘宁边区儿童保育院小学礼堂落成后，保小负责人梁金生为其题名，刻石后镶在礼堂大门上方，1947 年国民党进攻陕甘宁边区，礼堂被烧毁，白文明和其他几个村民将石刻取下藏在家中，1982 年征集回延安革命纪念馆。

*中共西北中央局为谢子长陵题词碑

年代：民国三十五年（1946）刻立。

形制：方首长方座。通高 2.31 米，宽 0.80 米，厚 0.18 米。

行字：正文行书 4 行，满行 9 字。

撰书：中共西北中央局立。

纹饰：碑额饰党旗、松柏图案。

现藏：子长县谢子长烈士陵园。

提要：中共西北中央局题词"一生为人民创造红地，百姓到如今叫你青天"。

景福山香火田地界碑

全称：仝立景福山香火田地四止交界碑记。

年代：民国三十五年（1946）刻立。

形制：圆首方额。通高 1.15 米，宽 0.57 米，厚 0.24 米。

纹饰：碑额饰二龙戏珠图案。

现藏：陇县温水镇景福山道观。

提要：记述康熙皇帝曾云游此山并住数十日及该山之四至交界。

重修景福山布施碑记

年代：民国三十五年（1946）刻立。

形制：圆首方额。通高 1.74 米，宽 0.73 米，厚 0.24 米。

纹饰：碑两旁为浮雕二龙戏珠图案。

现藏：陇县温水镇景福山道观。

提要：碑阳、碑阴两面碑文均为布施人名及捐款数。

*朱德为谢子长陵题词碑

年代：民国三十五年（1946）刻立。

形制：方首长方座。通高 2.13 米，宽 0.80 米，厚 0.19 米。

行字：正文行书 4 行，满行 10 字。

撰书：朱德撰题。

纹饰：碑额饰"八一"军旗图案。

现藏：谢子长烈士陵园。

提要：朱德题词"谢子长同志，陕北人民领袖前赴后继"。

名山仙境

年代：民国三十五年（1946）刻立。

行字：正文行楷 1 行 4 字。

撰书：唐嵩山书。

现藏：留坝县张良庙文物管理所。

著录：《张良庙匾联石刻诗文集注》《汉张留侯祠》。

爱民乐业

年代：民国三十五年（1946）刻立。

形制：高 2.04 米，宽 0.90 米。

行字：正文行书 1 行 4 字。

撰书：徐杰书。

出土：此碑自立未移。

现藏：略阳县灵岩寺博物馆。

提要：上款"民国三十五年"，下款"民国三十五年夏专员章公履和溢察□民□乐业于游览灵岩寺后题此志念。县长徐杰谨识"。

宁强中正桥落成志庆

年代：民国三十五年（1946）刻立。

行字：正文楷书 33 行，满行字数不等。

撰书：金化鹏撰。

现藏：宁强县文化馆。

提要：碑文记中正桥落成事。

宁静致远

年代：民国三十五年（1946）刻立。

形制：高 0.78 米，宽 0.88 米。

行字：正文行楷 2 行，满行 2 字。

撰书：白崇禧书。

现藏：留坝县张良庙文物管理所。

著录：《汉张留侯祠》《张良庙匾联石刻诗文集注》。

赞留侯

年代： 民国三十五年（1946）刻立。

形制： 高 0.62 米，宽 0.37 米。

行字： 正文楷书 10 行，满行 4 字。

撰书： 刘华轩等书。

出土： 此碑自立未移。

现藏： 留坝县张良庙文物管理所。

著录：《汉张留侯祠》《张良庙匾联石刻诗文集注》。

提要： 此摩崖是民国三十五年安徽蚌埠复员协会同人还乡，道经留侯祠所作赞颂张良之文。

为中正桥落成题

年代： 民国三十五年（1946）刻立。

形制： 高 0.52 米，宽 0.78 米，厚 0.18 米。

行字： 正文楷书 11 行，满行字数不详。

撰书： 何葆华撰并书。

现藏： 宁强县文化馆。

提要： 碑文记中正桥修建之意。

石刻收藏记

年代： 民国三十五年（1946）刻立。

形制： 高 0.49 米，宽 0.38 米。

行字： 正文行书 15 行，满行 13 字。

撰书： 卢俊生撰并书。

出土： 大荔县朝邑。

现藏： 大荔县文物局。

著录：《大荔碑刻》。

提要： 碑文记录了原朝邑文献会于民国三十五年收集的名人石刻记事。

胜利台记

年代： 民国三十五年（1946）刻立。

形制： 高 2.78 米，宽 0.98 米。

行字： 正文楷书 21 行，满行 60 字。

撰书： 韦德懋撰，任庭辉书。

出土： 原立于蒲城县政府东侧广场。

现藏： 蒲城县博物馆。

著录：《蒲城县志》。

提要： 该碑记述了抗战胜利后于 1946 年建立此碑以作纪念。

回心寺记

年代： 民国三十五年（1946）刻立。

形制： 圆首方额。高 1.73 米，底宽 0.61 米。

行字： 正文楷书 15 行，满行 36 字。

撰书： 终南山人撰并书。

纹饰： 碑额饰二龙戏珠图案，碑身饰葡萄纹。

现藏： 周至县尚村镇马村。

提要： 此碑记载了郭门贾氏创建回心寺之经过。

改建蓝田汤峪疗养池碑记

年代： 民国三十五年（1946）刻立。

形制： 圆首。高 1.52 米，宽 0.63 米，厚 0.12 米。

行字： 正文楷书 21 行，满行 46 字。

撰书： 阎茂三撰，魏恭书。

现藏： 陕西省第三人民疗养院。

提要： 该碑记述了汤峪温泉从唐代以来的发展情况，以及惠民的多种好处和当时改建疗养院的目的和作用。

*房应昌暨妻焦氏碑志

年代： 民国三十五年（1946）刻立。

形制： 圆首。碑残损。残高 1.76 米，宽 0.70 米，厚 0.20 米。

行字： 额篆书 3 行，满行 3 字。正文楷书，残存 19 行，满行 41 字。

撰书： 张元勋撰，张凤翔书。

出土：2005 年出土于西安市临潼区秦陵街
　　　道办。

现藏：西安市临潼博物馆。

备注：上部、首行残缺。

提要：该残存碑文记载房应昌之家族世系、
　　　生平及夫人焦氏等。

朱子桥将军碑文

年代：民国三十五年（1946）刻立。

形制：高 2.33 米，宽 0.83 米。

行字：正文隶书 14 行，满行 40 字。

撰书：冯玉祥撰并书。

现藏：西安碑林博物馆。

著录：《西安碑林全集》《西安碑林博物馆藏
　　　碑刻总目提要》。

提要：碑文记朱子桥生平，曾任中央赈务委
　　　员会委员长。

民国得道八路军故医官之墓

年代：民国三十五年（1946）刻立。

形制：圆首方座。高 0.54 米，宽 0.33 米，
　　　0.05 米。

行字：志文楷书 8 行，满行 16 字。

纹饰：碑额饰龙云纹。

现藏：旬阳县红军镇碾子沟"红军老祖"墓前。

著录：《安康碑石》。

提要：记民国二十四年红军医官二人阵亡，
　　　葬于旬阳，村人为之树碑事。

文汇楼石萃室落成记碑

年代：民国三十五年（1946）刻立。

形制：高 0.73 米，宽 0.36 米。

行字：正文行草 18 行，满行 14 字。

撰书：李伯弓撰并书。

现藏：大荔县文物局。

著录：《大荔碑刻》。

提要：记文汇楼石萃石修建经过。

与时并进

年代：民国三十六年（1947）刻立。

形制：高 1.50 米，宽 3.20 米。

行字：正文草书 1 行 4 字。

撰书：毛泽东题。

现藏：佳县白云山白云观悟道壁上。

著录：《佳县白云山白云观碑刻》。

提要：落款"毛泽东一九四七年九月九日于
　　　白云山"。

张惕生先生纪寿碑

年代：民国三十六年（1947）刻立。

形制：螭首方座。通高 3.35 米，宽 0.80 米，
　　　厚 0.27 米。

行字：正文隶书 17 行，满行 55 字。

撰书：温良儒撰，孙蔚如书，于右任题额。

纹饰：碑身饰人物及花卉纹。

现藏：扶风县天度镇阎村阎村小学对面。

提要：此碑系张惕生 68 岁寿诞而立，碑文
　　　记张惕生家族世系及照顾生母和后
　　　母的孝行。

张孟襄先生墓志铭

年代：民国三十六年（1947）刻。

形制：志、盖均为正方形。盖边长 0.62 米，
　　　厚 0.10 米。志边长 0.60 米，厚 0.10 米。

行字：盖文篆书 3 行，满行 3 字，题"张孟
　　　襄先生墓志铭"。志文行书 28 行，满
　　　行 22 字。

撰书：冯光裕撰，党晴梵书并篆盖，郭希安刻。

现藏：户县余下镇罗什堡马营村。

著录：《户县碑刻》。

提要：记张孟襄之家族世系、生平。

*崔志道题联

年代：民国三十六年（1947）刻立。

形制：方座。高 1.42 米，宽 0.63 米。

行字：正文行书 2 行，满行 7 字。跋文楷书 3 行，满行字数不等。

撰书：崔志道撰并书，宋联奎跋。

现藏：西安碑林博物馆。

著录：《西安碑林全集》《西安碑林博物馆藏碑刻总目提要》。

提要：上联"造物与间闻与健"，下联"山人知老不知年"。

重建景福山殿宇落成纪事碑

年代：民国三十七年（1948）刻立。

形制：圆首方额。通高 1.43 米，宽 0.60 米，厚 0.12 米。

行字：正文楷书 15 行，满行 46 字。

纹饰：碑额饰双凤朝阳图案，碑身饰蟠螭纹。

现藏：陇县温水镇景福山道观。

提要：记述景福山历代维修、民国重建的情况。

史君天时纪念碑

年代：民国三十七年（1948）刻立。

形制：圆首方座。通高 2.93 米，宽 0.82 米，厚 0.25 米。

行字：碑阳草书 2 行，满行 11 字。碑阴楷书 19 行，满行 51 字。

撰书：温良儒撰，党仙州书，于右任题。

纹饰：碑身饰人物及荷、莲、菊花卉纹。

出土：原立于扶风县史天时墓前。

现藏：扶风县博物馆。

提要：记录了史天时生平及参加国民革命军事迹。史天时先参加靖国军胡盈生部，后于民国二年（1913）任第十混

战旅第九营营长。

重修金洋堰规碑序

年代：民国三十七年（1948）刻立。

形制：高 0.85 米，宽 0.60 米，厚 0.15 米。

行字：正文楷书 30 行，满行 27 字。

撰书：张开文撰，许国礼书。

出土：西乡县堰口镇金洋堰头碑墙。

现藏：西乡县金洋堰水利管理站。

著录：《汉中碑石》。

提要：碑记民国三十七年，陕西牧马河水利协会、金洋堰水利分会及堰首等重整金洋堰规事略。

*西乡县政府布告

年代：民国三十七年（1948）刻立。

形制：高 0.82 米，宽 0.50 米，厚 0.14 米。

行字：正文楷书 20 行，满行 15 字。

撰书：王肇基撰。

现藏：西乡县堰口镇金洋堰堰头碑墙。

著录：《汉中碑石》《西乡县志》《西乡县地名志》《西乡县农业志》。

提要：此碑为民国三十七年西乡县国民政府颁布对堰渠上游及灌溉区"禁渔、禁牧、禁垦、禁伐"的保护条例。

张子嘉张鲁岑纪念碑

全称：张子嘉张鲁岑两先生纪念堂碑铭并序。

年代：民国三十七年（1948）刻。

形制：四棱柱形。通高 2.75 米，宽 0.35 米。

行字：额隶书 2 行，满行 10 字，题"张子嘉张鲁岑先生纪念堂之碑"。正文隶书 20 行，满行 34 字。

撰书：高文源撰，寇遐书。

出土：此碑自立未移。

现藏：户县五竹镇文义村学校。

著录：《户县碑刻》。

提要：记户县文义村张子嘉、张鲁岑二位先生兴学育材，于清宣统二年创办苍溪学校，教泽广被之事迹。

元恺门

年代：民国三十七年（1948）刻立。

形制：高 0.52 米，宽 1.46 米。

行字：正文楷书 1 行 3 字。

撰书：贺义夫题。

纹饰：碑身四周饰缠枝花草纹。

出土：原藏耀县城关镇东街陈学民家中。

现藏：铜川市耀州区博物馆。

提要：此系耀县新东门门额。门以辛亥烈士耀县人宋向辰（字元恺）而命名。上款"民国三十七年五月五日"，下款"湘潭贺义夫题"。

创修白云山正殿庙石供桌碑序

年代：民国三十八年（1949）刻立。

形制：须弥方座。碑身高 1.59 米，宽 0.70 米，厚 0.12 米。

行字：正文楷书 20 行，满行 51 字。

纹饰：碑身四周饰几何纹、变形龙纹、缠枝花鸟纹。

现藏：佳县白云山白云观。

著录：《佳县白云山白云观碑刻》。

提要：碑文记叙每年阴历四月初旬白云山庙会盛况。

渭河桥

年代：民国三十八年（1949）刻立。

形制：高 1.55 米，宽 0.70 米，厚 0.10 米。

行字：正文行书 1 行 3 字。

撰书：吴华甫书。

现藏：宝鸡市城建局。

提要：上款"中华民国三十八年三月"，下款"申江吴华甫书"。

*李隆宝纪念碑

年代：民国三十八年（1949）刻立。

形制：圭首方额。高 1.60 米，宽 0.59 米，厚 0.19 米。

行字：正文楷书 18 行，满行 47 字。

纹饰：碑额饰云纹及旗帜图案。

出土：原立于乾县东门外。

现藏：乾县阳峪镇罗家岭北烈士陵园。

著录：《新编乾县志》。

提要：碑文记叙李隆宝烈士是山西崞县人，中国共产党党员，曾到中国人民抗日军事政治大学学习，并协助校务任教导干事。1945 年到延安地委工作，1949 年调任乾县县委宣传部部长，同年 8 月因病去世，年仅 25 岁。

渭河桥兴建碑

年代：民国三十八年（1949）刻立。

形制：高 1.55 米，宽 0.70 米，厚 0.10 米。

行字：正文楷书 29 行，满行 14 字。

撰书：吴华甫书。

现藏：宝鸡市城建局。

提要：碑文记述了修建渭河大桥的目的、经过。

五风十雨

年代：民国三十八年（1949）前刻立。

形制：高 0.36 米，宽 0.84 米，厚 0.05 米。

行字：正文楷书 1 行 4 字。

现藏：米脂县银州街道姬家峁村三皇庙内。

*郭子仪题联

年代：民国三十八年（1949）前刻立。

形制：砂石质。高 2.50 米，宽 0.19 米，厚 0.29 米。

撰书：郭子仪撰并书。

现藏：米脂县。

备注：剥蚀严重。

提要：上联"亲闻修妇顺先意视听贞若节"，下联"宗室延夫福靡他门户付成人"。

*灵应寺石联

年代：民国三十八年（1949）前刻立。

形制：砂石质。高 1.48 米，宽 0.19 米，厚 0.29 米。

行字：正文楷书 2 行，满行 7 字。

现藏：米脂县灵应寺。

备注：剥蚀严重。

提要：上联"漫写坚心悲石泐"，下联"祗还劲骨本天生"。

*张亮题诗碑

年代：民国年间（1912—1949）刻立。

形制：砂石质。高 0.66 米，宽 1.64 米，厚 0.07 米。

行字：正文行草 19 行，满行 8 字。

撰书：张亮撰并书。

现藏：绥德县博物馆。

备注：剥蚀掉碴较多。

提要：此碑为蜀人张亮仲夏绥德憩学使署中所题的一首五言古诗。诗中抒发了国家战乱频仍，自己怀才不遇、报国无门的感慨。

*郭瑞荫神道碑

年代：民国年间（1912—1949）刻立。

形制：高 2.02 米，宽 0.76 米，厚 0.24 米。

行字：正文楷书。碑阳 4 行，碑阴 9 行，满行字数不等。

撰书：陈树藩撰，宋伯鲁书。

纹饰：碑身两侧饰博古画。

出土：原立于蒲城县郭瑞荫墓前。

现藏：蒲城县博物馆。

备注：碑身上下两端残缺、存中部。

提要：该碑是郭坚率子为其父郭瑞荫所立神道碑。

*冯玉祥题摩崖

年代：民国年间（1912—1949）刻立。

形制：高 1.10 米，宽 0.56 米。

行字：正文隶书 2 行，满行 11 字。

撰书：冯玉祥撰并书。

现藏：留坝县张良庙文物管理所。

著录：《张良庙匾联石刻诗文集注》《汉张留侯祠》。

提要：高度赞扬了张良的功绩和品质。

*宋治进题诗碑

年代：民国年间（1912—1949）刻立。

形制：高 0.51 米，宽 0.58 米。

行字：正文行草 5 行，满行 9 字。

出土：此碑自立未移。

现藏：略阳县灵岩寺博物馆。

提要：此碑风化严重，内容残缺不全，故文字不成文章，只残留"国家这宁及保淮家□□儿女长命安乐官□尚□此歌□□□□川军川宋治进"。

*张妥夫妻墓碑

年代：民国年间（1912—1949）刻立。

形制：圆首方额。通高 1.37 米，宽 0.61 米，厚 0.14 米。

行字：正文楷书 18 行，满行 31 字。

撰书：苏兆祥书。

纹饰：碑阳额饰二龙戏珠图案，碑身饰琴、棋、书、剑、荷花、葡萄、石榴图案。碑阴额饰鱼跃龙门图案，碑身饰牡丹纹。

现藏：千阳县南寨镇闫家村张喜珍家。

提要：记张妥夫妇生平。

轩辕庙

年代：民国年间（1912—1949）刻立。

形制：圆首。高 1.85 米，宽 0.94 米。

行字：正文楷书 1 行 3 字。

撰书：程寿筠书。

现藏：黄帝陵。

著录：《黄帝陵碑刻》。

文明之祖

年代：民国年间（1912—1949）刻立。

形制：圆首方座。高 1.69 米，宽 1.07 米。

行字：正文楷书 1 行 4 字。

现藏：黄帝陵。

著录：《黄帝陵碑刻》。

桃林山庄

年代：民国年间（1912—1949）刻立。

形制：高 0.47 米，宽 1.10 米。

行字：正文行书 1 行 4 字。

撰书：于右任书。

提要：此系邓宝珊将军在榆林居住时旧居大门门额。

*灵岩寺题记碑

年代：民国年间（1912—1949）刻立。

形制：高 1.38 米，宽 0.83 米。

行字：正文行书 6 行，满行 5 字。

出土：此碑自立未移。

现藏：略阳县灵岩寺博物馆。

提要：碑文为余永宽等游灵岩寺事。

*民国略阳知事题记

年代：民国年间（1912—1949）刻立。

形制：高 1.35 米，宽 0.70 米。

行字：正文楷书 5 行，满行 14 字。

现藏：略阳县灵岩寺博物馆。

提要：此碑描写了略阳县周边自然风光的优美以及民众的生活情况。

乔云峰暨妻徐氏合葬墓志

全称：乔公云峰暨德配徐太夫人合葬墓志铭。

年代：民国年间（1912—1949）刻。

形制：志正方形。边长 0.59 米。

行字：志文楷书 22 行，满行 32 字。

撰书：杨季成撰，康庄书，甘沛泽篆盖。

现藏：合阳县博物馆。

提要：记载了乔云峰的生平。

*陆昂题记碑

年代：民国年间（1912—1949）刻立。

形制：高 0.89 米，宽 0.35 米。

行字：正文楷书 8 行，满行 7 字。

撰书：陆昂撰并书。

现藏：洋县蔡伦墓祠文物管理所。

提要：此石刻记载民国年间洋县县长陆昂对古洋州山水和历史文化深有感触，以豪放之气抒怀对古洋州的厚望。

韩子谦暨妻陈氏合葬墓志

全称：渭南韩公子谦暨配陈夫人合葬墓志铭。

年代：民国年间（1912—1949）刻。

形制：志正方形。边长 0.61 米。

行字：志文楷书 27 行，满行 33 字。

撰书：王昌杰撰，赵丕变篆盖，李凌虚书。

现藏：合阳县博物馆。

提要：此碑记载了韩子谦的生平。其子韩璠，

毕业于日本东京政法专门学校。历任
陕西省立政法专门学校教授，学监主
任，第三届省议会议员，时任建筑厅
第一科科长。

凤翔

年代： 民国年间（1912—1949）刻立。
形制： 高 2.48 米，宽 0.74 米，厚 0.20 米。
出土： 原在潼关县关城墙上。
现藏： 潼关县东门博物馆。
备注： 字迹模糊，仅"凤翔"2 字可辨。

富平胡太公墓志铭

年代： 民国年间（1912—1949）刻。
形制： 志正方形。边长 0.93 米，厚 0.15 米。
行字： 志文行书 26 行，满行 26 字。
撰书： 章炳麟撰，于右任书，赵铁山篆盖，胡希安刻。
出土： 富平县庄里镇。
现藏： 富平县文庙。
备注： 志左上角缺失。
提要： 此墓志记载胡彦麟的籍贯、生平。

师长正先暨全体将士纪念碑

年代： 民国年间（1912—1949）刻立。
形制： 高 1.03 米，宽 0.70 米。
行字： 正文楷书 1 行 12 字。
撰书： 李庄立。
现藏： 潼关县东门博物馆。
备注： 残断。

*叶合清墓志

年代： 民国年间（1912—1949）刻。
形制： 志残损，尺寸不详。
行字： 志文楷书存 16 行，行字数无法辨识。
出土： 此碑自立未移。

现藏： 略阳县灵岩寺博物馆。
备注： 残损严重。
提要： 记叶合清生平。

五门堰章程碑

全称： 城固县令清查五门堰并修定章程碑记。
年代： 民国年间（1912—1949）刻立。
形制： 高 1.50 米，宽 0.50 米。
行字： 正文楷书 36 行，满行 69 字。
出土： 此碑自立未移。
现藏： 城固县五门堰。
提要： 碑记城固县令清查五门堰，并修定章程碑记。

姚母党氏墓志

全称： 清封恭人姚母党太恭人墓志铭。
年代： 民国年间（1912—1949）刻。
形制： 志正方形。边长 0.41 米。
行字： 志文楷书 19 行，满行 27 字。
撰书： 曾宪勋撰，郗朝俊书，马凌甫篆盖。
现藏： 合阳县博物馆。
提要： 此墓志记载了党太恭人的生平、德行及子嗣情况。

*杨元贞碑

年代： 民国年间（1912—1949）刻立。
形制： 高 1.25 米，宽 0.60 米。
行字： 正文隶书 8 行，满行 20 字。
撰书： 张凤撰撰。
现藏： 合阳县博物馆。
提要： 此碑记载了合阳县慕贤庄人杨元贞在辛亥革命中挺身从戎，及在渭南遇难事。

*党仙州碑帖

年代： 民国年间（1912—1949）刻立。

形制：高 0.52 米，宽 0.33 米。

撰书：党仙州书。

出土：原存大荔县朝邑。

现藏：大荔县文物局。

提要：此系党仙州手书碑文。

霸英

年代：民国年间（1912—1949）刻立。

形制：高 2.20 米，宽 0.87 米，厚 0.18 米。

出土：原在潼关县北关城墙上。

现藏：潼关县东门博物馆。

备注：残、断裂。

*井勿幕夫人墓表

年代：民国年间（1912—1949）刻立。

形制：共 2 石，方形柱，尺寸相同。高 2.00 米，面宽 0.23 米。

行字：正文楷书，阳面 13 字，阴面 10 字。

撰书：王子端撰王建书。

纹饰：碑身饰云纹及葡萄、花卉纹。

出土：原立于蒲城县三合乡赵山村。

现藏：蒲城县博物馆。

提要：井勿幕夫人墓表为一组两件，内容均为赞誉井勿幕夫人之词。

*范海天墓碑

年代：民国年间（1912—1949）刻立。

形制：碑残损。残高 0.96 米，残宽 0.51 米，厚 0.21 米。

行字：正文篆书 10 行，满行 19 字。

撰书：杨蕴青书。

出土：原立于临潼县雨金镇东胡村。

现藏：西安市临潼博物馆。

备注：此碑上部残阙。

提要：范海天，陕西合阳人。曾参加"护法运动"，后回陕西入靖国军，赴广东

韶关讲琥堂学成回陕，历任排长、连长。民国十四年（1925），全陕驱降军阀刘振华，范海天在 2 月 8 日的战斗中战死，时年 33 岁。

*刘生辉妻王氏节孝碑

年代：民国年间（1912—1949）刻立。

形制：圆首方额。高 1.59 米，宽 0.57 米，厚 0.15 米。

行字：正文楷书 5 行，满行 37 字。

纹饰：碑额饰二龙戏珠图案，碑身饰花卉纹。

现藏：铜川市印台区红土镇前河村。

提要：碑文记王氏苦节持家事。

左忠义妻杜氏苦节碑

年代：民国年间（1912—1949）刻立。

形制：圆首方座。高 1.90 米，宽 0.61 米，厚 0.14 米。

行字：正文楷书 5 行，满行 37 字。

撰书：姚文蔚撰。

纹饰：碑额饰二龙戏珠图案，碑身饰回纹。

现藏：铜川市印台区红土镇西庙村。

提要：碑文记杜氏苦节持家事。

*左福盛妻叶氏墓表

年代：民国年间（1912—1949）刻立。

形制：圆首方额。高 1.80 米，宽 0.57 米，厚 0.15 米。

行字：正文楷书 5 行，满行 37 字。

撰书：杨立本撰。

纹饰：碑额饰二龙戏珠图案。

现藏：铜川市印台区红土镇西庙村。

提要：碑文记叶氏苦节持家事。

重修观音堂慈云菩萨庙碑记

年代：民国年间（1912—1949）刻立。

形制：圆首。高 1.57 米，宽 0.54 米，厚 0.15 米。

行字：正文楷书 17 行，满行 39 字。

撰书：王琬撰。

纹饰：碑额饰双凤朝阳图案。

现藏：宝鸡市渭滨区观音堂村。

提要：记载重修观音堂庙宇之事。

*李雨田墓表

年代：民国年间（1912—1949）刻立。

形制：共 6 石，尺寸相同。高 0.96 米，宽 0.38 米，厚 0.13 米。

行字：正文行书，共 620 字。

撰书：于右任撰并书。

出土：原立于三原县李雨田墓前，后存三原县城关派出所。

现藏：三原县博物馆。

提要：此墓表为于右任先生为其二叔李雨田先生第二次所作墓表，以彰其功德。

重修桃园子山神庙碑记

年代：民国年间（1912—1949）刻立。

形制：圆首。通高 1.30 米，宽 0.52 米，厚 0.10 米。

行字：正文楷书 14 行，满行 40 字。

撰书：张正己撰。

纹饰：碑额饰二龙戏珠图案及莲草纹。

出土：此碑自立未移。

现藏：千阳县南寨镇北山桃园山庄。

提要：碑文内容概述重修桃园山神之事。

*陈王氏墓志盖

年代：民国年间（1912—1949）刻。

形制：正方形。边长 0.76 米，厚 0.06 米。

行字：盖文篆书 5 行，满行 5 字。

现藏：秦咸阳宫遗址博物馆。

备注：志石佚，仅存志盖。

蔡于天纪念碑

全称：故扶风高等学堂校长蔡公纪念碑。

年代：民国年间（1912—1949）刻立。

形制：身首一体。通高 2.90 米，宽 0.80 米，厚 0.24 米。

行字：正文行书 8 行，满行 68 行。

撰书：于右任书。

纹饰：碑额饰二龙戏珠纹图案，碑身饰人物图案。

现藏：眉县文化馆。

提要：碑文记蔡于天的生平事迹。

登凌虚台

年代：民国年间（1912—1949）刻立。

形制：高 0.69 米，宽 1.42 米。

行字：正文楷书 8 行，满行 32 字。

撰书：郭坚撰并书。

现藏：凤翔县东湖碑林。

提要：碑文为郭坚书七言诗一首。郭坚（1887—1921），原名振军，字方刚，陕西蒲城县人，曾任西路第一路军司令，驻扎凤翔。

*胡仁甫墓志

年代：民国年间（1912—1949）刻。

形制：圆首方座。高 1.08 米，宽 0.90 米。

行字：志文楷书 23 行，满行 29 字。

撰书：杨自亿撰。

出土：1986 年出土于长武县相公镇胡家河。

现藏：长武县博物馆。

提要：碑文记胡蕴章兴修水利成立农职中学事。

*十二堡祈雨碑

年代：民国年间（1912—1949）刻立。

形制：高 1.84 米，宽 0.64 米，厚 0.16 米。

行字：正文楷书 9 行，满行 52 字。

撰书：袁世禄、袁致清刻。

现藏：彬县龙高镇太宁村。

提要：记邠县干旱情况及十二堡人集众祈雨之经过。

公甫桥

年代：民国年间（1912—1949）刻立。

形制：高 1.20 米，宽 0.77 米。

行字：正文楷书 1 行 3 字。

纹饰：碑额饰国民党徽。

出土：淳化县葫芦河。

现藏：淳化县博物馆。

重刻夫子庙堂记

年代：民国年间（1912—1949）刻立。

形制：共 2 石，尺寸相同。高 0.30 米，1 石宽 0.61 米，另 1 石宽 0.38 米。

行字：正文楷书 25 行，满行 8 字。

撰书：程浩撰，颜真卿书，徐浩篆。

现藏：西安碑林博物馆。

著录：《西安碑林全集》《西安碑林博物馆藏碑刻总目提要》。

备注：此碑当有 3 石，今存第 1、第 3 石后半截。

提要：记重修夫子庙经过。

*于右任题诗碑

年代：民国年间（1912—1949）刻立。

形制：正方形。边长 0.33 米。

行字：正文行书 8 行，满行字数不等。

撰书：于右任撰并书。

现藏：西安碑林博物馆。

著录：《西安碑林全集》《西安碑林博物馆藏碑刻总目提要》。

提要：此首《中秋夜登城楼》是于右任任陕西靖国军总司令时的 1921 年，面对国家局势，感怀而作。

*格言碑

年代：民国年间（1912—1949）刻立。

形制：四棱柱形，方座。通高 1.60 米，每面宽 0.39 米。

行字：正文楷书，共 13 行，满行 14—15 字不等。

现藏：西安碑林博物馆。

著录：《西安碑林全集》《西安碑林博物馆藏碑刻总目提要》。

提要：此碑四面刻了四段格言，分别对"迟钝与聪明""立身处世""耻""孝"这些传统道德的观念加以辩证阐明。

*江朝宗题诗碑

年代：民国年间（1912—1949）刻立。

形制：高 1.29 米，宽 0.30 米。

行字：正文行书 3 行，满行字数不等。

撰书：江朝宗撰并书。

现藏：西安碑林博物馆。

著录：《西安碑林全集》《西安碑林博物馆藏碑刻总目提要》。

提要：碑记"老树如龙山如画，天风浩荡雪烟舞"等诗一首。

仿刻多宝塔碑

全称：大唐西京千福寺多宝佛塔感应碑文。

年代：民国年间（1912—1949）刻立。

形制：高 1.93 米，宽 0.82 米，厚约 0.25 米。

行字：正文楷书 30 行，满行 72 字。

撰书：岑勋撰，颜真卿书。

出土：2007 年出土于兴平县塔耳寺。

现藏：兴平市阜寨镇塔耳寺村。

著录：（乾隆）《兴平县志》。

备注：此碑为民国时仿制品，原碑在明代已移西安碑林博物馆。

提要：志文记载天台宗楚金大圆禅师行履和千福寺多宝佛塔的修建经过。

*王世瑛游灵岩寺题诗碑

年代：民国年间（1912—1949）刻立。

形制：高 1.10 米，宽 0.51 米。

行字：正文行书 21 行，满行字数不等。

撰书：王世瑛撰并书。

出土：此碑自立未移。

现藏：略阳县灵岩寺博物馆。

提要：记王世瑛与侯剑华等共游灵岩寺，留二律题诗。

*凌树棠题联

年代：民国年间（1911—1949）刻立。

形制：高 2.82 米，宽 0.33 米。

行字：正文楷书 2 行，满行 17 字。

撰书：凌树棠书。

出土：此碑自立未移。

现藏：绥德县名州镇七里铺村蕲王庙。

提要：上联"东南半壁仗孤撑至今江水滔滔如闻鼙鼓"，下联"西北一天崇血食抚此山川郁郁隐护风雷"，落款"凌树棠书"。

*罗氏买地券

年代：年代不详。

形制：共 2 石，尺寸相同。长 0.70 米，宽 0.40 米。

行字：正文楷书。每石 10 行，满行 12 字。

现藏：镇安县达仁镇西凤沟口。

提要：记罗氏购买土地数量及钱款。

*合龙山祖师庙题联

年代：年代不详。

形制：高 0.54 米，宽 0.57 米，厚 0.06 米。

行字：正文楷书 2 行，满行 5 字。

纹饰：碑身饰如意云纹及双狮滚绣球图案。

现藏：绥德县张家砭镇合龙山祖师庙。

提要：右边竖刻"本支百世远"，左边竖刻"蒸尝万代新"。

文昌常君劝敬字纸文碣

年代：年代不详。

形制：高 0.94 米，宽 0.32 米。

行字：正文楷书 42 行，满行 15 字。

撰书：周国华书。

出土：陇县南街村委会。

现藏：陇县博物馆。

提要：碣文主要教育人们要爱惜字纸。

孙爱君女士之墓

年代：年代不详。

形制：圆首。通高 0.95 米，宽 0.40 米，0.09 米。

行字：正文楷书 1 行 7 字。

现藏：陇县博物馆。

提要：此系孙爱君后人为其所立墓碑。

张子故里

年代：年代不详。

形制：圆首龟座。通高 1.50 米，宽 0.86 米，厚 0.20 米。

行字：正文楷书 1 行 4 字。

现藏：眉县横渠镇张载祠文物管理所。

*邓家塬书院山长德行碑

年代：年代不详。

形制：高 1.65 米，宽 0.70 米，厚 0.18 米。

行字：正文楷书，行字数不详。

纹饰：碑身饰人物图案及花草纹。

现藏：千阳县南寨镇邓家塬村。

提要：记某书院山长之育人之德行。

德崇太极

年代：年代不详。

形制：高 0.34 米，宽 1.07 米，厚 0.06 米。

行字：正文楷书 1 行 4 字。

现藏：米脂县姬家峁村三皇庙。

重修龙兴寺碑

年代：年代不详。

形制：砂石质圆首方座。通高 2.17 米，宽 0.64 米，厚 0.17 米。

行字：正文楷书，行字数无法辨识。

撰书：王肇荃撰。

纹饰：碑身四周饰卷云纹。

出土：此碑自立未移。

现藏：神木县神木镇刘家畔村龙兴寺。

备注：剥蚀较重。

提要：记重修龙兴寺事宜，碑阴刻姓氏弟子名。

*仓公墓记

年代：年代不详。

形制：方首方座。通高 1.41 米，宽 0.54 米，厚 0.16 米。

行字：正文隶书 12 行，满行 24 字。

现藏：白水县仓颉庙内。

提要：记载仓颉造字功绩。

*孔子题名碑

年代：年代不详。

形制：方首方座。通高 0.81 米，宽 0.70 米，厚 0.16 米。

行字：正文楷书 12 行，满行 30 字。

现藏：白水县仓颉庙内。

提要：记孔子弟子 67 人人名。

*张英题诗碑

年代：年代不详。

形制：高 0.50 米，宽 0.70 米。

行字：正文隶书 14 行，满行 10 字。

撰书：张英题。

出土：此碑自立未移。

现藏：勉县武侯墓博物馆。

著录：《沔阳碑石》。

提要：诗文感叹诸葛大名世人共仰，歌颂诸葛亮忠贞不渝的精神。

阐祖道范

年代：年代不详。

形制：平首方座。通高 2.52 米，宽 0.96 米，厚 0.25 米。

撰书：陈国盛刻。

纹饰：碑身两侧饰瑞草纹。

出土：此碑自立不移。

现藏：留坝县张良庙文物管理所。

提要：记十方丛林各部门管事名单。

第一山

年代：年代不详。

形制：圆首方座。通高 2.78 米，宽 0.87 米，厚 0.19 米。

行字：正文隶书 1 行 3 字。

撰书：米芾书。

出土：此碑自立未移。

现藏：留坝县张良庙文物管理所。

著录：《张良庙匾联石刻诗文集注》《汉张留侯祠》。

备注：碑阴有杨芳题七律一首。

枕泉漱石

年代：年代不详。

形制：高 0.34 米，宽 0.89 米。

行字：正文楷书 1 行 4 字。

撰书：童亮书。

现藏：留坝县张良庙文物管理所。

著录：《张良庙匾联石刻诗文集注》《汉张留侯祠》。

英雄退步即神仙

年代：年代不详。

形制：高 0.73 米，宽 1.73 米。

行字：正文行书 6 行，满行 12 字。

撰书：张必禄书。

现藏：留坝县张良庙文物管理所。

著录：《张良胜迹诗词选》。

备注：碑面有严重凿痕，字迹难以辨认。

提要：此碑主要赞扬了张良的宏功伟绩，歌颂了他淡泊名利的高贵品质。

洗心池

年代：年代不详。

形制：高 0.20 米，宽 0.55 米。

行字：正文楷书 1 行 3 字。

撰书：童亮书。

出土：此碑自立未移。

现藏：留坝县张良庙文物管理所。

著录：《汉张留侯祠》《张良庙匾联石刻诗文集注》。

洗心涤虑

年代：年代不详。

形制：高 0.32 米，宽 0.82 米。

行字：正文楷书 1 行 4 字。

出土：此碑自立未移。

现藏：留坝县张良庙文物管理所。

著录：《汉张留侯祠》《张良庙匾联石刻诗文集注》。

重修张良庙并创修授书楼碑记

年代：年代不详。

形制：高 1.10 米，宽 0.62 米。

行字：正文楷书 32 行，满行 50 字。

出土：此碑自立未移。

现藏：留坝县张良庙文物管理所。

著录：《汉张留侯祠》《张良庙匾联石刻诗文集注》。

备注：碑文漫漶。

提要：记翻修张良庙和创修授书楼捐款人名及钱数，其中有日本和德国客人捐银两数额。

谒张良庙

年代：年代不详。

形制：高 0.27 米，宽 0.60 米。

行字：正文楷书 5 行，满行 7 字。

撰书：刘沅撰。

出土：此碑自立未移。

现藏：留坝县张良庙文物管理所。

著录：《张良庙匾联石刻诗文集注》。

提要：此碑赞扬了张良用智谋助刘邦消灭了强秦和暴楚，可惜的是张良当年虽得《太公兵法》，却未得到治理社会、使之太平的经书良方。

汉中府募化功德芳名列表

年代：年代不详。

形制：圆首方座。尺寸不详。

行字：正文楷书 25 行，满行 51 字。

纹饰：碑额饰双龙图案，碑身两侧饰花草纹。

出土：此碑自立未移。

现藏：留坝县张良庙文物管理所。

提要：此碑文双面刻"汉中府募化功德芳名
列表""山西省募化功德芳名列表、
署汉中镇募化功德芳名列表、武功县
各级官员捐款名单"等。

*张良庙捐俸功德碑

年代：年代不详。

形制：圆首方座。通高 3.26 米，宽 0.89 米，
厚 0.18 米。

行字：正文行楷 24 行，满行 50 字。

纹饰：碑额饰二龙戏珠图案，碑身饰回纹。

出土：此碑自立未移。

现藏：留坝县张良庙文物管理所。

提要：记朝廷各级官员捐俸银两名单。

张明学记其师修庙碑

年代：年代不详。

形制：高 0.56 米，宽 0.82 米，厚 0.05 米。

行字：正文楷书 17 行，满行 12 字。

撰书：张明学撰，张光轼书，张乃士刻。

纹饰：碑身四周饰几何纹。

现藏：绥德县博物馆。

备注：碑面轻度剥蚀，并有较多擦痕。

提要：碑记其师修庙事宜。

*宁羌州里程碑

年代：年代不详。

形制：不规则形状。

现藏：宁强县文化馆。

备注：此碑已残缺。

提要：记宁羌各地里程。

过秦楼

年代：年代不详。

形制：高 1.08 米，宽 0.60 米。

行字：正文隶书 8 行，满行 19 字。

撰书：李仲蕃撰并书。

出土：此碑自立未移。

现藏：留坝县张良庙文物管理所。

著录：《汉张留侯祠》《张良庙匾联石刻诗文
集注》《张良胜迹诗词选》。

提要：对张良一生丰功伟绩和淡泊名利之品
德的评述。

布云

年代：年代不详。

形制：高 1.04 米，宽 0.82 米。

行字：正文楷书 1 行 2 字。

撰书：钮泽令书。

出土：此碑自立未移。

现藏：留坝县张良庙文物管理所。

著录：《汉张留侯祠》《张良庙匾联石刻诗
文集注》。

备注："布"字左半边被石柱遮盖。

云光上人塔铭并序

年代：年代不详。

形制：高 0.53 米，宽 0.46 米。

行字：正文隶书 14 行，满行 25 字。

撰书：康无疾撰，康鹤年书。

现藏：合阳县博物馆。

备注：民国十八年（1929）拓本。

提要：记云光上人生平。

*溪山园林图碑

年代：年代不详。

形制：高 1.08 米，宽 0.70 米。

现藏：洋县蔡伦墓祠文物管理所。

提要：刻山水林舍于一体的田园风光图。

*灵岩寺摩崖

年代： 年代不详。

形制： 高 0.72 米，宽 0.68 米。

行字： 正文楷书 6 行，满行字数无法辨识。

出土： 此碑自立未移。

现藏： 略阳县灵岩寺博物馆。

提要： 此刻风化严重，字迹模糊不清，内容不详。

*灵岩寺游记碑

年代： 年代不详。

形制： 高 0.46 米，宽 0.39 米。

行字： 额楷书"永垂万古"4 字。正文楷书，行字数无法辨识。

出土： 此碑自立未移。

现藏： 略阳县灵岩寺博物馆。

提要： 此碑 1—8 行残损严重，难以辨认。描写了沿路的风光。

张元淳游记碑

年代： 年代不详。

形制： 高 0.50 米，宽 0.52 米。

行字： 正文行书 6 行，满行字数无法辨识。

撰书： 张元淳撰并书。

出土： 此碑自立未移。

现藏： 略阳县灵岩寺博物馆。

提要： 记张元淳等同游灵岩寺一事。

*陈樵伯游记碑

年代： 年代不详。

形制： 高 0.67 米，宽 0.45 米。

行字： 正文楷书 7 行，满行字数不等。

撰书： 陈樵伯撰并书。

出土： 此碑自立未移。

现藏： 略阳县灵岩寺博物馆。

提要： 记陈樵伯等同游灵岩寺事。

谒武乡侯祠

年代： 年代不详。

形制： 高 0.63 米，宽 0.59 米。

行字： 正文楷书 6 行，满行 40 字。

撰书： 周书酉撰并书。

出土： 此碑自立未移。

现藏： 勉县武侯祠博物馆。

提要： 碑为周书酉过武侯祠，赞叹武侯祠规模和颂扬武侯功德之诗。

余炳焘等题记

年代： 年代不详。

形制： 高 0.35 米，宽 0.87 米。

行字： 余炳焘楷书 9 行，满行 14 字。□城楷书 11 行，满行 14 字。孙鼎臣楷书 12 行，满行 11 字。

撰书： 余炳焘、□城、孙鼎臣撰并书。

出土： 大荔县朝邑。

现藏： 大荔县文物局。

著录： 《大荔碑刻》。

提要： 记载余炳焘、孙鼎臣等诗文。

*诸家评张□□书法刻石

年代： 年代不详。

形制： 高 0.29 米，宽 0.47 米。

行字： 正文行书 10 行，满行字数不等。

出土： 大荔县朝邑。

现藏： 大荔县文物局。

著录： 《大荔碑刻》。

提要： 记载马文澜、道行、董国华等所作书评。

*饶益寺题记

年代： 年代不详。

形制： 高 0.68 米，宽 0.41 米。

行字： 正文隶书 15 行，满行 14—17 字不等。

出土： 大荔县朝邑。

现藏：大荔县文物局。

著录：《大荔碑刻》。

提要：刊载王惟泰诗文。

汉丞相酂侯萧公墓

年代：年代不详。

形制：圆首。通高 1.85 米，宽 0.65 米，厚 0.10 米。

行字：正文楷书 1 行 8 字。

纹饰：碑身四周饰云朵纹。

出土：此碑自立未移。

现藏：城固县萧何墓。

备注：碑面残。此碑为萧何墓碑。

提要：记萧何驻军汉王城时率军民筑堰垒渠，引水浇田，百姓士卒足食丰衣之事。

*知县题名碑

年代：年代不详。

形制：高 0.62 米，宽 0.34 米。

行字：正文行书 9 行，满行字数不等。

撰书：道昆撰。

现藏：大荔县文物局。

备注：与《文衡山珍鼎篇》为一组碑刻。

提要：此碑是为文衡山写珍鼎篇记的知县题名和民国十一年（1922）朝邑人雷树兹书有关收藏作者作品的经过等事宜。

*缪庭柱题诗碑

年代：年代不详。

形制：高 0.44 米，宽 0.69 米。

行字：正文楷书 18 行，满行字数不详。

撰书：缪庭柱撰并书。

出土：此碑自立未移。

现藏：勉县武侯祠博物馆。

提要：碑文为颂扬武侯品德题诗。

*张鹏翮题诗碑

年代：年代不详。

形制：高 0.52 米，宽 0.82 米。

行字：正文楷书 7 行，满行 5 字。

撰书：张鹏翮撰。

纹饰：碑身四周饰卷云纹。

出土：此碑自立未移。

现藏：勉县武侯祠博物馆。

提要：遂宁学者张鹏翮过武侯祠，为颂扬武侯品德而题诗一首。

*王一奎题诗碑

年代：年代不详。

形制：高 1.65 米，宽 0.70 米。

行字：正文楷书 5 行，满行字数不详。

撰书：王一奎撰并书。

出土：此碑自立未移。

现藏：勉县武侯祠博物馆。

提要：碑文为颂扬武侯功德。

古楼观说经台图碑

全称：终南山古楼观道祖说经台之山图。

年代：年代不详。

形制：高 1.10 米，宽 0.65 米。

行字：正文楷书 11 行，满行 13 字。

现藏：周至县楼经台。

著录：《楼观台道教碑石》。

备注：剥蚀较重，漫漶不清。

提要：刻说经台山图。

*平山书道德碑

年代：年代不详。

形制：螭首方座。高 2.70 米，宽 1.00 米，厚 0.30 米。

行字：正文楷书 2 字。

撰书：平山书。

现藏：周至县楼观台。

著录：《楼观台道教碑石》。

备注：刻于楷书《道德经碑》之德经碑阴。

提要：记"道德"二大字及书者姓名。

*竹雀图碑

年代：年代不详。

形制：高 0.62 米，宽 1.22 米，厚 0.20 米。

现藏：西安碑林博物馆。

著录：《西安碑林全集》《西安碑林博物馆藏碑刻总目提要》。

备注：刻于元代《文庙释奠记》碑阴。

提要：图绘竹竿两竿，一对雀鸟停息其上。

*苏轼画梅碑

年代：年代不详。

形制：高 1.01 米，宽 0.36 米。

行字：诗文隶书 3 行，满行 11 字。

现藏：西安碑林博物馆。

著录：《西安碑林全集》《西安碑林博物馆藏碑刻总目提要》。

提要：图绘孤株梅花，后世传为苏轼所画，怀疑乃清代人模刻。

重修汉建信侯庙碑记

年代：年代不详。

形制：圆首方座。通高 3.10 米，宽 0.86 米，厚 0.25 米。

行字：正文楷书 21 行，满行 60 字。

纹饰：碑额饰螭纹，碑身饰卷云纹。

现藏：永寿县店头镇明月山碑林。

著录：《新编永寿县志》。

提要：记汉建信侯的功德、智慧和谋略。

*关帝庙捐资碑

年代：年代不详。

形制：圆首方身。高 1.50 米，宽 0.52 米。

行字：正文楷书，行字数不详。

纹饰：碑额饰双凤朝阳图案。

现藏：宝鸡市渭滨区神农镇益门堡村。

提要：记附近各乡绅等捐资人姓名和粮款数量。

捐银碑

年代：年代不详。

形制：碑残损，残高 1.70 米，宽 0.72 米，厚 0.20 米。

行字：正文楷书，行字数不详。

现藏：宝鸡市渭滨区神农镇峪泉村。

提要：碑文为捐银人名及所捐款目。

九龙泉

年代：年代不详。

形制：高 1.22 米，宽 0.84 米，厚 0.20 米。

行字：正文楷书 1 行 3 字。

现藏：宝鸡市渭滨区神农镇峪泉村。

提要：上款"清和月榖旦"。

*慈云寺碑

年代：年代不详。

形制：高 2.20 米，宽 1.05 米，厚 0.30 米。

行字：正文楷书 21 行，满行 65 字。

现藏：三原县李靖故居文物管理所。

提要：记载慈云寺的历史变迁。

重修青阳宫碑记

年代：年代不详。

形制：高 0.89 米，宽 1.42 米。

行字：正文楷书 45 行，满行 25 字。

现藏：镇安县张家镇磨里沟西坡村。

提要：记重修青阳宫事。

重修城隍庙碑记

年代：年代不详。

形制：高 1.70 米，宽 0.77 米。

行字：正文楷书 22 行，满行 56 字。

撰书：罗鋈撰，吴崇远书。

现藏：镇安县城龙头湾。

提要：记述镇安县建置沿革及城隍庙因县城变迁而复修情况。

*修路残碑

年代：年代不详。

形制：碑残损。残高 0.73 米，宽 0.71 米，厚 0.24 米。

行字：正文楷书 18 行，满行字数不详。

出土：1986 年出土于淳化县公安局。

现藏：淳化县博物馆。

提要：记载当地修路之事。

*城隍庙会碑

年代：年代不详。

形制：高 1.35 米，宽 0.80 米。

行字：正文楷书 19 行，满行 43 字。

撰书：白翰如撰，江桂秋书。

纹饰：碑身饰宝相花纹及缠枝花纹。

现藏：镇安县城校场沟口。

提要：记述镇安县城隍庙会时公约 10 项条规。

*马氏祖宗祭祀碑

年代：年代不详。

形制：高 1.10 米，宽 0.80 米。

行字：正文楷书 14 行，满行 36 字。

现藏：镇安县铁厂镇西沟口马氏祖茔。

提要：记述马氏家族由湖北汉阳，迁陕西白河后入镇安入户经过等况。

*涧池铺捐资碑

年代：年代不详。

形制：高 1.34 米，宽 0.78 米，厚 0.04 米。

行字：正文楷书，行字数不详。

现藏：汉阴三沈纪念馆。

提要：碑记涧池铺捐资事。

*汉阴八景碑

年代：年代不详。

形制：高 1.38 米，宽 0.77 米，厚 0.05 米。

现藏：汉阴县三沈纪念馆。

提要：记汉阴八景之名。

*文庙下马残碑

年代：年代不详。

形制：碑残损。残高 0.60 米，宽 0.35 米，厚 0.15 米。

现藏：凤县凤州镇凤州村文庙。

提要：仅存"奉旨文武官员军"等字。

*赵化题诗碑

年代：年代不详。

形制：高 0.47 米，宽 0.79 米，厚 0.07 米。

行字：正文行书 14 行，满行 10 字。

撰书：赵化撰。

纹饰：碑身四周饰蔓草纹。

现藏：子长县钟山石窟。

提要：碑为七言诗一首。

修补龙门洞碑

年代：年代不详。

形制：圆首座趺。通高 1.03 米，宽 0.41 米，厚 0.11 米。

行字：正文楷书，行字数不详。

现藏：陇县新集川乡龙门洞道院。

提要：碑文内容为西安府、平凉府、崇信县参加修补龙门洞的会首及捐助人名单，无纪年、撰并书人等。

*金妆碑记

年代：年代不详。

形制：圆首方座。高 2.23 米，宽 0.90 米。

行字：正文楷书 13 行，满行 22 字。

撰书：程光宁撰，韩赐恩书。

纹饰：碑身四周饰水波纹。

现藏：榆林市红石峡东壁 22 窟北壁。

提要：记金妆众佛像事宜。

巩固山河

年代：年代不详。

形制：高 1.70 米，宽 4.50 米。

行字：正文行书 1 行 4 字。

现藏：榆林市红石峡东壁。

备注：剥蚀严重。

*孙君妻王氏墓碑

年代：年代不详。

形制：高 2.08 米，宽 0.70 米，厚 0.19 米。

行字：正文楷书 13 行，满行 47 字。

撰书：王育秀禄、王朝兴书。

纹饰：碑身四周饰花卉纹。

现藏：太白县桃川镇柳树店村。

提要：记述王孺人"恪守美德、上敬公婆、下抚子女"之美德。

*遗置家具重修碑记

年代：年代不详。

形制：圆首方座。高 1.90 米，宽 0.78 米。

行字：正文行楷 24 行，满行 74 字。

撰书：王伏才撰。

纹饰：碑额饰云拱日月纹,碑身四周饰折线纹。

出土：此碑自立未移。

现藏：榆林市榆阳区香严寺。

提要：记香严寺一切资产清单。

*游雄山寺碑

年代：年代不详。

形制：高 0.42 米，长 0.60 米。

行字：正文行书 9 行，满行 10 字。

撰书：黄丽珠、张瑁征撰。

现藏：榆林市红石峡东壁。

提要：为黄丽珠等游雄山寺七言诗。

*药王洞捐资碑（甲）

年代：年代不详。

形制：首座皆佚。高 1.82 米，宽 0.79 米，厚 0.22 米。

现藏：陇县城关镇药王洞道。

备注：该碑阳面朝下埋入地内。

提要：碑阴为捐资人姓名。

药王洞捐资碑（乙）

年代：年代不详。

形制：高 1.90 米，宽 0.75 米，厚 0.20 米。

现藏：陇县城关镇药王洞道。

备注：该碑阳面朝下埋入地内。

提要：碑阴为捐资人姓名。

*礼记碑

年代：年代不详。

形制：高 1.95 米，宽 0.88 米。

行字：正文楷书 37 行，满行 80 字。

现藏：合阳县博物馆。

备注：内容为《礼记·丧服小记》《礼记·大传》《礼记·少仪》。

*太清观八景碑

年代：年代不详。

形制：高 0.62 米，宽 0.20 米。

行字：正文楷书 24 行，满行 15 字。

现藏：合阳县博物馆。

提要：记太清观八景之名。

人物安宁

年代：年代不详。

形制：高 0.36 米，宽 0.84 米，厚 0.05 米。

行字：正文楷书 1 行 4 字。

现藏：米脂县银州街道姬家峁村三皇庙内。

翰坛天锷

年代：年代不详。

形制：高 3.40 米，宽 7.00 米。

行字：正文楷书 1 行 4 字。

备注：上下款均风蚀不清。

古柳行

年代：年代不详。

形制：高 1.00 米，宽 0.55 米。

行字：正文草书 21 行，满行 12 字。

现藏：陇县博物馆。

提要：刊载《古柳行》诗一首。

*吴瀚题诗碑

年代：年代不详。

形制：高 1.02 米，宽 0.57 米，厚 0.18 米。

行字：正文楷书 18 行，满行 12 字。

撰书：吴瀚书撰并书。

现藏：陇县博物馆。

提要：刊载吴瀚书诗文一首。

闫方伯墓碑

全称：方伯闫公之墓。

年代：年代不详。

形制：长 0.64 米，宽 0.38 米。

纹饰：正文楷书 1 行 6 字。

现藏：陇县博物馆。

提要：记闫方伯生平。

杨氏墓碑

全称：孺人杨氏之墓。

年代：年代不详。

形制：高 0.64 米，宽 0.38 米。

行字：正文楷书 1 行 6 字。

现藏：陇县博物馆。

提要：记杨氏生平。

葛洪狂草纯阳吕真人座前

年代：年代不详。

形制：高 2.10 米，宽 0.94 米。

行字：正文草书 15 行，满行 7 字。

撰书：葛洪书。

现藏：洋县蔡伦墓祠文物管理所。

提要：刊载葛洪作诗文一首。

创建火神庙碑记

年代：年代不详。

形制：高 1.18 米，宽 0.37 米。

行字：正文楷书 8 行，满行 48 字。

撰书：杨世英撰，蒋义用书。

现藏：合阳县博物馆。

提要：记南街乡绅创建火神庙事。

复建观音庙碑

全称：复建观音三大士庙暨塑造福禄财神纯
　　　阳吕祖金龙大王扬四将军十殿阎君碑记。

年代：年代不详。

形制：高 1.06 米，宽 0.43 米。

行字：正文楷书 10 行，满行 40 字。

撰书：党天柱撰，党联封书。

现藏：合阳县博物馆。

提要：记观音三大士庙复建事。

智果寺补修第九次助缘信士碑记

年代：年代不详。

形制：高 0.89 米，宽 1.35 米，厚 0.10 米。

行字：正文楷书 66 行，满行 33 字。

现藏：洋县智果寺文物管理所。

提要：记助缘信士名录。

隋文帝故里碑

年代：年代不详。

形制：长方形。尺寸不详。

行字：正文楷书 1 行 6 字。

出土：大荔县城关镇红楼村。

现藏：大荔县文物局。

文昌帝君颂

年代：年代不详。

形制：高 0.57 米，宽 0.39 米。

行字：正文楷书 7 行，满行 7 字。

撰书：雷学谦撰。

提要：此碑为七言律诗《文昌帝君颂》。

*雷学谦题诗碑

年代：年代不详。

形制：高 0.83 米，宽 0.40 米。

行字：正文行书 8 行，满行 12 字。楷书 16
行，满行 11 字。

撰书：雷学谦撰并书。

现藏：合阳县洽川镇夏阳村光济寺遗址。

提要：两首题诗描写了夏日壮丽的自然风光。

*光济寺诗碑

年代：年代不详。

形制：高 0.83 米，宽 0.40 米。

行字：正文楷书 10 行，满行 6 字。

撰书：雷学谦撰并书。

现藏：合阳县洽川镇夏阳村光济寺遗址。

提要：记光济寺的两首题诗，描写了光济寺
优美的自然风光。

*医方碑（甲）

年代：年代不详。

形制：高 1.17 米，宽 0.40 米，厚 0.16 米。

行字：正文楷书 60 行，满行字数不等。

出土：原在大荔县朝邑镇药王洞，1957 年移
于朝邑镇政府门前，1996 年移于朝邑
岱祠岑楼。

现藏：大荔县文物局。

著录：《大荔碑刻》。

提要：记治疗妇科疾病处方共 9 个。

*医方碑（乙）

年代：年代不详。

形制：高 1.34 米，宽 0.40 米，厚 0.15 米。

行字：正文楷书 67 行，满行 10 字。

出土：原在大荔县朝邑镇药王洞，1957 年移
于朝邑镇政府门前，1996 年移于朝邑
岱祠岑楼。

现藏：大荔县文物局。

著录：《大荔碑刻》。

提要：记疗治不育症、真人活命饮、治百种
疮毒及肠风瘘等处方 10 个。

*西厢记画像碑

年代：年代不详。

形制：高 1.08 米，宽 0.75 米。

行字：题记楷书，行字数无法辨识。

现藏：洋县蔡伦墓祠文物管理所。

提要：刻西厢记故事。

述复孔子颜子神位

年代：年代不详。

形制：高 0.55 米，宽 0.20 米。

行字：正文楷书，共 8 字。

现藏：合阳县博物馆。

提要：此系为孔子、颜回所立神位碑。

白云山新建四圣宫诸殿碑

全称：白云山新建四圣宫前后山门东廊房并
重建诸殿阁装塑神像簿培神仙洞城
坎戏房碑记。

年代：年代不详。

形制：高 1.49 米，宽 0.88 米。

行字：正文楷书 34 行，满行 46 字。

现藏：洋县子房山。

提要：记白云山新建人员名录。

*牧马图碑

年代：年代不详。

形制：高 0.95 米，宽 0.75 米。

现藏：洋县蔡伦墓祠文物管理所。

提要：此碑刻牧马图，传系唐代著名宫廷画
家韩干的作品。

*复建义学碑

年代：年代不详。

形制：高 1.56 米，宽 0.92 米，厚 0.18 米。

行字：正文楷书 30 行，满行字数不详。

现藏：宁强县文化馆。

提要：记战事之后，因经费原因，旧有义学
废止，今又复建义学，且每年给予一
定的修理费。

众善奉行

年代：年代不详。

形制：高 0.46 米，宽 0.85 米，厚 0.21 米。

行字：正文隶书 1 行 4 字。

现藏：宁强县文化馆。

*康子厚墓志

年代：年代不详。

形制：志正方形。边长 0.51 米。

行字：志文行楷 19 行，满行 30 字。

撰书：萧钟秀撰，曹思百书，张树坛篆盖。

现藏：合阳县博物馆。

提要：记康子厚之生平。

*耕田手诏

年代：年代不详。

形制：碑残损。残高 0.64 米，宽 0.55 米，
厚 0.18 米。

行字：正文楷书 8 行，行存 6 字。

现藏：宁强县文化馆。

备注：碑右下部残缺。

提要：碑为皇帝劝农之诏书。

*吴毓英等碑帖

年代：年代不详。

形制：高 0.34 米，宽 1.06 米。

行字：正文楷书。吴毓英 9 行，满行 14 字；
许乃普 9 行，满行 16 字；戴兰芬 10
行，满行 15 字。

撰书：吴毓英、许乃普、戴兰芬撰并书。

现藏：大荔县文物局。

著录：《大荔碑刻》。

提要：刊载吴毓英等所作诗文。

*黄庭坚苏轼题记刻石

年代：年代不详。

形制：高 0.34 米，宽 0.86 米。

行字：黄庭坚题记楷书 5 行，满行 4 字；苏
轼题记行草 10 行,满行 8—9 字不等。

出土：大荔县朝邑。

现藏：大荔县文物局。

著录：《大荔碑刻》。

提要：刊载黄庭坚、苏轼等人题记。

*雷学谦题诗碑

年代：年代不详。

形制：高 0.64 米，宽 0.31 米。

行字：正文楷书，行字数不详。

撰书：雷学谦撰并书。

现藏：合阳县博物馆。

提要：刊载雷学谦作七言诗一首。

*范仲阁题诗碑

年代：年代不详。

形制：高 0.71 米，宽 0.31 米。

行字：正文行书 24 行，满行 14 字。

撰书：范仲阁撰。

现藏：大荔县文物局。

著录：《大荔碑刻》。

提要：刊载范仲阁游历关中所作诗。

松石

年代：年代不详。

形制：高 2.36 米，宽 10.55 米。

行字：正文行楷 1 行 2 字。

撰书：张祥河书。

现藏：留坝县张良庙文物管理所。

著录：《汉张留侯祠》《张良庙匾联石刻诗文集注》。

聚仙桥

年代：年代不详。

形制：长方形。尺寸不详。

行字：正文行书 1 行 3 字。

现藏：留坝县张良庙文物管理所。

著录：《张良庙匾联石刻诗文集注》《汉张留侯祠》《张良庙与紫柏山》。

赤松黄石

年代：年代不详。

形制：高 1.20 米，宽 0.35 米。

行字：正文行书 1 行 4 字。

撰书：杨渠统书。

出土：此碑自立未移。

现藏：留坝县张良庙文物管理所。

著录：《张良庙匾联石刻诗文集注》《汉张留侯祠》。

知机其神

年代：年代不详。

形制：高 1.20 米，宽 0.35 米。

行字：正文行书 1 行 4 字。

撰书：赵寿山。

出土：此碑自立未移。

现藏：留坝县张良庙文物管理所。

著录：《张良庙匾联石刻诗文集注》《汉张留侯祠》。

*无名氏摩崖题联

年代：年代不详。

形制：高 1.77 米，宽 0.94 米。

行字：正文行楷 2 行，满行 7 字。

出土：此碑自立未移。

现藏：留坝县张良庙文物管理所。

著录：《张良庙匾联石刻诗文集注》《汉张留侯祠》。

提要：内容为"三临汉府留鸿爪，万历征逢纵马蹄"。

*嘉生题记刻石

年代：年代不详。

形制：高 0.68 米，宽 0.31 米。

行字：正文草书 15 行，满行 12 字。

出土：原存大荔朝邑文献会。

现藏：大荔县文物局。

著录：（光绪）《大荔县志》《大荔碑刻》。

寿石府君北原迁表

年代：年代不详。

形制：高 1.20 米，宽 0.60 米。

行字：正文楷书 14 行，满行 36 字。

撰书：王徵典撰并书。

现藏：合阳县博物馆。

提要：记石氏之生平。

先贤闵子等文神位

年代：年代不详。

形制：高 0.59 米，宽 0.50 米。

行字：正文楷书，行字数不详。

现藏：合阳县博物馆。

古严疆

年代：年代不详。

形制：高 0.48 米，宽 0.86 米，厚 0.18 米。

行字：正文楷书 1 行 3 字。

现藏：宁强县文化馆。

提要：下款"庚寅岁孟夏月吉立。"

*惠瑞芝墓志

年代：年代不详。

形制：志正方形。边长 0.57 米。

行字：志文楷书 28 行，满行 33 字。

现藏：蒲城县文物保护开发中心。

提要：记惠瑞芝生平。

*韩城文庙下马碑

年代：年代不详。

形制：高 1.68 米，宽 0.34 米，厚 0.17 米。

行字：正文楷书 1 行 12 字。

现藏：韩城市博物馆。

提要：内容为"文武官员军民人等至此下马"。

张信齐神道碑

全称：诰赠奉直大夫蔚州知州信齐张公神道。

年代：年代不详。

形制：高 1.60 米，宽 0.80 米。

行字：正文楷书 1 行 16 字。

现藏：华阴市西岳庙文物管理处。

关西夫子

年代：年代不详。

形制：高 2.35 米，宽 0.77 米。

行字：正文楷书 1 行 4 字。

现藏：华阴市西岳庙文物管理处。

*纪事碑

年代：年代不详。

形制：高 0.72 米，宽 0.37 米，厚 0.12 米。

行字：正文楷书 40 行，满行 15 字。

出土：2005 年自西安市临潼区征集。

现藏：西安市临潼博物馆。

备注：碑文漫漶，多数文字无法辨识。

*无名氏墓志

年代：年代不详。

形制：圆形。直径 0.63 米。

行字：志文楷书 13 行，满行 23 字。

撰书：方邵儒撰。

现藏：商南县城关镇黑漆河村。

提要：记述墓主的籍贯、生平事迹。

*三原县城隍庙捐资碑（甲）

年代：年代不详。

形制：螭首龟座。高 3.09 米，宽 0.83 米。

行字：额楷书"众成盛意"4 字。正文楷书，行字数不详。

纹饰：碑身四周饰缠枝花草纹。

现藏：三原县博物馆。

提要：记捐资人姓名和施银情况。

*三原县城隍庙捐资碑（乙）

年代：年代不详。

形制：圆首龟座。高 2.32 米，宽 0.85 米。

行字：正文楷书，行字数不详。

纹饰：碑额饰瑞兽图案，碑身饰缠枝花草纹。

现藏：三原县博物馆。

提要：记捐资人姓名。

重复三原城隍庙管庙会碑记

年代：年代不详。

形制：圆首方座。残高 1.85 米，宽 0.72 米，厚 0.21 米。

行字：正文楷书 24 行，满行 55 字。

撰书：梁景先撰并书。

现藏：三原县博物馆。

提要：记重修三原城隍庙管庙会的原因、管庙会的有关事项及条规。

*三原县城隍庙经幢

年代：年代不详。

形制：八棱柱形。高 1.57 米，每面宽 0.18 米。

行字：正文楷书，每面 7 行，满行 60 字。

现藏：三原县博物馆。

备注：其中 3 面文字模糊。

*许世志墓碑

年代：年代不详。

形制：碑残损。残高 2 米，宽 0.92 米，厚 0.14 米。

纹饰：碑额饰二龙戏珠图案。

现藏：凤县留凤关镇司马桥堡子原庙台。

提要：记许世志生平。

*祭周陵碑（甲）

年代：年代不详。

形制：通高 1.84 米，宽 0.50 米。

出土：此碑自立未移。

现藏：咸阳市周陵文物管理所。

备注：碑面风化，碑身有残，仅存数字。

*祭周陵碑（乙）

年代：年代不详。

形制：通高 0.67 米，宽 0.60 米。

出土：此碑自立未移。

现藏：咸阳市周陵文物管理所。

备注：碑石残损，碑文漫漶严重。

*纯恭衍劝世歌碑

年代：年代不详。

形制：高 1.03 米，宽 0.29 米。

行字：正文楷书 46 行，满行 15 字。

撰书：纯恭衍撰，张光先书。

现藏：三原县博物馆。

提要：此石刻为纯恭衍劝世人孝顺父母、和睦乡里等。

永固金汤

年代：年代不详。

形制：圆首方座。高 2.58 米，宽 0.93 米。

行字：正文楷书 1 行 4 字。

纹饰：碑额饰二龙戏珠图案。

现藏：三原县博物馆。

幽堂

年代：年代不详。

形制：高 0.35 米，宽 0.33 米。

行字：正文楷书 20 行，满行 24 字。

现藏：镇安县文物管理所。

备注：左上部残缺。中上部大字楷书"幽堂"
2 字。右侧中部大字楷书"知见人"3
字。部分文字无法辨识。

提要：此系李氏家人购买墓地之凭证。

*倪宗盰墓碑

年代：年代不详。

形制：高 1.40 米，宽 0.63 米。

行字：正文楷书 5 行，满行 19 字。

现藏：镇安县铁厂镇黄龙铺。

提要：记倪宗盰原系湖北武昌府兴国州安丰
乡人及迁入镇安之事。

后　记

　　《陕西碑刻总目提要》是陕西省"十一五"古籍整理出版规划重大项目、《国家"十一五"古籍整理出版重点规划》项目、《2011—2020 国家古籍整理出版规划》项目。

　　该项目的初步设想始于 2005 年，其后历经前期调研考察、项目总体设计、具体方案论证和修改、项目正式立项并下发文件，及至项目正式启动，前后又历经两年。2007 年底，陕西省古籍整理出版办公室（陕西省社会科学院古籍整理研究所）作为项目主持单位，委托陕西省文物局、陕西省宗教事务局收集与项目相关的碑刻拓片和资料。资料汇总之后，项目组对其进行分类、核查、纠错，并开始着手编纂项目成果的书稿。自资料收集至稿件初成则又历时十年。

　　经过专家组的全面考察和多次论证，《陕西碑刻总目提要》项目最初设想是用时五至十年时间完成。但在项目资料收集的第一阶段，项目组成员即认识到，完成对陕西全境所有碑刻资料的收集、核查工作，预期的十年是无法完成的。这主要是受到了陕西碑刻总体数量和存藏状况两方面客观因素的制约。

　　其一，陕西传世碑刻资源已经十分丰富，再加上近年来陆续出土和新发现的各类碑志，陕西现存历代碑刻的总量堪称全国之最。尽管自北宋以来已有数百种金石著述和其他各类典籍文献对陕西历代碑刻进行了著录，中华人民共和国成立以来又有大量存藏机构和学者的专著、论文成果产出，但对于陕西历代碑刻的数量、陕西现存碑刻总量，均未能有准确的数据统计。据 1984 年和 1987 年两次陕西省文物普查资料数据统计，陕西碑刻存藏数量约为 15 000 种。此后近 30 年中，又有大量碑志在考古发掘中得以面世。据《陕西碑刻总目提要》项目工作组近年来的统计，陕西现存历代碑刻资源的总量有 20 000 种之多。与此同时，仍然有各类碑志陆续被发现和出土。对陕西碑刻文献资源进行全面、系统、准确的统计是一项规模浩大的工程。

　　其二，数量巨大的陕西碑刻资源分布广泛，且没有针对碑刻资源的统一管理机构和部门。从目前的存藏机构和单位情况来看，各级文博单位构成了陕西碑刻资源的主要存藏机构；同时，尚有宗教寺院道观，各类学校、图书馆、文化馆，以及私人收藏的情况，且数量十分可观。不同性质单位的管理条例、规章制度差别很大，要实现这些部门和机构相互协作共同收集、统计、汇总其碑刻资源的信息，需要在熟悉相关规章制度的基础上，自上而下逐级审批，所耗时间和精力极大。项目组工作实施受此种因素制约，耗时极长。

如今《陕西碑刻总目提要初编》得以出版，是陕西省古籍整理出版办公室针对以上两方面客观情况，在陕西省文物局、陕西省宗教事务局的协助之下，克服诸多困难，先后数次深入基层展开实地调研考察、复核文献资料、反复校对修改文稿之后，对《陕西碑刻总目提要》多年来所做工作以及阶段性成果的一次全面的展现。而《陕西碑刻总目提要》作为陕西省历年来规模最大、涉及部门最多的古籍整理项目仍在进行之中，其后续成果亦将陆续问世。

细心的读者在阅读和使用本书过程中，可能会对一些关于碑刻年代、职官、地名等方面的细节问题提出不同的观点和看法，这同样也是我们编纂文稿之初曾遇到的问题。为了解决这些问题，我们曾多次咨询相关专家并参阅大量专业性著作和论文，并制定编纂凡例。在这里，需要对编纂凡例和部分问题略作说明。

首先是本书中碑刻的纪年问题。不同时期、不同地域的碑刻在纪年方式上有较大的差别，这一点在本书中表现得十分明显，最典型的是南宋、金、元等政权并存时期。例如，公元1127—1189的60余年间，南宋先后使用了建炎、绍兴、隆兴、乾道、淳熙等年号，金朝则使用了天会、天眷、皇统、天德、贞元、正隆、大定等年号。此间，宋金以大散关为界，南北对峙。本书所收该时期的碑刻年款中，以南宋年号居多，但也有年款为天会、正隆、大定等金代年号碑刻20余通，真实再现了宋金对峙的历史史实。公元1234年，南宋与蒙古联合灭金后，又出现了蒙古与南宋对峙的局面。在铜川市药王山、户县草堂寺等均保存有一定数量的这一时期的碑刻，其仅以干支纪年方式落款，且部分碑文中有"大朝皇太子令旨"等文字，此种碑刻形式是当时成吉思汗建立的蒙古汗国辖地的重要特征。为了保证文稿的统一，本书所收公元1271年元朝建国、定都大都之前的碑刻，凡原碑年款为干支纪年者，基本信息中的年代一项仍使用与其公元纪年对应的南宋年号。

其次是碑刻文献与传世典籍文献的差异问题。作为碑刻目录专书，本书尽可能展现给读者碑刻的原始面貌。在整理过程中，许多碑刻上的记载与传世典籍文献有明显的差异，表现最突出的是职官问题。在碑刻中职事官、散官、勋官等往往一并列出，对于官职也并未严格区分的使用了加、拜、迁、转、擢等多种表述；部分碑刻原题官职在正文中并未出现，或存在矛盾，很可能是碑文撰写或刻石中出现的差错。本书收录碑刻的标题或全称均依照碑刻原始信息录入，碑刻提要内容也尽可能依照碑刻记载的职官编写，涉及的职事官、散官、勋官等一般按碑文的顺序列出。事实上，上述问题均是值得深入研究的专题，也希望本书能够为对此感兴趣的学者的研究工作提供一定的帮助。

最后是本书涉及的行政区划、地名、单位名称、著录文献等。本书碑刻信息项中的出土、现藏两项，涉及到许多地名和单位名称。如前文所说，《陕西碑刻总目提要》项目基本资料的收集工作前后历时 10 年，在此过程中，前期登记表中的许多地名、单位名称有可能发生了变化，部分行政区划也发生了调整。对此，出土项中的地名依其变更时间，前后略有不同。以"长安"为例：出土项如果记载的是 2002 年之前则表述为"长安县"，2002 年之后则表述为"长安区"。此类情况在华阴、临潼、耀县等均有涉及。现藏项中的地名以本书主体资料收集截止时间（2014 年）所对应的行政区划和存藏单位名称为准。著录项中的地方志，凡明清时期编纂成书者均于书名号前括注其成书年代，如（万历）《岐山县志》和（乾隆）《韩城县志》等，未作特殊说明的地方志均属民国时期。

《陕西碑刻总目提要》作为陕西省历年来规模最大、涉及部门最多的古籍整理项目仍在进行之中，其后续成果亦将陆续问世。伴随着计算机和网络技术的发展、推广和普及，近 30 年来，文献数字化日渐受到关注并成为了研究热点，其中碑刻文献数字化已经有部分成果问世，在保护碑刻资源的同时，也为相关领域研究人员提供了极大的便利。基于此种现实，我们也将数字化列入《陕西碑刻总目提要》今后工作的规划之中。

陕西碑刻文献渊源悠久，品类齐全，地域分布广泛，时代特征鲜明，内容丰富多样。《陕西碑刻总目提要初编》的编纂出版，对于"十三五"期间陕西全面推进文化事业和文化产业的发展，构建"大文化"发展理念具有重要战略意义和价值。与此同时，该项目以点代面，由局部到整体的研究和实施思路，绝不局限于陕西一地。宏观来看，该项目的推进对于全国碑刻资源的保护、开发、利用均有重要借鉴作用，对于弘扬中华传统文化，展示中华文化独特魅力，增加国家文化软实力，进一步坚定文化自信，增强文化自觉，奋力开创中国特色社会主义文化建设新局面等都具有重大的理论和现实意义。

　　《陕西碑刻总目提要》项目规模浩大，工作繁杂，耗费时力，在历届省委、省政府领导的高度重视和正确领导下，在全省各级相关部门的配合、支持下，项目工作得以有序推进；省内多位专家对于本项目的实施提出了宝贵的意见和建议；数据核查工作得到了大量基层单位和工作人员的协助。此外，在《陕西碑刻总目提要初编》后期文稿的编纂和校对中，科学出版社从领导到编辑均付出了大量的辛劳，在此一并致谢。